U0646002

西域文化与敦煌艺术

XIYU WENHUA YU DUNHUANG YISHU

—修订本—

何山 著

GUANGXI NORMAL UNIVERSITY PRESS
广西师范大学出版社
·桂林·

图书在版编目（CIP）数据

西域文化与敦煌艺术 / 何山著．—修订本．—桂林：广西师范大学出版社，2020.4
ISBN 978-7-5598-2324-3

Ⅰ．①西… Ⅱ．①何… Ⅲ．①西域－文化史－研究②敦煌学－佛教－宗教艺术－研究 Ⅳ．①K294.5②K870.64

中国版本图书馆 CIP 数据核字（2019）第 249739 号

广西师范大学出版社出版发行
（广西桂林市五里店路 9 号 邮政编码：541004
网址：http://www.bbtpress.com）
出版人：黄轩庄
全国新华书店经销
中华商务联合印刷(广东)有限公司印刷
（深圳市龙岗区平湖镇春湖工业区 10 栋 邮政编码：518111）
开本：787 mm ×1 120 mm 1/16
印张：38.5 字数：420 千字
2020 年 4 月第 1 版 2020 年 4 月第 1 次印刷
印数：0 001~4 000 册 定价：298.00 元

槃經變局部飛天圖為吐蕃時期重要作品

目录

何山自序

这部书已经出版了近三十年，这是第三版，出版社约我写一篇序。

构思这部书的时间还要早些，那是20世纪60年代末。那时我在敦煌石窟前的菜地里劳作，心神却不停地在洞窟里游荡，那些描绘古代有关丝绸之路的题材和内容的画面，不时地浮现在眼前：有张骞拜别汉武帝出使西域；有各国王子到中国来的友好场景；有商贾驼队在丝路上往来的艰辛，以及路遇强盗的不幸遭遇；等等。很激动，浮想联翩，夜不能寐，于是，连夜就赶着画出了小草图，幻想着沉寂了多少世纪的丝路，有朝一日会重新热闹繁忙起来，重现过往岁月的辉煌。这就有了后来我的工笔重彩画作品《传统友谊》的问世，作品受到甘肃省委领导的重视，选送北京。但是在那个年代，被泼了一盆冷水，遭到了批判，理由是，我们不能跟外国帝王将相、才子佳人搞友谊。令人啼笑皆非，好在许多专业人士很赞赏。原故宫博物院副院长杨新认为这幅作品题材新颖、主题明确，无疑给人们以启迪，为今日各种描写古代丝绸之路艺术作品的先行者。……那时，石窟还没有对外开放，外国人不能进去，国内群众能参访的也寥寥无几。因画遭批判，在那年头我是很紧张的。同时也觉得画画太不可行了，太直观了，于是，就想从另外的角度以写代画。人活着总得做点事的，于是就躲进小楼成一统，管他春夏与秋冬，安全第一，还是在故纸堆中讨生活比较保险。也不负年少时光、青春岁月。就这样写写停停，停停写写，陆陆续续写了这部《西域文化与敦煌艺术》的初稿。

顾名思义，也就是企图描述丝绸之路的畅通对敦煌文化艺术的形成所起的巨大作用。

因此在这部书的整体构思中提出和回答了在敦煌艺术研究中无法回避的几个问题：

第一，敦煌艺术是世界四大古老文明（即中国文明、希腊文明、波斯文明、印度文明）通过丝绸之路，相碰撞、相交融所产生的前所未有的一种综合性的艺术群体和新型的文化形态。它有力地否定了长期以来西方学者认为的“敦煌艺术西来说”的荒诞，以及部分中国学者的“敦煌艺术东来说”的片面性；自敦煌莫高窟被发现至今，没有人这么认定过和论证过：敦煌艺术是中国本土文化精神通过丝绸之路使古老世界的四大文明相交融所产生的综合性的艺术群体和新型的文化形态。

正如鲁迅所说，“向外在摄取异域的营养，向内在挖掘自己的灵魂”。以往学者们更多的只是停留在就事论事，甚至以所谓的十八描去套用和规范敦煌艺术，停留在局部的考证和保护的层面上，很少从艺术哲学和文化比较学的角度，从对世界艺术整体把握的角度，从中西方不同美学观的角度来审视和研究敦煌艺术，更没有意识到敦煌艺术是一种新的综合性的艺术群体和新型的文化形态。

第二，敦煌学是一门国际性的综合性的大学科，涉及的面很广。它包括政治的、经济的和文化艺术的诸多方面，如音乐、舞蹈、绘画、雕塑等。所以在我看来，我国对敦煌学的研究，远不及对红楼梦及其“红学”研究的普及和深入，大多只停留在消极的考证和保护上，因而缺乏积极的、对石窟艺术本质的研究，以及如何继承优秀传统文化的长远规划。

法国学者说，“整个法兰西的文化都包含在巴黎圣母院中”。我们虽然不能说整个中国文化都包含在敦煌石窟艺术中，但我们完全可以说整个中国西部的文化都包含在敦煌石窟艺术中，这是毫不为过的。因此如何真正的研究敦煌艺术，而不是专注于大河上的浮萍，忘却了深层的真实，这便是我写这部书的初衷和目的。

第三，随着敦煌艺术在国内和国际的传播及其影响的不断扩大，如何认识敦煌艺术所体现的时代精神，以及各时代的艺术格风格和特征，也是至关重要

的。还有敦煌艺术如何成为中华优秀传统文化的重要组成部分，以及它对后世所产生的巨大影响，都需要认真探究。

第四，对佛教的形成、发展和传播，对佛教艺术及它的壁画、雕塑、音乐、舞蹈的了解和认识，对石窟艺术考古的探索以及与田野考古的异同，等等，这些都是研究敦煌艺术的基石，否则就无从下手。这也是我们需要明确的观点。

总之，我希望通过这部书，说明敦煌艺术是古代中国与世界交流的产物；是通过这条和平友好之路，这条共生共赢之路——丝调之路所产生的丰硕成果；是世界四大古老文明碰撞、集结和交融的结果；是世界上唯一的继时最长久、规模最庞大、内容最丰富的艺术长廊；也是这条丝绸之路所培育和展现在文化艺术上的辉煌成果之一。

这条丝路是古代中华民族智慧的创造和造福于人类之路。我们今天提出的“一带一路”倡议，实质上也是对中华民族优秀传统文化的继承和发展，是顺应历史潮流的新时代发展的创举。和平、友谊、发展和互利共赢，就是它的目的和宗旨，因此它得到了绝大多数国家的支持和拥护。但历史的经验告诉我们，在古丝绸之路打通的同时，丝路上盗贼也会横行，不会畅通无阻、一帆风顺。但我们深信，风雨过后彩虹会更加灿烂辉煌，这是毫无疑义的。

2019年10月1日于洛杉矶

张锡坤序

时光荏苒，转眼之间何山先生的《西域文化与敦煌艺术》出版至今已20年有余。不过令人欣喜的是，这部著作非但未因时间的推移而稍显陈旧，展读之下，反倒每觉满眼生机。

何以这么说呢？

我们知道，自20世纪初莫高窟藏经洞的发现起，敦煌学即迅速成为世界显学。千载宝藏的重见天日，着实令人目眩心动、意往神驰。1964年，大学甫一毕业的何先生，正是怀着无限的好奇与梦想，毅然决然地进入敦煌文物研究所工作的。他毕业于中央工艺美术学院壁画专业，专业本行自然是视觉艺术创作和风格学的研究。但敦煌学因牵涉到文献、历史、宗教、语言、地理、民族乃至交通、科技等学科纷繁的头绪，因此关于其中的任何一项研究，若不甘心筑塔于沙，就必须从头做起。

从20世纪60年代开始，全球的敦煌学处在一个文献整理和研究译介的基础性工作阶段。学界从头做起的“头”，一般来说包括一远一近的两个。“远”者为敦煌西域地区的古史地理及其演变，“近”者为藏经洞的发现和紧随其后的西方探险家劫经、分藏与整理、著录和研究的概况。直到今天，敦煌学的概述性著作仍采用这样的背景叙事方式。我想在与诸多相关著述的比照下，来谈谈何先生研究路径和方法的独特性。

这种独特性，首先表现在舍近求远、直指本源的手段上。从上古以降西域的古史地理、人群活动、文物遗存及其精神气质，来牵动北朝以来敦煌石窟艺术的解读和辨认。就书名来看，论著的内容似乎分为“西域文化”和“敦煌艺术”两个层次。而实际上，作者恰恰凭借自己的努力，避免了同类著作那种涣散铺陈和隔靴搔痒式行文的无奈，而是以各种主旨性的意念，把这两个时间段的问题，打造成一个“互文”的系统，形成一种相互介入、两相辉映的论说脉络。让读者感觉到，著者是就思考成熟的“问题”——亦即一个充分的理解前提——来组织材料和展开论说的。

例如，关于敦煌壁画中的虎和鹿，学界或认为出自南印度的风格，或以为受到楚文化长沙马王堆帛画造型的影响。何先生则以早期西域乌孙、大月氏尤其是匈奴等游牧民族在西域的活动，再佐以内蒙古阴山、甘肃黑山、新疆天山南北大量动感十足、栩栩如生的岩壁动物画，断定这是卡拉苏克文化艺术的典型，亦即敦煌本土的艺术风格和民族精神的表达。这样的探求和释说，避免了那种支离琐碎、望影向壁的无稽之谈，令人深信不疑。

再如何先生借助古史传说和文献，讨论了关于中原和西域的交流以及河西走廊的开通问题。指出在张骞通西域之前，类似的活动既已出现了三次：一是大禹治水“至于西极”的传说，二是周穆王西巡的记载，三是公元前6世纪左右由中原经蒙古草原到西伯利亚草原，南下伊朗、西去南俄商路的开通。如果再考虑到匈奴对西部游牧民族的早期统一，那么“就不能说张骞是‘凿通’或开辟了中西要道，确切地说应该是将丝绸之道夺回到汉王朝的手中”。运用神话传说来探索古史，徐旭生先生曾以其《中国古史的传说时代》树立了一个可贵的典范。而和徐氏相比，除了传世文献的运用，何先生更借助了考古发现的实物去印证传说。例如沿途发掘出土的中国丝织品、玉、金、漆、青铜器皿，对古史传说的印证，起到了无可置疑的支撑作用。

敦煌地属古雍州，见载于《尚书·禹贡》。何山先生对其地历史的探求，不仅借助古史传说，还上推至史前的马家窑文化，显示出永不止步、永不满足的追索精神。这种开阔的视野及其运用的有效性，不禁让我想到法国年鉴学派史学家费尔南·布罗代尔关于人文社会科学研究中“长时段的特殊价值”的思想。在布氏看来，传统史学对短时段、个人和事件的关注，造成了一种“急匆匆、戏剧性的短促的叙述节奏”，从而忽略了“构成科学思想自由耕种的全部现实和全部耕种的历史”，因而很难接近历史的真实。在他看来，史学研究只有借助上升到阐释层次的长时段概念，才能获得与历史曲线对应的“新的参考点来划分和解释历史”，在这个意义上，“长时段似乎是导向普遍观察和思考所有社会科学方法最有用的路线”。何山先生对包括莫高窟艺术时期整个西域文化的探讨，都显示了这种长时段的运用意识，克服了为数众多的论者那急匆匆、戏剧性、近视病和浅尝辄止式的讨论。我想，这种史学研究中的宏观视野的价值，并非他人所意识不到的，只不过更多的人在其史学研究中，缺乏那种对历史的诚心和敬意，未肯尽心费力于此罢了。

《西域文化与敦煌艺术》的宏观感，不仅表现在时间的维度上，更见于其空间上纵横捭阖的魄力。从而构成了长时段与长距离三维交错的意义系统。著者通过消解国内研究者普遍持有的中原文化和汉民族的本位观，将视线聚焦于西域自身，以此为立足点，环顾希腊、印度和中国中原文化在这片土地上的往来汇聚与碰撞交融。在何先生笔下，西域这片亚洲腹地真正成为世界三大古老文明的辐凑中心和欧亚文化的枢纽所在。而敦煌之所以有幸接受三大文明浪潮的洗礼，除了地理位置的原因，更重要的是其本土兼具了“混交型游牧文化”与“开放型商业文化”的精神气质，这使其“行为动力”与“心理目标”一拍即合，势所必然地成为华戎所交之一大都会。

在所有的论说中，作者时时不忘围绕“商业”这一主题。不仅三代时期西域一直承担着中西物产通流孔道的职责，匈奴民族的游牧活动在其间起到积极的促进作用；而且希腊、罗马的军事东征与文化扩张，也本于其自身先天的商业精神。更为别致的是，何先生探讨了印度佛教与商业的种种亲和性，对教以商立、因商行教的历史隐秘的发掘，直接指向了敦煌文化艺术之气质与繁荣的最后根源。我相信，每位读者都会被何先生那充满睿识和魄力的材料组织和叙事策略所慑服，对那曾经辉煌而又业已消逝了的西域文明产生无限的想象和神往。

何山先生是以艺术创作为本业的，由此转入到艺术史的探索。他能在西域文化研究领域做出这样的成绩，既实属不易，又理所当然。所谓实属不易，是就他广泛大量地阅读、消化和运用中西历史、考古、民族、交通的学术材料，最终织构成一部绵密且阔大的学术著作而言。所谓理所当然，则是指他的艺术生涯为其学术研究贡献出的那种与生俱来的想象力！

历史研究是一项严肃的工作，要以严格的、经得起检验的史实材料来说话，这自不待言。但我更觉得，作为优秀的史家，尤为可贵的是他依据材料去阐释历史的想象力。前者为“史学”，后者为“史才”，二者兼具，才能促成真正的“史识”与“史德”。此中道理，正如刘述先所言：“历史是要通过史家主观的正确判断，来重新建构出客观历史的真相。既要辛勤地发掘搜集资料，更要把这些资料贯穿起来绘成一幅历史的图像，乃是一项富有高度创造性的工作。”因为“历史的事实和物理的事实不同，它是意义的单元，要通过解释和再解释的历程，才能保持它的意义，当解释停顿时，意义也就丧失，看不到它对历史的重要性……再进一步，这些意义单元必须贯穿起来，才能够给我们一幅比较完整的历史图像”。

在何先生这部皇皇巨著中，想象力的火花随处可见。如他提出这样一个很少为人所注意的问题：为什么在公元前7世纪至前4世纪，亦即古希腊艺术由古风期到全盛期这个时段里，人物雕塑的服装，由质地较为粗糙、衣纹转折单调平直，转向了半透明质地且明暗变化日益丰富的表现手法？著者明确地回答道：“（一定是）中国透明或半透明的丝织、罗纱启发了古希腊雕塑家和画家的灵感，引起了希腊雕刻绘画表现手法的变革。”此说可谓极为新颖大胆，而谛审其依据，却毫不荒率突兀。因为早在公元前6世纪，中国的丝绸既已传到西方并享有盛誉，不仅贵族妇女着以锦绣罗绮，甚至军队中亦将中国丝绸制为旌旗。“也正是这个时期，即古希腊艺术全盛时期的雕刻，它的服饰，特别是衣裙的质地，开始变得轻松、柔软、贴身，呈透明或半透明状态。对极善于表现人体美的希腊雕刻家而言，中国的丝绸质地，更有利于他们创作理想的发挥，从而创造出更真实、更含蓄、更抒情的艺术作品。”

此外，如何先生由辛店彩陶的器型及纹饰，推断它或许是西域一支羌族部落的遗存，“羊角纹的普遍运用表明羊角纹有可能是羌人的族徽标记”。注意到西部半山型装饰中静态的方格和半静态棱形，是早期敦煌壁画中常用的基本纹样；而马家窑和半山彩陶运用的土红和黑色，也是敦煌早期壁画中常见的基本色……诸如此类联想性论点的提出，既表现了作者独立和富于个性化的思考，也予人以启迪和想象力的再激发。何山先生是怎样做到这一点的呢？我相信俄国绘画大师列宾的那句话：“灵感不过是顽强的劳动而获得的奖赏。”

最后，还想说说该书表现出来的著者那精湛的语言教养。作为一部严谨的学术著作，《西域文化与敦煌艺术》呈现出一种别有风味的叙事格调。笔墨时或洗练典雅，时或婉转流宕；庄重而不失生趣，绵密且气韵蓬松。很显然，作为视觉艺术家的何山先生，同时对语言的色调和气息有着一种敏锐的体验。在宏阔的材料综理和繁复的问题讨论中，不仅无一费辞，且不落同时代文本语言那常见的忸怩空洞的俗套。表现出超拔出群、落落大方的气度。尤其是他对三大文明艺术的描述和分析，能够去芜存真，直取要害，正所谓“德弥盛者文弥缛，中弥理者文弥章”。何山先生以他艺术家兼学者的优秀素养，以他的真情真性和真知真见，向学界奉献出了这部可贵的读物。

向何山先生致敬！

2010年9月18日

张锡坤，著名美学家，吉林省美学学会主席，吉林大学文学院教授、博士生导师

杨新序

何山是我同行中的好友，好友中的同乡，我们都是湖南湘阴人，可相识却是在北京。那是1960年，我刚考入中央美术学院美术史系，只身客居北京，无不有寂寞怀乡之感。记得是我老乡、当时在北京大学中文系就读的胥亚的推介，说中央工艺美术学院装饰绘画系有个何淑山（即何山）也是湘阴人，于是我便贸然找他去了。好一个漂亮的小伙，中上身材，壮得像头牛，脸圆乎乎的，说话瓮声瓮气，普通话中夹杂着浓重的乡音，听起来好亲切。都是二十岁不到的学生娃，尚未涉世，不知深浅不知愁，对未来充满憧憬，相见是那么欢快和舒畅。自此以后，差不多每到周末，不是他来找我，便是我去寻他，谈剧论戏，海阔天空，抵掌之间，不觉漏深。于是我便去送他，或是他送我。两校之间，十余里路，我们总是步行相送，继续着未尽的话题，不想就到对方的学校。于是共榻而眠，不知东方之既白。

干什么事，何山都有一股牛劲，学习上钻研起来，可以不吃饭，不睡觉。他是专攻壁画专业的，可什么画种画法，都要尝试。尤其是在素描、水粉、工笔重彩上，下过很深的功夫，基本功扎实。有一段时间，他迷恋上了马蒂斯的画，一有空就上北京图书馆借出马蒂斯的画册，一遍又一遍地临摹学习。在那个所谓的资产阶级艺术风格流派遭受禁锢的时代，对他此举，我是既赞赏又劝戒的，不想以后他却从中获益匪浅，使之在严谨的俄罗斯素描造型和传统的中国画线描基础上，能够大胆探索新的艺术语言和表现方法。艺术上的固执与保守，不是艺术家的主观所愿意的，有时是时代对艺术家的创造才能有所抑制，有时是艺术家受某种观点的支配，但我也觉得，有时似乎与艺术家的资质与才能关系甚密。在学艺的道路上，何山刻苦用功，不惜余力，而又思想灵活，对前人的成果，能兼收并蓄，没有成法，也不死守成法，这大概属于他个人的天赋罢。对于书籍方面，无论是中外美术史美术理论，还是文学、哲学、小说、诗歌，只要是逮得着的，他拿起来就读。生吞活剥也好，杂乱无章也好，是所谓“好读书不求甚解”者也。至今我还保存着当时他读过而后赠我的阿尔巴托夫《十八十九世纪欧洲绘画》、歌德《浮士德》、泰戈尔《飞鸟集》等数种。多读书，读好书，使何山在绘画之外，有着广博的知识修养。这对他以后创作的深沉、想象的丰富，都起着无形的推动作用。回忆这段学生时代的生活，我想何山是会感到充实而引以自慰的。

我们都是穷学生，大学时代正赶上国家经济极端困难，尽管我们的衣着土气，有时也感到阵阵饥饿，但我们的精神都很饱满，从不把这些放在心上，专心致志于学习。这一方面是党的马克思主义教育的结果，另一方面则是受中外成功的艺术家奋斗精神的鼓舞。那时我们既有着一颗虔诚的报国之心，又梦想做一名有成就的艺术家。1964年毕业，何山正是怀着这样的心情，辞别母校，西出阳关，踏着黄沙，奔赴敦煌文物研究所工作的。敦煌莫高窟是举世闻名的艺术宝库，灿烂辉煌的丰富壁画，对他这个壁画专业的学生来说，早就有着魔力般的吸引。看过徐迟写的《祁连山下》，常书鸿先生那种献身艺术事业的精神，又为他树立了一个具体可效的榜样。临行前他和我谈了许多，大有“醉卧沙场君莫笑”的豪爽君子的气质风度。到敦煌后，何山一连给我写了许多信，说他是一个非常幸运的人，找到了最理想的工作环境，常先生是那样可崇可敬，并且动员我也到敦煌工作。可以想象得到，为了实现自己的奋斗目标，他那搜寻传统壁画艺术真谛的“贪婪”目光，是如何在洞窟墙壁上来回地“扫射”；那探求传统壁画技法紧握毛锥的手，是如何在纸绢上反复碰撞摩擦，他的牛劲，一定比做学生时更大，从日后看到他大量的敦煌画稿中，证实了我的想象。

1975年，因外事活动的需要，他离开了敦煌。此后又在甘肃省美术家协会，从事了几年的专业创作。

1979年，他应中央文化部以及首都机场指挥部的邀请，为新建首都国际机场创作壁画。同年底，国务院发函调他回北京，为计划中的首都其他新的建筑物创作壁画。但不知他是怎么想的，一直未能成行。

他从南到北到西绕了一个大圈，终于还是回到了故乡湖南。莫不是养育过他的湘江和洞庭湖在向他召唤，抑或是中国地大，幅员辽阔，风土人情，各处不同，这使中国人有着强烈的乡土情感，好像只有故乡才是家，到了家有一种自然的安全感。怀着对故园的深情和寻求安定的生活环境，1981年，何山调到了湖南美术出版社担任编辑，挈妇将雏，移居到了长沙。

尽管在生活的道路上，何山经历了一段小小的曲折，也曾有过短暂的意志消沉，但是作为一个艺术的虔诚信徒，对国家，对人民，对古老的中华文化，却从没有熄灭过他火一般的热情，艺术家创作的欲望和冲动，时时叩击着他的心扉，使他始终不能放下手中的画笔。还是在“文革”高潮中，他用工笔重彩的形式，创作了一幅《传统友谊》。这幅画以敦煌洞窟为背景，试图把历史上中外人民之间的友好往来，和今天的现实联系起来进行赞颂。作品虽然在笔墨、色彩、构图上，还没有脱离浓厚的学生气，但是题材新颖，主题明确，无疑给人们以启迪，是今日各种描写古代丝绸之路题材艺术作品的先行者。兰州，是黄河上游的重镇，古老而又新生。而黄河，史学家们一直把它视作中华民族的摇篮、古老文化的发源地之一。黄河雄伟的身姿，奔腾咆哮的河水，曾经振奋过多少诗人、艺术家的心而留下了多少名篇巨制。受先贤往哲的熏陶和眼前景物的感染，何山也想试一试自己的才气，挥笔创作了《黄河源头》《黄河之水天上来》等作品。前者以抒情写意的手法，像一曲优美的“信天游”，嘹亮、清脆、纯真、质朴；后者精雕细琢，结构严谨，滚滚洪流，从天而降，惊湍急濑，动人心魄，像一首交响乐，雄浑壮阔，气势磅礴。无论采取何种手法，他不肯使画面所表达的思想情感停留在直观的表象上，而是企图通过自己的造境，把观众从画面引向画外去思索，与中华民族古老的文化相联结，所以他的作品是深沉的。

回到了家乡，美丽的长沙城，碧绿的湘江水，宽广的洞庭湖，一切对何山来说都是那么的熟悉和亲切。湖南，古代属于楚国的范围，在中华文化史上曾有过光辉灿烂的一页。近年来大量出土的精美绝伦的战国、西汉文物，把世人惊得目瞪口呆，叹为观止。一向喜爱历史和文物的何山，再加上重返家园后的特殊感情，心中怦怦然，夜不能寐。正当他为酝酿新的创作构思而辗转反侧之际，机遇降临了，省政府决定在长沙建造一座大型的现代化图书馆，并要求室内有与之相应的壁画装饰，二楼大厅绘制壁画的任务落到了他的肩上。早就有一颗为家乡人民奉献的赤子之心的何山，这样的良机怎能轻易放过？他冥思苦想，竭尽全力，把对故乡的情、对传统文化的爱，全部倾注于创作之中。一个个不眠之夜，眼睛熬红了，腰围瘦损了，都在所不惜，终于设计并参与制作出了大型陶瓷板壁画《楚魂》。

《楚魂》镶嵌在图书馆二楼中央大厅的三面墙上，高3.8米，总宽32米，以伟大的爱国诗人屈原及其诗歌为题材。正面墙上，屈原驾着云车在天空中遨游，他回首反顾，行色倥偬，使人们联想到屈原在被放逐的途中，徘徊于江渚，不忍离开故国，那憔悴忧愤的神情，正是对“乘鄂渚而反顾兮，欸秋冬之绪风”的刻画；但同时他那驱车时的矫健身影，又表现出不肯变心从俗、与燕雀同巢的果敢坚毅。为追寻真理和正义，他“董道而不豫”“上下而求索”。背景中流云的翻滚，一个个巨大的旋涡形成的不安定，渲染出屈原精神的永垂不朽，正是“与天地兮比寿，与日月兮齐光”的表现。左右两面墙壁共四组人物，是屈原《九歌》的形象化再现。作者重点摘取了《湘君》《湘夫人》《山鬼》《国殇》等篇章，进一步烘染出屈原的忧时爱民、尽忠报国的崇高思想。

像屈原诗歌一样，在表现形式上，何山采取了浪漫主义的手法，将写实与装饰、抽象和变形等造型手段融为一体。无论在整体设计上还是局部形象创造上，都可以看到对敦煌洞窟壁画及从战国、两汉到东晋顾恺之的古老绘画传统的继承，因而它具有鲜明的民族和地方特色以及历史的时代感。而构思的完整，想象力的丰富，技巧的熟练以及驾驭长篇巨制的才华，较之在创作《黄河之水天上来》时，已不可同日而语了。其气象的宏伟，振奋人心的艺术感染力，使每一个观者无不为之动容，难怪一位日本艺术评论家在参观之后赞叹道：“真是泱泱楚国之雄风。”

《楚魂》所表现的屈原爱国求真的伟大崇高的精神，也就是中华民族英勇不屈、奋发图强的民族之魂，它永久性地镶嵌在图书馆中，为莘莘学子树立了一个光辉典范，具有纪念碑意义。它创作上的成功，是何山多年来探索民族传统绘画和壁画的新成果，标志着他在攀登艺术高峰上，进入了一个新的境界，开始了一段新的里程。

正当我们期待着何山新的创作再度一鸣惊人的时候，近几年来他却突然沉寂了。我猜想，他若不是遇到新的挫折，便是因繁忙的编辑工作而无暇顾及。去年春天，在湖南已是高级记者的胥亚同志来京，他告诉我何山正在埋头著书立说。这年冬天，何山来北京交给我一部30多万字的书稿，并要求我为之写序，即是这部《西域文化与敦煌艺术》。我惊奇了！二十余年前，他曾跟我谈到过他的设想，在从事绘画创作实践的同时，兼及艺术理论的探讨，正在构思一部有关敦煌艺术研究的书。时过境迁，中多变故，我以为那只不过是少年的梦想，早就置诸脑后了，想不到他初衷未改，一步步在实现他的梦。

草草地翻阅这部书稿之后，使我对何山有了进一步的了解和认识。作为艺术创作家的何山，思想活跃，眼光敏锐，感情热烈，以此来从事学术研究，视野开阔，观点新颖，无既定模式和学究气，这些是这部书的最突出特点。但它却又不是天马行空，漫无边际，即兴抒怀，偶然感慨，而是经过了周密的思考，旁征博引，内容翔实，体察入微，高瞻远瞩。他不但从历史长河的时间上而且也从东西方文化的广大空间上去对比考察敦煌艺术，因而提出了许多有价值的论题，无疑将会给人们以有益的启迪，我想这便是这本书最值得称道的地方。

既有丰富的创作实践，又有深入的理论研究，两者兼而得之的人是不太多的。何山有着艺术家的天赋，又具备学者的资质，在成功地创作出大型陶版壁画《楚魂》之后，紧接着又出版这本学术专著，丰硕成果的取得不是偶然的，是他从学生时代起，对艺术、对生命的价值执着地追求的必然收获。我经常这样想，每一个艺术家都想使自己的作品和名字永留人间，成为不朽，但如果对自己民族的传统文化没有深入的认识，仅仅袭取一点皮毛，就盲目地去否定自己的民族传统，赶时髦，超时代，哗众取宠，是很难达到这一预想的，考察古今中外成功的艺术家，几乎无一例外。我以更高的希望，期待着何山的新作新书问世。

何山要我为他的这本书写一篇序言，这是给我出了一道难题。说来惭愧，我虽然是专业美术史工作者，但对西域文明和敦煌艺术却知之甚少，这“序”如何写呢？想来想去，还是把我所知道的何山其人其事写出来，让读者先了解他，或许对阅读这本书有所裨益。

1989年3月草于紫禁城

原载《中国当代名家画集：何山卷》

杨新，著名史论家，原故宫博物院副院长、研究员

星云序

为实际了解敦煌佛教艺术，本人曾亲往敦煌参访过，对古代绘塑匠师们的智慧与辛劳结晶叹为观止，同时也受到无限的启示。

敦煌位于甘肃省河西走廊的西端。远在两千多年前，汉武帝派张骞出使西域，疏通了我国到中亚、西亚各国的丝绸之路。佛教及佛教艺术便沿着丝绸之路开始向我国内陆传播。

元鼎六年（前111），汉武帝始设河西四郡，接着设西陲要塞玉门关、阳关，从此，敦煌就成为中西交通的咽喉之地，丝绸之路物资贸易、文化交流的重镇。进而，为敦煌莫高窟的营建创造了有利的条件。

以莫高窟为主体的敦煌石窟（包括榆林窟与东、西千佛洞），其位置在敦煌城东南25公里处，洞窟开凿在鸣沙山东麓的断崖之上，坐西朝东，与三危山遥遥相望。开凿的时间，据碑文记载，为前秦建元二年（366）。当时有一个名叫乐僔的和尚，自东西游，来到敦煌的三危山下，时近傍晚，忽见三危山金光闪耀，状如千佛。他认为这里是灵岩胜地，于是在三危山对面的崖壁上开凿了第一个洞窟。从此代代相传，历经北魏、西魏、北周、隋、唐、五代、宋、西夏、元等朝代，前后一千多年间，开凿了大量的洞窟，绘制了45000多平方米的壁画，雕塑了各种佛像12208身，以及说法图、佛经故事图、经变图、装饰图案的藻井、佛教史迹图、描写佛教历史人物与历史事件及佛教圣地与灵应事迹图……其莫高窟的辉煌灿烂，无与伦比，成为世界上现存规模最大、内容极为丰富的艺术宝库，更是佛教艺术的博物馆。

在清光绪二十六年（1900），道士王圆箓偶然发现了一个举世闻名的藏经洞，其中装满了数万卷从公元3世纪到11世纪的经卷，被今天学术界称之为“敦煌遗书”。内容包括政治、经济、军事、宗教、文学、艺术、天文、地理、医学、印刷等社会科学与自然科学类典籍，因而在世界上兴起了一门众所研究探讨的综合学问——敦煌学。

1990年夏，余认识了来自中国大陆的画家何山先生。何先生能在炎热的戈壁与逾千年历史凝聚而成的敦煌石窟中，默默地为艺术贡献心力长达十二年之久，的确是一件不容易的事，更何况其所临摹历代具有代表性的敦煌壁画，无一不是具有历史与艺术价值的杰作。

何先生学有专精，有丰富的想象力，有刻苦耐劳、勇往直前的奋发意志，加上富有编辑经验的夫人李守蓉女士的相伴相助，其能把握得天独厚的机会，在敦煌的各宝库中潜心临摹佛教艺术作品七八十幅之外，同时亦基于在敦煌所得到的领悟，再以敦煌为题材绘出工笔重彩及油画，以及对山水、人物、花鸟等，所绘出的写意作品，无不展示出“含道应物”“以神化道”，进而达到“畅神而已”的艺术境界。看得出，何山先生是将禅悟的过程与艺术创作的心理过程相结合而获得了丰硕成果，无怪乎其作品在国内与海外展出期间，均获好评。至于著作方面，其与佛教艺术有关者，已有多本问世，且均具可读性，为研究佛教艺术者提供了很好的版本。

余以其缔造出受大众赞赏的个人成就，捍卫了垂千年为历史作证的民族艺术，特就所知所感，乐为之序，以纪其盛。

原载《何山作品选集》

星云，当代著名高僧，中国台湾佛光山开山宗长、人间佛教的倡导者

敦煌莫高窟

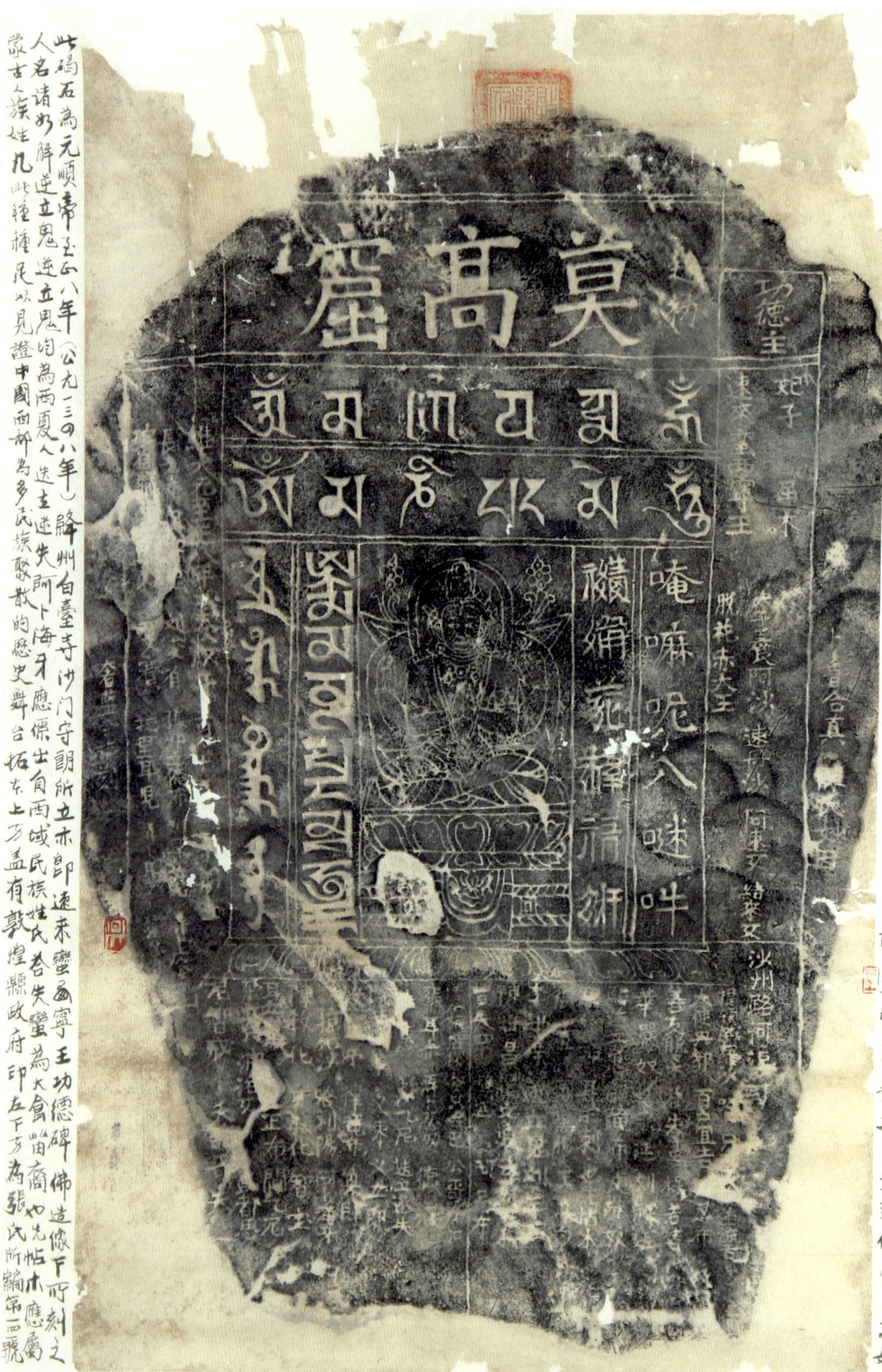
莫高窟碣墨拓本 此本係張大千先生及其門人所拓印 碣首刻莫高窟三大字中央為密宗所刻的佛像一軀像周
圍刻唵嘛呢叭咪吽六字真言凡六體書其上橫刻之二行 上六字右行為五天梵書 下六字左行為藏文 右邊豎列者外沿
為漢文內為西夏文左邊豎刻者內為八思巴蒙古文外緣為回鶻文皆為六字咒語之各種文字對音 下方刻供養人名姓
此碣石為元順帝至正八年（公元一三四八年）肅州白臺寺沙門守朗所立亦即速來蠻西寧王功德碑 佛造像下所刻之
人名諸如解逆立嵬 逆立嵬即為西夏人 速來蠻先祖卜海牙應係出自西域民族 姓氏答失蠻為大食苗裔 如先帖木應屬
蒙古人族姓 凡此種種足以見證中國西部為多民族聚散的歷史舞台 拓本上方蓋有敦煌縣政府印 左下方為張氏所編第一四號

敦煌莫高窟六字真言碑

最有影响、最具代表性的是三大文化圈，就是长江流域以道家思想为主体的文化圈——轻清、变转、飘忽、混沌、重玄想，正所谓“核玄玄于道流”；黄河流域以儒家思想为主体的文化圈——质朴、理性、求实、重功利，表现为“修身、养性、齐家、治国平天下”；中国西部以佛家思想为主体的文化圈——神秘、虔诚、率真、雄健、重超度，饱含“谈空空于释部”的哲理。

儒家塑造了一个“跻身槐林”、积极进取的人生，构想了一个“君君臣臣，父父子子”的“三纲五常”的“有秩序”的“仁”的社会。

道家塑造了一个“自然无为”、“天人合一”、和谐协调的人生，构想了一个“我无为而民自化，我好静而民自正，我无事而民自富，我无欲而民自朴”的无为而治的社会。

佛家塑造了一个“慈悲为怀”、“普度众生”、忍让济世的人生，构想了一个“国土丰乐”“四时顺节……相见欢悦……善言相向”的爱生的社会。

科技文明高度发达的结果，人自身沦为对外物的依赖，沦为物质的奴隶，留下的是精神上的一片空白；内心的孤寂，敌对。因精神的崩溃而变成“疯子”；生态平衡的丧失，给生活在这地球上的人类带来新的烦恼。

彩塑菩萨像　盛唐　敦煌194窟

引论

人们往往习惯于以所谓中原文化来概括或代表中华民族的文化精神，并且以此作为中华民族的文化正统，这种观念显然是狭隘的、缺乏宏观意识的。

从横向来看，中华民族的古文化至少也应包括黄河流域、长江流域的文化，中国北部的红山文化、兴隆洼文化，中国西部的民族文化等；从纵向来看，先秦时期中原地区小国纷争，哪个能代表中原文化？秦统一六国，它的文化基础是西部民族的文化。刘、项逐鹿，争为雄长，二位都是楚人。汉帝国的建立，它虽然继承的是秦的政治制度，但其文化的基础仍是楚文化。汉赋就其质而言，便是楚辞的继续。而后的魏、蜀、吴三国鼎立，其文化也各具特征，很难划一。充满慷慨悲歌，建功立业的“建安七子”与崇尚老庄、虚空、玄想的“竹林七贤”，似少有共同之处。南北朝时期，文化精神也明显有别，单就文学而言，唐太宗时所撰《隋书·文学传·序》对南朝和北朝文学的特质，做了如下的比较：“江左宫商发越，贵于清绮；河朔词义贞刚，重乎气质。气质，则理胜其词；清绮，则文过其意。理深者便时用，文华者宜咏歌。此其南北词人得失之大较也。”

唐初四杰之一卢照邻在其《南阳公集序》里说：“北方重浊，独卢黄门（元明或思道）往往高飞；南国轻清，唯庾中丞（信）

时时不坠。”

南朝民歌情调清新，婉转缠绵；北朝民歌粗犷豪放，慷慨洒脱。

南朝重诗赋，长于感觉，富于想象，以丽质、空蒙为其特色；北朝尚散文，优于理性，以质朴、实行为其本性。

在接受佛教思想方面，南北也有别。一般来说南国重禅悟，北方重禅行。

哪方代表中华文化精神？我看哪方也代表不了！显然这只能是懒散的虚构，拿局部当整体的井蛙之言，只能是一种被政权化了的大统一的“文化精神”对学术界的侵击，并泛滥于现代社会的表现。

任何文化，都是一种历史现象，都是人类在历史实践过程中所创造的一种设计。这种设计“包括外在的与潜隐的，理性、非理性与反理性的”。它的形成带有强烈的地域性、民族性和绵延不绝的历史延续性。

这种南北文化的比较研究，在我国古代已经开始，虽然较之大一统的“中原文化”来得具体确切和科学，但是它还是遗漏了对中国西部民族文化的比较研究，不能不说这是历代中国文化史的局限和学术认识的偏颇。

中国地域辽阔，民族众多，形成了许多各具特色的文化圈。但总的来说，自秦汉以后，我以为最有影响、最具代表性的是三大文化圈，就是长江流域以道家思想为主体的文化圈——轻清、变转、飘忽、混沌、重玄想，正所谓“核玄玄于道流”；黄河流域以儒家思想为主体的文化圈——质朴、理性、求实、重功利，表现为“修身、养性、齐家、治国平天下”；中国西部以佛家思想为主体的文化圈——神秘、虔诚、率真、雄健、重超度，饱含“谈空空于释部”的哲理。

对于这三大文化圈的主体思想儒、道、佛三家，古人也曾做过研究，公元8世纪的日本高僧空海曾在他的《十韵诗》中进行了一次比较，他写道：“纲常为孔子所述，习之可跻身槐林；变转乃老聃所授，因之可临道观。惟义最深者为《金仙一乘》之法，自他兼施，不忘禽兽……”空海早年信仰和精研儒、道思想，后皈依佛门，成为日本“真言宗”的创始人。曾于公元804年来中国长安就学，那时，佛教在中国广布，长安尤盛。他所接受的佛教已经是中国化了的佛教，是一种佛、道、儒的混合体。佛教已经畸变，已经被当做禅宗展示在他的眼前，所以他得出“惟义最深者为《金仙一乘》之法”的佛教思想是必然的。其中褒贬未必得体，但他对三教的比较研究是简洁而明了的。他还没有受到大一统的“中原文化”观念的影响，也是显而易见的。

中国的三大文化圈，不是孤立的。它们各具特质，但又互相影响、互相渗透、融合、交相辉映，从而又引发出各具特色的大大小小的文化圈。正像红、黄、蓝三原色调配出了众多的、互补的色彩一样，派生出绚丽的色阶，使我国古代的文化呈现出多姿多彩、灿烂辉煌的格局。并且长久地影响着中国各地域、各民族的民俗、民风、民情，长久地作用于中国的历史文化，形成了古代中国文化的各大氛围。

正是因为有了地域性、民族性以及历史延续性的差异而产生的各具特色的文化圈，才使得中华民族的文化显得丰富多彩、绚丽辉煌，独立于世界民族之林，成为古代东方文明的代表。

以佛家思想为主体的中国西部文化圈中最典型、最集中、最辉煌的代表是敦煌文化艺术。敦煌的石室藏书与敦煌的石窟艺术构成了敦煌文化艺术的两大支柱。著名敦煌学家姜亮夫教授认为“整个中国的文化都在敦煌卷子中表现出来”。毫无疑问，我们说整个中国西部的文化艺术都集中在敦煌石窟藏书、敦煌石窟艺术中呈现出来是不过分的。

敦煌文化艺术是以佛家思想为主体的文化艺术，但它已不是印度的佛教原貌，而是途经我国新疆于阗、龟兹等地的印度佛教演化的于阗佛教、龟兹佛教、楼兰佛教，并且经历了好几百年的融合，形成了以于阗和龟兹、楼兰等地为中心的佛教文化艺术。敦煌所接受的主要是于阗、龟兹的佛教及其佛教文化艺术。它们与敦煌的本土文化精神相结合，与深入到敦煌的儒家、道家思想相结合而形成敦煌佛教和敦煌佛教文化艺术。

我们知道，由于历史的限定性以及民族性与地域性的关系，佛教播散到敦煌又面临着多种选择和取舍。仅从佛经的翻译上我们也不难看到这种情况，三国时期的大翻译家支谦就曾在他的《法句经序》中明确表示了他借用孔子、老子的文史观及美学观来阐述其对佛经翻译的看法，他说：“老氏称‘美言不信，信言不美'。仲尼亦云'书不尽言，言不尽意'，明圣人意深邃无极……"支谦祖籍月氏，月氏本是我国西部地区的兄弟民族，支谦自幼接受汉文化的熏陶，精通儒、道，被誉为"天下博知，不出三支（指的是支谶、支亮、支谦）。因此他对佛经的翻译，往往以儒道的思想为先入，特别是道家的思想对他的翻译有着很大的影响，甚至在名词的概念上也常拿老庄词语与佛教大乘经典词语相牵合、相应证。因此，我们可以从中看到佛经在最初的翻译过程中即经改造，更何况佛教经典在流布过程中还要经受民族性和地域性的选择。

唐代时，天竺三藏达摩流支就曾将《宝雨经》重译，以迎合武则天，说她"实是菩萨故现女身，为自在主……"，这说明佛经翻译的可塑性。

许多佛教经典大翻译家都曾来敦煌结庐讲学、招收弟子，号称敦煌菩萨的法护。在敦煌组织了自己的译场，"口敷晋言，授沙门法乘，使流布一切咸悉知闻"。由此可以想象敦煌的佛教与于阗、龟兹、楼兰的佛教也是有别的。这区别就在于"此时此地"而非"彼时彼地"。

儒、道、佛三家在数千年的中国思想史上，其所以影响深远、久传不衰，正在于其学说的贤哲，都在努力探究人生的真谛，都在对宇宙、人类、社会、人生的种种现象做出种种回答，都在让人们知道生活，在现实世界中憧憬理想世界。

儒家塑造了一个"跻身槐林"、积极进取的人生，构想了一个"君君臣臣，父父子子"的"三纲五常"的"有秩序"的"仁"的社会。

道家塑造了一个"自然无为"、"天人合一"、和谐协调的人生，构想了一个"我无为而民自化，我好静而民自正，我无事而民自富，我无欲而民自朴"的无为而治的社会。

佛家塑造了一个"慈悲为怀"、"普度众生"、忍让济世的人生，构想了一个"国土丰乐""四时顺节……相见欢悦……善言相向"的爱生的社会。

近代和现代世界史上的大哲人，无不是在批判与继承、剔除与吸取前代思想家学说的基础上来探究社会与人生，力求完善人生，探索社会。力求完善社会吗？马克思塑造了一个为正义、为无产阶级而战斗的人生，构想了一个"再回复到‘古代’类型的集体所有制的最高形式的”社会，也就是通常所说的“共产主义社会”。他认为：“自从阶级对立产生以来，正是人的恶劣情欲——贪欲和权势欲成了历史发展的杠杆。”马克思以阶级性和物质占有来把握人生，并科学地构想自己理想的社会。我以为他们都不愧为时代的、历史的伟人，因为他们都是从自身的心灵深处出发，沿着人类生存的旅程跋涉、思索，他们的思想都在于开启人类生活的智慧，都在于提高人的精神境界。因此，他们的思想代表了人类思想进程中一个个极为重要的阶段，并且体现了每个阶段所达到的水平，无疑都是人类思想史上光辉的篇章。

但是，当他们的思想被无限的膨胀而扭曲，被政权化而畸变，被神秘化而迷信，那么就都逃不脱沦为“宗教”的命运。因为即便是真理，只要“跨过一步就成了荒谬”，显然这里的“荒谬”是不能与宗教画等号的。

毛泽东曾说：“我们是马克思主义的历史主义者，我们不应当割断历史。”在人类探讨真理的长河中，绝对正确的思想固然少有，但是绝对错误或者全无价值的思想恐怕也难以留存下来，因为思想家们所面对的都是人生和现实，而人生和现实又是复杂多变的、丰富多彩的，谁能说他已经穷究了人生和现实的全部奥秘？他虽能自成一家，但毕竟真理是属于主观的认识范畴，并不具有绝对的时空占有，因此他们也终究只是一家。所以马克思也曾提醒我们：“真理是过程，而不是终结。”这就要求我们以发展的眼光，历史地、具体地对所有思想体系进行剖析。基于这样一种认识我们来看看释迦牟尼的佛教学说。

佛教产生于公元前6世纪的印度，那是一个由“英雄时代进至国王与商人的时代”，东西方国际贸易的交往，商业的发展繁荣，推动了农业和手工业的发展，商品经济使农、工、商各阶层的关系密切、利益与共；使包括农、工、商在内的吠舍种姓积累了大量的财富。刹帝利、吠舍、首陀罗的联合势力日益壮大，需要有一种新的思想与第一种姓的婆罗门抗衡，以保证与巩固自己的权益。

这个时代，产生了以城市为主体的国家形式，产生了一类新型的“城里人”。在城里人中起主导作用的是两部分人，即国王、文武官员与商人、小手工业者等，前者是权力的象征，后者是财富的代表。商人希望获得权力，因此跻身官场，参与国家大事。国王（包括文武官员）渴望获得钱财，于是他们从事和控制商业活动，出现“官商”，有的国王本身就是大商人，“恶魔的事业”（古印度婆罗门对商人的看法）成为维系城市的支柱，商人成为城里人的中坚，佛教就是这个时代的产物。佛教之所以后来能在我国西部特别是敦煌流布，是因为这时的敦煌正处于这种类似的环境与地位，具有类似的社会基础。

佛教最初代表了商人和农民小手工业者阶层的利益，体现了他们的渴望与要求，饱含着早期商业文化的特质。我们知道佛陀成佛，从菩提树下站起来，首先向他供奉食品的是两位商人……由此可见僧尼与商人不一般的密切关系，他们结伴同行，彼此照应……他们就像灵魂和肉体一样形影不离，共同登上了那个时代的历史舞台。佛教最先活跃和传播之地也正是沿商道的城镇展开。寺庙靠商人出资修建，僧尼生活靠商贾施舍，佛经戒律中的僧尼不许“捉金银”，其目的也是在于维护商人的利益。就连佛门中最受尊重的佛家大居士维摩诘，他的言谈举止，所作所为，容貌气度与风采也完全是以一个商人为模特的典型……佛教的容他性，体现了商业社会的开放性；佛教的广博性，体现了商人的创新精神。我想这些是有助于我们对佛家思想及其属性的思考的。

作为原始佛教的创始人释迦牟尼，只是“觉悟了真理的智者”。他自己并不承认有鬼神，也不承认有超然物外的救世主，他不像基督教那样有一个超然物外、凌驾于人类之上的上帝。释迦牟尼反对偶像崇拜，不主张为自己造像，他是人不是神，他出生在古印度北部的迦毗罗卫国（即现在尼泊尔南部的提罗拉科特附近），是释迦族净饭王的太子，属刹帝利种姓。他不像基督是神之子，主宰着人间的吉凶祸福，操纵着万物的生死荣辱。世界上所有的宗教几乎无一不是以超人的“神格”自居，唯独释迦的佛教主张“众生平等”，人人有佛性，皆可成佛。成佛意味着觉醒，只有人才能觉醒。因此佛是人成的不是“神”成的，任何人只要能凭借自己的修行、内省、毅力与智慧，都可以成佛，并且能够选择自己主宰自己的前途与命运。释迦生活在地上，基督生活在天国。生活在地上与世人和谐相处，生活在天国，时时审视和裁判人间，居高临下，审时度势。释迦八十而终，他的死是自然的死，后人虚构他死而复活，但复活后仍然想到教化众生，并再次入棺就葬。基督是被杀而死，但复活后仍不忘对世人进行最后的审判，尔后升天，飘然而去。这里的“复活”，可以看作对死者遗言的假想与实施。

释迦只承认人的佛性，即自我觉醒，只承认人生是“苦”。因此提出了“苦、集、灭、道”，即所谓四谛说的道理：“苦”的原因在于自己欲望得不到满足，即所谓无明妄执。这些都是自找的，是自行召“集”而来的，如果要“灭”绝这些苦难，则必须修行正“道”。于是，释迦提出了“八正道”的行为法则，即正见（正确的见解）、正思维（正确的思维）、正语（正确的语言）、正业（正当的行为）、正命（正当的生计）、正精进（正当的努力）、正念（正当的意念）、正定（正确的禅定）。释迦意识到正因为有了人生的痛苦与烦恼，才发现人类自身更需要菩提，有了自性众生才有追求证悟为佛的愿力。他为了使世人了解人生苦难的心理，用“十二因缘”来解释情绪和心智活动，其用意全在于引导世人离苦作乐。人的一生总是在欲望和满足之间摆动，周而复始。正如心理学家弗洛姆说的：“佛陀认清了人性痛苦的原因——贪婪。他要人面临这样的选择：继续贪婪、受苦并陷入其轮回，或者舍弃贪婪，了断痛苦和轮回。人类除了两者间的抉择外，没有其他的可能性。事实上为了选择完美，我们必须觉醒……”佛家认为生老病死，是人的自然规律，可是世人却偏偏想长生不老；认为权力金钱本是身外之物，可是世人却偏偏要拼命追求……凡此种种的贪婪奢念与欲望，便带来了种种的烦恼与不安，只有舍弃这些，才能了断痛苦与轮回，净化心灵，开启心智。

在现代西方，许多学者认为佛教是“纯粹伦理”“理性的宗教”“认识的宗教”“是人类至上的宗教，他把人置于整个宇宙之上，把人自己视作救世主。现在，数千年来占统治地位的神，在佛教那里完全被人所取代了……他不仅是地球上的，而且是全宇宙的中心……”①

综上所述，说明释迦牟尼不愧为历史上重要的思想家之一，他的佛家学说不愧为人类的生活哲学和心理学的重要成果，在历史断层上所展示的光辉。

① 参阅中村元《比较思想论》，杭州：浙江人民出版社，1987 年。

我们再来看看中国的佛教。

禅宗被认为是中国化了的佛教，也可以说是道家化了的佛家，禅没有固定的形态或文字教条，靠的是直觉的领悟，表现在与宇宙冥合的智慧。禅的心灵习惯是突破一切人为的形式，掌握形式背后的东西，它否定一切偶像崇拜，认为“即心即佛”“是心是佛”“是心是法，法佛无二”，偶像使人迷蒙，误以为佛在我们身外，因而在身外求佛，忘却了自身……看来禅宗极为重视人类自身的价值，相信人的自调、自救、自我解脱的潜能和力量。

禅宗极重视人的“体悟”“悟信”（因悟得信），我们在这里摘取部分对禅悟过程的解析资料，也来悟一悟禅宗的究竟。

明代著名禅师普明，将禅悟的过程以十幅牧牛图配上诗颂来表示，图中的牧童代表善与知，牛象征人的古朴本性。这十幅图的大意是：

一、未牧。普明禅师的图颂是：“狰狞头角恣咆哮，奔走溪山路转遥，一片黑云横谷口，谁知步步犯佳苗。”意即一个不能自我控制的人就像犟牛一样，由于不合时宜的欲望而引起心理上的不安和烦恼，于是到处乱闯，还自以为恣情纵欲、自由自在，岂不知违背了生活的道，迷失了自己的本性，误入歧途，带来更多烦恼。

二、初调。图颂是："我有芒绳蓦鼻穿，一回奔竞痛加鞭，从来劣性难调制，犹得山童尽力牵。"这里芒绳代表戒律，即生活的规律。遵从生活的规律才能使人变得刚强而不致于使人迷乱而失去方向，初调的人总习惯于放逸、贪婪，心总是难以驾驭，因此得有戒律的制约，才能产生金刚般若的智慧。

三、受制。图颂是："渐调渐伏息奔驰，渡水穿云步步随，手把芒绳无少缓，牧童终日自忘疲。"经过一段时间的调服，原有的追名逐利的欲望渐渐有所缓解，随之内心的尘劳有所减少，偶尔也产生平静感，开始品味到一种慕道的契机，一种"忘疲"的轻快感。

四、回首。图颂是："日久功深始转头，颠狂心力渐调柔，山童未肯全相许，犹把芒绳且系留。"几经调服，自信之中终于像浪子回头，有所感悟，并得到初步的证验，杂念与妄想日渐淡漠，内心开始趋于稳定，但是仍须继续努力，不敢疏忽与放松。

五、驯伏。图颂是："绿杨阴下古溪边，放去收来得自然，日暮碧云芳草地，牧童归去不须牵。"牛的野性被驯服，寓意人不被色、身、香、味、触、法六尘的假象所欺瞒，开始用平直心和清净心去体验世界，自性之光渐渐展现，已进入悠闲自在的境界，修道者已发现了内在的真我。

六、无碍。图颂是："露地安眠意自如，不劳鞭策永无拘，山童稳坐青松下，一曲升平乐有余。"当人能调伏自己的妄想、欲念，摆脱纷繁世事的羁绊，那么就能从日常生活中开悟出来，看穿世事，使自己的心胸扩大而趋"虚空"、超拔，事事对自己都不构成障碍，无论威胁、利欲、好恶、得失、美丑都能接纳。显现出"一花一世界，一叶一菩提，日日是好日，夜夜是春宵"的境界与心态。

七、任运。图颂是："柳岸春波夕照中，淡烟芳草绿茸茸，饿餐渴饮随时过，石上山童睡正浓。"修行已达无碍之地，任凭自性悠游，和谐得体，自性清净恬淡，就有了"照明觉知之德"。一种心灵的生活的转变，一种任运的认知能力，于是便开启了人的潜能和创造力。

八、相忘。图颂是："白牛常在白云中，人自无心牛亦同，月透白云云影白，白云明月任西东。"万缘俱下，一片虚空之境，"自我"与"自性"相安共存。已达"六识出六门"，于六尘中无染无杂，来去自由，通行无滞，即是般若三昧自在解脱。

九、独照。图颂是："牛儿无处牧童闲，一片孤云碧嶂间，拍手高歌明月下，归来犹有一重关。"人、牛合而为一，已达返璞归真、返本还源的境界。面对生活无时无刻不是开悟见性，道就是生活，生活就是道。此时的生活虽惬意而自由自在，但仍必须遵从生活的道。

十、双泯。图颂是："人牛不见杳无踪，明月光寒万象空，若问其中端的意，野花芳草自丛丛。"这双泯图就是一个圆，它代表大圆镜智，这是禅悟阶段的最高境界，它是一种不可名状的体悟，人牛皆忘，超凡入圣，万物混同归一，似空非空，"空而不无，便成妙有，妙有即摩诃般若（大智慧）"。

这十幅图颂，既玄妙又精微，它分明是一种冷静地投入生活的智慧，一种生活的态度与涵养，一种精神境界的升华；其用意在于开发人类自身的智能，调节自身的心态，发放潜在的、与生俱来的创造力。现代科学证明，人类对自身潜能的开发利用终其一生也只是发放了不到百分之六七。要是能发放出百分之十的潜能，那种创造力就很惊人，成为出类拔萃很了不起的所谓天才了。

也因此它使我联想起王国维所归纳与总结的成就理想人格的三种境界之过程即“昨夜西风凋碧树，独上高楼，望尽天涯路”，此第一境；“衣带渐宽终不悔，为伊消得人憔悴”，此第二境；“众里寻他千百度，蓦然回首，那人却在灯火阑珊处”，此第三种境界。显然是受到了禅悟的启示。禅实际上是理想人生的境界、哲学的境界和艺术的境界。

任何一个真正的艺术家都会发现，禅悟的过程与艺术创作的心理过程是相通的。被誉为中国美学最重要纲领的《画山水序》一文中提出的“澄怀味像”“应目会心”“应会感神”“神超理得”“类之成巧”“含道应物”“以神化道”，最后达到“畅神而已”的最高境界的原则。宗炳的这一美学纲领看来也与禅悟的体验有着相通之处。既然禅是人与宇宙冥合的情感通道，那么作为艺术，在本质上则也是同一感受的表达。因此我觉得禅宗又是中国人独具的艺术哲学、艺术美学和艺术心理学的重要部分，难怪日本美学家铃木大拙说：“禅可以超于道德但是不可以外于艺术。”

原始佛家的思想、禅宗的思想，并不能简单地被认为是超尘脱世。它极度关注人生，并且认定“从内心而非从外境掌握生命的本身”；关注现实，认定“智者不为将来建立希望，不为过去怀抱悔憾”。对于那些浮游于生活表面的繁复与混乱它并无兴趣。同时，禅又是成就理想人生与理想人格，由否定的繁杂世界回归为肯定的纯清世界的通道；它只是从对贪婪的、“步步犯佳苗”的人格的否定，而达到摆脱了贪婪与欲望羁绊，免受现象界欺瞒与迷惑，步入正觉之途，精神得到升华，灵性便得到自由。是对富有创造性的人格的肯定。它并不是要人脱离“红尘”，而是于“红尘”中净化完善自身，回到人应该是人的源头去，表现为“出污泥而不染”的莲花精神，维摩诘经上讲：“士，则是菩萨佛国。”“愿取佛国者，非于空也。”禅宗六祖曾说：“佛，不离世间觉，离世觅菩提，恰如求兔角。”

自清代光绪二十六年（1900）五月莫高窟藏经洞的被发现，居于莫高窟下寺的王道士在清理洞窟积沙时，无意间发现了藏经洞（今第17窟）从中出土了6万余卷的佛教经卷、社会文书、绢画、法器等文物。其中百分之九十为经卷，百分之十为各种文书、绢画、法器等，最早的文书是393年，最晚至1002年。大量的石室藏经、藏书、藏画，轰动了整个世界，引起了中外学人的关注，庞大的敦煌石窟艺术与浩瀚的石室藏书，构成了一个宏伟的文化整体，石破天惊。于是在世界范围兴起了一门新型学科“敦煌学”，引发了对敦煌艺术源流问题的研究思考与寻根热。在这场寻根热中，西方学者多认为敦煌艺术是西方艺术的东渐；中国学者多认为敦煌艺术是中原文化的西延，而我却以为敦煌艺术是以中国西部的本土文化精神与世界最古老的四大文明交流与融合的结果，即与中国内陆文明、印度文明、波斯文明、希腊文明交融的产物，它是属于四大文明临界点的新型文化形态。这种交流与融合，这种新型文化形态的产生，在当时的世界文化史上是绝无仅有的。如果说儒家和道家思想的互补构成了古代中国的内陆文明，那么世界四大文明的互补与综合则构成了敦煌的文明。

所谓“西方艺术的东渐”，主要指的是古希腊艺术的东渐。的确，亚历山大东征，将发达的古希腊文明推进到了东方的中亚与西亚，它的希腊化也化解了一些落后民族文化，并且与这些地方流传的佛教文化相结合，形成了印度西北部的希腊式佛教艺术中心，产生了所谓的希腊——犍陀罗的艺术风格。显然在这里只是完成了世界两大古老文明的结合。亚历山大东征始终未能跨过葱岭东侧一步，希腊化也无力化解强大的、先进的中国西部固有文化。但是，希腊式的佛教艺术，希腊—犍陀罗式的艺术风格，对形成以于阗和龟兹为中心的佛教艺术起了重要的作用，敦煌接受的主要又是于阗和龟兹的佛教艺术，从表面上看，从来路上看似乎是“东渐”，实质上却不然。正如鲁迅所说：“向外，在摄取异域的营养，向内，在挖掘自己的灵魂。”敦煌艺术的灵魂与希腊艺术的灵魂之区别才是问题的本质。

我们看古希腊艺术，会感到一种征服自然的力量；一种对财富（包括人）占有的物质欲；一种对英雄的颂赞与爱戴。征服自然，使之对自然进行分析、分辨、归纳的研究，注重细节与构造，注重结构与还原。人与自然处于一种对立的状态，索取与被索取的关系；对物质财富的占有与贪婪，使其精神受制于世俗社会与世俗价值的影响，造成掠夺与破坏，虽然也带来了古希腊社会的繁荣与个人物质的满足；对英雄的赞颂，体现了古希腊的理想人格精神：优越的、勇敢的、战斗的、个体化的英雄主义。我们读《荷马史诗》，以及那宏伟辉煌的神殿里的雕塑和壁画从那洪亮的笑声中就能领会到这个民族的理想人格……其外向的运用智力，所显示出一种“科技文明”与“正义文化”的雏形。

我们再看敦煌艺术，在这里所体现的是人与自然的协调、合一；注重过程与状态，注重相互关联与互动，是对人类自身的调解，以期达到终极的精神上的平静；是对贪婪与不合时宜的欲望的克服，保持平凡生活中的平静与满足；在这里没有战斗的英雄，没有胜利者，有的只是人类良知的发现，开启和发放，以期禁绝贪婪与混乱，这里少有欢喜若狂的开怀大笑，没有胜利者的哄笑，没有优越者的蔑笑；有的只是睿智深思、慈悲为怀、普度众生的微笑。这里是冷静的、沉思的、神秘的……内向的生活智慧所显示出一种“精神文明”与“慈悲文化”样态。

所谓“中原文化的西延”，由于“中原文化”这一概念的含混与局限。我们在这里仍取用长江流域以道家思想为主体的文化圈和黄河流域以儒家思想为主体的文化圈来阐述问题。

这两大文化圈代表了中国内陆文化精神的主体，它们相互依存，相互补充。它们与中国西部以佛家思想为主体的文化圈形成的对照，在前文中已经谈到，它们之间的区别是显而易见的；但是这种对照，并不是说对立，因为它们之间又有着内在的联系，它们算是近亲，不同于古希腊的文化精神。

我们知道，早在秦汉之际，内陆文明即已西递，张骞通西域形成了一个高峰，内陆农耕文化向广阔的西部扩散。儒家的伦理道德观，道家的变转玄思观对我国西部产生了广泛的影响。特别是处于重要地位的敦煌，这是内陆农耕文化与我国西部游牧文化的初交。魏晋之际，由老、庄所演变的玄学又与敦煌的佛教相混交，对形成敦煌式的佛教文化和艺术精神起了很大的作用。这一切都在敦煌的藏书中以及敦煌艺术中表现出来……但是，内陆所体现的总的趋势却是一种精神与物质互补的、自足的农业社会文明与封建的、宗法的、伦理的文化品质，它无法代替敦煌地区的本土文化精神。

敦煌本土文化的特质究竟是什么？我认为敦煌本土文化特质主要表现为三个重要的组成部分：一是多民族混交的游牧文化；二是东西交往的商业文化；三是汉民族的农耕文化。这三个部分在佛教传入以前即已突出地在中国西部形成并显示其文化圈的最初风貌与特质。

这种特质的形成在于我国西部所处的地理位置、民族特性和历史所赋予的重托。

中国西部，是连接亚欧大陆的枢纽，游牧民族以其快速载重的车马骆驼等交通工具极早地成为东西方贸易与文化交流的使者。我们在《山海经》中可以了解到早在公元前2205年至前2198年，这种东西方的交往即已出现，约公元前1002年至前944年的周穆王西巡又是一例；约公元前6世纪，这种交往通过西部北边的草原之路在进行；而后是横跨新疆南北的丝绸古道，沟通着东方和西方。

在我国古老的传说中，有一个“东王公与西王母”的故事，在这则故事中，如果我们假想将流传于中国东南沿海的“东王公”象征中国内陆；流传于我国西部，远达阿姆河、锡尔河流域的“西王母”象征西方，那么东王公与西王母的交媾，则正象征着东方和西方的拥抱。我国西部则正是新生儿的孕育与降临之地，而这个新生儿的灵魂却始终游荡在敦煌。

东王公与西王母的故事进入敦煌石窟并通过壁画形式表现出来，最初的是249窟。在249窟的窟顶南披画西王母，她御凤车，北披画东王公，他御龙车，神兽尾随，鸾凤翔鸣，天花旋转，彩云飘动，一派东来西往的繁忙景象。这个时代正是汉晋以来，东西方大交往的继续，有趣的是这个洞窟本身的壁画从艺术内容到表现形式，十分鲜明地显示出东西方艺术的参融，能十分清晰地感悟到那个大交往时代的脉博。

传说中的周穆王西巡曾经拜会西王母，当然传说不是历史，但历史往往与传说相依为命。我想这则故事的产生，绝非偶然的巧合，而后来两个莫高窟的创建人沙门乐僔与法良，一个“西游至此”一个“从东届此”，已是有文字碑文可参考的历史记载，就更具有真实可靠的史料意义，具有历史的参照性与象征意味。

当今世界，西方科技文明得到了长足发展，物质财富得到了更大的满足，但是科技文明的本质在于征服自然与利用自然，改造环境，以期使人得到更充足的物质享受，获得更舒适的生活。但其结果正如马克思所说的：“技术的胜利，似乎是以道德的败坏为代价换来的。”“我们的一切发现和进步，似乎结果使物质力量具有理智生命，而人的生命则化为愚蠢的物质力量。”爱因斯坦也说：“生活的机械化和非人性化，这是科学技术思想发展的一个灾难性的副产品。真是罪孽！我找不到任何办法能够对付这个灾难性的弊病。”[①]是的，科技文明高度发达的结果，人自身沦为对外物的依赖，沦为物质的奴隶，留下的是精神上的一片空白；内心的孤寂、敌对。因精神的崩溃而变成“疯子”；生态平衡的丧失，给生活在这地球上的人类带来新的烦恼。因此，西方哲学家、社会学家和科学家都在寻找医治“这个灾难性的弊病”的良方，像他们的祖先们一样把目光投向了东方，投向了老、庄哲学，投向了玄学禅学，渴望探寻人生更美好的乐园。

东方，古老的“天人合一”“自然无为”“投入自然，顺应自然”，着重于探索人的自身世界所潜藏的奥秘，提倡自我控制和自我调节，以期保持心态的平衡与精神的满足，过一种悠游自在的田园式的牧歌生活，享受“和合”与“天伦之乐”的家庭乐趣，这种生活方式及其所产生的心态，有时是以牺牲物质享受而获得的，免不了要忍饥挨饿，因物质的贫乏而沦为饿殍，并因此而造成社会的动乱，人心的不安与惶惑。于是东方的学者、贤达睁开慧眼，将目光投向西方，向西方学习科技，同时也搬来了西方的哲学与文化。

东西方各自都在对截然不同的生活方式产生憧憬，都在探寻和研究对方，这是一种逆反心理在同时展开，以追寻与完善各自新时代的文化思想与哲学理

① ［美］杜卡斯·霍夫曼编：《爱因斯坦谈人生》，高志凯译，北京：世界知识出版社，1984 年，第 72 页。

念，以期构建和创造各自的理想的人生和理想的社会。

两千多年以前，我们的老祖宗也曾经谈了这个磨人的老问题，也许在今天尚具有现实意义。这就是庄子在他的《应帝王》篇中所讲的一则故事：南海有一个国王，他的名字叫倏（同疏），北海有一个国王，他的名字叫作忽，中间有一个国王，他的名字叫浑沌。倏、忽两位国王常在浑沌的国土上见面，常常得到浑沌的热情款待，倏、忽二人非常感激，商量着如何报答浑沌的美意与恩惠，他们觉得每个人都有七窍，用来看、听、品味，唯独浑沌没有，觉得还是给浑沌开凿七窍为好，于是他们动手，一天给浑沌开一窍，可是，到了第七天，浑沌便死了。故事里的浑沌似乎代表着东方综合的、整体化的、合一的思维形式以及沉默的、和谐的、自足的生活方式和人生哲理；疏、忽似乎代表着西方的分析、分辨、个体化的思维形式，以及征服的、对立的、穷根究底的生活方式和人生哲理。这两种不同的生活方式和人生哲理，如果他们共存、互补就会和谐相处，相互替代、生搬硬套，则将招致各自的消亡。

当然，庄子的初衷，未必如此解读，但是他能直觉到国与国之间的不同文化特质和不同的心理建构，并且指出在交流和融合中各自保持其固有的特质，是国家存亡之所在，无疑是十分深刻而又精到的。

我取这个古老故事的用意主要在于说明：敦煌就是敦煌。

敦煌艺术是我国西部本土文化与古老的世界四大文明相交融、相综合的产物——一种多学科的交叉，以及综合的建构体系，一种新型的文化艺术形态。她是东西方文化交流史上最光辉的典范，因而引发我对西域文化与敦煌艺术的思考并希望能作用于当今世界。

父母恩重经变　北宋　敦煌藏经洞出土绢画

任何史学都应当从这些自然基础以及它们在历史进程中由于人们的活动而发生的变更出发。

在古代，人类与环境的关系主要在于选择与适应，在选择与适应中改造环境，在适应与改造中求得更好的生存。而不至于使生态失去平衡，像现代人类社会所造成的生存危机。

人类终归是人类，它不仅有意识地选择、适应环境，而且有意识地利用与改造环境。在争取满足自身的需要、社会发展的需要之中创造着自己的历史，从而奠定艺术繁荣的基础。

戈壁沙漠

沙漠绿洲

第一章 流沙世界与生命绿洲

我这里讲的“中国西部”，界限是东起兰州，经河西走廊，西至新疆诸地，也就是史书上说的西域。广义而言，西域是对中国西部诸地的统称，还包括中亚各国。鉴于中亚锡尔河、阿姆河流域曾经并入汉唐帝国的版图，中亚的许多民族国家是在古代中国西北部游牧部族基础上建立起来的，所以对这些国家，我们将一并来考察。

传说“昔黄帝方制九州，列为万国”，或曰“九州颛帝所建”。

我国最早的地理著作《禹贡》记载，分天下（注：这里的“天下”是指当时我国的地域）为九州，而正西是为雍州之域，即汉称古之西域，今河西走廊的广大地区至阿姆河、锡尔河流域。晋之沿革地图及唐贾耽《禹迹图》非常清楚地表明了这一点。

这一带，气候干旱，降雨量极少。造成这种干旱的内陆性气候的原因很多，据地质学家们推测，远古时，新疆一带是一片海洋，约在新生代第三纪至第四纪之间（即距今一两千万年前）才形成陆地。由于帕米尔高原及其周围地区的地壳剧烈隆起，阻滞了印度洋暖流的进入，东西横贯的喜马拉雅山、昆仑山、喀拉昆仑山、天山、阿尔泰山、阿赖山、兴都库什等山脉，峰岭嵯峨，重峦叠嶂，长年积雪，寒风凛冽。

长年干旱气候的影响、强烈的风蚀作用形成了大片的戈壁和沙漠。例如新疆南部塔里木盆地中央的塔克拉玛干大沙漠等无边的瀚海，年复一年地吞蚀着大片的土地。敦煌莫高窟附近的鸣沙山，每年也以惊人的速度向前推进，吞蚀着古代遗址。

还有大量的盐碱地、盐原和雅丹地貌区。这种雅丹地貌区，在中国古代典藏中称为“龙堆”“白龙堆”。这种盐碱沉积物所结成的硬壳覆盖在土地上，使土地几乎寸草不生，形成一望无际的可怕的赤裸世界。这些不利条件无疑给人类的生存和发展以及交往造成了困难。

所以大凡谈起中国西部，人们马上就会联想到一片黄沙世界，古人是这样，今人也仍谈“漠”色变。

唐代诗人岑参（715—770）在《白雪歌送武判官归京》一诗中写到“北风卷地白草折，胡天八月即飞雪”，在《玉门关盖将军歌》里有“黄沙万里白草枯”的句子。可见西部一带的地理条件并不怎么好，几乎是一片流沙的世界。

但是，造物无言却有情，在干旱、戈壁、沙漠、盐原、风蚀等艰苦的环境中，也镶嵌着无数绿色的“珍珠”，形成了与“生命真空”迥然不同的另一个世界。我们可以看到的，在高山峻岭、浩瀚沙漠之间点缀着绿色的生命之岛；高山积雪的融化形成了绿色区域丰富的地下水源，流泉清澈见底。众多的河流沿岸土地肥沃、草木茂盛，也有如《敕勒歌》中所描绘的“天苍苍，野茫茫，风吹草低见牛羊”那样一派生机盎然的景观。在这些“绿色生命之岛”上，生息着我国西部少数民族部落和众多的古代城郭国家，孕育着一种粗犷而奔放的文化与艺术精神，产生过辉煌的、震惊世界的古老文化和艺术。

任何史学都应当从这些自然基础以及它们在历史进程中由于人们的活动而发生的变更出发。

——马克思

这种独特的自然环境，有别于中国的东部、南部各地域的风貌，这种差异，正是它存在的独特的个性和历史价值。

沙漠戈壁有骆驼，辽阔草原有骏马，山区小道有毛驴……连车轮都是有区别的。南方的田间小道滚动的是灵动精致的小车轮，像漂浮在水面上的满月；西北尘土飞扬的道路上是硕大粗犷的大车轮，如滚动在旷野上的夕阳。

这里山高、水长，星罗棋布的盆地绿洲，一望无际的河谷草原，绵延千里的原始森林……形成了塞外独特的自然风貌。

独特的自然风貌，形成了民族间不同的生活习俗，形成了各自物质形态的距离，形成了中国西部各民族的“异域”情调和思想意识的差异，以及为适应环境所形成、所创造的一切“设计”。

在古代，人类与环境的关系主要在于选择与适应，在选择与适应中改造环境，在适应与改造中求得更好的生存。而不至于使生态失去平衡，像现代人类社会所造成的生存危机。

地理环境并不是一成不变的，这种变化，随着人类对地理环境影响越来越大而不断加速，我们现在再也不能以千年为单位来计算了。美国《基督教科学箴言报》1987年6月22日报道，联合国环境计划署及澳大利亚政府的一项报告表明，全球三分之一的土地正在逐渐变成荒地，威胁到8亿5千万人的生计；全世界每年有21万平方公里的土地变成沙漠。[①]敦煌及其附近的楼兰、尼雅文化遗址的消失就很能说明问题。

虽然，地理环境的变化，较之人类社会的变化要缓慢得多，但是，我们既不能因此低估了地理环境这一自然基础对人类社会的思想、观念、意识生产的重要作用，也不能因此而认定它对人类社会影响的决定性、绝对性作用。因人类既不是“天意难违”的懦夫，也不是“人定胜天”的英雄，而是在历史的进程中逐渐意识到：一切都在相互联系、相互影响与相互制约之中；意识到“我们始于迷惘，终于更高水平的迷惘”。人类只是在特定的地理环境、历史传统、社会状况下，从事思想、观念、意识的生产，创造和设计着自己的生活。并且在

① 《光明日报》文摘版，1987 年 7 月 9 日。

此基础上构筑起自己的精神壁垒。这个壁垒既是凝结民族的内力与指针，同时也是行为的模式与规范，以及民族的精气神的依赖。

人类终归是人类，它不仅有意识地选择、适应环境，而且有意识地利用与改造环境。在争取满足自身的需要、社会发展的需要之中创造着自己的历史，从而奠定艺术繁荣的基础。

我国西部自然环境有它严酷的一面，也有它轻快、美好的一面；有它辉煌的过去，也有被风沙埋没的痛苦……辽阔的西部，孕育了彪悍的西部民风，习惯于生活在这里的人民，这里就是世界上最美好的“天堂”。

据史料记载，距今1300多年之前，仅在新疆塔里木盆地的周围绿洲上就活跃着许多小国（如今这些小国的遗址大多淹没在沙海之中）。其中著名的有塔里木河下游的楼兰、且末河下游的且末、尼雅河下游的精绝、克里雅河下游的扜弥、和阗河下游的于阗、皮山河下游的皮山、策勒河下游的渠勒等三十六国，以及发展到后来的五十余国。这些绿洲国家当年曾荣极一时，后来却都被湮没在流沙世界了。

这里曾经也是我国古代人类的发祥地之一，许多原始部落在这一带活动，根据中国神话、传说及历史记载，这一带部族被统称为戎、狄。夏商周三代时在我国西部活动的部族主要是西戎、析支、羌、鬼方等，春秋时为白狄、犬戎等，战国时有匈奴、月氏、羌、乌孙等。他们都过着往来不定、迁徙无常的游牧生活，活跃在这流沙世界里的生命绿洲上。

古楼兰、尼雅文化遗迹

李君修莫高窟佛龛碑　唐　敦煌研究院藏

历史不过是追求着自己目的的人的活动。

中国西部，民族众多，迁徙频繁，居住不定……大多都曾游牧或定居于敦煌……他们的物质生活、民俗风情、文化形态对构成敦煌本土文化精神，形成其艺术框架都具有极为重要的意义。

这些民族无疑对促进中西文化的理解，对沟通和融合各民族的文化，对构成独具特色的中国西部文明，起了极为重要的作用，实质上他们才是中国古老文明西进的最初和最重要的使者。他们用双手串联起那无数的“绿色生命之岛”，用双脚踩出了光照万古的丝绸古道。

智城·丝绸之路东西商贸交往　初唐　敦煌 321 窟

第二章 多民族集散的大舞台

中华民族自古以来是一个多民族所组成的国家，就其地理区分，在古史传说中统称西有“戎”、东有“夷”、南有“蛮”。稍后的称呼是东有“殷”、西有“周”，融合之后统称“华夏”。刘邦之后曰“汉”，“大汉族主义”似由此而来。这“戎”“夷”“蛮”三大部族，成为中国远古民族的三大主要组成部分。虽然各族之间包含有成百的部落和族姓，但历史将它们都统一在这三个部族的旗帜下。

戎族。大戎、骊戎，居住在现今的陕西一带；小戎居住在现甘肃河西走廊敦煌一带；陆浑之戎又称狁戎、九州之戎，还有犬戎、羌戎。

戎者，兵器也。凡持兵器侵盗中原者谓之“戎”。这是“中原”部族对他们的称呼，这种称呼，我们从侧面可以体察出戎部种族的特征及“中原”部族的心理特质。

中国西部戎族，在三代至春秋战国时即为华族的劲敌。周文王曾兵伐西戎，开拓疆境到今甘肃灵台，但西戎势力仍在，成为西周最严重的外患。宣王时，戎族入侵更加严重。公元前789年，号称中兴贤王的周宣王——他的功业就在于伐异族取得胜利——在伐羌戎时大败，宣王几乎被擒。宣王之子幽王宠爱褒姒，想杀太子宜臼（后为东周平王），以立褒姒之子伯服做太子，宜臼的母亲是申侯的女儿，申侯勾结犬戎攻周，杀幽王于骊山下，西周积累的货物宝器也全被犬戎掳去，从而导致西周的灭亡。

其实周也是西戎的一支，《山海经·西次三经》提到“南望昆仑，其光熊熊；西望大泽，后稷所潜”，他们之间的战争是同族部落的战争。

秦也是靠攻西戎起家的，周孝王时封给养马人非子一小块土地，地名秦，即现在的甘肃清水县。宣王时封非子曾孙秦仲做大夫（公元前854—前822），秦仲攻西戎战死。秦仲孙襄公曾救幽王有功，后来周平王继位，为了避西戎，迁都洛邑，这时襄公又派兵护送，很得平王赞赏，这样，襄公做了诸侯（公元前778—前776）。从秦仲、庄公到襄公子孙都是效忠周天子，致力于攻戎，从而恢复西周失地，也扩大了自己的疆域。秦穆公（公元前660—前621）伐戎得十二国，开地千里，在西戎中称霸。

那时的甘肃陕西境内有绲戎，翟豲之戎、义渠、乌氏、朐衍之戎，统称为西北诸戎。

西戎之强大还表现在戎攻晋的次数很多，晋悼公（公元前573—前558）在屡遭打击的情况下曾用魏绛的计策，同戎讲和，用货物交换土地，获得极大的利益。

从春秋鲁隐公元年到僖公三十三年共86年，总计戎狄攻华族16次，华族攻戎族9次，可见戎狄势力不小。

秦穆公霸西戎，西戎受了沉重的打击后已无力东侵，只得向河西走廊、西域一带迁移。这一大规模的攻伐西戎，以及西戎的迁徙对西域的影响和开拓实际上不亚于后来汉武帝兵伐匈奴，这是一次大规模的通过战争的沟通。

塞种人在西域一带的出现正是在这个时候。塞种即中国史书中的九州戎。塞种西侵约在公元前7世纪至前8世纪，正是秦仲兵伐西戎、塞种初见于中亚地区之时。据西史记载是在公元前7世纪中叶，也正是秦庄、秦襄二公初破西戎的时候。公元前612年塞种会同其他游牧民族继续西侵，攻破亚述都城，也正是在秦穆公逐九州戎以后一二年的事。

《左传》有“允姓之奸，居于瓜州”之地的记载，《汉书·西域传》中载塞种“本允姓之戎，世居敦煌”。塞种和允姓之戎是一回事，是一个庞大的部族。王国维曾考证，犬戎和猃狁都是它们的一个分支，所居三危，塞种为其一支。希腊人将散居于东欧、西伯利亚、中亚细亚的部落统称为斯基泰人，波斯人称其为塞迦人，中国则将散布于河西走廊敦煌一带以及天山南北的那部分称为塞人。塞人在西汉初，受匈奴、月氏和乌孙的迫逐，约于公元前2世纪侵入印度，并在北印、西印、中印建立了国家。塞种国家在印度是以商业发达而驰名的，特别是西边宁海，可与西方的波斯、阿拉伯以至罗马通商。在这里，同时也形成了佛学中心，印度部派佛教犊子部学说的发展与这种商业社会有关。这一学说的主张，正反映了商人阶层的意识与要求。塞种也扩展到犍陀罗地区，由此可见，塞种对西域各国各部族的影响，对沟通中西文化无疑也具有十分重大的意义。

秦穆公攻西戎，西戎西侵，在西方人的心目中，知道了东方国泰民强，那时的中国是以“秦”为代表的。

戎族喜舞刀、善骑射、好征战，有较强的军事实力。在古代这种实力的强弱，往往也是对其经济实力的检验。

在中国西部活动的羌族，也被统称为西戎的一支，分布在今新疆、甘肃、青海的广大地区。“姜”者，“羊”“女”字的结合，由此也可推想其经历过长期母系氏族社会，过着以游牧为主的生活。传说炎帝姓姜，在古文字里“羌”“姜”二字相通。羌族在我国西域地区居住和游牧的时间较长，可能是现在藏族同胞的祖先。

还有一个引人注目的部落是雅利安人。恩格斯曾认为雅利安人起源于亚洲，他在《家庭、私有制和国家的起源》这部著作中，指出雅利安人原来是游牧在奥克苏斯河（即今阿姆河）及亚克萨尔特河（即今锡尔河）流域的草原上。“雅利安”的意思是“自由”“品质高贵”。

远古阿姆河、锡尔河流域土地肥沃，水草茂盛，是古人类的发祥地之一（周穆王曾远游至此）。由于天灾人祸，雅利安人在公元前2000年左右向东南迁徙，一支迁入印度，称为印度雅利安人；一支迁入伊朗高原，称为伊朗雅利安人；还有一支迁到帕米尔以东的塔里木盆地以及河西走廊一带。

雅利安人到印度，给原来住在印度次大陆（不说印欧语系）的人民以新的语言。雅利安人在印度定居，并逐渐扩大地盘，同印度本地的原始民族一起，创建了印度辉煌的文化；雅利安人在波斯也同样如此；迁徙到塔里木盆地一带及河西走廊的雅利安人是自立国家，还是与西部土著同化？这是一个有待研究和解决的问题。但是雅利安人的印欧语系的语言，他们的信仰和生活习俗，多少都会影响我国西域各部落和国家，成为联络古代印度、波斯、中国的物质生产和民族情感的纽带之一。

阿姆河、锡尔河都发源于我国西部高地，远古少数民族也经常顺流而下到此游牧。古代较大规模地勘察大西北至少有三次，传说中的禹和益是第一次，这在《山海经》一书中是有记载的；第二次是传说中的穆天子，《穆天子传》中有记载；第三次是张骞出使西域，其记载见于《汉书·西域传》。三次都到过这一带，古史、传说均有记载；《史记》《汉书》称阿姆河为妫水，到汉唐之际这一带已并入中国版图。

月氏，“月”字本即“肉”字，与“禺”“牛”皆近音。《管子》揆度篇、轻重篇甲、篇乙均写作“禺”字，《周书》王会篇亦写作“禺氏”。《穆天子传》里面写作“禺知”，秦汉以后写作“月氏”和“月支”，均为“月氏”之异音。月氏也是中国西域远古民族之一。秦时，有“东胡强，月氏盛”之称，为我国西部大国。地处河西走廊，西起阿尔泰山，东达甘肃宁夏。汉以前，北方的匈奴对月氏也不敢轻易用兵，甚至屈服于月氏。匈奴单于冒顿在即位前曾被送往月氏作人质。

自公元前209年冒顿杀父自立后，即西击月氏，公元前176年左右，匈奴完全击败月氏，将月氏赶出敦煌和楼兰诸地。公元前174年至前161年，为老上单于（冒顿单于死后，其子稽粥继位，号为老上单于）在位期，由于他“杀月氏王，以其头为饮器”，至月氏灭亡，其中大部分西迁伊犁，破塞地乌孙王，史称这一部分为大月氏。其余小部分不能远迁者，退居南山，与羌人杂居，史称小月氏。

乌孙原是与月氏共居敦煌、祁连间的小国，其首领难兜靡被大月氏所杀，乌孙失去自己的牧地后，余部投靠了匈奴。乌孙王难兜靡之子昆莫，为匈奴单于收养，长大成人后，单于仍令昆莫统帅原来乌孙部众，昆莫前往报杀父之仇，逼大月氏西走，公元前161年至前160年左右，“过宛、西击大夏而臣之，遂都妫水北，为王庭”。这就是说，大月氏取道费尔干纳盆地而进入索格底亚纳后，征服了当时的“大夏”，其王庭和居住地为今之阿姆河以北的索格底亚纳。二十年后再次攻入阿姆河以南的大夏本土。希腊王赫里奥克里斯以及其家族于公元前135年被迫撤去巴克特里亚。

大夏这个地方，土地肥沃，本土居民从事农耕，大月氏来此之后，由游牧渐渐转为定居，建立了一个巨大的集权国家——在奴隶社会的基础上形成的奴隶制国家。

匈奴，是我国古代北方游牧部落中第一个统一大漠南北并建立起庞大国家政权的部落。

中国近代史学大师王国维先生曾从古器物、古文字中，考证出匈奴的族源来自鬼方、昆夷、猃狁等中国北方远古部族。可见在公元前209年匈奴建国之前，匈奴族已经经历了漫长的历史阶段。虽然匈奴这一名称早在中国殷周时期，就以各种相似的名称出现，战国后期始露头角，但真正使用匈奴名称则是在公元前318年。最初它们分布在我国内蒙古自治区阴山山脉一带，以后逐渐扩展到外蒙古（今蒙古国）。

匈奴的崛起在秦朝之后，乘楚汉逐鹿中原、无暇西顾的机会而发展强大起来。他东破东胡，西逐月氏，南联诸羌，北服丁零、坚昆，进而统治了整个西域。匈奴的发展强大无论对中国或中亚以至整个世界都曾产生过深远影响。

历史不过是追求着自己目的的人的活动。

——马克思

中国西部，民族众多，迁徙频繁，居住不定。上列各族，大多都曾游牧或定居于敦煌，使敦煌地区成为民族集散的大舞台。他们的物质生活、民俗风情、文化形态对构成敦煌本土文化精神，形成其艺术框架都具有极为重要的意义。同时上列各族，都曾大规模西进，活跃在中国西部舞台，与西部的原始部族，共建了中国的西部文明，有的甚至带着中国西部文明进入欧洲、印度等地，有的还建立起国家，如大月氏等。这些民族无疑对促进中西文化的理解，对沟通和融合各民族的文化，对构成独具特色的中国西部文明，起了极为重要的作用，实质上他们是中国古老文明西进的最初和最重要的使者。他们用双手串联起那无数的“绿色生命之岛”，用双脚踩出了光照万古的丝绸古道。

敦煌壁画中的西部民族人物形象

永远是精确地按照事物和行动呈现在眼睛里和耳朵里的那种形式来表现关于他们的观念。

艺术是人类最原始最基本的活动，其他所有的精神活动都得从它的土壤上生长出来。

艺术的创造，各类造型和纹饰都是人们对自然的感知，都是本能的祈求、理想与渴望，以及为了好生和乐生的探寻与情感的物化；艺术的创造，是在自然的（人也是自然的一部分）基础上建立起只有人才能完成的另一个世界，一个再造物所构成的精神世界。

中国西部昆仑神话以它丰富的想象力，它奇伟的故事，它的思想、情感、审美意味，对敦煌艺术的形成产生了极为重要的影响。在敦煌壁画中，有许多取材于昆仑神话系统的画面，大至整幅壁画，小至情节穿插的作品，都极为动人。我们透过“仙话”化和佛教化的迷雾，在敦煌壁画中还可以看到原始昆仑神话的初胚。

马家窑文化彩陶瓮　约公元前3000—前2000年

第二章 西部古老的原始文化及其特质

各个民族之间都存在着文化上的差异和距离。如果离开了这种差异和距离，就失去了民族的特点与个性，失去了它存在的价值和意义。各民族之间的交流和影响乃至渗透都是必然的，但这种交流、影响和渗透的结局要么是被同化和取代，要么是在更高层次上确立自己的个性特征，形成各自新的差异和距离。

中国西部文化是以它的本土文化精神在与我国各民族的交往中，在中亚诸民族文化的接触中，完善和在更高层次上确立了自己的个性特征的范例。

西部彩陶就是一例。西部彩陶曾经有过辉煌的历史，我国的彩陶研究家们通常将之称为马家窑类型、半山类型、马厂类型和比较晚一点的辛店类型等，它们就是西部彩陶的典型。这是在同中原彩陶的比较中所规划出来的分类。这种典型的划分，可以看出我们的研究家在局部上、在微观上并没有忘记西部的本土文化精神。但是由于某种政治上的原因，习惯将西部彩陶说成是中原彩陶的西移或继承，而忽视了各民族自身的创造力。

马家窑类型在洮河东岸，即今甘肃省临洮县马家窑村。但是它的分布范围却很广，甘肃东部、中部，青海贵德等地都有所发现。经碳-14年代测定，约为公元前 3190年。早期多泥质彩陶，呈橙红色或砖红色，造型以侈口长颈双耳瓶、卷缘鼓腹盆、剑口深口瓮、侈口有肩底瓶为主，最常见的纹饰有：卷草纹、蝌蚪形纹、蛙形纹、水浪纹等。由此看来，这一带曾有一个择水而居的部落，可能是西戎的一支羌族部落，这些彩陶是由他们所创造。

从马家窑类型的装饰纹样来看，这里是一个线的律动的艺术世界，令人震惊。我曾假想，中国绘画以线造型，是否从这里发源。线的潜力和能量在这里得到了惊人的体现。马家窑类型是流动的线和不定向的永远运动着的点的精妙结合，是使马家窑装饰纹样具有永恒艺术魅力的关键之所在。比如一只青蛙，从蝌蚪的点到成形的全过程，仅仅利用点的大小，线的组构和运转，表现出人们意象中的形态。它让你去联想，去品味，它完全是借助青蛙抽象出美的线型和一种本能的情绪，一种对母性的生殖繁衍的崇拜。

马家窑彩陶决不是简单的中原彩陶的西移和继承。马家窑是点线律动，是一个动态的、气势磅礴的造物，其手法更具随意性的艺术世界。中原彩陶是严密的几何抽象，较为安定，更具有规范性。我们从半坡类型具有代表性的鱼纹彩陶纹样中，可以看到由鱼所引发的各种大小的三角形和圆点的几何形体。显而易见，马家窑和半坡以它们各自的存在、时空的距离留给我们的艺术感受是多么的不同。

青海大通孙家寨出土的“舞蹈纹形陶盆”，其沿口所绘的一圈分三组的舞蹈人物画，为四根粗细有别的线条连接统一起来，每组五人，手拉手。整个装饰纹样所造成的欢愉气氛，很容易使人联想起先民们围着篝火翩翩起舞的场景。这一带正是远古西戎之部羌族活动之地，羌族也曾散居在现在被称为敦煌地区的祁连山一带，成为敦煌地区本土文化精神的重要组成部分。

半山彩陶，最先发现于甘肃大夏河东侧和政县的半山地区，以后又在黄河上游沿岸多有发现，可西延至永昌。据当时的碳-14年代测定，已有3940年至4040年的历史。半山彩陶既不同于中原，也不同于马家窑类型，它以壶、罐，尤其是直口长颈宽肩壶等为多。装饰纹样丰富，故已往彩陶研究家们归纳有锯齿纹、网纹、动植物形纹、螺旋纹和波浪纹等。为了研究方便，这种区分当然是十分必要的。但我总觉得这种归纳，往往过多地掺和了现代的意识和认知，因而妨碍我们对一个区域、一个民族物质生活和民族心理，包括审美认识的深层把握。

马家窑彩陶表现了一种奔放、轻快和律动的感情，通过抽象的线的自由运转来发泄一种人类的直觉。半山彩陶更倾向于对人自身价值的认可，对人自身美的发现。它的陶器的造型更具仿人意味。它的装饰纹样也多由人物或人物各器官演化而来。人物、动物这两种力量似乎对广阔无垠的大西北显得极为重要。花、鸟、鱼、虫在这里，在装饰纹样中开始消失。显然，这与地理环境以及先民们的生活接触所造就的审美习惯有着密切的关系。像甘肃宁定、半山等地出土的彩陶，十分清楚地勾画出人头颈项、肩、腹部的特征，甚至我们从形象的推论中可以发现，新石器时代的“衣着”装饰及纹样特征，很多装饰纹样还是人形及乳房等圆形的组构，从造型特征及其颈项的延长和颈口的缩小来看，可能是因为水在西部的特殊价值所决定，因为这些彩陶多是盛水用器。自古以来，我国西部对水是十分珍惜的。

如果说马家窑类型的装饰纹样更多地倾向于圆润的线的运转，使人感受到奔腾水浪的流畅与节律；那么，半山类型则具有茫茫广漠奔马昂扬之势。前者轻松活泼，后者粗放雄浑，带有怪诞与神秘感，在大的运动着的回旋纹样中安排着静态的有力的方格或半静态的菱形纹样，这在早期敦煌壁画中也是常用的基本纹饰。马家窑和半山类型彩陶的色彩是在陶土本色的基调上用土红和黑色绘制，这也是敦煌早期壁画中常见的基本色。

在中国西部还有引人注目的马厂类型的彩陶，它可以使我们看到西北的本土文化精神及敦煌艺术形成前的文化背景。

马厂类型的彩陶最初是在青海民和县马厂塬发现，后来在甘肃西部河西走廊一带也发现甚丰。据碳-14年代测定，它的最早年代距测定当时为4135年，最晚也当在3750年。马厂类型的彩陶实际上已经伸展到现今的敦煌东北部地区。它的壶形器造型上半身接近正圆的半球体，壶身上长下短颈变矮，口部外撇较之半山矮胖的扁圆形及长颈显得高大。器物之组成部位的平面比例匀称。罐形器的“耳”部逐渐显著，有的甚至从口沿一直挂到肩、腹部位，整体观看起来会使你马上联想西部少数民族妇女矫健的形体。

所谓联珠纹，在马厂的彩陶器物中亦时有作为装饰纹样出现，以往的敦煌学人总喜爱将敦煌壁画中出现的“联珠纹”认定为来自波斯，我这里不是说敦煌壁画艺术没有受到波斯的影响，而是觉得，没有必要把一些圆圈的串联作为影响的特征来论述。因为人类对方与圆各种形体的把握有其共通的审美认识，共同感受太阳和月亮的圆，大量水果及其他食物的圆形，母性腹部的圆，人类从无始无终的博大而神奇的圆形中感受到自身的本能需求和审美意蕴，并没有什么值得奇怪的。而且在公元前4000多年的波斯也还没有出现像半山和马厂类型的“联珠纹”图像。这里的所谓“联珠纹”，即同心圆的二方连续纹样，颇具像形意味，有的是女人的乳房，如◎；有的像太阳，如⊛；有的也许是水珠，如⊜；有的是车轮⊛或圆木⊘；有的也许是编织物⊕或有其他象征意义。其实大都不是具体物象的描绘，而是具象与抽象之间的意象或象征意味。纯然是本能的具有美感的线形组构，或者是因工艺制作的需要所安排和形成的抽象图形，一种民族情感的轨迹：漫无边际的广漠的实际距离，以及为缩短这种距离，各氏族部落的心理需要——这就是滚动的圆的启示。从情感意义和哲学意义上：圆可以是初始，也可以是结束；可以是虚空，也可以是充实；可以是平面的圈，也可以是无底的深渊；可以小到难以琢磨，可以大的无法计算……方与圆是视觉艺术的基本形，既单纯又丰富，人类一切造型艺术从这里起步，终于从这里演化成为更高层次的方圆。

人形纹样及类似软体动物的纹样，在马厂类型的陶器中成为主要的装饰纹样。成角的折线和平行线的大量运用，成为有别于马家窑及及半山类型彩陶的一大特征，使人联想起无垠的广漠和曲折分明的石山与沙丘，干脆利落。联想到彪悍坚毅的民族心理和简洁质朴的审美意味。

马厂类型的回纹与钩连纹的运用较为普遍，它使人想起后来所形成的殷、周青铜器上的云纹、雷纹，想起敦煌壁画中央众多的藻井边饰纹样。

辛店类型的彩陶，发现于甘肃洮河流域一带（那时中原已经进入青铜时代）。这种类型的彩陶也散见于甘肃广大地区。器形有罐、杯、盆、钵等。以双耳高颈罐为其代表性器物，造型比较随意简朴。它显著的纹饰特征大致是类似羊角圈曲的纹样和随意勾画的人、羊、狗、马之类的纹样。从它的器物以及纹样特征，我们可以推测这是一个以畜牧业为经济生活来源的部族，也有可能是西域的一支羌族部落的彩陶文化。羊角纹的普遍运用表明其有可能是羌人的族徽标记。羌与姜通，“姜”者，从“羊”从“女”，可见是个畜牧为主的部落。如果这种推想能成立，那么，辛店类型彩陶器形和纹样的随意性有时简直是漫不经

西部彩陶·马家窑类型及半山类型

心，正说明彩陶的实用价值在我国西部逐渐消失。因此辛店类型的彩陶被考古学家们认定为西北彩陶衰退期的代表。它的衰退，也许是因为由定居的农业、畜牧业分化为游牧部族，而游牧部族需经常随季节草场丰茂而迁徙，对彩陶的要求，当然不如定居的农业部族来得强烈。

十分明显，辛店类型彩陶的纹样中随意描画的人、狗、羊、鸟等形象，同甘肃境内敦煌附近的黑山、祁连山、马鬃山、花佛山、石包城等地发现的崖壁画有某些相似之处，它说明在这一带的民族部落的生活习俗、审美观念有它的共同之处，并且表明在这一时代，这些地区所活跃的仍然是以畜牧业为主的游牧部族。

人的生活，人对美的本能的欲求和探寻，是一切艺术的主体。作为制约生活、制约人的本能与欲求的地理及历史环境，当然也成为决定艺术的重要因素，对艺术起着支配作用，与此同时又把一种超越个人的力量提示给艺术。

通过对上述中国西部各类彩陶的粗略分析，我们不难认识到西部原始文化有它独特的风貌。它代表着我们西部特别是甘肃、新疆等地区在公元前的4000年间，即已经形成了强大的部落文化及其独具一格的体系。

艺术的创造，各类造型和纹饰都是人们对自然的感知，都是本能的祈求、理想与渴望，以及为了好生和乐生的探寻与情感的物化；艺术的创造，是在自然的（人也是自然的一部分）基础上建立起只有人才能完成的另一个世界，一个再造物所构成的精神世界。

我这里较多地强调了各种彩陶类型的距离，其用意也就是强调各民族部落因生存环境、历史演变和风土人情的制约，而产生的各自的艺术风格特征，并不是说它们是各自孤立的自生自灭的。恰恰相反，各民族部落由于原始的交往与迁徙，时间和空间上的关联，存在着相互影响和借鉴的一面。这在许多彩陶研究者的文论中有大量的描述，此不赘述。

从已发掘的彩陶及发现的资料看，综上所述我们将其归纳区分为三大区域：中原彩陶、东南沿海地区彩陶和西北地区的彩陶。我们也可以根据古史和传说的所谓“华夏”“苗蛮”“东夷”三个大的部落联盟来考察它们各自的特征，我们会从中发现它们各自的特征是十分显著的，这也是由时间和空间造成的距离。从器形上，中原彩陶分盆形、钵形；东南沿海分鼎、豆、深腹罐；西北地区则多罐形、壶形。从纹饰上讲，中原地区多由物象引发出的平面几何形体的组合，它宏厚、求实大方、井然有序；东南沿海地区多编织物和植物演化的二方联系图案或对称的有规律的图案，它轻快、平和、繁富多变；西部地区多动物或人形图案，以点、线条构成纹饰，它粗犷奔放，重视人的自身力量的显现。

三大彩陶区域像三个大的文化圈，共同组成中华民族灿烂的远古文化，这些文化圈从来不因重叠而减弱各自的光辉，它们之间是环环相套的花环，互相影响和衬托。就像甘肃陕西之间的“华夏集团”与羌戎部族的分合；华夏和东夷氏族部落的争夺和融合；东夷与江浙地区越文化的密切联系与交织。青海、四川、甘肃之间的苗蛮、羌戎等部落的彼此混杂交融……因而，在三大彩陶文化圈中所出现有各种混交型的小的彩陶文化圈，有的还形成了独具个性的风格，就不足为怪了。正如马克思所说“人也是按照美的规律来塑造的”，不同部族的人当然就有各自不同的对美的理解和追求。

西部彩陶文化（包括后来出土的新疆一带的彩陶）是西部古老部族文化精神的显现，对形成敦煌艺术的形式风格特征起着极为重要的作用，也就是说为形成后来的敦煌艺术打下了基础，提供了重要的历史参照和深厚的文化背景。

我们再来看看西部神话传说。神话传说是原始部族最初的文学形式之一，是原始部族意识情感的记录，也是历史和风土民情通过口头流转的形式出现的原始部族文学的萌芽。

西部神话自成系统，人们习惯于称其为昆仑神话系统。它发源于中国西部高原地区。从它的内容来看，当是原始部族时代的产物。在现存的我国古书里，最早记载西部神话的著作是《山海经》。流传至今的许多神话，大多来自昆仑神话体系。例如《夸父逐日》《共工触不周山》及《振滔洪水》《黄帝食玉投玉》《禹杀相柳及布土》《魃除蚩尤》《烛龙烛九阴》《建木与若木》《羿杀凿齿窫窳》《巫彭等活窫窳》《西王母与三青鸟》《姮娥窃药》《黄帝娶嫘祖》《稷与叔均作耕》《鼓与钦邳杀葆江》《恒山与有穷鬼》《窜三苗于三危》等故事。

《山海经》虽然成书于战国时代到西汉初年之间，但神话的产生显然要比文字记录早得多。从神话的发展、演变，我们不仅可以窥探出西部原始部族的历史，同时也可以感受到他们征服自然的渴望和英雄业绩。

神话作为原始社会人类黎明时期的意识和想象，正如马克思所说："在想象中并通过想象以征服、支配和形成自然力。想象力，这个十分强烈地促进人类发展的伟大天赋，这时候已经开始创造了还不是用文字来记载的神话、传奇和传说文学，并且给予人类以强大的影响。"西部昆仑神话，它丰富的思想内涵，正是活跃在西部地区原始部族的伟大天赋，以及他们的祈求与渴望的形象化的显现。

例如，在《大荒西经》里记载："有神十人，名曰女娲之肠，化为神，处栗广之野，横道而处……"这个神话片段，记述着对天、地、人起源的思考和解答。在先民们的脑子里，有一个女娲这样的开辟神，她辟天、造地、化人。在这样一个流传至今的众所周知的神话故事里，我们可以看出原始社会的政治生活，并可以推断这一神话产生的时代，它显然是原始母权制氏族社会的产物。在这样一个人类最早的社会形态里，女性的地位和价值，受到极高的崇奉，是占统治地位的。正如拉法格在《思想起源》中说的："对于粗心大意的和无远见的野蛮人，妇女是神明；她支配着他的命运，从生到死。人们根据事变和自己的日常生活上的知识收获而制作意识形态，他们终于开始把妇女加以神化。"开天、辟地、化人，治洪水、补天缺的业绩，足以推出一位英雄的女性，这是先民们的祈求、渴望与理想，是自己最初"日常生活"的知识收获。《精卫填海》同样塑造了一位征服自然的女性神。

大地干旱燥热，是太阳的罪过！没有太阳，大地会漆黑一片。天上的太阳太多了也不行，于是，想象中创造了射日的英雄羿，射下了多余的太阳，只留下一个。这种伟大的想象力，这种超自然的力量的构想，实际上是对人类自身力量的赞美。还有像《夸父逐日》、《共工触不周山》及《振滔洪水》等神话，都是歌颂男性的神——具有神性的征服自然的英雄。这些提示了我们，使我们从中推论出原始社会由母权制向父权制氏族社会的演变；原始人类的政治和精神生活及社会形态的演变，也包容在这瑰丽的神话演变之中。

父权制社会产生的神话，除征服自然外，还反映和描述了部落之间的战争，《山海经》中黄帝和蚩尤的战争，规模之大，战场之宏伟，堪称中国原始部落时代的伟大史诗。黄帝族，最初居住在西北方，也有传说，曾居住在涿鹿地方的山湾里，过着往来不定、迁徙无常的游牧生活。《山海经》里的传说，黄帝居住在昆仑山，姓姬，号轩辕氏。周朝又称："我姬氏出自天鼋。"轩辕，天鼋，一音之转，因此，黄帝族可能以天鼋为图腾，黄帝有子二十五人，统率以熊、罴、貔貅、豹、虎为图腾的各族。蚩尤是九黎族的首领，兄弟八十一人即八十一个氏族酋长，全是兽身人首，吃沙石，铜头铁额，耳上生毛硬于剑戟，头有角能触人。推想也是以猛兽为图腾，为勇猛善斗的强悍部族。传说蚩尤部族曾驱逐炎帝族，把它赶到了涿鹿一带。炎帝族据说姓姜，牛头人身，姜姓是西戎羌族的一支，最先在中国西部过着游牧不定的生活，到涿鹿后，炎帝族联合黄帝族，与蚩尤大战于涿鹿，蚩尤请风伯雨师作大风雨，黄帝也请天女魃下凡相助，打败蚩尤。此后，一部分九黎族退回南方，一部分留在北方，后来建立黎国。一部分被炎、黄族所俘。也就是给后来的西周时代留下所谓"黎民"百姓之称的由来。我们需要富于想象力的寻根问底的考古家、研究家，若根据这些线索也许可挖掘出历史的见证物。世界上不乏从神话故事与历史传说中发蕴勾陈，而被历史的遗物所证实的事件。

战争是力量的较量，是人力、物力、财力的较量，通过原始部落战争的描述，我们从中可以窥探到原始部落社会的历史状况和经济生活状况。如传说中黄帝用玉作兵器，造舟车弓矢，染五色衣裳、五色旗号等。

西部昆仑神话中还记述有许多发明创造，如《大荒西经》记载颛顼的曾孙太子长琴"始做乐风"；《海内经》记载炎帝的曾孙殳"始为侯"(侯即射箭的靶子)；帝俊的曾孙番禺"始为舟"；番禺的孙子吉光"始以木为车"；帝俊的儿子晏龙"始为琴瑟"；帝俊的另外八个儿子"始为歌舞"；帝俊的孙子义均"始作下民百巧"；等等。

中国远古神话，也分许多系统。其中的昆仑神话系统，据史书记载最先发源，它那神奇瑰丽、气魄雄伟的史诗般的故事，流传到东南沿海地区后，跟生活在那苍莽幽冥的大海环境中的先民们的情感相结合，形成了蓬莱神话系统。

昆仑神话何时流行中原楚域，不得详知，但在《尚书》的《禹贡》里已有了一点，在《左传》和《国语》中才逐渐多起来。因此，顾颉刚先生论定："两周时就已零星地传了进来。至于有系统地介绍，怕须待至战国之世，否则，在抒发情感的《诗经》里为什么找不到多大的证据（只有很少一点如《旱魃》），而一到战国诸子的诗文里就大规模地采用了呢？”我们在战国诸子的著作里常常能读到借远古昆仑神话言志、明理、抒情的作品。在被认为是我国古典哲学中最高哲学表现的《庄子》和最高文学表现的《楚辞》这两部书中，就常常提到昆仑及昆仑神话。为什么昆仑神话至战国时才大量传到中原，也许主要在于秦国向西征讨羌、戎，与羌戎部落接触日益频繁与密切，有的羌戎部落被同化，秦国军民在这里接受了昆仑神话，从而又使神话开始向中原楚域传布。又为什么在屈原的《楚辞》里经常提到昆仑及昆仑神话？也许这主要是楚国的疆域已经拓展到当时盛产黄金的四川丽水地区，与当时居住在这一带的羌、戎部族也交往甚密。楚国还曾在云南楚雄、四川荥经先后设置官吏，经营黄金的开采和东运，[①]因此昆仑神话就随着这条黄金之路不断流衍到楚国郢都，才产生有以昆仑神话传说为内容的屈原创作，从中也体现了屈原对西部的认识和关注。如《涉江》中的“登昆仑兮食玉英”；《离骚》中的“邅吾道夫昆仑兮，路修远以周流”，“忽吾行此流沙兮，遵赤水而容与”等。

综上所述，我们可以了解到我国西部昆仑神话不仅是我国远古神话的源头之一，同时它的那种神奇、瑰丽的故事，丰富了中华民族远古的文学宝库，它对我国东部和南部的文化影响也是及其深远的，顾颉刚先生认为，西部神话说人可以成神，它们的神者，即黄帝、西王母、禹、羿、帝江也，是住在昆仑等山上的；东部神话说人可以成仙，他们的仙有宋毋忌、正伯侨、羡门高等，是住在蓬莱仙境等岛上的。西部神之所以长生久视，是由于“食玉膏、饮神泉”，另有不死树和不死药；东部仙之所以能永生，是由于“餐六气，饮沆瀣，漱正阳，含朝霞”，另外有“形解销化”，并藏着“不死之药”。所以“神”和“仙”的名字虽异，而它们的“长生不老”和“自由自在”的观念则没有什么两样。所以东方的仙岛与西方的神国手掌手背一体两面。但不同的自然环境，所形成的艺术想象与氛围、造就的艺术形象与情调显然是有别的。

因此，西部原始神话和东部“仙话”毕竟保持着相当的时空距离。西部神话重点在于通过想象征服自然，歌颂征服自然的英雄和部落战争的勇士，神同人性，显示出人类自身的力量和价值。至于黄帝服食玉膏等事，也近乎修仙炼

① 参见徐中舒《试论岷山庄王与滇王庄蹻的关系》，载《思想战线》1977 年第 4 期。

道的行为，疑是“仙话”的渗入。《山海经》成书的时代，正是中国封建社会初期，社会的变革和动荡，有产者幻想快乐、逍遥、长生不老；小产者生活发生困难，幻想逃避可怕的现实，过一种易于谋生的快乐无忧的仙境生活。“仙话”满足了这种要求，凡人只要经过修炼，或者服食了某种药物，就可以长生不老，甚至可以升天。所以统治阶级的上层及大小国王们都想方设法寻找“不死之药”，寻找蓬莱、方丈、瀛洲之类的“仙山”。这一活动延续到了两百余年后的秦汉时期，秦始皇、汉武帝还梦寐以求，只是“海客谈瀛洲，烟涛微茫信难求”。所以“仙话”化了的神话，虽然也有一定的意义，但已是神话的变种。神话偏重进取，偏重展示人的力量和英雄本色；“仙话”消极避世，纵容了人的堕落和个人欲求，失去了原始昆仑神话的战斗精神。列维·布留尔说“历史永远是精确地按照事物和行动呈现在眼睛里和耳朵里的那种形式来表现关于他们的观念”。时代的变迁、朝代的更替为统治阶级所利用，在昆仑神话的传播中带来了消极因素。

西部昆仑神话系统，当是由西部羌、戎、苗等多部族在中国西部高原所形成的最原始的口头文学，是先民们集体创造的结果，是人类曙光期的文化构成部分，也是我们中华民族的优秀传统文化构成部分，培育着后来文学和科学活动茁壮的萌芽。艺术是人类最原始最基本的活动，其他所有的精神活动都得从它的土壤上生长出来。毫无疑义，昆仑神话系统成为中国西部远古本土文化精神的重要组成部分。

中国西部昆仑神话以它丰富的想象力，它奇伟的故事，它的思想、情感、审美意味，对敦煌艺术的形成产生了极为重要的影响。在敦煌壁画中，有许多取材于昆仑神话系统的画面，大至整幅壁画，小至情节穿插的作品，都极为动人。我们透过“仙话”化和佛教化的迷雾，在敦煌壁画中还可以看到原始昆仑神话的初胚。

例如，敦煌石窟里的窟顶部藻井四周就常有东王公、西王母、伏羲、女娲、朱雀、玄武、青龙、白虎、开明、飞廉、雷公、羽人、方士等神话题材的壁画及其动人的形象的描绘。或者“假借”或者“附会”西部神话形象来塑造佛经故事里的艺术形象。如假借“东王公”“西王母”之形，代表帝释天和帝释天妃，神话中的“人皇九首”成了佛教艺术形象里的“毗摩质多”等。

这说明离开了西部古老的原始文化及其文化艺术精神，是无论如何也构筑不起敦煌这个庞大的、悠久辉煌的佛教艺术长廊的。

法华经变局部　隋　敦煌303窟

任何民族的文化艺术，总是和它的社会环境、经济生活以及因此而造就的文化心理、审美意味有着密切的因果关系。

游牧文化表现在艺术方面的主要特征是混交型的。由于它是从农耕部落中脱胎而来的，所以它带有农耕部族的文化特征。同时，羊、牛、马、骆驼等繁殖很快，人们对它们只须简单的看管和照顾，便可获得充裕的食品，又可获得理想的“高速”运输工具。于是，人们一方面可以加强部落间的交换、沟通与联络，使不同部落的文化艺术相互交融；另一方面，又赢得了充足的时间从事装饰美术及歌舞等文化活动以及性爱本能发泄的各种文艺活动。部落与部落间的联姻、集会，也为文化的混交提供了有利条件。这一点，我们从今天活跃在我国西部的民族中仍然可以看到其遗风。游牧部落的形成及其经济的发展促进了文化的交汇与繁荣，我们可以看到我国西部游牧部落文化较之定居农耕文化显得丰富和宽泛，感情也更为激烈与开放，作为人的本性得到了自由的发放与张扬。

鹿形金饰牌

第四章 混交型的游牧文化及其心理目标

我们的视线由敦煌地区的东南方再转到敦煌地区的西北方一带。由于大片沙漠的隔绝，居住在沙漠绿洲中的部族，过着由狩猎过渡到农牧共存的生活。东西流向的疏勒河横贯张掖、酒泉、安西、敦煌，然后流入罗布泊形成疏勒河下游三角洲。再往西是现今的新疆伊犁河，再往西便是阿姆河、锡尔河流域所形成的三角洲，众多的民族部落就散居在这些星罗棋布的绿色生命之岛上。

在原始部落社会早期的旧石器时代，人类对环境的适应能力差，为了生存，往往沿山脉与河流迁徙到遥远的地方择水草而居。正如摩尔根所说："他们沿着海岸和湖岸，沿着河道四处散布，可以遍及地球上大部分地区。我们在各个大陆上都发现处于蒙昧社会状态中的燧石器和石器遗物，甚至有充足的资料足以证明人类迁徙的事实。"①在旧石器时代，现今敦煌西部（包括敦煌）的广阔沙漠之中有大量的绿洲，曾经有许多民族迁徙到这一带。后来社会由狩猎过渡到家养牧畜，从采集野食过渡到早期农业这一人类事物大变革的时候，今敦煌西北部一带进入彩陶时代。彩陶主要是定居部落的产物，当时的彩陶由于烧制和工艺技术复杂，显然并非普通之物，游牧部落不便于携带。

①［美］摩尔根：《古代社会》上册，北京：商务印书馆，1987 年，第 20 页。

成群的牛羊，小小的陶器也解决不了它们的饲养问题，因此彩陶对游牧民族的使用价值不大。从现今的考古发掘来看，也很少发现游牧部落的彩陶，因此彩陶在农业定居民族中所具有的意义，较游牧部落来得更加实际。家养畜牧的不断发展，需要有不断增加的牧场，于是，游牧便成了发展的必须。

最初的畜牧业存栏不多，是在以农耕为主的基础上进行的。农业居民在居住地附近进行畜牧放养，不必到遥远的地方寻找牧场。随着家养畜牧的繁殖和增产，其所需之饲料越来越多，解决的办法只能是寻找水草以扩大天然牧场。为此，从定居的农业部族中分离出游牧部族，游牧经济开始与农业经济分离，一部分由定居的家养畜牧过渡到“逐水草迁徙”的游牧。随着游牧部族的产生和发展，它们形成了有别于原始农业定居部族的物质文化和精神文化。

恩格斯在《家庭、私有制和国家的起源》一书中说：“自从游牧部落分离出来以后，我们就看到，各个部落成员之间进行交换及它作为一种经常制度来发展和巩固的一切条件都具备了。”一种新型的物质产品交换的社会形态的出现必然产生一种新型的混交型的文化形态。游牧部落从农耕和家养畜牧中分离出来，显示了自身的价值和性格特征。在食物方面，以肉制品、乳制品为主食；在穿着方面，靠皮革和毛制品；在住方面，濒水靠山，随遇而安，由石块垒成或植物枝条编成“巢房”，或用皮革制成的轻便帐篷，以便于携带迁徙；在行方面，靠马和骆驼等运载工具。衣、食、住、行都跟定居农耕部族产生了距离。我们从远古游牧部族的墓葬中是不难发现这些特征的。在它们的墓葬中，大多是羊骨、狗骨、马骨、骆驼骨及其他兽骨，说明了游牧部落以肉食为主的生活特征。表现在造型艺术方面，主要是与游牧生活密切相关的短剑、刀、斧、带扣、牌子、镜、坠饰等实用物品的雕刻与小型饰物的塑造。

物质生活启迪人类的精神生活，精神生活又反作用于物质生活，便产生了美的创造物。

任何民族的文化艺术，总是和它的社会环境、经济生活以及因此而造就的文化心理、审美意味有着密切的因果关系。

游牧文化表现在艺术方面的主要特征是混交型的。由于它是从农耕部落中脱胎而来的，所以它带有农耕部族的文化特征。同时，羊、牛、马、骆驼等繁殖很快，人们对它们只须简单的看管和照顾，便可获得充裕的食品，又可获得理想的“高速”运输工具。于是，人们一方面可以加强部落间的交换、沟通与联络，使不同部落的文化艺术相互交融；另一方面，又赢得了充足的时间从事装饰美术及歌舞等文化活动以及性爱本能发泄的各种文艺活动。部落与部落间的联姻、集会，也为文化的混交提供了有利条件。这一点，我们从今天活跃在我国西部的民族中仍然可以看到其遗风。游牧部落的形成及其经济的发展促进了文化的交汇与繁荣，我们可以看到我国西部游牧部落文化较之定居农耕文化显得丰富和宽泛，感情也更为激烈与开放，作为人的本性得到了自由的发放与张扬。我们从居住在河西走廊及敦煌一带的几个游牧部族的文化中不难看出这些特征。

塞种是我国西北远古九州戎部族。《左传》有“允姓之奸，居于瓜州”之说，《汉书·西域传》也说“塞种本允姓之戎，世居敦煌”，“塞种分散，往往为数国，自疏勒以西，休循、捐毒之属皆故塞种也”，“乌孙，本塞种也”，“大月氏西破走塞王……故乌孙民有塞种”。其属早期的游牧部族，西方人叫斯基太人，译音是相通的。塞种男人头戴护盖两耳的尖顶帽子，质地又坚又硬，身穿宽大的衣服和裤子，佩自制的弓和短剑，拥有骑兵和步兵，弓兵和枪兵。塞种妇女，身穿长袍，肩着披风，脚着高靴，这种服饰与游牧部族的生活是适应的。我国西部高原，风沙大，温差大，气温变化激烈，到了夏天也仍然是“朝穿皮袄午穿纱，围着火炉吃西瓜”，护耳尖顶硬帽减少风沙阻力，长袍披风便于席地而坐而卧，长统靴防止沙土的侵入，便于在草地、沙漠、戈壁放牧。这是为适应环境所进行的设计。

早期敦煌石窟也反复出现过塞种人的形象以及对他们衣着特征描述的壁画。

诚然，敦煌早期壁画的出现，已经是魏晋时期，那时塞种人已经离开了敦煌，被另外的游牧部族所代替。但是，精神文化的流传与继承，却往往是相当久远而不易消失的。

对远古塞种人的考古发现表明，他们拥有对灵魂的信仰和对祖先的崇拜，相信万物有灵。他们对与生命相关又不可理解的天、地、日、月、水、火十分崇拜。特别是对太阳的崇拜，他们以马来作祭物奉献给太阳，在原始塞种人的心目中，人间最快的是马，天空中最快的是太阳，所以常常将马作供品来奉献给太阳。

马在游牧民族中有特殊地位，因此，养马在中国西部极为重要，驾车、放牧、运输、迁徙等，都离不开马。人们普遍认定，马的驯养始于我国西部，完成于中亚腹地，同时，中外研究家们也认定马的起源地是在我国西部及中亚腹地。考古发现证明，新石器时代的欧洲未曾发现马骨，北美更新世时期曾发现马的化石，但据认定也是从亚洲去的，而到更新世的末期，马在美洲便已灭绝。由此也证明，在世界范围内，马是从中国西部、中亚腹地发展开来的。在古代，马作为交通和运载工具，它的作用是不能低估的，正因为如此，在世界众多的古代艺术作品中，马的形象得到了充分的表现。

反映在塞种部族艺术里，各种马辔上的装饰十分精美，而且将马的形态表现在装饰物上。围绕着马所流传的众多神话故事，都说明了马对游牧部落的重要性。在后代的绘画、雕刻艺术中都有大量马的形象，如在古希腊的雕刻和瓶画上的马，秦始皇陵的兵马俑，武威雷台出土的西汉青铜奔马，众多的汉代画像砖上的马。敦煌壁画中的马队表现更为生动和精致，题材更为丰富和充实，都是极为重要的动物绘画的母题。然而在远古的“东夷”“南蛮”之地的艺术造型里，马是很少的。

塞种人不养猪，敦煌壁画中也极少有猪的描绘和塑造。也许这主要受佛教的影响，但民俗风情不仅可能而且可以制约宗教的想象，因为宗教想象不是靠天国而是靠人间生活的。塞种人的艺术，主要是动物纹样的描绘和塑造。其之所以这样，显然与他们的物质生活息息相关。站立的狮子、奔驰的鹿、警觉的山羊，是其艺术表现中常用的题材。

塞种人对奔鹿形象的描绘得心应手、驾轻就熟。后来，静态的鹿代替了奔驰的鹿，鹿角枝丫繁多，许多透镂雕刻的鹿，它的双角上方钩状叉角被强化为美丽的装饰，这使人联想起敦煌壁画中表现的大量的鹿的形象。著名的《鹿王本生故事》中鹿的描绘与塞种人笔底下的鹿有许多相似之处，这是不难理解的，鹿在佛教里被作为纯洁、善良的象征，佛教徒在描绘释迦牟尼的前世时，也曾以善良、纯真的鹿作为象征物。

在纽扣、镜纽、短剑的柄顶上常常雕刻着蜷身兽，虎虎有生气。雕刻非常注重整体观念与“团子”造型，简洁明快，浑然一体，或安然沉睡，或奋然跳跃，那造型及神情的描绘，又使人联想起敦煌壁画中虎的形象，如《萨埵舍身饲虎》图中的老虎。敦煌壁画中虎的造型，也曾引起一场论争，一些学者说是随佛教由印度传到敦煌，因印度南部艺术中有虎的表现；另一些学者却说是从中原传到敦煌，理由是中原汉石刻有众多虎的造型；还有的学者说是从中国南部传到敦煌，理由是长沙马王堆帛画中虎的形象与敦煌的虎有某种相似等，其实这些说法都是比较牵强的。中国西部远古游牧部落的动物画造型已经达到了相当高的水平。塞种人的动物纹样及动物故事画不仅相当普遍，而且被认定是游牧部族动物造型艺术的最高表现。这些动物造型艺术的纹饰，最初见于公元前8世纪至前6世纪，繁荣和成熟在公元前6世纪至前4世纪。因此，从时间上讲，上述理由也是不能成立的。从人种部族的精神气质上来看，似乎中国西部游牧部族更接近于“虎”的强悍和勇猛，这里的虎被作为部族的心理个性的象征，是对自然力量的仰慕和追求。而在长沙帛画或汉石刻中的虎，虽然也是取虎的强悍与勇猛，但用意似在于辟邪保平安。如果说与西部游牧部族的虎纹装饰有某种共同之处，那也真是“貌合神离”。前者是对“虎头虎脑”的“虎气”的追求，即对自身力量的肯定与积极进取；后者则倾向于假“虎威”以驱除邪恶，表现为对自身力量的消极否定。前者的虎被人格化，后者的虎则被授以神格。

塞种人的动物纹饰，主要用在各种铁刀、带扣、斧柄、小牌、铜镜、铜箭簇等上面。

塞种人的造型艺术，对后代产生过深远的影响，我们之所以说它是混交的游牧文化的典型和美的最高表现，是因为它频繁的迁徙与各部族间交往，融合了中亚许多定居农耕部族和游牧部族的文化艺术特征，造就了其一个时期内的艺术高峰，并且延续了近600年。

譬如狮子的形象，是我们在古埃及、两河流域的亚述、巴比伦以及波斯的雕刻和壁饰中经常见到的。在塞种人的斧柄上狮子形象也常有体现，同时我们还可以看到它从爱奥尼亚的花瓶、亚述宫殿的浮雕和迈锡尼饰板上所受到的影响。塞种人的山羊立像在中国北部也大量出土过，镂刻在带钩上的禽头像、狮身鹰头像在蒙古和中国北部常有发现，这些都说明塞种部族极善于融合外来文化而创造自己的艺术高峰。

在敦煌和祁连山一带居住的乌孙部族，其首领难兜靡为大月氏所杀后，乌孙人失去了自己的牧地，逃奔于匈奴，这也是部族之间的融合。乌孙难兜靡之子昆莫得到匈奴的支持后，将大月氏赶出了伊犁河流域及伊塞克湖周围地区，发展成为我国西部的大国，其地域扩展到了新疆以外的中亚，且建立了他们自己的文明。然而这种文明也是混交型的，虽然赶走了塞种人和大月氏，但仍有其余部留下，与乌孙部族杂居通婚，其风土、人情、习俗的生命力，并不是武力能扫荡与扼杀的。所以世界史学和考古学家们将这种文化称为“塞种—乌孙文化”，我认为是有道理的。

世居敦煌一带的大月氏，是一个经济文化发达的部族，它敢于与匈奴抗衡，匈奴单于冒顿在继位以前曾作为人质被送往月氏。史学家和考古学家们认为月氏部族在绘画方面所留下的能分辨出来的遗迹中，代表是崖壁画，如黑山崖画及马鬃山一带的崖画，这些大多是对人物和动物场面以及游牧部族活动内容的描绘。据汉武帝时代东方朔的《海内十洲记》记载，月氏人喜工巧，善营运，他们从西域的和田贩回高级玉料，制成玉器远销世界各国，流传至今的夜光杯就是这个部族艺术的写照。

月氏部族受到匈奴部族的打击后，一小部分退居祁连山一带与羌人杂居，丰富了羌人的文化。大部分迁徙至伊犁河流域，后又被乌孙击败，《史记·大宛列传》说：“过宛，西击大夏而臣之，遂都妫水北，为王庭。”自月氏部族攻入大夏，最初仍带着我国西部游牧部族如乌孙、匈奴等部族的翎侯封制管理所属部族，发展经济，兴修水利，由游牧走向定居。这大约延续了一百余年，到大月氏王丘就却，灭四翎侯，结束了五部翎侯分立的局面，建立了统一的贵霜帝国。《后汉书·西域传》称“自此以后，最为富盛，诸国称之”，其创造了闻名世界的犍陀罗文明。这里无疑有大月氏部族的功劳，显现了这个部族的智慧与才能。

据王国维在《观堂集林》卷十三《西湖考下》中的考证：“大夏一国，明非远夷……故国在且末、于阗间……大夏之国，自西逾葱岭后即以音行……其西

佛本行集经变·耕种　五代　敦煌61窟

马夫与马　北魏　敦煌431窟

五百强盗成佛图局部·狩猎　西魏　敦煌285窟

贤愚经变之局部·耕作·屠房　北周　敦煌296窟

徙葱岭以西，盖秦汉间之事。”说明大夏原本是现在新疆南面的部族，于秦汉之际迁徙，占据巴克特里亚一带建立了大夏之国。如此看来，在它的文化深层里也有着我国西部游牧部族原始文化的积淀。而且，塞种人西迁也曾在这一带活动，虽然大月氏贵族是这个国家的统治者，已由游牧转向定居，但毕竟出身游牧部族，不同程度地保留着游牧部族原始氏族制的残余，也是顺理成章的。因此，他们之间的文化混交也是必然的。

这以前，也就是公元前3世纪左右的亚历山大东征、塞琉西王朝建立以及巴克特里亚希腊王国时期，这一带曾经是希腊人居住的地方，也是希腊文明传至印度及中亚的起点和交汇点，所以到后来以大月氏贵族为主体所创建的贵霜帝国及其文明，实际上是集合了中亚游牧部族的文明和希腊文明而显示出的辉煌成果。这种文明的集中体现则是希腊—犍陀罗文明。

将大月氏赶出敦煌祁连山一带的是匈奴部族。匈奴是我国北方的一个大游牧部族，《汉书·匈奴传》记载他们“逐水草迁徙，无城郭长居耕田之业”，“咸食畜肉，衣其皮革，被旃裘”。他们曾长期与黄河流域的汉民族为邻，与汉民族争斗、融合并得以发展，所以匈奴的文化构成带有许多黄河流域汉民族的文化特征。西汉建立后，匈奴经常侵扰其边界。匈奴欲得汉朝的丝绸，汉朝欲得匈奴的马匹，双方和战不断，往来极其频繁。历史助成了匈奴文化的混交。

匈奴的社会发展水平较之黄河流域的汉族地区落后，奴隶制也并不发达，它还保存着许多部落氏族社会原始公社制的残余；但相对于汉王朝封建主的统治而言，匈奴部族内部阶级对立与阶级压迫并没有那么严重，社会生活比较自由，有“匈奴中乐”之称。所以汉族中许多受压迫的农民甚至大批知识分子背井离乡投入匈奴部族，为他们出谋划策，参与匈奴部族的社会生活和生产，传播汉文化。因此，从匈奴部族的文化中我们可以明显地看到汉文化的影响。

1922年，苏联考古学家柯兹洛夫领导的“蒙古、西藏考察团”在诺颜山发现了匈奴墓群，其中一墓出土有丝毛织物、绒毡、青铜器物、铁器、漆器和玉器，还有汉民族常用的华盖，各种服饰及马具。其中的丝绢，就其纹饰、织法来看，显然是中国内陆汉民族的产物。彩色的刺绣、锦云、鸟兽和在云中飞奔的神仙骑鹿的纹饰，都反映了匈奴与汉民族的密切关系，有的织上了“新神灵广成寿万年”的字样；有的漆杯底部镌着“建平五年”和“上林”的汉字铭文题记（建平五年即元寿元年，公元前5年），墓中为椁、棺、榼三重，除反映了所谓“国君三重”的墓葬主人地位外，也可以推想到汉民族的墓葬礼仪对匈奴游牧部族的影响。1928年至1929年间在哈克图附近发现的匈奴墓葬中，也出土有许多汉民族的丝织品、漆器、铜镜、玉器等，甚至还有箸（筷子）。自古以来游牧部族以食肉为主，都是手抓，哪里用得着筷子？这一习惯一直延续到现在的许多以放牧为主的少数民族中，如内蒙古和新疆的广大少数民族地区及甘肃的蒙古族和哈萨克族自治县等地，他们仍是“手抓羊肉”“手抓饭”的。这些墓葬出土物既反映了民族之间的交往、汉文化对匈奴的影响，也反映了汉与匈奴上层的交往、馈赠。墓葬中还有一些物品，也存有巴克特里亚希腊时期的影响。因此，进一步证明匈奴游牧部族的文化同其他游牧部族的文化一样，都属于混交型的文化。

匈奴是我国历史上一个伟大的游牧部族，无论对中国、中亚乃至世界的历史都产生过深远的影响。以往我们总是以“汉学”家的眼光去研究它，没有站在一个人类学家和民族学家的高度去看待，忽视了它伟大的历史功勋。约从公元前11世纪开始，匈奴就不断地与中原王朝发生政治、经济、文化的联系。约公元前3世纪至前4世纪的时候，匈奴崛起，建立了我国历史上北方草原民族的第一个奴隶制政权。它在全盛期控制了南起阴山，北抵贝加尔湖，东达黑龙江，西逾葱岭以至中亚的大片地区。匈奴部族在我国古代史上最大的贡献，莫过于最早联通了中西文化。它的历史功绩绝不亚于张骞出使西域。但是由于历史和民族的偏见，掩盖了它的历史真相。历史似乎专为胜利者而编写，对一个历史上已经消失但起过巨大作用的部族的看法，总不免失之偏颇。我们在匈奴联通中西文化沿途所经过的地区，即现今的蒙古草原、西伯利亚草原、阿尔泰山一带，以及南俄草原所发掘的墓葬中发现大量罗马、希腊、波斯以及中国的文物，足以证明匈奴部族在历史上的丰功伟绩。它的功绩也是任何封闭型的农耕定居部族所不能取得的。

我们从早期的阿尔泰地区游牧部族的墓葬中还可以找到证据。我们知道这一带的部族由于离汉民族中原地区较远，又有匈奴的阻隔，同中国文化接触是不多的，但它大量的墓葬发掘所显示的中国汉族文化遗物却是丰富的。我们还可以在欧洲找到这种证据，美国《全国地理》杂志1980年3月号曾刊载乔治·比尔的一篇题为《从一座凯尔特墓里出土的瑰宝》的文章，该文作者曾在德国南部发掘出一个2500年前的古墓，在死者的骷髅上发现有中国丝绸衣服的残片，说明公元前6世纪至前5世纪中国的丝织物早已传入欧洲。

匈奴的最盛时期是自公元前209年冒顿杀父继位开始，“兵击东胡，西逐月氏”。公元前176年左右，它的势力范围扩大到塔里木盆地及葱岭一带，我们在这一年匈奴给汉王朝的信中可以看到这一历史事实，《史记·匈奴列传》载其信道：“今以小吏之败约故，罚右贤王，使之西求月氏击之。以天之福，吏卒良，马强力，以夷灭月氏，尽斩杀降之下，定楼兰、乌孙、呼揭及其旁二十六国，皆以为匈奴。诸引弓之民，并为一家。”

匈奴的西击月氏，占据敦煌、楼兰、乌孙一带，细心的史学家们会从中发现匈奴部族的政治意图和经济打算，目的是统一西部游牧部族以全面控制这条中西商路，“诸引弓之民，并为一家”，就是其本意。这条商路也就是后来被人们称为“丝绸之路”的要道。所以我们如果以历史的眼光来看待张骞出使西域，就不能说张骞是“凿通”或开辟了中西要道，确切地说应该是将丝绸之路夺回到汉王朝的手中。这条商道的开拓者是我国西部的游牧部族，北线当是匈奴，南线当是月氏人和塞种人，而后由匈奴全面控制，这才引出了张骞的出使西域。

匈奴占据敦煌一带100余年，它除了承担沟通中西文化的使者角色外，它自己的发达的游牧文化，特别是铜牌艺术，也对中亚和后来所形成的敦煌艺术有着巨大的影响。

虽然匈奴文化仍属混交型的游牧部族文化，但它的混交，只是吸取和选择与它的游牧经济和文化生活相适应的部分，始终保持自己民族艺术的本色。比如从它们的墓葬中，很少发现有农具及其他为此而存留的造型艺术，最简单的生活用品铜鍑（锅）也不同于汉民族及农耕部族。他们没有灶，但铜鍑上有吊耳，下加圈足，既便于煮食，又便于携带。他们的造型艺术的天赋大都体现在兵器、

战国双鹿纹青铜饰牌

马具以及小型的装饰品上，如带扣、铜环、动物型铜牌等为主的青铜艺术品。考古资料表明，这种艺术样式在春秋早期既已出现，最晚可能延续至北魏，其主要纹饰有角鹿、飞马、绵羊、牛、骆驼、狼、虎、鹰、蛇、鱼以及怪兽等。这些雕刻精美的纹饰，是辽阔草原和莽莽荒漠的鲜花和珠宝。

春秋末至战国初的匈奴铜牌艺术，有伊克昭盟桃红巴拉出土的“三马”铜牌，三匹马并列，上下两匹朝一个方向，中间一匹则朝相反的方向，即所谓“三为众”，给人一种马群的感觉，齐整中有变化，秩序中有参差。这种审美意识，似乎是人类共同的天赋。林格尔范家窖子出土的动物形铜牌，那捕食的猛兽形态，双脚趴地蹲伏，似乎处在一种静态中，这种静态的猛兽有一种真正的威慑力，一种潜在的难以预料的爆发力，有如大战前的沉寂给人所造成的精神负担和压力。

西沟畔的虎豕咬斗金饰牌、阿鲁柴登的四虎食牛金饰牌、固原扬郎的虎衔驴铜饰牌都是动物纹饰的代表作。虎豕咬斗金饰牌所形成的横S形(也称回旋形)的无形线的结构，虎的前肢卧地，咬住野猪的后腿，野猪挣扎着回颈反顾，画面表现出力量的反冲作用。构图均衡而多变的形式美感，体现出匈奴部族艺人的智慧。

匈奴人除喜爱用虎的形象作为纹饰以外，鹿的形象亦占有很重要的比列，往往雌雄成对，相伴出现，鹿的长角被极度夸张，一直延伸到尾部，有的被描绘成连环状，有的被描绘成树枝状。这种对美的事物的突现与夸张，是与其民族对事物的认识和对生活的真情实感以及丰富想象力分不开的，具有东方民族的艺术特质。速机沟出土的立式长角铜鹿和卧式长角铜鹿则表现了一种机警和轻快的情绪。而呼和浩特的鹿形铜饰，鹿昂首屈足，鹿角紧贴在背上，成四个相连的圆形环，这种大胆的变形和夸饰，真可谓古代世界民族艺术之精华。

虎、鹿、野猪等动物形象在敦煌壁画中，特别是早期的壁画中，是最常见的纹样，那种简练的勾勒手法，那种抓住动物特征并大胆变形夸张的装饰手法和审美意味，都体现着游牧文化传统。若不是游牧部族长期对动物的观察，表现与描绘动物积累了经验；若不是敦煌曾居住过乌孙、大月氏和匈奴等游牧部族，怎么会有敦煌艺术中的精美的动物画艺术诞生。

所以有些学者认为敦煌壁画中的虎是印度南部的风格，有些学者认为是受长沙马王堆帛画中虎的造型影响，这显然是一种对敦煌本土文化精神缺乏了解的表现。也有学者说鹿的形象也是从印度输入，岂不知偌大的一个敦煌石窟，数以万计的壁画长廊，离开了本土的文化，靠东拼西凑，要形成如此强大、丰满、充实的文化体系，在古代社会是断然不可能的，也是没有先例的。

还有，扎赉诺尔飞马纹鎏金铜牌，马飞腾的气势，四足的韵律节奏，使人联想起甘肃武威雷台汉墓马队中“马踏飞燕”的神态，也使人联想起敦煌壁画中的马的造型处理手法——那就是夸张、韵律灵动和装饰美感。

我们认为卡拉苏克文化艺术代表了游牧文化的高峰，而且，它的高峰的形成主要是游牧部族的生活习性、人情风土、本能与创造欲求，同匈奴族以及中国内陆部族混交的产物，或者说受到某种影响或有内在的联系。至少匈奴族在这场交融中承担了中介的重要角色。比如卡拉苏克式的工具和兵器，诸如铜锛、铜刀（包括曲柄刀、凹背刀）、铜戈等，这些器物与内蒙古和华北发现的器物极为相似：曲柄刀类似于中国周代的刀币，铜戈类似于殷商时代的玉戈和铜戈。卡拉苏克式的铜戈似是蒙古出土铜戈的翻版，而内蒙古的铜戈，又极类似于河南安阳出土的铜戈。如此看来，内蒙古出土的铜戈似是中原安阳铜戈与西伯利亚卡拉苏克式铜戈的过渡型兵器。所以苏联考古学家认为，绥远（内蒙古）的卡拉苏克式铜器是仿照中国中原比较古老的殷商标本制成的，绥远刀和卡拉苏克刀则可能出于同一原型——商代大刀，还说米努辛斯科盆地出土的卡拉苏克式器物中，有中国北部居民带到叶尼塞河沿岸的器物。因此，我们可以推测，早在殷商时代就有人从中国北部迁到叶尼塞河流域。根据王国维先生考证，殷商时代匈奴是中国北部的主要部族，但在那时不叫匈奴而称鬼方，王国维根据《易·既济爻辞》《易·未济爻辞》《诗·大雅·荡之篇》《竹书纪年》及大盂鼎、小盂鼎、梁伯戈、虢季子白盘等铭文，考证出殷王武丁（高宗，约公元前1324—前1266年在位）曾和鬼方进行过三年的战争，证明殷时已有此族，殷周之际鬼方亦称鬼戎，从武丁与之交战，耗时三年才把它打败；周王季（周文王之父，约公元前12世纪中期在位）与之交战时俘其二十翟王，另俘虏之数竟至一万三千有余的史实，证明其部落非小，其经济实力及其文化实力也不能小看。王国维认定，鬼方一部分居于汧、陇（今陕西西北部及甘肃东南部一带），其他部分则分布于周之西北边陲，而且还控制着周之东北。鬼方受挫后，一部分从中国北部及西北部西迁是有可能的，而卡拉苏克文化的形成及其高峰正是在公元前1200年至前700年，因其是从卡拉苏克河畔的哈卡斯巴贴尼村发掘的，故命名为卡拉苏克文化。看来，认为这卡拉苏克文化包含有匈奴远祖的文化成果及贡献，是顺理成章的。难怪苏联人类学家捷列茨通过卡拉苏克人的头骨及骨架的研究，也认为他们同远东人相似。中国北部游牧部族的部分西迁，与本地部族的融合共建了卡拉苏克的远古文明，这是可信的。仍然居住在中国北部和西北部匈奴本部的文化也在继续发展，形成代表游牧部族文化的另一高峰也是毋庸质疑的，匈奴的铜牌艺术就是这一高峰的突出代表。

匈奴部族的长期迁徙，它的发达的游牧经济所形成的相适应的游牧文化，曾经对中西亚乃至欧洲产生过深远影响。它的一大部分，即所谓北匈奴“单于震慑屏气，蒙毡遁走于乌孙之地”[①]、“北单于为狄夔所破，遁走乌孙”[②]。历史记载说明北匈奴在“党众离叛，南部攻其前，丁零寇其后，鲜卑击其左，西域侵其右，不复自立，乃远引而去”[③]。北匈奴在腹背受敌的情况下，退走西徙至巴尔喀什湖以南及西南的楚河、塔拉斯河流域以及锡尔河以北的草原地带，经历了漫长而艰辛的西徙旅程，一部分过顿河，融合于欧洲部族。这样，一个中国古代史上曾创造过灿烂文明和历史功绩的部族从此退出了历史舞台，它没有自己部族的“历史”，也没有留下更多的“文化层”，就这么消失了。但我们在中国北部、西部的文物中，至今仍能看到它的历史足迹，除了在敦煌雕塑和壁画艺术中可以感受到这个部族的精神外，匈奴部族所留下的崖壁画也是抹杀不掉的历史见证。内蒙古的阴山、甘肃的黑山、新疆的天山南北等地发现的大批崖壁画，大都被认定为游牧部族羌、大月氏和匈奴的遗痕。内蒙古阴山崖画不

①《后汉书·南匈奴列传》。

②《后汉书·袁安列传》。

③《后汉书·南匈奴列传》。

仅数量多，而且内容丰富，所表现的经济文化生活、宗教信仰、审美观念等，与匈奴铜牌艺术的图像十分相似，大多是游牧、狩猎、战争、舞蹈，或描绘穹庐、毡帐、马队、车辆等器物，还有天神地祇祖先神像、日月星辰人的手印足印、动物足印以及奔驰的野山羊等。这些题材内容都在后来敦煌壁画中反复出现，实际上成了敦煌艺术的先导，为后来所形成的敦煌艺术起到了铺垫的作用。

甘肃黑山崖画，主要也是表现狩猎，和阴山崖画有相似之处。有一幅人与骆驼及马的画面，生动别致：画面左方是马，右方是骆驼，人居其中，将骆驼的缰绳抛起成一根很富节奏感的曲线。从线型组合、造型处理、情感传递等诸多方面显示出敦煌壁画与黑山崖画内容及其表现手法存在着渊源关系，有许多相似之处。

再往西，是新疆天山南北，即北疆的昭苏、托克斯、托里、巩留、霍城、温泉和额敏，南疆的和田、昆仑山口等地。最近在新疆米泉县独山村北山崖上发现原始社会崖画一百余幅，被认定为3000年前原始社会西域少数民族部落生活的遗迹。画的内容也大都是游牧和狩猎的内容，主要是羊、鹿、犬、马等动物形象。这里有一幅在额敏县红石头泉地方发现的崖画，在一块石头上刻有骑马的牧羊人、大角山羊、帐篷、猎犬以及栏栅等，完全是一幅牧民生活的风俗画。新疆霍城干沟崖画里，有许多四处狂奔的野山羊，这种对奔驰的野山羊的描绘，我们从新疆克孜尔、克孜尔尕哈、森木塞姆等石窟壁画中似能看到游牧部族的崖画对孕育新疆石窟艺术的功绩。

据报载，我国新疆呼图壁县境内发现的表现原始社会后期“生殖崇拜”主题的大型崖画，整个画面几乎都与生育、人口繁殖有关。因此，又可以推定，这是原始游牧部族的古代先民为祈求繁衍人口、部落昌盛而进行巫术活动或宗教仪式的场所。崖画画面上，布满大小不等、做舞蹈状的数百名人物形象。这些人物形象，有男有女，特征鲜明。他们或站或卧，或衣或裸，大者高于真人，小者仅有十余厘米。不少男像，清楚显示生殖器及睾丸，甚至表现交媾的动作。而女像几乎均为裸体，她们大都以舞蹈形状，或叠压在男像身上，或与男像和猴面人身像交媾。在画面下部，则是成群的小人图像，姿态各异，但均十分明显地显示出祈求生殖、繁育人口的情状。

对巫术、宗教的信仰是为了人口的生育繁衍，生育繁衍得以实现在于男女交媾与性爱，因性爱而萌发了歌舞、绘画与雕刻等艺术形式。作为“挑逗”、“调情”、“择偶”与“精力交流”，于是产生了性爱的艺术——由野性的、动物的肉欲，转化为聪明的高级的情感。艺术伴随着生命而产生，宗教、性爱、艺术都统一在人类最高、最丰富的情感活动之中，推动着各自向更高层次发展。

达尔文主义者通过从我们的动物祖先到人类之间数千代的遗传来推断艺术来自性本能，作为一个进化论者、一个严肃的科学家，他和他的追随者们，揭开了蒙罩在艺术上的薄纱，将艺术最原始的本性与特征呈现在人们的面前。

“性崇拜”是原始文明所崇拜的最大原则，因此性器官成为一种“神”的存在，性的功能也因此取得了宗教上的尊严。

这就是为什么我国西部民族能歌善舞，且经久不衰，为什么在于阗、龟兹等地的佛教艺术中有许多矫健、优美、性感的全裸或半裸人体，被描绘在肃穆的佛教石窟之中。令人费解的是为什么我们在艺术史研究中一定要说中国的裸体艺术是从希腊引入的呢？

事实上这大型崖画已包容了我国西部游牧部族的宗教观、性爱观与艺术观，成为我国西部本土文化的重要组成部分。

游牧部族在历史上的一个不可磨灭的功绩还在于孕育了开放型的早期商业文化。游牧部族所放牧的马、骆驼、驴、山羊、绵羊均繁殖很快，能为牧民们提供充裕的肉乳食品。正如恩格斯在《家庭、私有制和国家的起源》一书中所说的：“游牧部族生产的生活资料不仅比其余野蛮人多，而且也不相同。同其余野蛮人比较，他们不仅有数量多得多的牛乳、乳制品和肉类，而且有兽皮、绵羊毛、山羊毛和随着原料增多而日益增加的纺织物，这就第一次使经常的交换成为可能。”各部落成员之间进行产品交换，游牧部落与农耕部落以及城郭国家之间的联系与产品交换的历史使命，最早落在了游牧部族身上。他们不仅成了远古部族与部族，国家与国家之间经济、贸易、文化交流的使者，而且在此基础上创造和完善了混交型的游牧文化，同时还促进了人类历史上最先萌发的商品经济形式，成为商业文化雏形的开拓者。

内蒙古阴山·甘肃黑山、马鬃山崖壁画

思想、观念、意识的生产最初是直接与人们的物质活动，与人们的物质交往，与现实生活的语言交织在一起的。

一个被欲望所困扰的人可以创造出某种和他的目标相像的东西。

早在先秦时代，我国的西北部，特别是西部，较之于中原地区，在经济上趋向于商品生产和商品交换，在文化上呈现出早期开放型的商业文化形态。

佛教也是一种文化现象，它包融有丰富的商业文化的内容。只是由于它传入中国内陆以后，同农耕宗法文化相结合而成其为封建文化的一部分。

法华经变·化城喻品　盛唐　敦煌103窟

第五章 开放型的商业文化及其行为动力

通常，我们的史学家总是以张骞出使西域作为中西方经济文化沟通的界碑，显然这里只局限在汉民族与西方经济文化的沟通，这也是一种偏见和史学家研究的局限。组成中华民族大家庭的是多民族的成员，即使是那些被历史的风沙所淹没了的中国北部和西部的原始部族，它们在这方面所做出的巨大贡献也不能抹杀，它们才是中西方最初经济、贸易和文化交流的使者与联结的中介。它们不仅创造了壮观的物质财富，而且创造了更为丰富的精神财富。尽管它们悄悄地退出了历史舞台，但其历史业绩永远发放光彩。

在张骞出使西域以前至少已有过三次通西域的历史记载。虽然有的是传说中的历史，而且带有神话色彩，但传说总是有现实的启迪或情感的触发，绝非子虚乌有的编织。它们是：

《列子·汤问篇》中说的“大禹行而见之，伯益知而名之，夷坚闻而志之”;《淮南子·地形训》中说的“禹乃使太章步自东极至于西极…… 使竖亥步自北极至于南极……凡鸿水渊薮自三百仞以上……有九渊。禹乃以息土填洪水，以为名山，掘昆仑虚以下地，中有增城九重……”。王充的《论衡·别通篇》说的更清楚：“禹、益并治洪水，禹主治水，益主记异物。”“海外山表，无远不至，以所见所闻作《山海经》。非禹，益不能远行，《山海经》不造。然则《山海经》之造见物博也。”这是第一次，约在公元前2205年至前2198年之间。

《山海经·西次三经》：

昆仑之丘……河水出焉，而南流东注于无达。赤水出焉，而东南流注于泛天之水。洋水出焉，而西南流注于丑涂之水。黑水出焉，而西流于大杅。

《山海经·海内西经》：

海内昆仑之虚，在西北，帝之下都。昆仑之虚，方八百里，高万仞。上有木禾，长五寻，大五围。面有九井，以玉为槛。面有九门，门有开明兽守之，百神之所在。在八隅之岩，赤水之际，非仁羿莫能上冈之岩。

赤水出东南隅，以行其东北。

河水出东北隅，以行其北，西南又入渤海，又出海外，即西而北，入禹所导积石山。

洋水、黑水出西北隅，以东，东行，又东北，南入海，羽民南。

弱水、青水出西南隅，以东，又北，又西南，过毕方鸟东。

昆仑南渊深三百仞。开明兽身大类虎而九首，皆人面，东向立昆仑上。

因此，今人赵俪生认为：“河水”指塔里木河是无疑的，说它出自昆仑的东北也是正确的，只是说注入无达（阿姆河）一点，是错误的。“黑水”指阿姆河也是无疑的，说它出自昆仑的西北而西流，也是正确的，只是人们偶尔也把偏北的锡尔河上游的纳林河，或者偏东的叶尔羌河，误叫作黑水。“洋水”指印度河流也是无疑的，说它出自昆仑西南也是正确的，说西北是误差。“赤水”可以有两种解释，说是恒河上游也可，说是怒江上游也可，说它在昆仑的东南也是正确的。我想，上古人如果没有亲身经历，能如此详尽地了解中国西部及中亚山川，是绝不可能的。

第二次是周穆王西巡（周穆王在位约55年，约公元前1002—前947年），其记录是《穆天子传》。

《穆天子传》卷二载："天子西征，至于赤乌。（赤乌）之人其献酒千斛于天子，食马九百，羊牛三千，穄麦百载。天子使祭夫受之。"穆天子在离开赤乌之后，曾访问过曹奴氏、长肱氏、容成氏、剞闾氏和鄄韩氏五个部落的居地，大体上是现在的帕米尔一带，然后在这里渡过洋水和黑水，继而到了"群玉之山"——昆仑，周穆王在这里曾"采玉万只"。

"玉"在中华民族的心目中是坚贞、纯洁、美好的象征。英国学者李约瑟在其著作《中国科学技术史》中称："对玉的爱好，可以说是中国文化特色之一"，"3000多年以来，它的质地、形状和颜色一直启发着雕刻家、画家和诗人的灵感"。在中国古代神话传说里，在古代诗歌里都有对玉的赞美，像"琼楼玉宇""玉虚""玉阙"等，像玉佩、玉玺、玉环、印章等器物，甚至许多文字，都是以玉作偏旁。

周穆王"采玉万只"，唐代大诗人李贺曾作诗云："忽忆周天子，驱车上玉山。鸣驺辞凤苑，赤骥最承恩。"这里吟颂的就是《穆天子传》中所描述的周穆王到昆仑"取玉三乘""戴玉万只"。而在这次"取玉"中，他的爱马"赤骥"有功而受到最大的恩宠。《传》中所述，表明这个时代已经对中国西部及中亚一带的山川风貌、风土人情所关注和了解。而那"采玉万只"可谓是周穆王的一大收获。前文说大月氏善玉制，喜工巧，周穆王西巡时，他们曾以夜光杯进奉，与传说也是相符的。

据考古发掘，在河南安阳商代（公元前1600—前1046）的古墓中，有用于阗玉石制成的精美玉盘。在河北满城地区出土的西汉中山靖王刘胜夫妇墓中，他们夫妇所穿戴的金缕玉衣有上千块精细玉片，也是用昆仑玉石加工而成。这一前一后说明周穆王"采玉"并非虚构，同时也说明在周穆王西巡前的商代，中国内陆同西部就有往来。显然这种往来主要是由西部游牧民族来完成的，而且很可能就是当时担任采玉、制玉，世居河西走廊酒泉、敦煌的月氏人起了主导的作用。这也从一个方面反映了人类对自然的利用与索取，反映了商品生产与交换在我国西部的展开，也表现出商业文化在西部的萌动。

周穆王还到过西王母之邦以及大旷原一带（不少人推断它是吉尔吉斯草原），在这里他还进行了大规模的狩猎活动。在返程的途中他还经过了三个部落：浊繇氏、骨飦氏和重邕氏。重邕氏所居有一条水，名“重邕氏黑水”，很像是锡尔河上游的纳林河。这地区即汉朝所谓的大宛之地，唐朝所谓的汉那。重氏所辖范围内盛产一种彩石，传说中的穆天子曾叫当地人民“铸以成器”。清末有学者推断这是一种琉璃器皿。也许，这就是史称中国冶炼术经中亚一带传入欧洲的最早记载吧。倘若清末学者的推断能成立，那么以往我们所认定的中国琉璃器皿来自于西方的说法，似也该来一次颠覆。

《穆天子传》中多次提到“西膜之人”，显然是对我国西部部族的统称。周穆王西巡，当是中西方的第二次交往。虽然只是官方的游历或者巡视，但我们已能看到原始的商品交换与文化交流，并且以一种朦胧的自发的形式在进行。

那第三次当是公元前6世纪左右的先秦时代，这条线路大概是经蒙古草原到西伯利亚草原，然后南去伊朗，西去南俄草原。这条中西商路，需经阿尔泰山和额尔齐斯河上游，尔后转至欧洲。商路上所留下的历史陈迹，我们从所发掘的帕兹里克五个墓群的出土文物中可以看到整块整幅的丝绸制品，有用彩色丝线绣有凤凰图案的中国刺绣；中国丝织品做的衣服；白色金属制的中国镜，镜背有羽状底纹，上沿边缘部分有四个“山”字形雕饰，镜边有素卷边。还发现有中国出产的玉器、漆器、金属和青铜器等。与此同时也发现有编结了花边的最古老的毛毯，其边编织有伊朗阿门赫王朝风格的骑士、麋鹿、玫瑰花和怪兽纹样，显然它是受到了伊朗艺术的影响。各冢墓出土的奇异怪兽如格里芬（狮鹫）、有翼狮等形象多是经过中亚的乌浒水（即阿姆河）传来的所谓阿契米亚型的艺术风格。帕兹里克也与黑海北岸的希腊化殖民地有联系，一至五号墓中所见的皮革、毛毡、木雕等装饰物的纹样与植物花草纹饰等，显然是从黑海北岸经草原之路传入的。因此，我们可以想象到这条联系中西方的商路，在公元前6世纪至前3世纪商品和贸易往来的繁荣景况。它将当时世界的几大帝国都串联了起来，开启一种新型商业文化的萌芽。中国西北部的游牧部族，在这里肩负起这种“串联”与“交流”的历史任务，起到了极为重要的中介作用。

因此，早在先秦时代，我国的西北部，特别是西部，较之于中原地区，在经济上趋向于商品生产和商品交换，在文化上呈现出早期开放型的商业文化形态。我们知道那时的中原地区和其他的内陆地区，在经济上小农经济占统治地位，在文化上呈现的是符合小农经济的封建宗法制文化。商业在中国内陆没有得到长足发展，被淹没在自给自足的小农经济的汪洋大海之中。商人阶层的地位也每况愈下，重农轻商的观念在古老的中国内陆延续了两千余年。

本来，商业早在商代已经有一个好的开端和发展势头。郭沫若说：“随着农业、手工业和畜牧业之间的分工，以及各专业部门内部分工日趋巩固和加强，商品的生产和交换在商代取得了显著的发展。‘商人’的名称可能即由此而来。”到了西周（公元前1046—前771）商业有了进一步的发展。正如范文澜说的：“工商业者，自共和以来日超兴盛。幽王时，许多贵族破产流落，庶人富有，却可以做官受爵，过着贵族式的生活。当时君子（贵族）也想做买卖，谋取三倍的利息。王叔郑桓公知道周快灭亡，同商人定立互助盟约，请商人帮助他建立新郑国。”西周末年商人地位有了提高，分享政权，旧贵族不平，如在《诗经·小雅·大雅》里写下了不少的怨恨诗，但也无可奈何。春秋时代（公元前770—前476）商人的地位仍然比较高。虽然那时周王室已衰，列国分争，战争时有发生。但战争易发也易结，而且战争也是一种相互的交流，相互的促进，是财力、物力、经济和文化的较量。虽然历史上不乏野蛮部族对文明部族占领的先例，然而这对文化也是会相互影响和相互促进的。为了巩固和扩大自己的势力，各国间大都农工商并列发展，经济上呈开放型的格局，文化上出现百家争鸣的的局面。“氓之蚩蚩，抱布贸丝。匪来贸丝，来即我谋。送子涉淇，至于顿丘。匪我愆期，子无良媒。将子无怒，秋以为期。”《诗经》里就有这种商业往来、商品交换的记载。战争固然是一种破坏，是一个使人类互相残杀的怪物，然而人类却从未曾成功驱赶走这个怪物。野蛮人征服文明人，野蛮人要汲取文明人的治理成果，否则就无法统治下去。文明人征服野蛮人，必将其文明的成果同化，改造野蛮人的文化，要么推动其发展，要么强制其消亡。这在人类历史上是不乏先例的。

在中国历史上也曾出现过大名鼎鼎的商人，如越国的范蠡、郑国的弦高等。但是他们代表不了时代的主流，引领不了时代的趋势。

孔子重学，重仕途，他不仅轻商，对农、工都没有表示出热情。他曾说:“君子谋道不谋食，耕也，馁在其中矣；学也，禄在其中矣；君子忧道不忧贫。”但他的弟子子贡，却是一位大商人，有感于此，他也说了几句亲切的话，“赐不受命，而货殖焉，亿则屡中”，仅此而已。他远不如他的同时代人、佛教的创始者乔达摩·悉达多对商人所怀有的极大热情。悉达多不仅支持商人，而且信任商人，佛教戒律中规定：比丘（和尚）可以同商人结伴同行，比丘尼（尼姑）外出也可以与商人结伴同行。而比丘与比丘尼，则绝对不能结伴同行。甚至还规定和尚或尼姑在与商人结伴同行时，拉屎放屁都必须在远离商人的下风向处进行，勿在上风向处熏了商人。由此看来，佛教徒们对商人的尊重与关怀备至，真是到了无以复加的地步。

春秋末叶，开始了把农、商作为对立面，提出“以农为本，商为末”，首先提出来这种本末之说的似乎是春秋末叶的计然。《史记·货殖列传》引计然的话说:“末病则财不出，农病则草不辟矣。”看得出来，计然的话倒不片面，也没有轻商之意，但他的本末说，被后来的政治家、思想家所利用，以农为本，农是基础；以商为末，商可有可无的思想，相当普遍。尽管如此，至战国，商业也还有一定的发展，虽然列国纷争，连年征战，但商品生产和商贸往来并未中断。不过思想基础和社会环境已经扼制着商业的继续发展。倒是这时，乘中原混战而发展壮大的我国北部和西部的游牧部族，正不断地发展着商品生产并推动着东西方经济、贸易、文化往来。

自汉以后，中国的封建帝制日益巩固和加强，重农轻商，农为本、商为末的思想占据了统治地位。特别是汉武帝时的“罢黜百家、独尊儒术”，起劲地维护小农经济，轻视、抑制商人。商人成了唯利是图、不劳而获的代名词，商人在社会上没有什么地位，简直成了不齿于仕林的狗屎堆。这样一种思想状况及社会心态在我国几乎一直延续了下来。

法华经变局部·化城喻品　盛唐　敦煌217窟

福田经变局部·丝路贸易　北周　敦煌296窟

胡商遇盗　盛唐　敦煌45窟

维摩诘经变　隋　敦煌423窟

维摩诘经变　隋　敦煌433窟

所以，我们说张骞出使西域，其本意也只是排除匈奴等部族对汉帝国的冲击与干扰。张骞到大夏，其目的也只是在于联络大夏国，共同攻击匈奴，并非出自商业贸易的交往。当然张骞出使西域在客观上起到了沟通中原与西域诸国的经济、贸易和文化的作用，推动了商业的发展。

表现在文化上，汉帝国是典型的符合小农经济的宗法文化。也可以说是中国封建文化的第一个高峰。所谓“汉文化”一词，大概亦由此而来。这个高峰的由来，大约要归功于一个统一的封建帝国正处在上升时期，虽然自给自足的小农经济造成了文化上的封闭状态，但中国地大物博，人口、民族众多，各地域、民族都曾创造了优秀的文化。融合、吸取各自不同的文化传统，也够汉王朝消化相当长的时期，然而这种宗法制下的农耕文化，易于满足近亲繁殖，走入自我封闭的状态。

由于封闭性的、宗法制的农耕文化的束缚，在政治上讲“正统”，思想学术上讲“道统”，文学上讲“文统”，艺术流派上讲“家法”，手工业行会上讲“师承”，等等。造成向后看、守旧、画地为牢、求安逸平稳的状况。

商品生产只停留在自产自销，商品交换也只在小范围内进行，很少主动进行大规模的中外贸易往来，所以汉朝人不善于经商。难怪外国学者普林尼说：“塞里斯人（指中国人）并不等待出售货物，贸易都由外人到来成交。”《史记》上也曾有许多关于外国使臣来中国经商的记载，说中亚西亚人和安息人“善市贾，争分铢”，罽宾人也“实利赏赐贾市”。托雷美在《地理学》一书中引提尔的马利纽斯，记述马其顿商人蒂相纳斯的代理人，曾由巴克特里亚经石塔进入中国经商。中国的丝绸源源不断的西运后，还经常出现在西方诸国加工制成成品，而后又返销中国境内的情况。在我国西部出土的汉简中，也大量记载着外国商人到中国经商，却少有中国商人到外国去做生意……这种状况，大约一直延续到盛唐之时才有改变。

然而在我国西部情况则大不一样，农、牧、商并举，商业贸易、中外交往频繁，并且具有相当的规模。留下了辉煌的历史功绩和动人的传说，所谓“胡商”主要是对我国西部民族商人的通称。

如隋炀帝时的裴矩即是开拓西域贸易的功臣，他所推行的张掖互市，不仅扩大了隋与西域、中亚等国家的联系，使隋朝的经济扩展到欧亚大陆的广阔地区；同时也为隋唐时期丝路贸易繁荣和中西经济交流尊定了坚实的政治经济基础。采取“啖之以利，劝令入朝”的措施，以优惠的政策鼓励外籍商人与隋政府直接贸易，“引致吐蕃”进行招商活动，“啖以厚利”令其转相以扩大影响，招揽西域胡商前来贸易。隋炀帝曾亲巡河西，以巨大的商业利益为条件邀引西域诸国参加国际贸易。大业初，“西域诸国多至张掖市，帝使吏部侍郎裴矩掌之”。大业三年裴矩到张掖市“监知关市”后，广交商贾，了解各地的自然、地理、历史、风土、人情、物产、服饰、礼仪等情况，阅读了大量的图书资料，积累了丰富的经验，并撰写了《西域图记》，追寻自汉至隋西域与中原王朝的历史，并记述了由于时代的变迁各民族或部落的兴亡及迁徙……推动了开放型商业文化的发展与繁荣。

为适应国际贸易和商品交换，商品的生产与流通在我国西部已具有相当规模。沿商道出现了货物交换的市场以及商店之类的铺面。社会上有大量专门为贸易与交换而进行生产的作坊。

例如金属冶炼业：在若羌“山有铁”，在山国“山出铁”，在莎车“有铁山”，在难兜有“银、铜、铁”，在姑墨“出铜、铁”，在龟兹“能铸冶，有铅……”金属冶炼业在这一带得到发展。煤的生产和利用相当普遍，甚至早于中原地区。

玉器制造业：鄯善、于阗、子合、莎车等地都有玉矿。古代文献中常有西王母向中土帝王进献玉器的记载，周穆王曾接受玉器。成书于战国时期的《管子》也曾以不少篇幅记述古代帝王“贵用禺氏之玉”和昆仑墟之“璆琳琅玕”。禺氏玉、昆仑玉声名显赫，“玉门关”大概也因此而得名。河南安阳商代古墓中出土有于阗玉石制成的玉盘，河北满城西汉中山靖王刘胜夫妇墓出土的金缕玉衣为昆仑玉加工而成。这一带玉的开采，玉器的制造在世界享有盛名。我国西部的玉石和中土的丝绸，在丝绸之路上被称为“双绝并美”的商品，投放市场，远销国外。玉环、玉佩、玉制围棋、夜光杯等商品名扬寰宇。

纺织、皮革业：纺织业主要是毛纺织品，主要原料是羊毛，也有取用牛毛。

毛衣、毛巾、毛裙、毛毯等织品工艺精巧，配色丰富，染色技术发展很快。所谓“罽”也是一种毛织品，颇具民族特色。垂直式织机的出现，更促进了毛纺织品的生产。皮革业，自古以来就比较先进，皮衣、皮帽、皮长筒靴、皮帐篷、皮制盛水器，甚至在水中捕捞的船，也是用羊皮做的筏子……我国西部皮革制品远销国内外，特别是中亚地区。“胡服”“胡装”曾引起唐代长安朝野人士的效仿。

酿酒业：秦汉以前即已开始，汉唐之际发展迅速，《史记·大宛列传》载：“左右以葡萄为酒，富人藏酒至万余石，久者数十岁不败。”这藏酒万余石的富人，无疑是一位商人或地主兼商人或工商业主，这些酒显然是要投入市场成为商品的，不可能仅供个人或家室消费，唐代长安官宦极好西域葡萄酒，西域酒家遍长安，并因此而激发诗人的灵感，吟唱出无数动人的诗篇。“葡萄”“美酒”“夜光杯”是西域文明的重要成果，也是名扬千古的商业产品。

马、骆驼、牛、羊、苜蓿、石榴、瓜果、药材等都投入到商品贸易市场。商品的社会化，商品流通领域与商品生产领域互相联系、互相促进，共同推动了我国西部商品经济的繁荣和发展，如在疏勒“有市列”，敦煌更是一大商业都会。商品社会“创造了一个不从事生产而只从事产品交换的阶级——商人”。那时西域商人已积累了丰富的经商经验，“善贾市，争分铢”，为中国内陆所不及。

这种为交换而进行生产的商品，其本身即构成了商业文化的一部分，因为它是为交换为生活而进行的设计，属于物质文化的创造。此外，这种物质活动与物质交换又联系着现实生活的语言，引起“思想、观念、意识的生产”发生改变，“创造出某种和它的目标相像的东西”——商业文化。它随商品生产萌发，随商品交换而得到充实、发展、繁荣。

西周末年的史伯说的好：“夫和实生物，同则不继。以他平他谓之和，故能丰长而物归之；若以同裨同，尽乃弃矣。故先王以土与金木水火杂，以成百物。是以和五味以调口，刚四支以卫体，和六律以聪耳，正七体以役心，平八索以成人，建九纪以立纯德，合十数以训百体。出千品，具万方，计亿事，材兆物，收经入，行亥极。故王者居九亥之田，收经入以食兆民，周训而能用之，和乐如一。夫如是，和之至也。于是乎先王聘后于异姓，求财于有方，择臣取谏工而讲以多物，务和同也。声一无听，物一无文，味一无果，物一不讲。王将弃是类也而与剸同。天夺之明，欲无弊，得乎……”[1]“以同裨同”，即把相同的事物加起来，那是产生不了新事物的。只有“以他平他”，聚集不同的事物，而得其平衡，求其融合，才能产生新事物，即所谓“和实生物”。商业文化似乎更具有“和实生物”“以他平他”的特质。它求新求创造、求经济实用与美观的原则更适应于那种商贸发达的社会环境，以及那种社会环境下的人们的心理状态和行为动力。

1967年在苏联北部高加索山区、库班河上游的大拉巴河旁，发现了一座命名为莫谢瓦亚·巴勒卡的墓葬。墓中出土有圆柱纹怪兽纹样的锦袍和中国绢画、汉文文书等。有趣的是这件锦袍综合体现了各种不同的文化成分：锦袍本身是用萨珊王朝以后的波斯锦缝制的，内衬沿边缝上了有兰花纹样的昭武九姓(粟特)丝绸，领口前方却是镶以小块直角形的拜占庭丝料，而袍带和纽扣，则是用窄幅的中国生产的黑底浅花纹羽纱。锦袍本身的存在，足以证明国际间商贸、文化的交往对产生新事物的意义。这种交流，像蜜蜂采蜜，它促进了各民族、国家的文化艺术之花的传播与混交，同时也酿造出自己甜美的蜜——一种新兴的文化形态——商业文化。

思想、观念、意识的生产最初是直接与人们的物质活动，与人们的物质交往，与现实生活的语言交织在一起的。

——马克思

一个被欲望所困扰的人可以创造出某种和他的目标相像的东西。

——弗洛伊德

商业文化的产生和发展，扩大了人们的视野和对生活的设计方式，增强了人们的价值观念，激发起人们的创造才能，刺激了生产领域，使物质生产得到迅速的发展。利用自然，向自然索取财富，以调节人类的物质需要，因此也推

① 《国语·郑语》。

动了科学技术的进步。语言学、数学、医学、哲学、心理学为适应国与国、民族与民族之间的交往，而得到了空前的发展，并且呈现出一种全新的面貌，具有社会化的倾向。

歌舞、器乐、绘画、雕塑等艺术门类也拓展了题材范围，注入了新的内容，成为了一种可供国际性的思想交流的丰富语言。为了缓解远离故土、长途跋涉的商贾们疲惫，平衡商贾们孤寂的心态，歌舞技场、绘画雕塑作坊应运而生，赌场、戏场、妓院也出现于商道城镇。据史料记载，商旅络绎于途，娼女们也成排成队地倚门卖笑。他们“穿着薄纱，露出乳房……男人们可以任意挑选他中意的——瘦的、胖的、丰满的、性感的、老的、小的……不管你愿意不愿意，他们会将你拉进房间里……你只要花很少的钱，就可以得到她们，而且没有任何危险”。在这里“人”确乎已变为商品，确乎是晴空里的一片乌云，世界显得如此的严酷和刺眼。但是社会由封闭走向开放，世界呈现出生气与活力，也是无可怀疑的历史事实。

商业文化还表现为人的个性获得了相对的自由和解放，人们由家庭小院，步入了广阔的社会市场，我国西部民族自由、坦荡、豪放、欢愉的个性，并不因五花八门的宗教的出现而受到束缚；相反，他们却往往使严峻的清规戒律与教义，变得轻快、欢愉、自由、放纵。我们只要认真地看一看于阗与龟兹及至敦煌地区的民间艺术，看一看这些地区的佛教壁画和雕塑，比较一下中国内陆的壁画和雕塑，我们就会对后者提出许多个为什么？为什么音乐、舞蹈、性爱等题材会逐渐减少？为什么表现赤裸的人体艺术逐渐消失？我们就会明白商业文化的开放性与农耕宗法文化的封闭性之间的区别，明白商业文化在中国内陆始终没有能够得到长足的发展，更没有能够替代以农耕为主的宗法文化地位的缘由。

佛教也是一种文化现象，它包融有丰富的商业文化的内容。只是由于它传入中国内陆以后，同农耕宗法文化相结合而成为封建文化的一部分。但在我国西部它积极的一面仍得到了发挥。

归根结底佛教伴随着商道而流布，寺庙伴随着商业的发展越修越壮观，经文伴随着商业贸易的往来而充实，僧尼的地位伴随着商品经济的繁荣而显赫……一年几度的庙会实则是商品贸易的大好集市，也是最富有特色的商业文化市场，成千上万的信徒既是客户，也是商贩。歌场、舞场、说书场、唱经场招来了四面八方的人们，增进了人们之间的联络与信息的交换。在这里，那些资助寺庙的大商贾，实则也是以此作为加强自己在民众中的地位及信任感的手段，扩大自己商品的影响及市场区域，以便招揽生意。同现代的做广告，似无质的区别。商人、僧侣两全齐美，各取所需，互利双赢。

由于历史和地理位置的关系，我国西部较长时期地保持着开放型的商业文化的特质，留下了许多历史的见证。而且形成了一个有影响的“胡商”阶层。

因此，我们无论在龟兹、于阗的壁画艺术中，还是在敦煌壁画艺术及历史文献中都可以看到商贸往来中驼队、马队、车队的动人场景，以及商人行商的有关故事。

商业文化在我国西部的确立，便成为我国西部本土文化精神的又一重要组成部分。

敦煌作为我国西部的“一大都会”，商品经济和商业文化在这里得到了迅速的发展。

那时，就世界范围来讲，商业文化最发达的当属希腊、罗马。它波及中亚与西亚，影响着中国的西部和敦煌。

众人奏乐图　高昌伯孜克里克　敦煌31窟

没有希腊文化和罗马帝国所奠定的基础，也就没有现代的欧洲。

在古希腊人看来，神不是一种不可知的玄秘之物，神不过是更强健、更聪明、更理想的“人”，他们和凡人一样有七情六欲，神与神之间也争风吃醋、吵架斗殴，其生活多姿多彩，充满了人间的情味。

中国的透明或半透明的丝绸、罗纱启发了古希腊雕塑家和画家的灵感，引起了希腊雕刻绘画表现手法的变革。他们通过丝绸之路接受了东方文明，灌溉了他们的艺术。

希腊帕加马大祭坛浮雕

第六章 希腊文明的扩散

外国学者多认为“敦煌艺术是西方艺术的东渐”，即希腊、波斯艺术的东渐。因此我们不得不拿一定的篇幅取用一些译文资料来介绍与分析古希腊艺术，以利于进行比较研究。

“希腊”在古代并不是一个国家的名称，而是那些自称为希腊人所居住的地方的名称。在这个区域里并存着许多独立的国家。这些独立的国家，分布在沿海岛屿上那些被陡峭的山脉所分割开来的盆地中，由各部落与部落的联盟所组成。

那是在公元前12世纪至前9世纪间的事。那时希腊已步入奴隶社会，以一个城市为中心，与周围的乡镇构成了许许多多规模不大的城邦国家。这些城邦国家各自为政，相互独立，在古希腊最初的几个世纪里并没有结成一个统一的强国。在这点上与我国西部有相似之处，在戈壁绿洲和内河沿岸曾经也存在着五十多个小国。

希腊本土危崖陡峭，土壤并不很肥沃，粮食和原料大多要靠海外输入。要发展经济、增加财富，一方面只有充分利用自己的资源，推动商品生产和商品交换，扩大市场，输出精美的手工制品；另一方面扩大对外贸易，开辟原始殖民地，进行扩张。早在公元前1200年至前1000年间，希腊人即渡过爱琴海，散布在小亚细亚一带，占领和新建了一些城市。公元前750年至前550年之间，又在遥远的黑海沿岸，沿地中海的非洲沿岸、意大利南部、西西里岛、法兰西以及西班牙沿地中海沿岸，建立了许多城市——殖民地。这些原始的殖民地就成为希腊人的商业根据地。

由于商业的发展，公元前7世纪古希腊便出现了货币。货币的出现进一步促进了商业的发展。奴隶主财富的积累、自由民资本的增加和社会经济的繁荣，为古希腊文化艺术的高度发达奠定了雄厚的物质基础。

古希腊奴隶社会发展迅速，它的经济生活也伴随着奴隶占有制的完善而繁荣。通过对原始公社制进行彻底的清算，形成和发展了奴隶制民主政治。在这个奴隶制社会中，除了奴隶主和奴隶这两个对立的阶级外，还存在着一个不小的自由民阶层——自耕农、手艺人和脑力劳动者。这个自由民阶层在古希腊政治与经济生活方面起到了很大的作用，同时也是文化艺术的直接创造者。这就使古希腊的文化艺术饱含着民主的色彩。政治上的开明和民主为艺术带来自由发展的社会条件。在这种物质基础和社会基础上所形成的文化，明显地具备早期商业文化的特质，与中国的农耕宗法文化形成鲜明的对照。

马克思在《政治经济学批判》一书中曾经说："希腊神话不只是希腊艺术的宝库，并且是它的土壤。"希腊神话是希腊艺术的土壤，在古希腊，"神人同形同性论"的观点是他们创造神话世界里的"神"的依据，"神"不仅不能束缚人们的想象与创造（它本身就是丰富的想象和艺术构思的产物），而且为他们的造型艺术提供了丰富的素材和养料。在古希腊人看来，神不是一种不可知的玄秘之物，神不过是更强健、更聪明、更理想的"人"，他们和凡人一样有七情六欲，神与神之间也争风吃醋、吵架斗殴，其生活多姿多彩，充满了人间的情味。我国读者最为熟悉的维纳斯女神，考其究竟，实则也只是一位性交女神。她的来历据传是诞生于海中的泡沫。这"泡沫"也颇具意趣，即是大地与天空的儿子克罗诺斯用镰刀将他的父亲阉割，而把他的睾丸丢入海中，睾丸流出的精液形成泡沫随着海水漂流，维纳斯就是从这精液泡沫中诞生的。维纳斯她自己也常同其他的神祇，甚至凡人乱谈恋爱，乱搞两性关系，我们看到维纳斯的塑像，或有关她的神话，觉得她的确美丽动人，但古希腊人却认为"她像一只发情的狗”。希腊人眼里的神也是有瑕疵的。在希腊艺术里我们所看到的是神与普通的人一样有血肉之躯，有生有死，只是比普通人在各个方面都更完美而已。这也正是艺术形象所追求的理想——一个心灵和肉体都发育得充实和均衡的人。希腊神话中的“神”是对现实中“理想”人格的塑造。在古代希腊人的神话观念里，不仅包含有宗教的萌芽，也包含有历史的、古典哲学的萌芽。在人类还远不能使自然力受自己控制时，所产生的一种超自然力的幻想，期望凭借具体的英雄形象与化身，来征服自然和社会的力量，以期使幻想成为艺术的现实。因此，古希腊的“神”，其实就是现实生活中“人”的引导者。对自由人的描绘，对人的崇高品质的尊重和英雄气概的赞美，是古希腊的民族精神和艺术灵魂。正如希腊伟大悲剧作家索福克勒斯在他的《安提戈涅》里说的：“自然界中有许多奇异的力量，可是没有比人更强大的。”这种对人的力量的赞美和对人的崇高人格的尊重，对人的个人创造力的讴歌，对推动古希腊艺术的高度发展起了极为重要的作用，虽然在这里也没有“绝对的民主和自由”，同样也存在着对奴隶的压榨和剥削，但较之古代东方专制国家却显得进步和先进。

在古代东方的专制国家里，国王既是权利的最高统治者，也是全部财产包括所有土地的最高所有者，因此也是最高、最野蛮、最残酷的权利剥削者。正如马克思在《资本主义生产以前的各形态》中所指出的：“因为在这种财产的形态下，单独个人从来不能成为财产的所有者，而只不过是一个占有者，所以事实上他本身即是财产，即是公社的统一体，人格化的那个人的奴隶。”实际上是各种大小“国王”的奴隶。人沦为奴隶，国王的权力被神化，“神”被阐释为人间君主的庇护者，这样一种关系理所当然地只能产生出扭曲的人生和扭曲的文化，产生出人的本能欲念、人的个性和人的情感被阉割的艺术。

为了城邦之间的战争的需要，为了扩大经商的贸易市场，为了抵御异族的入侵，保卫国家，古希腊国家要求它的人民个个都是强悍勇敢的战士。“健全的精神必然寓于健全的身体。”各城邦国家都有竞技场、练身场，积极的运动锻炼身体似乎是古希腊公民的义务和自觉要求，甚至从出生开始，初生的婴儿就被放入凉水桶中接受检验，成年后更不用说，少女也不例外。古希腊历史学家普

断臂的维纳斯

维纳斯诞生

鲁塔克曾描述过同代人锻炼身体的情况，他说："少女们也应该练习赛跑、角力、掷铁饼、投标枪。其目的是使她们后来所怀的孩子能从她们健壮的身体吸取滋养，从而可以茁壮起来并发育的更好。尽管少女们似乎确是这样的公开赤身裸体，然而其间却绝看不到也绝感觉不到有什么不正当的地方。这一切的活动都充满着嬉戏之情，而并没有任何春情或淫荡。"人们在迎神游行时，可以裸体而舞，在体育锻炼、竞技、战斗时更是全裸，健美的体格会受到全社会的推崇。强壮的体魄在希腊获得了普遍的崇高的评价。体格与意志的锻炼，在对受崇敬的民军参加者——国家保卫者的培养中具有重大的意义。全希腊每年举行一次奥林匹亚运动会，这是对健美的身体和勇敢精神的一次检阅，同胞们为胜利者树立雕像。对于在竞技中健美裸体的欣赏；对于健硕的形体美与精神上的崇高是不可分割的概念；对于健美的体格一定蕴含有高贵细腻的灵魂的认知；对于凡是美的必是善的、真的、智慧的美学观，无疑促进了艺术，特别是雕塑艺术的繁荣。健美运动家，竞技场上的胜利者受到全社会的崇敬，城邦国家的统治者往往是最出色的运动家。服务于社会，报效国家是他们最高的精神美，健美的体格、强悍和勇敢的战斗力是他们的行为美，用古希腊的著名政治家，公元前5世纪雅典民主政治的领袖伯里克里斯的话说："我们是爱美的人。"正因为如此，古希腊的文化艺术是人类对自身力量的显现以及对美的追求和渴望所留下的智慧结晶和历史丰碑，甚至被马克思赞誉为："就某些方面来说，当做规范和高不可及的模本。"

同古希腊奴隶制民主政治的历史兴衰一样，古希腊的艺术也经历了不同的四个阶段，显示出各自的风格特色，现分述如下：

第一阶段，克里特—米开奈文化期。约公元前3000年至前1200年之间，这一时期是原始氏族公社崩溃、希腊奴隶制关系开始萌芽的时期，也就是伟大史诗《伊利亚特》所描绘的时期。一百多年前还被史学界公认为是传说的荷马艺术幻想所虚构的这一史诗，终于在1870年至1878年被德国商人舍里曼所发掘而得到证实，历史的实物终于陈列在世人面前。而在荷马史诗中所描绘的统帅，希腊联军的阿伽门农王的故乡以及阿伽门农王管辖的迈锡尼、泰林斯等地，挖掘出掩埋了3000多年的豪华墓葬。有雄伟的宫殿城堡，有精美的壁画，有彩色宝石雕饰的印玺、金银首饰和器皿，精工镶嵌的刀剑和盾牌等。这样一个圆形的大墓室，人们称之为“阿伽门农的墓室”。一件盖在死者脸上的赤金面具被称为“阿伽门农面具”。还有如《伊利亚特》里描写的老英雄涅斯托尔喝酒用的那种金杯，杯耳上雕有鸽子的器皿等，也真的被发掘出来，有力的证明神话、传说所具有的历史的参照性。

在古希腊神话传说中，还讲到过在克里特岛有个米诺斯国王，曾命巧匠代达罗斯为他的儿子牛头怪米诺陶修建一座迷宫，任何人进去都走不出来。米诺斯王每九年要雅典人送七对童男童女供这个“牛头怪”吃掉，后来雅典英雄德修斯得到米诺斯女儿的暗中帮助，把线团的一头栓在入口处，带着线团进去斩掉“牛头怪”，才逃出迷宫。考古家伊万斯在克里特岛上果然也发掘出一片面积达1.6万平方米的“迷宫”的遗址。这座宫殿，厅堂复杂，回廊曲折，有进得去出不来之感。残存的宫墙上画有十分熟练精致的壁画，其中恰恰绘有少男少女以及斗牛的场面，只是人物和牛的形象都画得轻松活泼，并不像神话中说的那么恐怖可怕，这里反映了善与恶的斗争，反映的人们的对真、善、美的认识和渴望。此外，这些神话传说又被历史实物所证实，它敦促了史学家们思考神话和传说究竟算不算史实的组成部分，它的可靠性究竟有多大，对轻易的认定神话传说纯属虚构、幻想的史学家们似乎很有启迪。

这一时期的考古发掘证明，古希腊城市商品经济繁荣，航海贸易发达，正如荷马在《奥德赛》中赞美的：“克里特在酒绿色的海中央，美丽又富裕，居民稠密，九十个城市林立在岛上……”作为这一时期的艺术的反映，在建筑物中没有大的城堡工事，艺术品中少有战争的描述，社会比较安宁。执行宗教祭祀的是妇女，供养的神像是双手握着小蛇的女神，塑像多为陶雕或象牙雕，女神的双乳裸露、丰满，“神同人形”的观念，似乎早已形成。

这一时期的彩陶，大多画得是海洋动物，也有装饰着收割场面的浮雕，拿着乐器和工具的愉快的人群，再现了生活的艺术构想，表达了人们对形式美的探求，写实手法和技巧的运用早已萌动，当为组建古希腊文明的准备阶段。

这里，要特别提到的是一把在希腊大陆迈锡尼发现的短剑。短剑上镶有武士猎狮的图画，勇猛激烈。迈锡尼附近的华菲奥出土的一对金杯，其中一只上面雕刻着用绳网捉牛的激烈场面，造型生动强劲；另一只雕刻着的人与牛的场面表现得宁静安闲……一动一静，是活生生的生活，是通过艺术形式美的处理再现的生活。这些艺术珍品的发现使我们十分明显地看到了古希腊艺术的根本原则及其特征：再现生活，在自然和现实生活中探求美的形式表现，写实手法和技巧的运用与追求。显然与东方艺术拉开了距离。

荷马史诗中曾描写过特洛伊战争，战争发生在公元前12世纪，希腊军（包括克里特、迈锡尼诸城）的远征者，虽然获得了胜利，但元气大伤，在北方多利亚人的入侵下败亡，入侵者是一些文化水平很低的民族，随着他们的入侵带来的是一番大的破坏，致使活跃了多年的克里特—米开奈文化宣告结束。在他们占领的五六百年间，进入了文化艺术的黑暗期，昔日的光辉蒙上了阴影。

总的来讲，这一时期是古希腊艺术向东方吸取营养的时期，特别是向古埃及艺术吸取的时期。同时，也是开始文化艺术拉开距离的时期。

第二阶段，古风时期。公元前7世纪至前6世纪，被认定为希腊奴隶制国家形成的时期；也是形成中的古希腊民主的文化艺术与旧的社会关系残余决裂的时期；同时，还是作为希腊艺术家接受训练和痛苦脱壳时期。斯巴达是这一时期全希腊最有势力的国家和文化艺术繁荣的代表之一。

公元前6世纪，在斯巴达领导下成立了伯罗奔尼撒同盟，其目的是保卫贵族政权，加强对奴隶的统治。斯巴达的名声远播伯罗奔尼撒之外，成为全希腊旧制度的支柱。保守的贵族政治，严峻而刻板的生活，对劳动的卑视，影响了这一时期的艺术。自由思想受到了压制，因此表现在艺术创作上，造成了形式上的规范和情绪上的压抑感，在从美索不达米亚、叙利亚和埃及那里所接受的东方古典文化的吸取和融合方面，还留下了深刻的斑痕。在这一时期的雕刻中，我们看到对东方艺术的形式上的生硬模仿。例如拿索斯岛的利康德拉奉献给阿尔德美斯的女雕像，与萨摩斯岛的卡拉美斯给赫拉的女雕像，人体的造型、发式、衣纹线型的处理等，都可以明显地看到埃及的影响，可以看出东方艺术中浑然一体的意象。这种规范往往产生井然秩序的装饰美感，概括而洗练的雕刻造型，以及完整宏伟的艺术效果。像斯巴达墓碑浮雕，布朗希德的坐像，虽刻板呆滞，却又不失浑厚和宏伟。我们在早期敦煌石窟中尚能看到这种造型的余波——东西方艺术的反馈。

古风时期，是旧的贵族后裔与市民之间斗争最激烈的阶段，这时希腊社会的发展在某种程度上，类似东方奴隶专制国家的情形。因此可以从中发现精神和气质上某些共通的东西，这是古风时期的初期阶段。由于贵族后裔势力的迅速瓦解，商品生产的发展，商品经济的繁荣，海上贸易的发达和向外扩张，从而造就了在遥远的地中海与黑海沿岸希腊殖民地的形成，带来了向南部意大利和西西里迁移（即后来所谓的大希腊）的大量移民。这一时期古希腊的物质财富和精神财富的不断增长与充实，很快摆脱了旧时文化的羁绊，形成了与其社会形态及商品经济相适应的开放型的商业文化形态，并使这种文化形态得到了迅速的发展，从而与东方封闭型的专制的农耕宗法文化拉开了距离，并形成了鲜明的对照。

作为希腊造型艺术典范的建筑艺术，它的神殿与古代东方的神殿也有着根本的区别。希腊神殿是城市国家中市民社会生活重大事件的中心，是社会财产和艺术珍品的集结地。神殿的广场是集合与举行祀典的地方。神殿体现了城市国家的统一，代表伟大与完整的思想，显示出城市国家的社会结构的巩固与繁荣，神殿成为自由民群体的凝结力与象征。在形式感受与艺术处理上它是一个四面可观的独立自足的实体，就像它的雕刻。而在专制的东方，“神殿”成为君主个人的权力和社稷的象征，“可望”而不可及，“可游”却不能都游……

希腊神殿的社会思想和审美意蕴，是通向人间的，这正如他的宗教哲学一样是神同人化。奉祭神的神殿，建筑朝东方，奉祭死后当神看待的英雄人物的神殿，则朝向西方，永远朝向自己所在王国的方向。这显示出他们对神的膜拜和英雄人物的敬仰的同一性。

圆柱式建筑是希腊神殿典型的形制，在公元前7世纪下半叶已经形成，这种圆柱式建筑即在长方形的神殿四周为并列的圆柱所环绕，随着神殿的建筑更进一步的发展，主要是在圆柱式建筑的比例与结构系统的变化上做文章，为后来希腊建筑艺术的繁荣做准备。这种圆柱式建筑，使建筑物可以无所依傍地处于空旷的地方，使空旷的外空间到殿堂的内空间产生依次转换的协调感，并使整个神殿建筑因圆柱的重复而产生庄严肃穆的体量感及单纯质朴的美感。它的美感表现力还在于承重部分与覆盖部分和谐的比例。此外，它所形成的从容不迫、舒畅转换的不同感觉，也是区别希腊建筑不同时期风格的重要部分。

古风时期的希腊的柱式，形成了两种变体，即陶立安柱式与爱奥尼柱式。前者粗壮，后者高细，前者柱子上的凹槽在转角处相会合，而后者用棱线平面的切削面分开，这样在视觉上给人感到垂直线的数量仿佛增加了一倍，从而赋予柱子以特殊的轻快感。同时爱奥尼柱子上的凹挖得较深，从而使柱子上的光彩变换更加丰富和生动。按照希腊人的观念，陶立安柱式体现了刚毅的思想，体现了力的和谐与庄严；与此相反，爱奥尼柱式体现了明快严谨与华丽。直至后来爱奥尼柱式的柱子为女人雕像所替代，优雅、美丽的女人形体作为庞大的神殿建筑支撑的柱石，这在人类建筑史上似乎是绝无仅有的创举。同时，它的出现充分的体现了古希腊艺术对人类自身力量的肯定。两种格式都曾在敦煌壁画与雕塑中有所表现，如莫高窟北凉272窟，所绘的一座西域式圆圈型域门相连排列，一圈门西侧即描绘和取用了希腊爱奥尼式柱的型。

陶立安柱式基本特征的形成当在公元前7世纪，它决定了在伯罗奔尼撒与大希腊（即西西里岛与意大利南部）的希腊建筑的主要的发展路线。而爱奥尼柱式则是在公元前7世纪末才形成，它首先是在希腊的小亚细亚地区和希腊半岛与接近东方文化地域里那些富有的商业城市中得到了发展，因此它更具富丽、轻快的特征。

最古老的陶立安氏神殿之一的奥林比亚赫拉神殿创建于公元前7世纪，从所保存下来的的神殿的残余部分中，我们仍可以看到建筑的全面规划与比例及其所显示的特征，粗朴厚重。建于公元前6世纪下半叶的阿泰密斯神殿是爱奥尼柱式神殿中最负盛名的建筑，以它的庄严、豪华、明暗变幻及丰富多彩所产生的动人心弦的艺术效果而著称。

古风时期的希腊雕刻同它的建筑一样同步进行，具有某些共同特征：早期雕塑造型较抽象，近乎几何形，保持原材料的素质美，具有东方的神秘色彩，这时期的代表作有提洛岛的《阿泰密斯》、萨摩斯岛的《赫拉》、柏林博物馆的《拿红苹果的女神》。提洛岛的《阿泰密斯》雕塑据铭文记载是某一个叫作尼康德拉的献给女神的供物（公元前7世纪），具有古风时期早期的风格特征：庄重、虔诚、肃穆，造型简洁、质朴，头部正面向着前方。头发对称地披落两肩，两手自然下垂在身边……表达了对“神”的虔诚敬仰。这时的造型显然继承了东方艺术注重心性的表现以及宗教的神秘色彩，值得注意的是雕塑上的铭文，说明塑像是献给女神的供物，在这点上也许会使我们看到“神”和“人”的等级关系，正是在古希腊奴隶社会形成初期的等级关系的表现。同时，似乎也给后来佛教艺术盛行时献给佛的供物——供养人像的出现找到了最早的来源和依据，也为后来希腊造型艺术的世俗化做了准备。在提洛岛的《阿泰密斯》塑像一百年后的萨摩斯岛雕塑《赫拉》则开始追求衣物的质感，人体造型比例的准确和谐，入微的刻画以及体面观念的表现，显示了希腊雕塑向世俗化转移的进程。

公元前6世纪开始的希腊雕塑，由颂扬神道开始为英雄战士做纪念墓碑，为奥林匹亚以及其他竞技胜利者做塑像，这样的一个进展过程，正反映了人的社会地位有了显著的提升。古希腊的英雄有一个共同的特征：高贵的精神气度与英俊潇洒的外貌的混合，这是主体，但也不回避人好色的本性。人的价值观念有了明显的改变，从对神的偶像崇拜到对人的优秀者的敬仰。“神”作为人间最完美的“人”的观念在这里开始确立。这样一种思想的大转变，正是古希腊对人类文明作出重大贡献的开端。

雅典是公元前6世纪古风时期雕塑成就的杰出代表城市，其艺术风格同时也为古典时期及全盛时期的希腊艺术打下了坚实的基础。这时的雅典，集结了希腊许多城市国家的优秀艺术家。这里的市民对推动文化艺术的发展起着特别重大的作用，希腊历史上奴隶制民主政治的城市国家及其经济和文化的特征，在这里表现得十分明显和突出。

在卫城出土的一些盛装的美丽少女雕像，是雅典古风时期雕塑的代表作之

阿芙罗狄忒雕像　公元前370年

赫拉神像

躯干

一。像《穿无袖上衣的少女》(亦称之为《卫城出土的少女》)等作品，表现得纯真、健美、朝气蓬勃，就像雅典这座城市一样，充满着活力和生机。抽象的、几何形体的造型结构让位给对自然的、真实的摹写与再现，科学的人体解剖结构及和谐的比例关系开始在这里萌动，由抽象的概念到人物个性的理智追求，都表现出了有机生命的真实。

古风时期的希腊瓶画，也经历了同雕塑一样的发展过程，即从抽象的几何形体的装饰到具象的自然形体的摹写的发展过程。这里的抽象及几何形体的概念只是相对于自然形象而言，相对于希腊艺术的整个体系而言，远不是现在一般所认为的抽象概念，更不是我国彩陶和青铜时代的抽象纹样的表现。它的抽象只是对物象的概括和提炼，并不存在“打散构成”或“意象的符号”之类的表现。

希腊瓶画所达到的艺术高度，与希腊自由民物质生活水平的提高，以及对外贸易的发展、手工业作坊的出现和手工艺制品的发展繁荣是分不开的。

在古风时期早期，由于与埃及、波斯等东方文明国家的商业往来及贸易与文化的交流，瓶画的表现手法受东方文明的影响特别大，人物、动物或者幻想事物的组构，多平面展开和平面处理的方式，形成与陶瓶紧密结合的装饰条带。希腊和小亚细亚地区的一些商业城市，还有科林斯等地瓶画大多是这种风格。我们从米洛斯岛、罗德斯岛以及科林斯发现的陶瓶画可以看到东方风格的影响以及相互的交融。

公元前6世纪，形成了一种所谓黑像瓶画的艺术。这种瓶画是在陶器本身的土红色背景上用黑漆勾填出人或动物的轮廓，产生极强的影像效果，有时在影像上勾上白颜色的头发、服饰等纹样，产生质朴、单纯的艺术魅力。

公元前560年左右，在厄哥提莫工场出土的克里提斯陶缸是这一时期具有装饰风格的代表作。画面所描绘的阿喀琉斯的双亲——珀琉斯与忒提斯结婚的场面占据了中央部分；下面一部分描绘了在追逐特洛伊罗斯的阿喀琉斯；最底一部分画满了动物与妖魔。画面仍以装饰带的结构样式出现，人物与动物造型在向自然形体靠拢。并列的马群处理，特别是马腿、马蹄，重叠与反复地描绘，组织得很富有节奏和韵律，给人一种秩序、力量与装饰的美感。这种处理方法对后来希腊社会全盛时期的瓶画，甚至雕刻都具有明显的启迪和影响。

这时期的欧克塞基是享有盛名的黑像瓶画家，他创作的人物造型更接近自然形态，人物与事件安排已经开始追寻特定环境的真实性和现实意味以及“典型环境中的典型性格”。譬如欧克塞基的《坐在帆船上的狄奥尼索斯》，描绘的是关于狄奥尼索斯的神话：他从海盗手中神出鬼没地脱险，并使海盗变成海豚。整个故事结构在一个特定的圆形画面之中展开，半躺在帆船上的狄奥尼索斯居于画面正中，显得平静和泰然自若，海豚围绕着帆船跳跃不定，产生一种动荡不安的艺术效果。这也许就是多人物、多情节结构的所谓独幅主题画的早期力作。

公元前530年前后，希腊瓶画艺术发生大改革，出现了在黑色背景上描绘淡红色形体的所谓红像瓶画，这种类型的瓶画在全盛时期得到了充分的发挥。

第三阶段，全盛时期（或称之为希腊城市国家繁荣时期，也有称之为古典时期的）。约起于公元前5世纪，止于公元前4世纪下半叶。这一时期是古希腊文化艺术的高度发展与繁荣时期。

公元前6世纪末叶克利斯提尼的改革在雅典确立了市民的地位，使他们从贵族统治者和贵族后裔那里夺得了政权。贵族统治的势力被摧毁，为雅典的奴隶制民主政治的迅速发展奠定了基础。公元前5世纪初叶的希波战争，便是进步的民主政治与落后的专制政治的大较量。这场较量的结果，是以东方强大专制政治的波斯帝国的失败而告终。战争之后，奴隶制民主政治的城市国家风起云涌、迅速成长，雅典便成为希腊各城邦国家的盟主。击败波斯不仅给全希腊社会壮大了声威，唤起了旺盛的生命力和勇气，而且随着战争的胜利，缴获了大量的财富，使它的经济更臻于繁荣，雅典这位盟主便成了霸主。无论在政治上还是在经济上它都享有凌驾于各城邦国家之上的地位，并以此扩大自己的势力，增加自己的财富。由于它对内实行开放的民主政治，给市民以更多的民主和自由，因此人们积极主动地投入到国家的建设中来，城市的公共建筑物蓬勃兴起，纪念碑性质的雕塑与壁画大量出现。由于人的尊严、人的价值得到了肯定，社会生产力得到了解放，因此出现了古希腊美术史上繁荣的时期，也就是人们所通称的伯里克利时代。

古希腊瓶画

古希腊瓶画

伯里克利不仅是精明的政治家，同时也是一位热爱文艺、积极倡导文化艺术事业的人。在他周围团结了一大批优秀的艺术家，像伟大的菲狄亚斯就是他的好朋友。他曾说：“我们没有忘记使疲惫了的精神获得休息，我们的生活方式是优雅的。”同时还说：“我们是爱美的。”他的这两段话道出了统治阶级最上层对什么是艺术及艺术的作用与功能的认识和理解，道出了古希腊艺术哲学的实质。难怪自公元前450年至前410年，仅短短的40年，古希腊的艺术就进入了辉煌的全盛时期。并且造就了像伊克提诺斯与卡利克拉特那样伟大的建筑家以及像菲狄亚斯、波利克利特那样伟大的雕塑家和众多的瓶画家。

这一时期的建筑，体现了人类征服自然的意志及其胜利成果。出现了许多作风鲜明严谨的建筑物。这些建筑物控制了周围的空间，赋予空间以整齐和谐的结构。例如建造在公元前430年左右的海神波塞冬神殿，规模宏大坚实，体现了一种积极进取的战斗的民族精神。充满男性刚毅美的陶立安柱式排列，使人似乎体验到了经过希波战争后希腊人民的庄重、热情与自信。

在这个时代开始出现城市的整体布局和规划。例如拟定的雅典军港与商港的规划中，标明在雅典城里有遮阴避雨的带屋顶的券廊，有专为青年学习哲学和文化的“操场”，有专为小孩进行体育锻炼的角力场等公共设施。并有专为这些建筑物所规划的十分协调的壁画和雕塑。著名壁画家波利格洛斯所画的特洛伊之战的史诗，与其他一些神话以及历史题材的画卷，把雅典装扮成了一个十分美丽的城市，成为古希腊政治、经济、文化的中心，也是古代世界最繁华的城市。

这一时期建筑物的典范是帕特农神殿，这个神殿是用作供奉雅典的庇护者——英勇的女神雅典娜的。传说雅典娜是希腊的主要神祇之一（古代迈锡尼的神祇），在远古的神话中她是女天神。雅典是以她的名字命名的城邦，因此她也就是雅典城的主神和人民的保护神；她还是乌云、雷电的主宰者，丰产女神与和平劳动的庇护神；她教会人们驯马御牛，制车造船，她赐予世人犁和耙、纺锤和织机，因此又被认为是妇女劳动尤其是织布技术的保护者；同时还是科学的庇护者与智慧女神；她赐予人间法律，设立阿端俄帕戈斯法庭，维护社会秩序；还被认为是音乐的守护神，长笛的发明者；她又是一位端庄、严肃的处女

希腊帕特农神殿遗址——女人体柱石

希腊帕特农神殿的群雕　大英博物馆藏

神。总之她是古希腊所创造的一位理性的、与自然界做斗争的智慧之神，也是一位显示人的力量的神。当然我们也会由此而想到东方神话中的“神”，远离人世，游心物外，但又是占有一切的社会“观念”之神。而那些自然“智慧”之神，在古代中国内陆的神话中实在太少了。在这里明显地可以看出两者的区别：一个重物质创造，一个重精神占有；一个作用于外部自然，一个直通人的心性；雅典娜在希腊许多城市受到崇拜，但她的主要神殿在雅典，其中最著名的要数帕特农神殿。神殿中矗立着的一座用象牙和黄金镶成的宏伟的雅典娜雕像，神殿前矗立着她的青铜铸像。神像端庄、坚毅、勇敢，她所持的长枪光辉耀眼，整座塑像与建筑的比例极为协调，航海者驾船驶向雅典城时，从远处就可以看到它。帕特农神殿的雕檐上刻有雅典娜的主要节庆——在泛雅典娜节最后一天盛大游行的场面。

神殿建筑在陡峭的海岬上，在山岗的顶端。神殿与大自然融为一体，仿佛这地方是大自然特意安排好的。那明朗的大理石柱子的洁净色感，形成了神殿与大自然的对照，严谨的造型、和谐的比例、陶立安柱式的排列增添了庄严、肃穆、坚毅的气氛，显示了人的英雄气概与旺盛的生命力，以及国家和民族的高昂气度。

帕特农神殿的设计者是著名大建筑家伊克提诺斯与卡利克拉特。约始建于公元前447年，完工于公元前438年，前后历时约10年。神殿的雕塑作品，出自大雕塑家菲狄亚斯及其助手们之手，也经历了十余年的时间才得以完成。

神殿是用彭忒利科斯山质地坚硬的大理石建成，在艺术处理上较之初期陶立安式神殿中的柱子安放得稠密一些，有意减轻了檐部向下的压力，横的一面有8根柱，纵的一面有17根柱，近似于两个正方形的组合；殿内又出现稍小一点的柱式，仍是横8根、纵17根的比例，这种呼应和重复，产生了庄严感和力量感。阶座和檐部舒展的水平线以及微弱的曲折线通过光照产生微弱的变化。柱子朝向建筑物内部与中央部分的微弱的倾斜，摒除了几何形体的单调，产生了宏伟的上升感，使柱子在高空的某一点相交，造成心理上至高无上的幻觉。为使科学的真实合乎艺术视觉的真实，古典建筑大师们将阶座的表面以及神殿其他一些水平线的中部作了往上凸处理，视平线以上的则作往下凹的处理，这是肉眼很难看到的微妙。这些审慎的、理性的思考与严密的构架，使帕特农神殿成为古希腊建筑艺术最完美的创造，成为世界建筑史上最光辉的典范，成为人的完美信心鼓舞下所创造的历史丰碑。法国19世纪伟大的浪漫主义作家雨果曾赞叹："……以理性为主的艺术中的帕特农神殿……是世界上极为罕见的、独一无二的创造物……"

帕特农神殿以及周围的尼凯·阿普特罗神殿、厄勒特奥神殿山门等组成了雅典卫城建筑群，它的总体设计和规划所体现出的整体艺术效果，也是十分令人惊叹的，它集中了古希腊全盛时期建筑艺术的全部风采，人类童年时代理性所能达到的高度，和"毫不怯弱的英勇与毫不怪诞的壮丽"（伯里克利语），体现了希腊奴隶制民主政治上升时期高度发达的先进思想，象征着雅典这个海上强国的团结与统一、雄威与力量。

值得一提的是在雅典卫城里的另一座建筑——厄勒特奥神殿。它采用不均衡的结构形式，使建筑显得轻松、活泼，用少女全身像所塑造的券廊柱，给建筑增添了端庄、温柔、亲切的美感。建筑形式与雕塑形式彼此对照和呼应，多视点、视角等绘画语言的运用，加强了建筑物丰富多变的艺术效果。两个处在不同平面地基上的建筑物构架，三面不同形式的券廊，四堵墙上在间隔的空隙处放上木质栏栅，雕刻细腻繁复的女像柱券廊与大面积光滑平面墙垣的对比，造就了统一中求变化，单纯中求丰富，静中求动的艺术魅力。华丽的爱奥尼柱式的运用更增添了欢愉、优雅、豪华的气氛，这也正是全盛后期的艺术风格，再往后便进入了贪图享乐的世俗情调逐渐增长的时期。

全盛时期雕像的辉煌成就，是在米隆和帕俄尼奥时期，即在全盛初期的爱奥尼派，陶立安派与阿提卡派等大师们的表现手法上，综合与进一步充实与完善的时期。

菲狄亚斯、波利克利特以及菲狄亚斯的学生——阿尔卡米奈斯是这一时期的杰出代表人物。

菲狄亚斯在雅典卫城塑造了三尊雅典娜雕塑。全副武装的普罗马荷斯的雅典娜——又名《女战神》，即雅典的保护神——的雕塑矗立在卫城的广场上。雅

希腊比雷埃夫斯港口
雅典娜雕像

阿芙罗狄忒雕像

典娜似威严地环视着展开在她脚下的海湾城市的繁荣与稳定，维护着这个城市的安全，像站立的母亲在守护着一群欢欣活泼的孩童。雅典娜神像的情节内涵与城市生活内容紧密地结合着，形成这座雕像的重要特征，体现了希腊人民的团结和英雄气概。另一座是现存于棱诺斯的雅典娜头像，它充分显示出希腊肖像雕塑作品所达到的高度。全神贯注的眼神，紧闭的嘴，扭动的胸锁乳突肌，向左侧摆动的脸部，崇高的美和坚定的信念，分明是希腊现实生活中的“人”的再现，分明体现了古希腊社会上升时期人们对事业的追求和对祖国的热爱。还有保存下来的由罗马复制的棱诺尼的雅典娜像，更使我们感受到菲狄亚斯在纪念碑性雕塑所达到的完美境界。

神殿的全部92个陇间壁上装饰了大量的大理石高浮雕。这些可能是在菲狄亚斯指导下，由众多的雕塑家集体完成的。这些高浮雕刻画有众神与巨人的战斗、特洛伊的陷落、勒庇底人和堪陀儿的战斗，刻画有智慧女神雅典娜从宙斯头上奇迹般诞生的神话，还有雅典娜与波塞冬为占有阿提卡的土地而引起的论争。这场论争是以双方创造奇迹、造福人类的力量大小来较量的。波塞冬用三叉戟敲击崖壁，从崖壁里涌出带咸味的能够治病的泉水；雅典娜创造了橄榄树，这是阿提卡农业丰收的基础。众神鉴定认为雅典娜创造的贡献大于波塞冬，因为它更有益于人类，因此把阿提卡的统治权交给了雅典娜。从中我们可以看到希腊神话积极服务于现实的意义以及它对哲理的深刻思考，这是一种“人类的原则战胜大自然的原始的自发力”，反映了对自然科学的探索，对自然利用与索取造福于人类的精神，给人类以物质生活的满足。这确实是希腊“神”的重要思想内涵，也是希腊文化精神的体现。

柱子后面以装饰带的形式围绕着正殿墙垣，刻画了雅典人民在泛雅典娜节日游行的壮观场景。通过这一现实生活内容画面的描绘更进一步的说明：古希腊的“神”与现实生活中的“人”本不存在遥远的距离，古希腊的“神”不过是“人”的理想和精神的集中体现，因此古希腊的“神”更使人感到亲切可信，“神”成为“人”的引路者，这样一种艺术的创造和构想在希腊全盛时期的建筑和雕塑艺术里，得到了充分的发挥与完善。

波利克利特的艺术风格与菲狄亚斯不同，他生活在奴隶制保守势力强大的埃哥斯。在他所雕刻的形象上更多的保留了初期严肃英勇的个性特征，他的《荷枪者》似乎是严格遵从他的理论和制定的“法则”：理想的英雄气概、严格的比例尺度、平衡稳定的造型等，都是其雕塑观念的典范。《荷枪者》表面的平静与紧张内心的对照，足部和大腿所构成的曲线与直线的对照，有机地统一在坚硬、英武的男性塑像之中。波利克利特是善于表现男性刚毅性格的塑像家，他后期的作品《束锦带的青年》刻画了一个头上束着胜利锦带的青年，较之前者虽显得细微修长，但男子的坚毅个性与英雄气质仍然表达得充分得体，只是更接近自然的人，更具有生活气息和真实的情感。

阿尔卡米奈斯是一个刻画女性美的雕塑大师，他的《园中的阿芙罗狄忒》是杰出的代表作。传说，阿芙罗狄忒最初是丰饶的女神之一，随着奥林波斯教的形成，她成了肉欲、爱情和美的女神。公元前5世纪至前4世纪的哲学家们开始以此分出：阿芙罗狄忒·潘得摩斯——司粗野肉欲爱情的女神；阿芙罗狄忒·乌拉尼亚——司崇高理想爱情的女神。还相传她是女海神，阿芙罗狄忒与畜牧业、农业有关。总之，在长久的流传中，人们确认她是一位爱情和丰饶女神，是古希腊女性美和爱的典型。全盛时期她被刻画成风华正茂、容光焕发和端庄典雅的女性，从公元前4世纪起，常被刻画成裸体的带世俗倾向的性感女人……阿尔卡米奈斯所塑造的阿芙罗狄忒，她的崇高、典雅的情态，和谐的比例，完美的富有弹性的肌肤，充满了健康与活力，充满了神圣的美和爱，充分体现了静穆的伟大和高贵而单纯的古典美学规则，流动的、半透明的服装褶襞，衬托出女性健美的形体，使之更加含蓄优雅。相传，对她的崇拜来自亚细亚及其他海岛，后来才传到希腊的。这里，向我们提出了一个千百年来被忽视的问题：为什么古风时期至全盛时期的初期，古希腊雕刻所有男性或女性的塑像，服装质地较粗糙，衣纹转折单调平直。而自公元前6世纪末开始，特别是公元前5世纪后半期，几乎所有希腊雕塑，尤其是塑造女性形象的雕刻都采用质地半透明的、明暗变化丰富的表现手法。看来这要归功于中国的柔软的、贴身的、透明或半透明的丝绸、罗纱启发了古希腊雕塑家和画家的灵感，引起了希腊雕刻绘画表现手法的变革。他们通过丝绸之路，接受了东方文明，充实了他们的艺术风格，丰富了他们的艺术内容，实现了他们的艺术技巧。前文已说过，早在公元前6世纪，中国的丝绸即已传到西方，在西方享有盛誉，妇女们以锦绣纹绮作服装；在军队中，以中国的丝绸作旌旗……也正是这个时期即古希腊艺术的全盛时期的雕塑，它的服饰，特别是衣裙的质地，开始变得轻松、柔软、贴身，呈透明或半透明状态。对于极善于表现人体美的古希腊雕刻家来说，中国的丝绸质地，更有利于他们创作理想的发挥，从而创作出更真实、更含蓄、更抒情的艺术作品。我想，这无疑是中国文明在遥远的过去，为促进和完善古希腊文明，所作的历史性贡献。完成于公元前5世纪下半期的帕特农神殿，东边山墙上的命运三女神，阿普特罗斯的尼凯神殿花栏杆上的大理石浮雕，就是杰出的代表作。轻柔、透明的丝绸裙带所装束的动人的少女人体，情意朦胧，肌肤隐现，仿佛那晶莹的衣裙，裹不住少女饱满的青春。伟大艺术家的创造，永远总在接受向他涌来的那个时代的全部文明，通过他心灵的阀门而发放出诗情画意，凝结成一座雕塑、一幅画、一首诗歌和一个哲理。

命运三女神　希腊帕特农神殿东三角额墙的雕刻

古希腊的大型纪念碑性质的绘画作品，如壁画之类的绘画，已荡然无存。只是在古代作家们的记载里，给我们留下可供想象的影子。雅典绘画陈列馆的壁画据记载出自全盛期最著名画家波利哥诺托斯之手，还有特尔斐《克尼多斯人会谈室》的壁画，壁画上描绘了《特洛伊的陷落》与《奥德赛在冥土》。这是他最负盛名的作品，而且记载说"他是表现阴影的第一个人"，对塑造形体的线的透视、空间透视开始了认真的探索，所使用的颜色主要是白、黄、红、黑四种。但是文字的记载永远代替不了视觉艺术的直观感受，如果我们能从雕塑剖析出对人、物的体积虚构的绘画原则，用于研究由于工艺手段的制约而产生的瓶画艺术，由此及彼，大体也能较好了解古希腊全盛时期壁画艺术的风格和规律特征，因为希腊瓶画也不是孤立的造型艺术，它是在当时纪念碑性质的绘画与雕塑的相互影响、相互作用下发展的，同样体现着那个时代的风格和特征。

古希腊全盛时期的瓶画艺术，以红像瓶画为主，而且不乏杰出作品。在某种意义上讲，已达到了瓶画艺术的高峰。它的内容有风俗场面，也有神话故事的描绘，特别注重人物精神世界的刻画及人物形体构成的处理，向世俗和人情味发展。这一时期的代表作有红像瓶画《奥维托陶缸》《在春日给少女荡秋千的牧羊人》《把项链递给厄里费勒的波里尼克斯》等。在这时期的瓶画里，突出地反映了性爱的题材，似乎是对"柏拉图式的爱"的嘲弄，也不比敦煌密宗465窟的"欢喜佛"来得"圣洁""高雅"。而且出现了许多描绘同性恋的题材与情节的画面。

古希腊瓶画与陶瓶造型的线型转换是协调的，圆润的线型所建构的器皿，与用柔和的线条所描绘的人物画面浑然一体，显现出雍容华贵、轻松、愉悦的美感，看到这些画面，使人遥想起古希腊鼎盛时期，富足温馨、悠闲自在的市民生活情调。

古希腊瓶画的人物造型更接近对自然形态的再现和描绘，虽然也是以线造型、平面处理，但它更注重对自然的剖析以及精确地再现。从它的构图处理，也可以窥见古希腊绘画艺术的特征：注重情节性和文学性构思，"人"的价值得到了充分肯定，对"神"的崇拜只是形式上的依从。它的线只是作为人物形体空间摹写的分割线或界定线。因此，古希腊在绘画，特别是它的大型壁画造型中，初步追求和运用光彩和明暗转换的手法与技巧是可能的，因为它要与它的建筑、雕塑协调。在所谓凹凸法的运用中，雕塑就是这种技法最明显的代表，所以，我认为凡有雕塑的地方，就有所谓凹凸法的探索与运用。它并非西方最早的专利，正如以线造形也不是东方的专利一样。人类总存在着许多共通的东西，对线及凹凸法的理解和运用，存在着不同的观念。线在西方人手里只是作为对自然的摹写工具，以求真实地再现自然物象、探索光怪陆离的自然界和剖析精神在绘画上的运用，明暗光影的表现手法，也是为表现出如同雕塑一样的体积，在二维平面的绘画上完成三维的立体感，表现出有机生命的实体。中国人则倾向于内心意象的表现，并不注重于物象的描摹，单纯的符号，简洁的几根线组构成情感流动的画面，线具有独立的意义。因为中国人所要表达的是神韵和意趣，是有机生命的灵魂，而不是物体本身。中西最大的区别就在于两种不同的艺术哲学所体现的审美心理的差异。这从公元前4世纪后半叶希腊艺术的扩散所形成的各地域民族的文化形态中表现了出来。

第四阶段，希腊化时期。这一时期约从公元前4世纪末叶开始。

在希腊北部，即今南斯拉夫一带的马其顿地区，形成了巴尔干半岛的大国——马其顿。它的国王菲利普二世向外扩张，摧垮希腊诸城邦国家的反抗，于公元前337年完成了对全希腊的霸权统治，并准备远征波斯。但旌旗未动身先死，其子亚历山大继位，于公元前336年做了皇帝，时年仅20岁，即史称亚历山大大帝。子承父业，他积极准备大规模的东征，推行殖民政策，将希腊、罗马城邦的矛盾推向更为广阔的历史空间。

亚历山大大帝雄才大略，他不仅长于武功，而且是著名的学者亚里士多德（被誉为当时整个希腊科学的代表）的高足，他先统一了希腊本土各城邦国家，而后开始了长达13年的军事远征，转战欧亚非三洲，先后占领了埃及、波斯、印度、巴克特里亚一带的全部或部分地区，成为世界上第一个殖民主义者。随着亚历山大东征，大规模的希腊移民的东迁，将希腊文化艺术带到了东方，与东方诸国本土文化交流融合，促进了世界古老的四大文明的汇聚，形成各地域各民族新的文化形态。因此，马克思曾认为：“公元前5世纪雅典民主的领袖伯里克利的时代，是希腊艺术在国内最繁荣的时代，而马其顿的亚历山大时代，是在国外最繁荣的时代。”这一时期分两个阶段：即公元前4世纪末期至前2世纪初叶是为早期；公元前2世纪至前1世纪是为后期。早期是希腊化世界艺术高度繁荣的时期。

亚历山大逝世以后，帝国即崩溃，在帝国的成员中分裂出新型的国家。如希腊化时期的埃及、塞琉古王国、马其顿王国、柏加摩斯与罗德斯。这些国家和地区都不同程度地受到了希腊文化的影响。

下文将着重于中亚，即印度、巴克特里亚一带的本土文化传统，在吸取希腊文化的高度成就后，所形成的新型文化形态的阐述。这也就是本文之所以叙述古希腊艺术的落脚点。

亚历山大在攻入波斯本土之前，先征服了原属于波斯的小亚细亚、叙利亚和埃及，然后控制了波斯各地，于公元前329年初开始进攻巴克特里亚。

巴克特里亚位于古代中国边境城市塔什库尔干西侧，为兴都库什山与阿姆河之间的广大地区，亚历山大进入巴克特里亚的第一个城镇是德纳普沙卡。而后进入首府——巴克特拉·札里亚斯普，并指派波斯人阿尔塔巴祖斯担任总督，建立了四个城堡。采取了类似中国古代移民戍边的政策，促使许多希腊人、马其顿人、波斯人等都在这时迁移到中亚。公元前326年，亚历山大率军越兴都库什山，沿喀尔布尔河向西北印度进军，犍陀罗等部落相继归附。同时，亚历山大还为了笼络与利用当地的贵族上层，采用当地的制度和风俗习惯等办法，以争取当地民族的归附。如实行跪拜礼，穿米底龙袍，甚至亚历山大本人对中亚的风土人情、习惯也入乡随俗，身体力行，因此他赢得了中亚本地上层贵族的好感和支持。此外他还娶了一位当地贵族的女儿罗克珊娜为妻。这样使他的殖民政策大得人心，也大安人心，于是大批的希腊人、马其顿人在中亚定居下来，并热心与当地民族通婚。他在商道附近则兴建城镇，实行军事屯垦，推行马其顿制度，这些做法无疑对希腊文明的扩散，对促进民族间与国家间的交往、了解与融合是有益的。此外希腊文化因素与当地本土文化传统的撞击与交融的结果，是催促着一种新的文化形态的诞生。

亚历山大的东征打破了中亚边远部落与世隔绝的状态及其分割的局面，促进了商品经济的繁荣与国际贸易的交往，将希腊商业文化的成果带到了中亚与西亚一带。

亚历山大死后，原亚历山大帝国的亚洲领土，落入了他的部将巴比伦总督塞琉古的统治之下。公元前312年至前250年，中亚臣属于塞琉古王朝的统治，塞琉古王国推行了与亚历山大不同的政策，他企图尽力保持希腊文化的纯洁性，藐视中亚民族的传统，推行文化上的殖民政策，使之彻底希腊化。

公元前250年，作为帝国东部一郡的巴克特里亚宣布独立，脱离塞琉古王国，成立了巴克特里亚希腊王国，原总督狄奥多托斯为国王。

公元前225年，索格底亚那郡总督，马格尼西亚人攸提德谟斯夺取了王位，他在位长达40年之久，东征北讨，扩张势力，占据了费尔干纳等地。公元前1世纪一位著名的地理学家斯特拉波普援引攸提德谟斯的话说："他们成了阿列亚（今赫拉特一带）和印度的主人。他们不仅占领了帕塔勒尼，而且占领了沿海的萨老斯托斯王国和西格底斯王国，他们把巴克特里亚帝国的领土扩展到了赛里斯和弗里诺伊国。"帕塔勒尼指的是信德（即今巴基斯坦，印度河三角洲一带）、萨老斯托斯（即今印度卡提阿瓦尔半岛南部）。西格底斯王国指位于信德与萨老斯托斯之间的沿海地区。赛里斯，本意是指中国，但在这里当然只能是指中国西部边境，丝绸之路的西端。因为古称中国为丝绸之国（即赛里斯之国），早在凯撒和奥古斯都的时代就已这么称呼。然而事实上只是接近中国西部或者是西部沿丝路的一些城镇，像塔什库尔干等地，亦或因为在兴都库什山一带曾经活跃过中国许多游牧部族。前文曾谈到，据《山海经》记载，中国人对阿姆河、锡尔河早已有所了解，而且周穆王西巡还到过这一带，这一带也曾并入过中国的版图，长期为中国西部城郭国家所统治。所以在好大喜功的攸提德谟斯眼里，他的领土扩展到"赛里斯国"，也是说得过去的。但他不知道整个中国究竟有多大。究其史实，他们根本没能跨到葱岭东侧一步。

公元前190年攸提德谟斯的儿子德米特里继承王位，他南侵印度，征服了喀布尔、犍陀罗、旁遮普、信德等地，并沿商路建城池，旁遮普的攸提德谟城，就是那时由他所修建。这在当时都是很繁荣的商业城市，成为印度河以东的首府。

公元前160年后，大月氏从伊犁河流域取道费尔干纳盆地，进入巴克特里亚，其都城建在索格底亚那地区。这些在《史记·大宛列传》中有所记载："大月氏在大宛西可二三千里，居妫水北。其南则大夏，西则安息，北则康居。行国也，随畜移徙，与匈奴同俗。控弦者可一二十万。故时强，轻匈奴，及冒顿立，攻破月氏，至匈奴老上单于，杀月氏王，以其头为饮器。始月氏居敦煌、祁连间，及为匈奴所败，乃远去，过宛，西击大夏而臣之，遂都妫水北，为王庭。其余小众不能去者，保南山羌，号小月氏。"巴克特里亚在中国史书上称为大夏。前文已经讲到，大月氏曾是活跃在现今敦煌、祁连山一带的游牧部族，被匈奴人打散后，大部分被迫西迁，他们到达巴克特里亚后，导致了这个希腊化时期东部边缘王国的最后灭亡。

这样，中国西部的一个游牧部族，便在这里建立起政权。大月氏人将中国内陆文明，特别是中国西部游牧部族的文明播撒在这里。虽然，这之前中国内陆文明早已影响着这块土地，并通过这里的商路传播到印度、波斯和希腊，但真正通过国家形式使这世界古老的四大文明相碰撞，而后融合成新型的文化形态，在历史上，这也应算是一站。在这里所表现的政治体制、经济结构、文化特征等，都显示出了新的文化形态，揭示出巴克特里亚及印度西北部所形成的以希腊文化影响较深的新型本土文化精神——中亚商业文化的雏型。

在世界四大文明古国的文化交流史上，巴克特里亚的地位与历史功绩是十分显赫的。如果说，希腊文明的扩散是通过巴克特里亚而传入我国西部、印度诸地，那么，中国文明、印度文明也是通过巴克特里亚而向欧洲扩散的。

印度佛教主要也是通过巴克特里亚的渠道向中国西部传播开来的。

胜利女神　巴黎卢浮宫

一个人和一千个敌人对战一千次，如果他能征服自己，他才是一个更伟大的征服者。

我们终归必须和一切亲近者分离，这乃是事理之必然。

佛教艺术本来就是那个时代人民的精神、情感以及生活的写照，即客观化的精神，是时代精神的物化和知识世界的一个组成部分。随着时代和地域的不同，我们可以体悟到佛教艺术隐含着的时代心理的变化和各地域民俗、民情、民风的差异。

印度桑奇大塔东门局部·树神托架像　公元1世纪

第七章 印度佛教及佛教艺术的传播

佛教艺术本来就是那个时代人民的精神、情感以及生活的写照，即客观化的精神，是时代精神的物化和知识世界的一个组成部分。随着时代和地域的不同，我们可以体悟到佛教艺术隐含着的时代心理的变化和各地域民俗、民情、民风的差异。

希腊文明传入中亚时期（特别是古印度的西北部），也正是佛教在这一带传播的时期。

佛教是人类社会发展阶段中人对现实存在的感知、体悟、思维的表述。它是人类思想史和文化史上的一个极为重要的组成部分，其本身即确定了它的存在价值。对它的分析、研究和批判，又促进和推动了人类思想、文化的进一步理解和向更高层次的发展，从而产生新的思想和文化。这是它存在和延伸的价值。

佛教的创始人悉达多，相传为净饭王太子，释迦牟尼是后来佛教徒对他的尊称，意即释迦族的“圣人”，族姓为乔达摩。中国古译为瞿昙。其族姓来源众说纷纭，有说是雅利安人种，有说是蒙古人种，但其来自中亚北部则是可信的。他出生在迦毗罗卫国。这是一个在喜马拉雅山麓下，面积很小的国家，相传有十个小城镇，其中最大的是迦毗罗卫。故以其城为国名。根据文献史料记载，他的生卒年月可推断为公元前565年，死于公元前490年至前480年之间，与中国的孔夫子同时代（约大14岁）。这也是四大文明古国思想、文化最活跃的时代，是一个非常的历史时期。它产生了像中国的老子、孔子，波斯的查拉萨斯特拉，希腊的毕达哥拉斯和赫拉克利特等众多的古典哲学大师。它说明人类社会进展的某些共同之处，而并非历史的某些巧合。

释迦自幼受过良好的教育，结婚并有了孩子。29岁出家，寻师访道，苦行7年无所得，尔后独立思考，35岁创立了自己的学说体系。从此，以摩揭陀、憍萨罗、拔沙三国为中心，广泛地宣扬自己的学说，历时45年。至于他为什么要出家，传说不一。有的说他生下来后，相士曾预言他将来不做转轮王，而是要成为大思想家。这个相士大概对释迦的处境很了解，并善于分析国家的政治形势，因此他能预言释迦非此即彼的道路。因为那时，释迦的童年和成年亲身经历了强邻憍萨罗萨罗国的侵扰和威胁，他的国家正处在要被消灭的危险境地。如果他做政治上的统治者即所谓的"转轮王"，国小力薄，很难稳固国家的地位。他要是成为思想上的统治者，在学术思想上争得了领导权，就有可能提高自己国家的地位，保护国家的安宁。而在这方面他是有条件的，作为一个王子，他从小接受了完备的教育。像他这样出身刹帝利的前辈思想家不少，甚至第一种姓的婆罗门有许多不解的问题，还经常向刹帝利学者求教。比如，关于普遍的"神我"（梵），本来是婆罗门自己的理论，后来连自己也解释不清，只好求教于刹帝利；又如"轮回"之说，系由刹帝利的般缚诃那王所创立，婆罗门祭司信从其说，并发展成为"业力"的理论。被当做"秘说"来尊奉。当然，也有说他出家是因为看到生老病死的痛苦，看到农人耕田的痛苦，看到小虫被鸟啄食的痛苦，这些景象使他感到无常与不幸等，因而得出"世界是苦"的概念。但是据我看来，这只是从释迦的四谛说特别是其中的苦谛倒推出来的释迦出家的理由。我以为建立自己的学说思想体系，渴望成为学术上的"转轮王"，以自己的新学说统一刹帝利种姓，联合吠舍以对抗婆罗门特权统治，提高自己国家的地位，是他出家的本意，也是时代赋予他的使命。他离家以后，行万里路，读万卷书，跟着思想家们学习，博采众长，最后构成了自己的学术体系。并且四方传播，影响深远。释迦的学说成为宗教是在释迦死后的事。学术体系演化为信仰体系，成为显赫教派，释迦本人也被弟子和信徒们神化，成了顶礼膜拜的偶像。这在世界历史上并不罕见。

事实证明，他的思想的出现，不仅解决了当时处于混乱状态的刹帝利思想界所不能解决的问题，而且他的哲学理论，特别是实践哲学或者说人生哲学，的确压倒了当时占统治地位的婆罗门哲学，替他的祖国迦毗罗卫争得了地位和荣誉。他晚年在憍萨罗宣道的时间特别长，这样，也缓和了强邻憍萨罗对他的祖国的威胁。

佛教的产生有它社会的、历史的背景，也有着它深厚的思想文化背景。任何一种学说的产生，都要考虑到社会的需要，否则不可能得以传播。由学术体系演变为信仰体系也表明是社会的一种需要和选择，正如恩格斯说的："创立宗教的人，必须本人感到宗教的需要，并且懂得群众对宗教的需要。"

公元前6世纪至前5世纪，是古代印度一个大变动的时代，很有点像中国的春秋战国时期。那时学术思想活跃，奴隶制经济急剧发展，大批城市国家兴起，商业得到了巨大的发展。"一个不从事生产而只从事产品交换的阶级——商人"兴旺起来，商人成了"城里人"中最主要的组成部分。在这点上，又与同时代的古希腊存在着某些共同的特点。但是，显然不同的是，这以前古印度"商人"在社会上没有地位，受到鄙视，在代表婆罗门正统观点的最著名的《摩奴法典》中，就曾有许多敌视商人的语言。古印度严格的种姓制度，遏制了商人的权力，阻碍了商品经济的发展。古印度商人属第三等级，屈从于婆罗门和刹帝利，他们不甘忍受屈辱的地位，希望在政治上分享权力和荣誉。

古印度种姓分立制度是构成这个社会阶级关系的基础，婆罗门早期法典把种姓划分为四等：(一)婆罗门(祭司)；(二)刹帝利(武士、军事贵族)；(三)吠舍(农民、手工业者和商人)；(四)首陀罗(雇佣劳动者、奴隶等)。而且以传统的形式在《梨俱吠陀》和经文《摩奴法典》中，以神的名义固定下来。据说，最初的婆罗门是从原人婆罗尸的口变化而来的，因此，研读圣书，教育他人执行宗教仪式是他们的主要任务，只有他们才具有神圣的真理，他们是神在人间的化身，是人间只动嘴的永久统治者；最初的刹帝利是婆罗尸的手创造出来的，因此，刹帝利就应当担负战斗和管理的职责，因为他们有力量和勇气；第三是吠舍，他们是婆罗尸的大腿创造出来的，因此他们的使命便是从事农业、手工业和商业，干跑腿的活；第四种姓是首陀罗，是婆罗尸踩在泥污中的脚创造出来的，因此决定了他们下贱的地位，他们成为别人的奴仆，可以随意被驱使，随意被残杀，因为“杀死首陀罗的人只需要简单地净一次身，同杀死牲畜一样”。在这种情况下，不少第四种姓的奴隶用逃亡、破坏水利工程和谋杀奴隶主等方式进行斗争。同时，第二种姓的刹帝利，也要求扩大自己的权利，占有更多的剩余产品和奴隶，对婆门教的“婆罗门种姓第一”，对婆罗门至高无上的特权地位也极为不满。而处于第三种姓的吠舍，他们中的工商业主、高利贷者，也极希望提高自己的社会地位，对婆罗门的歧视表示愤慨和反抗。印度在这种奴隶制经济高涨、对内对外贸易繁荣的时期，便形成了在思想上反对阻碍印度社会经济发展的婆罗门教规，以及残忍僵化的种姓制度的社会力量。释迦思想便成为这股社会势力的思想代表。佛教实质上便成为思想上和组织上对婆罗门种姓给予激烈挑战的新的思想学说体系的代表。它有代表刹帝利利益的一面，也特别关注吠舍的要求，同时也赢得了首陀罗的信赖。这主要表现在佛陀学说中反对承认每一个出身于婆罗门种姓的人为祭司，反对这个人只是由于出身的权利，就享有社会上至高无上权利的血统高贵论。虽然佛陀学说的反对婆罗门种姓也是不彻底的，如佛陀曾说过：“我不只是因为生他的母亲属于婆罗门种姓，而把任何一个人称为婆罗门，许多心和思想朝向世界的人，用婆罗门的语言来讲话。因此，我只把那远离世界，摆脱一切情欲的人称为婆罗门。”反映出佛陀对种姓制度的留恋。尽管如此，并不能否认佛陀学说的时代进步意义，以及对传统的反叛精神。佛陀思想带有传统的中和色彩，他的博学使他有能力对当时流行的学说加以鉴别和取舍，因此在各方面他都不走极端。譬如，他的“出世思想”是对混乱污秽的现世给与价值的否定，因而宣讲涅槃——表达对理想纯清世界的肯定和追求；另一方面，他对群众讲施戒，认为只要乐善好施，即可获得幸福，而“幸福在于愿望的实现，在于只存在着正常的愿望”。又如婆罗门思想，认为宇宙是从一个根本“因”转变而来，即所谓“因中有果”说。简言之，认识自己的种姓这个不变的“因”，听任命运的安排和上天的旨意，用以指导实践，即以修定为主，通过修定去认识那个根本的“因”，从而达到解脱的境界。而当时流行的非婆罗门思想，则认为事物是多因积累而成，即所谓“因中无果”说。用这一学说来指导实践，则形成了两种道路，一是走苦行的道路，一是无止境的寻欢作乐。释迦对以上两种思想体系进行了分析和综合，另立了自己的“缘起论”，认为诸法是互相依赖、互为条件的，既非一因生多果，也非多因生一果，而是互为因果的。

释迦学说注重对事物特别是对人生采取分析的、分别对待的态度。释迦认为“变化与无常是人生的一个特质”，在对待事物上，常常在两个极端中加以抉择，然后得出中道的看法。如他对当时流行的把快乐作为人生目的的主张，或一味苦行的理论都是不认可的。他主张不苦不乐，因此他自己说：“我是分别论者，非一向论者。”在《法句经·泥洹品》中有这样的话：“法归分别，真人归灭。”表明佛教的内容是分别论者，这样一些理论与同时代的中国的老庄哲学及儒学的共通之处是十分明显的，这就为往后佛教在中国的传播奠定了相近的思想基础。

佛教最基本的教义之一的“十二因缘”说，其核心思想是业报与轮回转生学说，这一学说表明：种姓是可以改变的，连婆罗门教的天帝因陀罗也要受到业报的约束，不能永远当天帝。也就是说，没有“终身制”，做了恶事，来世也要转生成猪狗，同时不管什么种姓，只要乐善好施，自修自省，皈依佛法，终成正果。这里表达了人对命运的掌握，自己并不是完全处于被动和无法选择的地位，起决定作用的是自己的行为和功德，连神仙也保证不了来生的结果。因此，个人的意志和个人的行为在这里能起到决定性的作用。这种新的学说，显然代表了新兴势力的意志与顽固坚持婆罗门种姓制度势力的对抗，与僵化的婆罗门思想体系形成了鲜明的对照，说明佛教在当时所具有的进步性和积极意义，无疑也是对古印度哲学的新的贡献。

由此，我们可以看出佛教出现的社会历史根源。随着奴隶制经济的高涨，国际国内贸易的繁荣，商品经济的发展，产生了一类新型的国家与新人，他们从事商品生产和商品流通。一种新型的生产关系，随着商品生产和商品交换的发展而发展，随着货币应用范围的日益扩大而扩大，商业已经不再被认为是“恶魔的事业”。商业队伍的壮大，在各阶层中占了上风，新的阶层——有钱阶级（萌芽状态中的资产阶级）随之产生。同时由于新的商业城镇的建立，形成了以城市为主体的国家形式。城市成了政治、经济、文化的中心。组成城市的“城里人”主要有两部分，一是国王及其文职官员和军事人员，这是国家和权力的象征；二是商人及工商业主及小部分的小手工业者，这是城市资产金融大权的代表。城市的建立、兴旺和繁荣，取决于这两部分人的力量。在这个时代，正如印度历史学家罗米拉·萨帕所说，是“一个由英雄时代进至一个国王和商人的时代”，它必然要产生一套与之相适应的新的思想体系。但是在古印度，似乎任何人文哲学思想、伦理道德观念，甚至自然科学都会揉合有宗教的神秘色彩，这就增加了我们认识和理解它的难度。它既不像古希腊那样形成独立的社会科学、自然科学和人文哲学等明晰的学说体系，也不像宗教不发达的古中国，形成更注重于人间现实性格和人生境界的磨练与调养的哲学思想体系，具有深奥的思辨色彩。

释迦瞄准了这个“国王和商人时代”，他的学说体现了这个时代的主体要求，回答了这个新时代所面临的新问题，给他自己赢得了地位，并且能够跻身于国王与商人的行列中，实现了成为精神上的“转轮王”的目的。因此，是这个时代产生了他的思想，同时他的思想也影响和推动了这个时代的发展，完善了古印度的文化精神。

当然，佛教维护统治阶级国王的利益是不言而喻的，因为任何时代的主流思想都是统治阶级的思想，国王作为统治阶级的代表人物，佛教思想紧紧地偎依在他身边，这也是顺理成章的。但是，历史的特殊性就在于，那时印度的许多国王本身就从事商业活动，或本身就是商人。比如摩揭陀国的国王瓶沙王就是做粮食和金属生意的商人，在《政事论》中他强调国家要从事商业活动。又如被称为佛教国王的孔雀王朝大名鼎鼎的阿育王，他与商业就有千丝万缕的联系。他不仅自己从事商业活动，他的岳父也是著名大商人。他强调国家要从事商业活动，认为没有税收，就不能养兵，而税收主要来自商业。军队的重要任务是保证商路的畅通。因此国王和商人的利益是一致的，用现在的话说，只有得大头和得小头之分。大商人开始参与国家大事，出入于国王举办的豪华宴会，连最独裁的国王也对他们另眼相看。商人阶层的头子被称为“优秀的人”，在“城里人”中具有极其重要的地位。因此，佛教思想体现商人阶层的利益与要求是显而易见的。我们只要从佛教与商人的关系中，便能窥见佛教的思想体系形成的基础及思想倾向，窥见佛教思想是构建在这个新的商人阶层的基础之上的，佛教是这个新型阶层的代言人，因此它也体现出古印度初期商业文化的特征。所以，我们不能认为佛教是人类思维的“虚幻”“怪异”或历史的“反动”。恰恰相反，它同其他学说一样，是特定历史时期人类的直觉认知、思维表述以及智慧的结晶。

佛教同商人关系密切，佛寺、僧尼的主要经济来源靠的是商人，生活靠商人施舍，寺院靠商人捐资修建，并求得物质资助……商人靠佛教提高自己的信誉和地位，扩大市场，招徕顾客，逃避税收……求得精神慰藉。佛教与商人似乎是在人类历史舞台中扮演着“双簧”的角色。

据佛传记载，释迦刚成佛，从菩提树下站起来，首先向他供奉食品的是两位商人。释迦传道，宣讲他的学说，也是沿着商道进行的，支持释迦学说的是商人。《普曜经》卷七《商人奉糗品》载：“尔时提（离）谓波利之等与贾人（即商人）俱五百为侣。……时五百人诣树神所，梵作树观光像，分明言：‘今世有佛在拘留国界尼连禅水边，未有致食者。汝曹幸先能有善意，必获大福。’贾人闻佛名，皆大喜，言：‘佛必独大尊，天神所敬，非凡品也。’即和糗密，俱于树下稽首上佛。”《方广大庄严经》卷十中的《商人蒙记品》说：“时北天竺国兄弟二人，为众商之主。一名帝履富娑，一名婆履……时护林神忽现其形，语商人言：汝诸商人，忽怀恐惧。汝于长夜流转生死，今得大利。所以何者？有佛世尊出现于世，初成正觉，住此林中，不食已来四十九日。汝等应将种种饮食而以上之。”《佛所行赞》卷三《阿惟三菩提品》记载：“时有商人行，善友天神告，大仙牟尼尊，在彼山林中，世间良福田，汝应往供养，闻名大欢喜。奉施于初饭。”关于商人供奉佛陀的记载很多，说明商人是佛陀的施主。没有商人的布施，佛陀僧侣们连一天恐怕也难以活下去。当时的大富商须达多、给孤独等人都是佛陀经济上最有力的支持者，也就是现代所谓大护法者也。据传说，给孤独曾布金满地，购买了一座花园，赠送给释迦牟尼。东园的鹿子母堂，即为大富商的新娘卖掉一件昂贵的嫁妆施建的。释迦后来去吠舍离，在那里他得到了庵摩罗卫献的一处精舍，庵摩罗卫也是一位大商人。《五分律》卷二十五中有这样一段记载：舍利弗（佛派出找房子的比丘）与须达多（舍卫城的长者即大商人）到一处找住房，“须达多长者既到舍卫，作是念：‘何处极好，堪作精舍？唯此城童子祇林，园果美茂，其水清洁，流泉浴池，香花悉备，当买作之。’念已，往到其所，语言：‘我欲买园，宁能见与不？’答言：‘若能以金钱布地，令无空缺，然后相与。’须达多便以金钱布地。祇言：‘我说此譬，不欲相与。’须达复言：‘说此为价，岂得中悔！’共诤纷纭，遂便彻官。官即依法断与须达。祇向须达：‘何故不惜金宝而买此园？’须达答言：‘佛出于世，有大威德。其诸弟子亦复如是。我已请之于此安居，是以倾竭，无所爱惜。’祇复言：‘若听我更作园名，名为祇园精舍者，当以相与。’须达言：‘善！’即令人出金钱布地，量树处所，皆补令满。舍利弗然后用绳量度，作经行处、讲堂、温室、食厨、浴屋及诸房舍，皆使得宜”。商人在古印度是爱财如命的代名词。须达多如此慷慨解囊，当是佛教给了他好处的缘故。也正如须达多说的“有大威德。其诸弟子亦复如是。……是以倾竭，无所爱惜”，商人对释迦及其弟子如此感恩戴德，恰恰证明了释迦的思想学说，有“恩”“德”于商人。这是再明白不过的。

释迦出家得道后，他所说法的场所，途经的路线，都是在商道及沿商道的大城市。佛教与商人的密切关系，当代学者季羡林教授做了卓有成效的研究与资料汇集，给后学以启迪。

大都市是工商业者集中的地方，国王要找商人咨询，商界也需要朝中有人，因此商界的头子每日要三进王宫。朝中每有大典，商界头子是少不了被邀请参加的。而佛教徒也是住在城里，同商人们住在一起，按理“天下名山僧占多”，要修身养性，住在深山老林更适宜。可是，古印度佛教却是在城里发展起来的，他们以城里为据点，传教的对象主要是商人和小手工业者，佛经故事讲的也都是发生在城里的事。乡村的事在佛经里几乎没有留下痕迹。释迦活动场所也都是大城市，根据佛传记载，他每年下榻的地方和平时停留的地方，即所谓精舍之类，也都在城市里。佛徒在城市里同国王与商人荣辱与共。佛徒同国王之间交情极深，参与国家的大典，出入宫庭，结交官府，在经济上佛教徒求助于商人，在舆论上商人求助于佛教徒，以抬高自己的身价和地位。

国王有王宫，佛陀有精舍。他们之间地位相当，互通往来。

佛祖制定律条，所形成的律条的基础，往往取自于商人的故事，取自于对商人利益的关注和信任。

佛典律藏中编造了许多故事，说佛祖前世为菩萨时，曾多次救过商人，如《根本说一切有部毗奈耶药事》卷十五载，在过去世菩萨生为狮子王，住在一个大丛林中。有五百商人路过此林，惊动了大蟒蛇，它把商人围住，性命危在旦夕。狮子王同一只少年象商议拯救商人。“时狮子王升象头上，掷身打彼蟒蛇。狮子按足，象便命过。打彼蟒蛇，蛇亦即死。由蛇毒气，狮子身亡。三个一时，并皆舍根。诸商人等，遂全身命。”同书又载：“乃往古昔，菩萨尔时在不定聚，于大海中作一龟王，复于后时，有五百商人乘船入海。乃被海兽打破船舶。其龟取五百商人置于背上。渡出海中。尔时商人皆悉安稳。”在经文里此类故事颇多，故事内容荒诞。但于荒诞中显露出真情，显露出一个商贸繁荣的时代，以及这个时代的主人——商人的内心世界。说明佛教是尽力往商人身上靠、拉关系，其用意是明显的。

佛典律藏所载律条还明确规定，比丘尼（尼姑）外出不许同比丘（和尚）同行，但必须有商人为伴。据《摩诃僧祇律》卷二十七记载，如果比丘共商人行，到了布萨日，商人不能等他们，要立刻就走，佛允许比丘边走边作布萨。布萨日，是佛徒聚集在一起，共诵律条，检讨自己言行的非常重要的日子。时间是每月初八、十五、二十三和最后一天，多半在夜间进行。对佛徒来说，这是神圣不可侵犯的权力。但佛却将这种神圣的权力交给了商人，商人如果不同意坐下来作布萨，那佛徒只得边走边作。卷三十四又载，如果比丘同贾客（商人）共行，大便时应在下道，勿在上方熏了商人。住宿时，如果出去大小便，也要同商人打招呼，大小便亦当在下方，不得在上风。若随贾客船行，想大便，也必须到大便的地方去，下面放上木板，粪便先堕木板上，然后堕水。如果没有木板，则用厕草，或盛以瓦器，弃之。对商人的关照，竟细心到如此地步。同书第三十九卷还说："佛言：'汝云何无商人伴，于空迥处向余国行？从今已后，不听。'佛告大爱道，依止舍卫城比丘尼皆悉令集，乃至已闻者当重闻：若比丘尼无商人伴向异国行，波夜提（罪过）。……若比丘尼欲行时，当先求商人伴。"这些都是佛对比丘尼的戒律，其中也充满了对商人的信任感。商人是不那么守规矩的，佛也似乎知道，但他仍放心尼姑同商人结伴行。如同上书卷三十六所说："诸比丘尼道路行。有一少年比丘尼，下道便利。在后诸贾客来，见比丘尼端正，即便遮问：'汝年少端正，正应受欲，何以出家？请说其故。'比丘尼言：'我出家，何用问为？'复言：'不尔。会当有意语我。'答亦如初。如是戏弄已，须臾放去。"《五分律》卷一记载说有一估客（商人）丧妇。他看中了一个比丘尼弟子，"色貌殊特"，想引诱她嫁给自己，就让她到自己家里来取酥油蜜、石蜜、蒲阇尼、佉阇尼等食品。佛既已知道商人的重钱好色，却偏偏让他的女弟子去陪伴，除了反映佛教戒律对商人的特殊信任和优待，是否还有其他的用意，当然就不得而知了。

佛陀戒律还规定：僧尼不许捉金银，不许做买卖。这种戒律，除便于僧尼去掉尘俗的依恋外，更重要的是含有不与商人争利的用意，这样既维护了商人的利益，又安抚了商人的情绪。

佛教的五戒，即所谓不杀生、不偷盗、不邪淫、不妄语、不饮酒，也并非是佛教的发明创造。婆罗门教、耆那教均有类似的戒条。互相因袭，显而易见。但因袭中不同之处在于，耆那教把不杀生推向极端，范围包括一切生物；他们认为连植物也有灵魂，因而也不能伤害。而佛教徒就不一样了，他的解释范围主要限于人身，目的是防止暴力，属于人类的社会范畴和伦理道德范畴。由禁止杀生扩展为反对暴力本身，反对互相残杀，反对互相摧毁和破坏牲畜财富。

因为如果发生战争，受害最深的是商人和农民。农产品（尤其是粮食）也是商人很重要的商品之一，战争对商人和农民均不利。在那个时代，提出非暴力的主张，实在是最高伦理道德的表现。我们评论它，不应对比它比现在的思想，特别是阶级斗争的思想及正义与非正义的战争观落后多少，而应看到它比以前或同时代思想前进了多少。在当时战事频繁的年代，用宗教的戒律制约它的信徒，唤起人的内在的道德情感，无疑是有益的。世界上一切伦理概念都与现实的物质生活有联系，古代印度也不能例外。更何况印度社会已进入“国王和商人的时代”。而不杀生、非暴力代表了商人们的利益，受到商人们的拥护。对国王呢？也多少有抑制作用，有的国王欲皈依佛法，就是因为过去杀人太多，害怕来世受到报应。印度历史上被称为佛教皇帝的两个君主阿育王和迦腻色迦王就是这样的情况。所谓“放下屠刀，立地成佛”，如果按照“佛”的原始意义，即“觉者”“觉悟”“觉醒”来理解，“放下屠刀”即意味着“觉醒”，那么“成佛”也是可能的。当然对那些嗜血成性、杀红了眼的屠夫，由于疯狂取代了理智，自然不可能“成佛”，他们只会是口念佛经，心藏杀机。

转轮圣王在佛教里是被宣扬得最起劲的，这在佛教经文、教义以及佛教艺术中常常表现出来。所谓转轮圣王，即国家统一的大皇帝，是最高统治者。他的权力的车轮可以满世界转动。如《太子瑞应本起经》卷上载：“王者生子而有三十二大人相者，处国当为转轮圣王，主四天下，七宝自至，行即能飞，兵仗不用，自然太平。”这种在想象中出现的统一国家的君主及“兵仗不用，自然太平”的愿望，多少也代表了人民群众的愿望：统一全印度，让人民过太平日子。谁喜欢刀光剑影，兵戎相见？而商人们最厌烦的是小国林立，关卡税收层层，货币不统一，盗贼横行，成伙抢劫。因此商人们更盼望有“转轮圣王”来统一世界，保证商路畅通无阻。我们在佛经和佛教艺术中经常看到的商人遇盗贼的场面描写和刻画就是这一情感的体现。总之，佛教着重宣扬转轮圣王，或许是和有意投靠商人的心意不谋而合。

过去，我们在研究中国儒法二家的斗争时，总是肯定法家的进步意义在于“国家统一”的思想，那么我们在看待古印度这个宗教思想几乎浸透到它的哲学、文学、艺术等各个领域的国家，佛教的这些思想是否能简单地认定是“历史的反动”？显然这“国家统一，不使用暴力”的思想是代表了当时处于新兴的商人阶级的新思潮，而且这一潮头一直蔓延到了近代印度的圣雄甘地，的确是值得我们细心去研究的。

商人靠佛教发财，偷税漏税，在佛教经典里也有许多记载。如《五分律》卷二十八写道：“时跋难陀与估客共道行，到关税处。估客从跋难陀借囊，密以大价珠著囊中，还之。跋难陀不觉。出关已，索囊中珠。跋难陀言：‘我不取汝珠。’估客言：‘汝实不取，我向借汝囊以珠著中耳。’即还其珠。”又如《摩诃僧祇律》卷三中说：“有比丘与估客共道行，比丘有大徒众。时估客便语一比丘言：‘汝师大德，至关税处，谁敢检校？汝为我持此物，寄著汝师衣囊中。过此税处。’”又如《四分律》卷五十五中说：“时有比丘与卖綖人共行。彼语比丘言：‘长老！ 汝等度关不输税。今欲以此綖托长老度关。’时比丘即为过之。”此类事实佛典律藏里记载很多，商人靠僧尼偷税漏税，商人与佛教徒之间互相依赖，互相支援，他们彼此心照不宣。

佛教靠商人传播，如《增一阿含经》卷四十九载，阿那邠祁长者有四个儿子，都不侍奉佛法圣众。长者答应他们，每人赠纯金千两，要他们皈依法僧，他们不肯。长者答应每人赠纯金二千两、三千两、四千两，一直增加到五千两，他们才答应下来。于是长者率领四子，来至佛所。佛对他们说法，劝令欢喜。四个儿子终于被感化，长跪佛前，说愿皈依佛法僧，再不杀生，乃至不再饮酒。又如《杂阿含经》卷二十二中载，给孤独长者因为一件小事（小因缘）来到王舍城，住在一个长者家里。夜里看到这个长者燃火炊饭做饼，调合众味，便问他是否是嫁女娶妇，或者是宴请国王大臣。长者说，都不是，而是为了请佛。给孤独长者问，什么叫佛。长者回答说：“有沙门瞿昙，是释种子，于释种中剃除须发，着袈裟衣，正信非家，出家学道，得阿耨多罗三藐三菩提，是名为佛。”给孤独又问，什么是僧。长老回答说：“婆罗门种、刹帝利种、吠舍种、首陀罗种，剃除须发，着袈裟衣，正信非家，彼佛出家，而随出家，是名为僧。”给孤独者听了以后，大有感触，连夜赶去见佛。

佛祖释迦牟尼第一次说法的地点选在四通八达的商路上——波罗奈（贝拿勒斯）附近的鹿野苑，从听众首先是商人们这点来看，他相信，他的学说会受到商人们的欢迎和传播的。世界上任何一个宗教，都没有像佛教这样，同商人之间有如此密切的联系。又如《根本说一切有部毗奈耶破僧事》卷十八所载，卖香商人冒着被未生怨王所杀的危险，为了医治世尊的病，奉上牛头梅檀香。商人给佛僧的一般施舍则更多，《根本说一切有部目得迦》卷十中载：“尔时佛在室罗伐城，多有商人，请佛及僧，就园林中设大斋会。商人持食，列在众前。”这些律藏编织起了商人与佛徒之间从经济到思想意识、心理状态、个人情感等方面的网络。二者之间密切的关系，无论如何也是分不开的。在这一点上，可能也是世界上任何“宗教”所无法比拟的。它说明佛教正是为适应这个历史时代的主流，而形成和发展的。并非简单的一句“历史的反动”所能总结得了的。摘录这么些例证，无非是想证明，佛教是商业文化的一个重要组成部分，企望以此来简述佛教艺术的性质。这样，我们在以后的敦煌艺术，特别是敦煌壁画艺术中，看到佛徒与商人关系的画面——在壁画中常出现有涉水爬山的商队、驼队、车队，出现有反映商人日常生活，以及贸易往来的场景，出现有商人遇难时佛总是出面及时解救等——这样我们也就不难找到佛教随着中西商道丝绸之路传入中国西部以及中国内陆的必然性。

印度佛教艺术的全部内容，紧紧地围绕着“佛”与“国王和商人”的事迹而展开。印度艺术一般说来都是随着社会的发展而形成并日趋成熟的，但它们的生长过程，几乎都与“宗教”息息相关。说到底，“宗教”也是认识世界的一种艺术形式。早期佛教艺术在印度本土并没有得到长足的发展，它的高峰期是在犍陀罗艺术和敦煌艺术的影响下形成和显现的。尽管如此，印度的佛教艺术还是对后来的印度本土文化产生了深远的影响。

我们知道，当释迦牟尼创立佛教后不久，波斯王大流士入侵印度，征服了印度河以北的地方，成为波斯帝国阿开密尼王国的第二十郡，统治了将近二百年。尔后，是亚历山大东征，印度又受到希腊文化的影响。由于外来文化的不断浸透，它自身的艺术受到了扼制，得不到充分的发展。而且由于传统的建筑雕塑等艺术所用的材质易于腐朽，如木材、象牙或粘土之类，因此，早期的遗物荡然无存。直至公元前4世纪至前2世纪时摩揭陀国的孔雀王朝在北印度勃兴，这个王朝的统治者集团不仅有最大的商人，同时也有最大的地主，他们储备了雄厚的经济力量，艺术便也随之而发展起来。摩揭陀国也因此而成为文化艺术的中心，它在印度艺术的成长过程中，起了极大的作用。

公元前323年，摩揭陀的难陀王朝被推翻，月护王即位，击败亚历山大部将塞留哥斯，得到了今阿富汗的喀布尔、赫拉特等地。到二世频头婆罗王又征服了印度南部德干高原，将势力范围扩展得更大。但他们都不崇奉佛教，只是到公元前273年，频头婆罗王的儿子阿育王继位，佛教和佛教艺术才开始兴盛起来。阿育王时代，他的国土从北方的喀布尔和尼泊尔，伸展到南印度的迈索尔，在政治上几乎统一了全印度。阿育王的皈依佛教，其主要原因是他的统治中心建立在摩揭陀国，这里是佛教的发祥地，留下了释迦牟尼生前的各种遗迹和传说，在人民群众中佛教的影响很广很深，寺院所在地又是商道和贸易重镇，为了巩固他的统治，得到民心，于是他皈依佛法。这样他的政权，就有了广泛的物质和思想基础，同时赢得了一股雄厚的商业经济力量的支持。阿育王皈依佛法的另一原因，表现在他的一个摩崖诏书里："十五万人从那里被掠走，十万人被屠杀，而且还有比这个数目大许多倍的人死亡。"这里讲的是一次由他指挥吞并羯陵伽的战争。战争的惨状对他们产生了深刻影响，以致放弃了用武器来征服的方式，而采用传播虔信正法的办法。他所谓的虔信正法就是虔信佛教教义，为此他宣布以佛教道德为正式的国家道德。阿育王不仅皈依了佛教，据史载，事实上他已成了佛教僧团的领袖，被誉为印度历史上的佛教皇帝。他利用雕刻和建筑艺术，宣传佛教教义，建造了流传至今的印度最早的碑铭与雕刻艺术作品。

阿育王时代的艺术代表作是纪念柱，即镌有诰文的圆柱、独石柱或磨光的沙石上有雕刻的柱头。其中，最杰出的有波罗奈斯城外鹿野苑的石柱，柱已中断，上有铭文，柱头最上端雕刻的是四只背对背蹲踞着昂首远眺的雄狮前半身像；中间层是线盘饰带，雕刻有一只大象、一匹奔马、一头瘤牛和一只老虎，四种动物都以象征佛法的“宝轮”隔开；下一层是下泻的线型所组成的莲花，整体风格细腻华丽，光滑圆润。

对于古印度喜爱雕刻象、马、狮子、瘤牛等动物形象，历来看法不同，但多认为这四兽是速度和力量的象征，代表了雄壮和刚毅，反映出经济蓬勃发展的孔雀王朝的权威和力量。这四兽也可认为是印度的“四神”，那时古印度的“神”少有以人为替身，往往借动物的形象来体现，也许还反映出古印度部族对图腾崇拜的认可。通常“象”是象征释迦牟尼，在下凡入胎佛本生故事中，在六牙白象的本生故事中，象是佛的化身，是内在力量和温厚外表的结合体；狮子是雄健力量的象征，印度人以狮子命名的很多，古代锡兰人也称狮子族，这显然是图腾意识的遗风；瘤牛被认为是神牛，为印度的宗教所崇拜；马是速度的象征，也是战斗力的象征。马最早由中亚北部的雅利安人传入，后来被印度的宗教所重视，马祭是祭礼中的大典。这些动物，有的是与古印度人生活密切相关，有的是人的力量借超人的力量来表现。对这些艺术形象的刻画，在表现手法和技巧上显然受到了波斯和希腊艺术的影响，但这类象征符号是他们自己的，它较波斯艺术显得浑厚，较希腊艺术更为概括，更具东方艺术的神秘气氛和宗教色彩。这正是印度佛教艺术形成的第一步：在自然界中寻找人类情感、意识的依托，人的力量借助于自然生物的力量来强化和显示，也是人与自然一体的宇宙观的体现。

孔雀王朝时代，对人物的塑造，远不及它的动物雕刻出色，也无法与同时代的希腊和中国相比，佛像在这时期尚未出现，仅从女药叉像之类的人物形象的塑造中我们可以看到，它们虽然粗糙简单，身材呈圆筒状，表现也流于概念化，但一开始它的造型艺术观就给了我们一个很深的印象，那是一种形而上学的观念，不着眼于对自然的摹写，有着大胆的夸张与浓厚的装饰意味，人物的情感和气度的表现重于人物的生理解剖结构的刻画。女药叉是民间信奉的小神，为山林水泽的女仙或树精，有点类似于屈原所描述的山鬼。特别值得指出的是古印度的女性美，表现为特大的圆润丰满的乳房、扭动的细腰、丰腴的臀部，这样一种造型观念，在这一时期，已初见端倪，为后代印度艺术女性美的塑造

印度桑奇大塔石雕残像　波士顿美术博物馆

印度寺庙雕刻

和表现奠定了基础。前面讲了这时期的人物雕刻不如动物雕刻出色，这只是从当时的人物和动物作品的一般技巧比较而言。但是如果就印度艺术的承前启后作用而言，它的人物塑造对后世的影响就深远得多了，余风波及中国西部的于阗和龟兹等地的佛教艺术造型，但敦煌佛教艺术却仅留下它模糊的影子。

阿育王逝世以后，孔雀王朝开始瓦解，至公元前185年，孔雀王朝的最后一位代表人物被他的将军补沙弥多罗所杀，由布舍耶密多罗创立了新的巽伽王朝，占据摩揭陀国的王位至公元前约73年。但这新王室只统治了恒河流域，至于西北部的旁遮省，则仍陷入希腊人之手中。公元前200年，在德干高原崛起的强国安达罗王国，已成为这一带诸邦的霸主。此时的印度进入了巽伽王朝和安达罗王朝的统治时期，这一时期的艺术是对阿育王时代开始的佛教艺术的发展。在巴雅、贝德萨、巴卢特、迦尔梨、桑奇和阿玛拉瓦提诸地的艺术中，达到了最高成就。

这一时期佛教艺术的典型建筑形式，是窣堵波（即塔）、毗诃罗（即寺庙）、支提（即窟殿）。窣堵波的主要形式是一个半圆堆，用砖石造成。梵文名安达（其意为卵），下建有基坛，顶上有诃密迦其（意为平台），在塔的周围一定距离处建有石质的栏楯，在栏楯的四方，常饰有四座陀兰那（其意为牌楼），构成了所谓的陀兰那艺术。窣堵波的建筑形式是从古代陵墓中得到的启示，原本是为收放佛及其弟子的舍利而建。（佛教称释迦牟尼遗体火化之后结成珠状的东西为舍利，后来也指德行较高的和尚死后烧剩的骨头，又称舍利子）毗诃罗是僧坊，支提是地下灵堂或窟殿，其中常安置一小舍利塔，名为达伽巴，作为宗教徒顶礼膜拜的圣坛。

巴卢特大塔栏楯上的雕刻，是这一时期最早的艺术品。其年代可追溯到公元前2世纪，在栏楯东门的一根侧柱上所刻的铭文中曾提到了巽伽王朝。此时的佛教雕刻，按照传统的规则，佛像仍不出现在画面上，而是利用种种佛传本生故事来构成画面，用动物或其他象征物来代表释迦牟尼佛祖。

巽伽王朝最有代表性的艺术品，是中史邦首府博帕尔附近的桑奇村的大塔。据印度考古学者们研究，此塔圆顶的核心，可上溯至阿育王时代，即公元前3世纪中叶。但圆顶现在的形式、周围的四座陀兰那则为巽伽王朝所建。四座陀兰那中最大的是南门，根据上面的刻文，认定是安达罗王朝的沙多迦尔尼王在位时（公元前75—前20）一个叫阿尔陀的总技师发愿奉献的。另有一处刻文，表明东门上的一根侧柱是由钱商那迦比阿供献的。

桑奇雕刻中那些异狮，那些半鹫半狮的怪兽，钟形柱头和忍冬花纹、齿纹或锯齿状花纹的柱子，以往被欧洲的艺术史家们论定是模仿波斯和希腊的艺术，我们在后来的敦煌艺术中也可发现与其相似的花纹。我在前文中已经讲过许多中外学者也认为敦煌的联珠纹是来自波斯的，其实它在我国的秦汉铜镜中早已出现并且大规模地运用着。我想人类共同生活在这个地球上，有相互影响的一面，但更会存有相同的创造的一面。桑奇雕刻是典型的印度式的，也是佛教式的。这时期佛陀形象仍未在雕刻中出现，而是用习惯的象征性事物来代替佛陀：一只小象暗示着“托胎”；摩耶夫人坐在莲花上，周围有小象向她喷水，代表了“降诞”，有时只用一朵莲花即代表这一变相；一匹空马，即象征“出家”；魔或魔女在一株树和一个空座位之前，表示魔对佛陀的侵扰和诱惑，也即表示“降魔”变的内容；一株树和一个空座位，象征“成道”；法轮象征说法；伞盖和宝座一般即用以代表成佛。这些特定的内容和象征手法的运用，成为佛教艺术特有的艺术语言符号。

桑奇雕刻尽管是佛教教义的“宣传品”，但并不排斥世俗的情状。并且更使人感到教义是世俗内容的升华，一种精神的升华。我们在雕刻中能看到巽伽王朝的贵族生活、国王出行等真实图景，说明佛教不是靠天国而是靠人间生活的。例如频头婆罗王出王舍城前往拜佛，或者是净饭王离迦毗罗城去会晤他的儿子。那些拥挤的车辆，严饰的众像，骑马的军队，构成了国王出行的盛大仪仗。还有阿育王礼拜兰莫哥罗摩的灵塔和菩提伽耶的圣树。“争舍利”图则记录了当时邻邦诸王在佛逝世后为争夺他的舍利而引起的战争，也即是我们常称的所谓“八王争舍利”的历史故事。这些都是当时印度民俗风情的记录。

桑奇雕刻中，那些表现“本生”故事的画面，显示了佛教寂灭无为的理想，也表现了对大自然的依恋和回归的渴望。如“六牙白象本生”、“猴王本生”、“独角仙人”的经历、“须大拿太子本生”和“目夹子商莫”的故事等，或是借动物的人格化而宣传道德观念，或借神话以传递真、善、美的理想。

印度佛教艺术常常刻画健美的人体，它反映佛教教义不仅不是对人类健美的否定，而且是对人类健美的“完善”与赞美。它不像希腊人体美那样对严格的比例和谐与尺度美的强调，它更注重于情感和直觉。在这一点上它与中国艺术观相近。例如迦尔梨“支提”入门处两对相抱的几乎全裸的石雕男女像，肌肤圆润健康，但与希腊的男性雕刻比较，显然希腊人善于创造男性的自然美，强调肉体与崇高精神的结合，强调亲切和真实动人的阳刚之美。而古印度对男性的塑造却由于圆润而显得柔弱，健康而缺乏力度，单纯而流于概念。但对女性的塑造，在古印度的佛教雕刻中，我以为达到了相当的高度，在世界美术史上形成了独特的审美情趣和艺术感受。可以说还没有任何一个国家和民族对女性健美的表现，能够以如此夸张和变形的手法来呈现。刻画律动的形体，特别是在庄严、近乎冷漠的佛教神圣之地，塑造了近乎全裸的女人体，这种弥漫性感的女人体，又特别强调丰满的乳房，律动的细腰，以及在全裸的形体上装饰精巧的腰带。这腰饰除了起到突出生殖器的作用外，从形象总体上讲，它的精细反衬和凸显出形象的整体团块结构，以及肌肤的弹性和肉感。它比希腊女性雕刻更真实，因为它表现了理想的女性美，表现了艺术中感人的真诚。它有别于希腊女人体的高贵典雅和对自然的、现实的形式美的追求；也有别于中国密不示人的神秘内敛与端庄含蓄。它坦荡、粗朴，但符合艺术的真实，是真实的、人类本能美的表现。看来，早期佛教艺术在印度原本不是那么着意于对人类感情的禁忌与毁灭，相反，它倒唤起了人类的美学意识和对生命的爱惜。当佛教艺术进入其他国家后，则根据各地域各民族的思想意识和艺术精神在不断地变化，如女人体在中国敦煌佛教艺术中便开始消退，而代之以中国儒家所特有的对性的“回避”。名为对佛教神圣纯洁的维护，实则是对孔孟之道的维护。现存波士顿美术博物馆中的桑奇大塔石雕残像，充分体现了公元前1世纪前期，印度对女性塑造的美学准则。有的学者认为，这尊塑像受希腊艺术的影响，但只要同希腊艺术中所塑造的女性，如维纳斯之类的形象一比较，其造型手法、审美意味以及给我们的不同的感受就会十分明显地表现出来。

印度的佛教壁画，集中体现在著名的阿旃陀石窟艺术里。阿旃陀位于德干高原的海德拉巴邦，归属尼兹姆西北端。这里是一片丘陵地带，“山路幽寂，中有溪流，弯环作马蹄”，在靠近溪流的崖壁上凿有石窟。阿旃陀的名字，起于古代的梵语“阿谨提耶”，意云“无想”，离石窟6.5公里处有一小镇，名为阿旃陀。石窟发掘后，即以阿旃陀石窟之名震惊世界。据现在所知计有29个洞窟，建窟于公元前2世纪到公元7世纪。其间曾中断了将近400年，到公元5世纪才由频婆萨罗方继续建造。由于地处偏僻，保存较为完好，百余年前尚不为外人所知，不少学者是根据中国的文献记载才找到它的线索。中国的玄奘法师，在他的《大唐西域记》卷十一中载：

国东境有大山，叠岭连嶂，重峦绝巘。爰有伽蓝，基于幽谷，高堂邃宇，疏崖枕峰；重阁层台，背岩面壑。阿折罗阿罗汉所建。罗汉西印度人也，（印度佛教艺术实则由西北向东南发展）……感生育之恩，怀业缘之致，将酬厚德，建此伽蓝。

伽蓝大精舍，高百余尺。中有石佛像，高七十余尺，上有石盖七重，虚悬无缀，盖间相去各三尺余。闻诸先志曰：斯乃罗汉愿力之所持也。……精舍四周雕镂石壁，作如来在昔修菩萨行诸因地事。证圣果之祯祥，入寂灭之灵应，巨细无遗，备尽镌镂。伽蓝门外南北左右，各一石象。闻之土俗曰：此象时大声吼，地为震动。昔陈那菩萨多止此伽蓝。

玄奘在公元629年至645年游学印度，于638年即唐贞观十二年到了此地。他的叙述描绘了1000多年以前阿旃陀石窟的地理位置、造像雕刻与建筑及民间传说，为我们研究阿旃陀石窟艺术提供了珍贵的史料。

阿旃陀石窟艺术经历了安达罗王朝、笈多王朝以及与笈多王朝有血统关系的当地瓦迦塔迦小王朝、遮卢迦王朝的统治时期，约有700年的历史。一般将

印度阿旃陀壁画　公元5世纪　敦煌1窟

印度阿旃陀壁画

印度阿旃陀壁画

印度雕刻药叉像 公元2世纪后期

它划为三个时期来分析和研究。[①]第一期的壁画艺术，既是阿旃陀佛教壁画的形成期，也是印度佛教壁画新兴流派的诞生期，其代表洞窟有9窟和10窟的壁画。在9窟前壁绘有古佛行迹，内墙上绘有佛行传，时代稍晚，画法较为细致。10窟右壁绘有群像，画风较为粗放，运笔大胆，所表现的人物风俗，与巴卢特、桑奇石雕的造型有继承之处，这些作品颇具东方神秘感，能看到波斯细密画的设色和构图的影响，但又比波斯细密画显得厚重和粗放。阿旃陀第二期洞窟，以16、17、19窟为代表。制作年代始于公元500年至550年，相当于敦煌莫高窟285窟建窟的时代。16、17窟的壁画内容以佛传故事为多，从佛的诞生、当太子、出家、成佛、降魔、说法、涅槃到分舍利等各阶段，都作了精心的绘制，构图繁密饱满，如佛说法的场面，听众云集，贵人命妇纷至沓来，有的张盖，有的骑象，有的乘马。这一场景很能使人联想起那个时代群众集会的风采如同我国的赶庙会一般。且这种构图处理，与桑奇石雕一脉相承。19窟内壁上坐、立佛像两尊，较之第一期作品，笔法运用更见熟练，色彩斑斓，对比强烈。人物形象外形洗练典雅，用线单纯并稍作晕染，构图充实饱满，打破了时空的界限。17窟前廊后壁残存的《奏乐图》，则记录了印度音乐艺术的发达。此洞内部的《美人临镜理妆图》，旁立侍女，一个捧脂粉，一个执拂尘，人物间关系照应和谐。该窟前廊的《难陀出家缘》，一个是黑肤王子，一个是白面少女，情意绵绵，在强烈对比中求得和谐与统一。有侍女捧着杯盂的，有临窗观看的，还有门外张盖而来的，极富生活情趣，是世俗民情的图录。第三期壁画，包括1窟至5窟以及26、27窟等，其中以1、2窟为阿旃陀壁画中最晚期，同时也是最盛期的代表。它建成于遮卢伽王朝的全盛时期。在第一号窟中，最著名的是手持青莲花的菩萨像，也有人说是文殊师利或观音。此外，《尸毗王本生故事》《酒宴图》也是著称之作。此洞后壁近左端处，有《灌顶之图》，佛龛前室壁画有《降魔变相图》，这些壁画的内容，将在后面与敦煌艺术的比较中详细谈到。2窟时代最晚，约公元626至628年间，时值中国的大唐贞观盛世，那时莫高窟壁画艺术正进入全盛期。据诺尔曼·布朗博士研究，此洞壁画受到中国画风的影响，印度绘画

① 参见常任侠《印度与东南亚美术发展史》。

大师南达拉尔·报司也说："1、2两窟内最好的壁画，是有中国画师参加制作的。人们在此二窟的壁画中可以感受到中国的风格和中国西部人的形象，它说明中印文化间相互的交流和影响从来都不是单方面的。

通过以上简介，我们不难发现印度佛教艺术的特征，内容以城市为主体，很少触及到农村生活，如《打秋千图》《掷骰子图》《对镜理妆图》《音乐舞蹈图》《张盖骑乘图》《驾舟海行图》等，从装束和行动来看，均反映了当时的上流社会王公和商人的生活图景。所以佛教艺术在印度也被称为是城市风格的艺术，并带有商业文化的内涵。以往许多学者认为佛教艺术"折光地反映了人民的生活"，其实用不着这么遮遮掩掩，佛教艺术本来就是那个时代人民的精神、情感以及生活的写照，即客观化的精神，是时代精神的物化和知识世界的一个组成部分。随着时代和地域的不同，我们可以体悟到佛教艺术隐含着的时代心理的变化和各地域民俗、民情、民风的差异。

在印度佛教艺术中，描写佛陀生平的故事如投胎、诞生、出家、修道、初转法轮的石刻最多。这是为什么呢？显然，这是为了强调佛陀修行成佛的经过，强调佛陀的自然人的性格，以便让人们效法。佛教学说作为一种思想和修行体系，反映出当时印度社会的关系和文化背景，这与中国强调主尊单独坐立的像所反映的文化心理和背景是不一样的。中国内陆从对祖先的崇拜到对君主的崇拜由来已久，释迦在中国由"人"变成"神"，君主与"神"结合，"君权"与"神权"合二为一。这样佛教学说就成为维护加固封建宗法统治的思想理论教材。印度佛教艺术，反映了人与大自然一体的关系，并以此形成印度艺术独特的美学原则。比如在表现人体各部分的比例时，它就在大自然中寻找相对应的生命的曲线：如花枝生长的形状和毛皮下动物灵活流动的身体曲线，英雄的口鼻要如牛，胸膛则如雄狮的肢体，肩部与前臂要弯曲似象鼻，前臂应像橡树干，手指的丰满如豆荚，腿的腓部要隆起像产卵的鱼，手与足则为两瓣莲花；又如面部要呈卵形、蒟酱叶子状，即前额宽大，下颏尖削，在眉发间的前额要如拉开的弓形，眼眉也要像弯弓或楝树叶子；女子的眼睛在急瞥时如鹡鸰，温柔时如小鹿，诸神的眼则比之莲花；女人的鼻子要像胡麻子花，润软、鲜红的唇则与红相思果相比，下颏比作芒果核，颈上横纹比作贝壳等。

印度佛教艺术常常采用象征符号和代表性的事物来传递佛教思想。如前文所述的法轮代表佛说法等，又如“三十二相”“八十种好”。“三十二相”是对佛像造型的规定，也是理想的佛像所应具备的三十二个条件。至于“八十种好”，更是把佛像造型规定得详尽，其中包括爪如赤铜，色薄而润泽，指圆而纤细等。再如各种手势所表达的佛的观念，仿佛把佛教的意涵集中地显示在各种手势和手指变幻的动作上，手势确乎成了佛教语言的符号。明了佛经的人，从手势即可知道不同佛像所传递的思想内容。这种手势记号——包括佛像的双手位置和指头弯曲的方式——我们通常称为“印相”或“印契”。我们通过“印相”的意涵，就可以区别每尊佛像所隐含的哲学思想，所具有的“地位”和“身份”。

印度佛教艺术不回避赤裸的人体，不回避性爱，甚至不回避男女交媾等性题材的描绘与艺术表现。这在一般人的心目中似乎与佛教的本意极不协调。我前面曾介绍过佛教思想有宽宏的容它性。在佛教的一个支派怛特罗中，信徒们所信奉的是“终极的真实”，主张人的灵魂与终极永恒的“宇宙灵魂”相一致，并溶于“宇宙灵魂”中，要激扬起人的灵魂及肉体的各种创造潜能，与“宇宙灵魂”的总能合流。人最大的创造潜能是什么？怛特罗信徒们认为是“性”，精子是“能”的起点，而子宫则是喷出诸种生命之口。“宇宙灵魂”则常被视为湿婆神与明妃莎克蒂做“永恒拥抱”的图样，在与神的性交中超越时空，而与“宇宙灵魂”结为一体，认为性交是达到悟道目标的最大助力。因此在寺庙中甚至有做为女神化身的妓女，在这一点上同古希腊神殿中有专供“奉献”的妙龄“神女”的目的是一致的。性交对怛特罗信徒来说，并非沉溺于尘世的淫乐，它有更高的目标。他们在特殊的仪式中，一面性交，一面口念真言，变更各种瑜珈姿势，为的是使男性的“能”与女性的“能”做更完美的结合，如此看来我们便不会对佛教艺术中出现男女交欢的雕刻或壁画感到奇怪。在这一类雕刻、壁画中，其动态之强烈，情感之狂热，也是世界美术史上所罕见的。我们看古印度寺庙外墙上层层相叠，直达云宵的性爱雕塑，谁会感到它是“宗教”艺术、是虚幻的“天国”？这分明是世俗的、有情感的人的世界。不过它没有作“道德”

的掩饰，它是赤裸的、“粗俗”的，它没有希腊雕刻来得“高雅”“华贵”，但它反映了人性的回归，反映了人本来无法掩饰的“粗俗”面，这岂不更接近于现实人生么？这同佛教对人类情感多面性的认知和把握也似乎是协调的。于是我们也会想起佛教戒律中允许比丘尼（尼姑）远行必有商人陪伴的不言而喻的道理来。

总之，古印度佛教艺术的这些特征来自印度的社会现实，来自社会的世俗情感，来自古老的印度传统文化，以及对希腊、波斯、中国等民族艺术的汲取。随着佛教的传播，它的艺术也被不同地域、不同民族取舍融合而演化为不同地域和民族的佛教艺术。看来，宗教只不过是外衣，佛教本身并没有什么内容，它也不是靠天国而是靠人间汲取内容的。如同其他各种门类的艺术一样，佛教艺术当然也不例外。

印度佛教和佛教艺术在孔雀王朝得到了很大发展，到王朝的第三代阿育王时代，在中亚一带广为传播，形成佛教和佛教艺术发展的高峰期，并参与到世界四大古老文明集结的洪流中去。

印度寺庙雕塑

世界上历史悠久、地域广阔、自成体系、影响深远的文化体系只有四个：中国、印度、希腊、伊斯兰，再没有第五个；而这四个文化体系汇流的地方只有一个，就是中国的敦煌和新疆地区，再没有第二个。

任何“神”的地位，是靠“人”的地位而定，“神”性是“人”性的反射。因此，各地域各国家宗教艺术之间的距离，即不同的风格特征，正是从这里发源。

一种中国西部独特的民族绘画和雕塑作风。这种画风瑰丽、明快、活泼，极富装饰性。在这里，活泼和欢乐取代了犍陀罗艺术的沉寂、肃穆，改变了佛教艺术的说教与苦修的原有架式。“佛”似乎只是作为联络的使者而存在，内中的“情”却是于阗和龟兹的，是我国西部各民族的。当它们各自向东推进，于是南道有且末、鄯善，北道有高昌、楼兰，尔后合流于敦煌。

吐蕃赞普及各国使臣　中唐　敦煌159窟

随着亚历山大的东征，古希腊文明进入了巴克特里亚和印度等中亚地区。正是这种希腊文明与该地区本土文化精神的融合，促成了中亚地区新的文化品质。也正是这种本土文化精神的进一步发展与完善，帮助他们赢得了国家的独立，最后摧毁了希腊殖民主义的统治政权。

比如巴克特里亚，当大月氏人进入后，即采取了中国式的国家结构形式，实行郡县制，县以下分亭驿，亭各设长，以便于统治和管理。又如封建的分封制，也在这里得到了体现。攸提德谟斯东征后，分封其子为王，这种分封制波及安息等国。近人杨宪益先生研究认定：汉代的“孝”的观念，和在皇帝谥号之前加“孝宗”之类的做法，也在那时传到了中亚、西亚以及埃及诸国。显然这种传播，当是西部民族部落在这一带活动的结果，并且很可能是在大月氏人占领巴克特里亚后模仿汉朝制度，以建立自己的国家机器。当然，也不能排除印度的影响，因为“孝”在印度也是构成其伦理道德观念的重要部分。

对祖先的崇拜，对原始图腾的崇拜是中亚原始宗教起源的重要因素，它带有对神秘的自然力量的畏惧心理。而这一时期，希腊哲学的重要课题，正转移到伦理道德与宗教等问题上来，希腊化末期，哲学中的神秘主义色彩和宗教迷蒙倾向日渐浓厚，俯首是听的宿命论等思潮抬头，这种思想极易与中亚一带的宗教，特别是印度佛学思想相撞击、相融合，从而在中亚一带繁衍。因此希腊人一方面将“希腊神”传入中亚，另一方面又接受中亚本土的宗教信仰，将中亚本土神与希腊神合而为一。这样做的目的，无非是从宗教情怀与思想认同上来稳定和拓展市场，以利于贸易与经商。

中亚诸国虽宗教信仰各不相同，但马克思指出“古代国家的‘真正宗教’就是崇拜它们自己的‘民族’，它们的‘国家’”。在这一点上，它们似乎是相通的。巴克特里亚最早对日、月、水、火的崇拜，对阿纳喜特神、米特拉神的崇拜。当它沦为希腊化世界最边远的地区以后，大批的希腊移民也信仰起此诸神来了，它们在这里建立起希腊式的神庙，有希腊神，也有本地民族崇奉的神，牵强附会，于是出现了相当于希腊阿芙罗狄忒式的阿纳喜特神、相当于希腊阿波罗的米特拉神、相当于希腊宙斯的奥尔穆兹德神等。在巴克特里亚所发行的国王的钱币上，我们同样可以看到类似希腊阿芙罗狄忒式的阿纳喜特的神像。神像的塑造采用的是希腊雕刻的技巧，发达的希腊早期商业文化带着生机与活力推进到了中亚。

孔雀王朝时佛教已得到很大发展，到王朝的第三代阿育王时，佛教在中亚一带更是广为传播，进入了一个极为兴隆的佛教狂热时代。但是，正如前文所述，佛陀生前不主张偶像崇拜，因此佛教的传播也大多局限于经文教义的流布，虽广建寺塔，但佛陀本身形象的塑造尚未出现，佛是至高无上的神，与希腊艺术中的神同人形是截然不同的观念。我们知道，在印度佛教艺术里往往以象征物来表现佛陀其人其事。如塑造一个“法轮”来代表佛说法，用“双树”及“空座”来代表成佛的场面，用“窣堵波”（佛塔）或“圣骨坟”来代表“涅槃”的境界等，以一些象征性的物来代替至尊的佛，不便于、也不敢于以具体的人形来塑造神。当希腊人来到这里后，他们以自己的观念接受、丰富与改造佛教及其佛教艺术，即以他们对神像崇拜的观念，神人同体的观念，将神圣的、抽象的、象征意味的佛陀，塑造成具体的、人形的佛陀。这位佛陀神奇的历史，苦修悟道的救世主的辉煌业绩，在希腊人眼里成了可见的人的行为再现，类似他们的保护神阿波罗，因此出现了被描绘成阿波罗式的佛陀像。

早期佛陀的头像，实则是希腊式的人物肖像，具有阿波罗神的样貌。为了符合教规教义，在其两眼之间塑造了白眉，从拉长两耳至后来的两耳垂肩，头顶上增添了发髻，波浪式的有规律的发式造型，有时还塑造一轮光环，除此之外，整个形象的塑造无不留下希腊艺术的深刻影响。佛陀形象的表情由初期的冷峻、安祥，逐渐演变为温和、自信、智慧、慈悲，带着一种神秘、稳静、居高临下、俯瞰众生的微笑。这大概是希腊人信佛之后，逐步对教义的领悟，以及希腊艺术对佛教艺术作用的结果。这种佛陀塑像，在今阿富汗和旁遮普一带所发现的数以百计的紫岩雕像、烧陶造像中表现出来。接着，有关佛传故事的群雕开始出现，这对希腊的艺术家来说真是驾轻就熟。他们有着悠久的希腊艺术传统，有着用浮雕和高浮雕塑造希腊神话故事的经验。

起初，他们以希腊艺术与中亚本土艺术的形式，装上了“佛传故事”这样的新酒。他们也吸取了用动物的形象来表现佛的前世化身的手法，如猴王、鹿王等本生故事。但释迦牟尼诞生后，他的成长及其场面活动则已神同人形，取用人间的内容、非人间的形式，譬如高浮雕释迦诞生图就是一例，其刻画了释迦在摩耶皇后的右肋下诞生落地，受到了因陀罗和梵天迎接的场面。画面由几根希腊式的大小不等的柱头分割为富有节律的空间，释迦的出生、童年、修行、成佛等复杂的故事情节，被概叙在这静穆、美丽的兰昆尼花园之中。

又如，在表现释迦青年时背着父母“夜半逾城”出家修道场景的画面中，我们已经可以感到不仅只是情节叙述以及图解式的说明。释迦骑在马背上，四小天神斜躺着，托着马蹄飞跃城墙，避免惊醒父母，多么奇妙的想象力和多么浪漫的表现手法。对称的画面构图及其平面展开的处理，垂直线和水平线的安排与组合，更增添了画面的稳定感，同时又产生了一种紧张的心理效果。造型手法是希腊式的，但也孕育着新的本土文化精神：人物及马的造型与汉画像砖一脉相承，神秘、深沉取代了希腊固有的明朗和轻快的艺术感受。

释迦在出家之后，到一个叫尼连禅的河畔苦修了七年，在这七年的瑜珈苦修中，断食、静坐、沉思。结果他形同枯槁，生命危殆，濒于绝境。相传，释迦每天只吃一粒胡麻米，很难想象这能够支撑一个庞大的肉体生命达七年之久，更何况此时释迦尚未成为不食人间烟火的“神”。相比而言，希腊人理智得多，也务实得多，他们强调了形同枯槁、骨瘦如柴的释迦造型的实体感。

七年后，释迦才发现这种肉体的折磨，不仅不能让他沉思静虑，反而使他精力耗竭。因此，他另辟蹊径，追寻中道。《苦行的菩萨》塑造的就是他出家后禅定苦修的形象。塑造手法显然受到希腊化艺术的影响，人体解剖、结构比例具体而精确，只是肌肉的走向排列，披带的折纹组织方面，颇具东方严格的秩序和规范特征以及夸张和变形的装饰美感，其中也不无希腊古风时期的风采。这正是希腊技法与古印度的精灵相交融所完成的新佛陀形象。

如前所叙，古代希腊雕刻，无论在哪一时期，男性美的表现都集中于健康和力度的表现上，健美的身躯与崇高的精神二者结合与谐调，即使是希腊化时期的代表作《拉奥孔》，那种充满悲剧色彩的作品，也没能消减对人体的健美与力量的表达。《苦行的菩萨》走向了雕塑的另一境界，崇高的精神与丑陋、枯槁的肉体形成强烈的对比。雕塑家用反衬的手法丰富了释迦的内心世界，表现出有机生命的真实，显示出他的坚忍顽强，为理想而献身的崇高品格，这一切都在塑像形体及面部表情上体现出来。安然自若的神态，挺直的胸膛，禅定的手势，交叉盘坐的双腿，构成一个稳固的等边三角形，尤如一座稳固的铁塔，似乎也流露出印度人皇权的威严与肃穆。这种肉体的瘦弱与形象的丑陋，反衬出深刻的思想内涵——崇高的精神美。这便成为这座早期佛陀雕塑所具有的高度的艺术价值和审美价值，给后来的艺术家以深刻启示。

释迦感悟成道的内容，以前也只是取用菩提树和空位等象征物来表示，现在已经开始用具体的人物形象和环境的衬托来塑造了。释迦成佛后的布施和说法，也不再是抽象的文字解说或以“法轮”符号来表示，而是按照希腊人的认知，将佛陀说法时的精神状态和动势（包括手势）具体地塑造和凝固下来。犹如希腊亚历山大式的智者形象，又具古希腊那些四方游说的哲学家的风采。这些古希腊哲人演说时的动人场景，现实中人的形象（尤其是古希腊人善于在各种场合进行演说、辩论的哲人形象），被搬到了佛国的“神”的形象中来。如《佛陀布施说法图》就是这样的高浮雕，佛陀的袈裟似取用了希腊哲人们的衣着——无袖短衣的样式。说法时的表情和手势，也是来自哲人们游说讲课时常见的姿态，只是为了体现佛的庄重，在刻画时注重于规范和条理。佛陀右手下，雕刻家并没有忘记塑上那个曾象征说法的“法轮”，但已刻画和摆放在不显眼的位置，而且也缩小到仅相当于佛陀头部的大小。可见象征性的“法轮”让位给了具体化的人形佛陀。听说法的众僧围绕在佛陀的两旁，以不同的姿态传达了那种聚精会神的虔诚情感。大构图的庄重与小细节的灵活，构成了佛陀说法的协调气氛。这时创造了一种佛陀在说法时固定的程式，同时根据抽象的教义和经文的提示，创造出了各种具有象征意味的手式法印。

对于佛陀的死，在经文里称为涅槃。在旧的解释里作“灭”“灭度”“不生”“无为”“安乐”“解脱”，后译作“圆寂”。希腊人改变了过去用坟头表示佛陀逝世的作法，以直接的人形来塑造，佛陀朝右侧躺着，头枕着右手，“表情”安详，一幅消除任何欲念，脱离人世，断绝一切尘念的涅槃境界，这无疑深化了佛教经文，并开拓了佛教艺术的领域，较之用坟头来表示，显然这要高明得多、深刻得多，这也许是希腊人有过为死者作纪念碑的经验所致。这种以死者形象作纪念雕刻的构想，运用到佛陀涅槃的创造，更增添了佛陀的至尊与圣洁，更令人信服，也更符合信徒真切的内心愿望。

除此以外，佛陀的弟子、金刚等圣从的造像，接受了古希腊塑造万神殿众神形象的经验与手法。比如为佛陀执金刚杵的密宗金刚菩萨，即我们常叫的金刚力士，也被希腊人构想为他们的宙斯神的形象。

总之，希腊人将佛传故事、经文、教义，由抽象的文字和象征性符号形象的表述，过渡到用人的具体形象进行雕塑和绘画等图示，形成和完善了新型的佛教艺术的框架，规范了特定的佛教造像的程式。

这一由本土文化精神、希腊造型艺术样式、古印度佛教思想三者结合所孕育和诞生的新型的佛教艺术，在这一带留下了众多的历史遗迹，被集中地体现在犍陀罗地区一带，形成了举世闻名的犍陀罗文明。

犍陀罗地处兴都库什山南部，印度河西北，即今阿富汗与巴基斯坦边境。

在亚历山大时期以及塞琉古帝国与巴克特里亚希腊王国统治时期，这一带有大量的希腊罗马移民，同时也是希腊文明传入印度的起点，是商业贸易的重镇。有一个多世纪的时间，这里被称为东方的新希腊，希腊文明在这里造成了深远的影响。此外，它又是印度佛教往印度西北部及中亚诸国传播的必经之地。

早在阿育王时即有大批印度僧人来犍陀罗一带传教，因此当地居民及希腊移民信仰佛教的人逐渐增多。特别是大月氏人征服巴克特里亚后，犍陀罗地区便成为大夏贵霜王朝统治的中心地区。由于贵霜王大力提倡佛教，到迦腻色迦王时期，佛教和佛教艺术达到了鼎盛。因此，迦腻色迦王曾被誉为佛教历史上继阿育王之后最伟大的人物，号称为佛教国王。迦腻色迦王曾深感“诸异议部执不同”，教义十分混乱，“无以去惑”，为了提倡佛教，统一认识，亲自召开了佛教史上的第四次结集。把佛教的经、律、论三藏加以注疏，将各种异说重新统一起来。据《大唐西域记》卷三记载，“宣令远近，召集圣哲。于是四方辐凑，万里星驰，英贤毕萃，睿圣咸集”，“于是得四百九十九人”，“是五百贤圣，先造十万颂《邬波第铄论》，释《素呾缆藏》。次造十万颂《毗奈耶毗婆沙论》，释《毗奈耶藏》。后造十万颂《阿毗达磨毗婆沙论》，释《阿毗达磨藏》。凡三十万颂，九百六十万言”，“迦腻色迦王遂以赤铜为鍱，镂写论文，石函缄封，建窣堵波，藏于其中”。这种“结集”，在佛教史上是件大事。相传第一次结集，是佛死后不久，在王舍城外的七叶窟举行，有500余人参加，主持人是佛的大弟子迦叶，就是我们常见的壁画和雕塑群中，那个站在佛左手边的苦行僧模样的僧圣。方式是以偈颂为中心，即指定一人背诵佛说，大会审定后认可是佛说的，就把它固定下来。结集的内容有经、有律。这种结集是为宣扬佛说组织的形式，凡是对佛说的解释谓之“对法”，佛经是规范性的“法”，因此解释法的就叫“对法”。关于对法的形式有：单纯对佛说作解释的优波提舍（即议论）；提出全文要点的解释叫摩呾理迦，谓之本母，意谓简单的要点可以生发出许多道理来，如母生子一般；其三是抉择，即从各种不同说法中抉择出其中的一种来。这是佛在世时，即已固定为传道的组织形式。佛死后，部派产生，为了对佛说、经律有一个统一的认识，他的大弟子迦叶便根据这一组织形式，主持了

犍陀罗风格的菩萨像方砖

白衣佛　北魏　敦煌254窟

佛史上第一次结集。迦腻色迦王亲自主持了第四次结集，可见他对佛的虔诚与敬仰的程度。这里也许掺杂着他利用佛教以加固统治地位的目的，同时也不能排除他以此自比迦叶、自封为佛的大弟子的心理状态。不管怎样，第四次结集，反映了佛教在大夏贵霜王国的威信以及在人民群众中的影响，这次结集对统一认识，弘扬佛教，对促进佛教的传播起了很大的作用。

迦腻色迦王还到处修建窣堵波、佛寺和雕塑佛像。根据考古发掘证实，最早给佛造像就发生在他所统治的时期，是在一枚钱币上铸上浮雕佛像。这枚钱币，一面塑有迦腻色迦雕刻像，雕像身着游牧人的服装，手执宝剑，一派英武气概的希腊式武士造型；一面刻有身着僧衣，身后有光轮的佛陀，佛陀僧衣似为希腊式的无袖短衣，操无畏手印，周围用希腊文雕刻着“佛陀”（Boddo）字样。

据《大唐西域记》载，在犍陀罗首府，布路沙布逻城东南面石砌的大窣堵波为迦腻色迦所建：“大窣堵波东面石阶南，镂作二小窣堵波，一高三尺，一高五尺，规模形状，如大窣堵波。又作两躯佛像，一高四尺，一高六尺，拟菩提树下加趺坐像。日光照烛，金色晃耀，阴影渐移，石文青绀”；“大窣堵波石阶南面有画佛像，高一丈六尺。自胸以上，分现两身，从胸以下，合为一体”；“大

迦腻色迦铸币佛像

古印度雕塑·苦修的菩萨

窣堵波西南百余步，有白石佛像，高一丈八尺，北面而立”；“大窣堵波左右，小窣堵波鱼鳞百数。佛像庄严，务穷工思”；“重阁累榭，层台洞户……”同时，迦腻色迦王还于四方建造四大伽蓝，以供养三万大小乘之比丘众。

地处兴都库什山西部山谷（今喀布尔西北偏北约97公里处）的巴米扬大佛像，气势宏伟，最为壮观。塑像雕凿在沙岩质的峭壁上，位于从白沙瓦到巴里黑大道的必经之地。据《大唐西域记》载：“王城东北山阿有立佛石像，高百四十五尺（近代测量为53米），金色晃耀，宝饰焕烂。东有伽蓝，此国先王之所建也。伽蓝东有鍮石释迦佛立像，高百余尺（近代测量为35米），分身别铸，总合成立。城东二三里伽蓝中有佛入涅槃卧像，长千余尺。”这些造像迄今还在。①

还有大量泥塑佛像。先用木质骨架，然后用草捆扎成人形，再用掺和着马鬃或羊毛等的泥土塑制佛像，干后即彩绘。这种制作方法同中国传统的泥塑法相似，敦煌莫高窟大量泥塑大体也是这样的一个制作过程。

至于犍陀罗地方的壁画，由于气候关系，保存下来的不多，而现存壁画比雕塑出现得晚，大多在贵霜王朝衰落时期。壁画上的佛像和菩萨像显然也受有希腊波斯艺术的影响。据《大唐西域记》记载：“大窣堵波石阶南面有画佛像……初有贫士，佣力自济，得一金钱，愿造佛像。至窣堵波所，谓画工曰：‘我今欲图如来妙相，有一金钱，酬工尚少，宿心忧负，迫于贫乏。’时彼画工鉴其至诚，无云价直，许为成功。”由此可见，这里曾有专事佛像画的画工。

犍陀罗艺术，产生于希腊人统治印度的末期，在迦腻色迦贵霜王朝时（约公元1世纪）达到高峰。公元3世纪至4世纪演变为严肃、沉重、体型粗短的独特的犍陀罗造型风格，终结于公元6世纪，如《大唐西域记》卷四载，凶暴的匈奴人，背信弃义，杀迦湿弥罗王，而夺其位，乘其战胜之威，西讨犍陀罗国，尽杀国人，毁窣堵波，废僧伽蓝……犍陀罗艺术即毁于此时。

犍陀罗艺术，主要综合了希腊艺术、印度艺术、中亚本地艺术精神。这种综合，得益于国际性的经济、贸易、文化的交往。因此，以往学者论定，犍陀罗艺术即希腊式的佛教艺术。这种说法，往往失之偏颇，其原因就在于不了解

① 2001年巴米扬大佛遭塔利班武装轰炸而损毁。

艺术综合的结果，是一种新的生命的产生。固然，希腊的造型艺术曾影响了犍陀罗艺术，但东方的思辨，却是它的核心。因为犍陀罗艺术终究是以自身的民族传统为框架而创造出来的。新文明的闯入，改变了人们的观念和生活态度，刺激了人们的创新精神，但它迈上的第一级台阶，仍然是建立在传统的基石之上的，这是无法摆脱而必须承认的事实。

看来古老世界的四大文明，从不是孤立形成的，都是以我为主，你中有我，我中有你，这个结论至少可以从公元前6世纪以后考古发掘的遗物中得到证实。

犍陀罗艺术的形成和繁荣，是在贵霜王朝时期，这个王朝是大月氏人建立的。如前文所述，大月氏原居于中国西部的河西走廊、敦煌、祁连山一带地方（斯坦因在敦煌所得到的宋人写本《西天路竟》中，言及月氏人在中国西部分布极广，今且末、于阗都属于它的势力范围，玄奘经过时还记载有一个“睹货逻故国”，并有了自己的语言，从这种情况来看，此时的月氏当是我们史称的小月氏）。在汉文帝时被匈奴冒顿单于打败后，西走而经乌孙、大宛，于公元前130年征服巴克特里亚（大夏）而建国。后来，大月氏分裂为五部，即所谓“五部翕侯”（五部君长）——休密、双靡、贵霜、肸顿、都密。这一时期延续了一百多年。其中贵霜部势力最为强大，约公元1世纪上半叶，贵霜翕侯丘就却攻灭其他四部，自立为王，是谓贵霜王国。后西侵安息，占据喀布尔平原一带。又南侵印度，到他的儿子阎膏珍时，占领了印度西北部。其势力范围扩展到恒河流域，正如《三国志·魏书·乌丸鲜卑东夷传》裴松之注引《魏略·西戎传》所说：“罽宾国、大夏国、高附国、天竺国，皆并属于大月氏。”

丘就却信奉佛教，他发行的钱币上刻有佛像，并雕刻佉卢文的铭文。丘就却钱币的发行，遍及印度西北部，特别是国际贸易的枢纽地区犍陀罗一带。据考古发掘，仅呾叉始罗就发现丘就却时期的钱币25000余枚。钱币的版式、大小、重量及造型风格与罗马钱币相仿，钱上佉卢文的铭文却又反映了印度文字的影响。说明大月氏贵霜王国文化广为吸取的精神，同时也反映了国际贸易、商品经济对它的文化所提出的要求以及所造成的影响。

阎膏珍在位的时间并不长，约二十年，国际贸易得到了进一步的发展和繁荣。阎膏珍实行了币制改革，除继续发行铜币外，还在贵霜历史上第一次发行了金币。史载所用的黄金是从罗马输入的，所发行的金币比罗马金币大一倍。这反映了贵霜帝国的强盛，经济实力的雄厚。难怪《后汉书》说："月氏自此以后，最为富盛，诸国称之，皆曰贵霜王。"

迦腻色迦王，不属于丘就却和阎膏珍王系，他也不是直接从阎膏珍那里继承王位。据今人吕澂先生认定，迦腻色迦王属大月氏走后所留下的居于于阗的小月氏人。因其汉译王名前有"真檀"二字，"真檀"即真陀，系于阗的别名。不管他是大月氏人还是小月氏人，总之他们的西徙，显然已带着中国西部的民情、民风，并以其民族文化的"遗传基因"吸取融合当地的民族文化而建立了国家。不难设想，一个根本没有自己文化和思想基础的民族，会有选择、消化外域文化的能力，能够发展成为巩固的强大的帝国。

迦腻色迦王雄才大略，早年并不信奉佛教，这在他早年发行的钱币中可得到证实：早期钱币都是希腊神、波斯神、印度神图像。而佛像钱币是在他的晚年才开始发行的，其原因之一，不外乎是国际商业贸易往来的需要。因为他的国家占据了主要的商道，他不能不看到佛陀同商人的相互依存的密切关系。要繁荣商业贸易，同商人打交道，崇信佛教正是当时最合时宜的行为。因此，他的钱币上一面是他的塑像，一面便是佛像，这整体的价值和意义便体现在圆圆的钱币上。佛教在他心目中的地位，就是他对他自身地位的认定。马克思说，古代国家的"真正宗教"就是崇拜他们自己的"民族"，他们的"国家"，这是不错的。原因之二，是为了扩大贸易市场，因此他要把自己打扮成佛陀的大弟子。举行第四次"结集"，是为实现他的扩张，增加号召力量。当然也不排除内心的偶然自责、忏悔和对死后的恐惧等因素。正如《杂宝藏经》卷七所记："前后征伐，杀三万余人，自知将来罪重，必死无疑，心生恐惧，便即忏悔，修檀持戒，建立浮屠，供养众生，四事不乏，修诸功，精勤不倦。"这段文字，与其说是迦腻色迦信佛的理由，倒不如说更像是一段号召人们皈依佛法、求得内心平静和来世安宁的宣传文字。因为，他既然因杀人太多而起忏悔之心，那么皈依佛法，则应放下屠刀。但他没有，仍然继续扩张，向外侵略。这显然与这段文字的记载是矛盾的，带有虚伪性和欺骗性，他并没有真正觉醒，自然是不能成正果的。看来，他弘扬佛教，使佛教在中亚西亚取得了无可争辩的地位，在沿商道诸国只是大势所趋、人心所向罢了。

在迦腻色迦进攻印度时，印军无法抵挡，只好求和，他先是要索取三亿金钱，但在后来谈成的条件有三：一要佛钵；二要辩才比丘；三要金钱一亿。钵是僧人食器，是梵文钵多罗的简称。这佛钵，可能是指佛陀的食器遗物，否则难值亿金。《全唐诗话》卷六载，贯休僧人入蜀曾以诗投王建，有“一瓶一钵垂垂老，千水千山得得来”之句，可见这佛钵在佛家心目中的重要地位。而辩才比丘系指马鸣这位佛教学者、诗人，著名长诗《佛所行赞》的作者。他在佛教界具有很大的号召力，胜过亿金。可见，迦腻色迦对宣传佛教经典的重视。他不是要牛、羊、马匹等物，而是要取得他繁荣国际贸易，扩大商品市场的宣传工具，要经商的“资本”。迦腻色迦后来定都犍陀罗，广罗人才，也是出于这一目的。众护、世友正是活跃在他统治时期的杰出人物，众护还被说成是迦腻色迦的王师，还有支娄迦谶等精通梵文的贵霜国沙门。

在犍陀罗，迦腻色迦还兴建了有名的大庙和大塔。我们从发掘的遗迹中，发现有收藏舍利的容器、佛像。上面雕刻有迦腻色迦王年号、铭记等。大塔的名字叫“雀离”，号称百丈浮屠。塔身高40丈，顶上安有25个相轮，计30丈，全高为70丈，周围300丈。这种大型佛教艺术的出现，无疑是其国力国威的象征。

迦腻色迦提倡《说一切有部》，在大庙石铭中载，兴起大庙是献给《说一切有部》的。传说他主持编纂了《大毗婆沙论》，使《有部》的思想定型化，使之带有浓厚的经院哲学的气味，《婆沙》成为不许有一字改动的佛教经典。

因此，贵霜王国到迦腻色迦王在位的时代，正是经济最繁荣的时代，同时也是佛教最盛行的时代，对推动佛教艺术的发展，对一般历史学如印度史、西域史的编纂，特别是对促进中国、印度、波斯、希腊文化的勾通与相互吸取，起了巨大的推动作用。

正因为如此，辉煌的犍陀罗文明才能得以完成在他这个时代。迦腻色迦这个小月氏人因此也被称为佛教皇帝。

贵霜王国存在的事实及其文化形态，本身就反映了世界古老四大文明的综合所产生的强大的国家和新型的文化形态。应该说，也是在中国西部边境，由中国西部民族参与的四大文明的初交。而后，随着丝绸之路的开辟，佛教艺术向我国西部和内陆继续传播，与中国文化的主流汉文化交融，又产生了与犍陀罗文明遥遥相对的，有别于犍陀罗文明的中国西部文明及其西部文明皇冠上的珍珠——敦煌文明。

从造型艺术来讲，如果说犍陀罗艺术更多地接受了希腊艺术的影响，而形成大夏式的佛教艺术；那么，与它遥遥相对的敦煌艺术，则更多地接受了中国内陆文化艺术的影响，而形成中国西部独特的敦煌佛教艺术。

贵霜王国的中心，犍陀罗地区是横贯中亚“丝绸之路”的枢纽，它与中国西部各城郭小国有着政治上、军事上、外交上的密切关系，经济和文化的交流更不用说。中国的丝绸、铁器、漆器的西去，印度的珠宝、香料，埃及以及西亚的玻璃、器皿的东来，乃至与希腊、罗马等国的交往，都要通过贵霜王国犍陀罗地区。

此外，贵霜王国也是最早向中国传播佛教及佛教艺术的国家。由于它的佛教艺术的母体里，早已流淌着中国西部民族的血液，因此它较易于与中国西部的民族文化精神相吻合而传播开来。而且，越是往敦煌及中国内陆传播，越是不断被改造，最终成为中国式的佛教和佛教艺术了。

大夏的犍陀罗式的佛教艺术，是通过我国西部“丝绸之路”的天山南北二道（二道之间由塔里木盆地的一片广漠所分割）传入敦煌及中国内陆的，南道以于阗为中心，北道以龟兹为中心，而后进入玉门关、阳关，在敦煌形成举世闻名的敦煌佛教艺术。

大月氏贵霜王朝同两汉的关系一直比较密切。张骞通西域，曾请大月氏联盟抵抗匈奴，虽然未能得到大月氏的同意，但正常交往仍然保持，而且主要还是互相支持的。贵霜统治者与天山南北二道诸绿洲的城邦君主过从甚密，贵霜政权经常参与我国西部诸国的斗争。例如公元73年东汉政权派军征伐匈奴，重新统一西域，就曾得到大月氏的帮助，西域各地的邦国也曾参加了东汉政权领导的对匈奴的战争；公元74年重新恢复西域都护府，西域假司马班超在给东汉政府写的请兵报告中曾说："今拘弥、莎车、疏勒、月氏（指贵霜）、乌孙、康居，复愿归附，欲共并力，破灭龟兹，平通汉道。"[①]其中就有大月氏贵霜军的帮助。贵霜王朝大月氏人过葱岭至中国西部诸国，就像回娘家一样频繁，这之间的交往可想而知。

公元84年，疏勒王忠反叛，班超前往镇压。康居派兵援救疏勒王，班超想利用康居曾与大月氏贵霜王联姻，故派人给贵霜王送去许多丝绸锦缎，要求贵霜王劝说康居退兵，康居王不但听从了贵霜王的规劝退兵，而且将疏勒王逮捕而去。贵霜王不但曾帮助班超平定疏勒，而且还曾帮助东汉击溃莎车，并曾一度遣使向东汉贡奉珍宝、扶拔、狮子。为了表示永固盟好，还曾请求东汉将公主远嫁贵霜王。

在国际贸易上，当时的罗马是消费中国丝绸量最大的国家，中国同罗马帝国打交道，大月氏的贵霜王国起到了中转站的作用。

商品经济是生产力社会化的方式，佛教也伴随着它而社会化。前面已经讲过，佛教是随着国际贸易、经济交往而得以传播的，商人是僧人最有力和最主要的施舍者，有许多商人本身就是佛教徒、居士，而许多僧人名义上不食人间烟火，而实际上也是商人。经商促进传教，传教维护经商。作为商人，他们总希望有一个和平安定的环境，使买卖得以正常进行，他们认为佛教在当时是造就这一环境的思想根基。

生意做到哪里，佛教就传到哪里，佛教在穷乡僻壤的传播，远远晚于城市。因此，商业贸易的通道，时有佛教的寺院和舍利塔，形成佛教传播的中心，留下佛教艺术的遗迹。

大量的中亚商人来华经商，也伴随着大量的佛教徒来华传教。在来华的佛教徒中，大凡姓支的一般都是大月氏人，即贵霜王国的人，如支娄迦谶、支曜、支亮、支谦等；凡是姓安的则属安息人，如安世高、安玄等；凡是姓康的则为康居人，如康巨、康孟祥；凡是姓竺的则为天竺人，如竺法兰、竺朔佛等。

① 《后汉书·班超列传》。

佛教传入中国，佛教艺术同时而来。《后汉书》、《后汉纪》及《佛祖统记》等书曾记载："蔡愔等于中天竺大月氏，遇迦叶摩腾、竺法兰，得佛倚像梵本经六十万言，载以白马达洛阳。"这也说明佛教及其佛教艺术最早来自大月氏国。

龟兹和于阗两国，是由塔里木盆地南北两侧黄漠世界的绿色生命之岛连结起来的小国。这两个国家正是"丝绸之路"的南北二条通道的必经之处。因此，佛教及其艺术输入中国内陆，于阗、龟兹首当其冲，于是，便形成了北道以龟兹为中心、南道以于阗为中心的佛教及佛教艺术圣地。为此，我们再来看看佛教及其艺术在于阗、龟兹的传播及所产生的影响。

据《史记》《汉书》记载，汉武帝时于阗国已经存在，因此，于阗立国当在公元前2世纪以前。

《洛阳伽蓝记》卷五《宋云行记》记述了北魏使者宋云在于阗听到的传说：于阗王原不信佛教，有一个商人领一个叫毗卢旃的比丘来对王说："今则将异国沙门来在城南杏树下。"后来于阗王在比丘的感召下信仰佛教。《大唐西域记》卷十二也记有类似的记载，只是称毗卢旃比丘为"毗卢折那阿罗汉"，同时指明毗卢折那阿罗汉来自迦湿弥罗。

王城南十余里，有大伽蓝，此国先王为毗卢折那阿罗汉建也。昔者此国佛法未被，而阿罗汉自迦湿弥罗国至此林中，宴坐习定。时有见者，骇其容服，具以其状上白于王。王遂躬往，观其容止，曰："尔何人乎，独在幽林？"罗汉曰："我如来弟子，闲居习定。王宜树福，弘赞佛教，建伽蓝，召僧众。"王曰："如来者，有何德？有何神？而汝鸟栖，勤苦奉教。"曰："如来慈愍四生，诱导三界，或显或隐，示生示灭。遵其法者，出离生死。迷其教者，羁缠爱网。"王曰："诚如所说，事高言议，既云大圣，为我现形。若得瞻仰，当为建立，罄心归信，弘扬教法。"罗汉曰："王建伽蓝，功成感应。"王苟从其请，建僧伽蓝，远近咸集，法会称庆，而未有揵椎扣击召集。王谓罗汉曰："伽蓝已成，佛在何所？"罗汉曰："王当至诚，圣鉴不远。"王遂礼请，忽见空中佛像下降，授王揵椎，因即诚信，弘扬佛教。

当然这前后记载都是传说，多为佛教徒所编织，但至少为我们提供了于阗佛教来自迦湿弥罗的信息。其一，迦湿弥罗处印度西北部，与犍陀罗地区为邻。大月氏贵霜王朝曾统治这个地区，是印度佛教传播最早的地区之一。其二，于阗国王原不信佛教，是通过一位商人的介绍，国王才与比丘见面，受到感召，得以信佛；这里再一次说明商人与僧人的关系。其三，接见的地点显然是在王城附近的“幽林”，王城理所当然是商业贸易的中心。本来佛教以清静为主，佛教圣地被称作“清凉境地”，僧人都住在清静的山林之中。但这时期，山林也只是在商道附近的山林。其四，王问：“如来者，有何德？有何神?”实际上就是问有何用，毗卢旃比丘的回答“如来慈愍四生……”，几乎道出了佛陀的全部功能，也就是佛在中国西部传播时主要宣传的内容。显然，这种内容满足了国王的心理要求，才有了王受感召开始建伽蓝，即建僧寺，弘扬佛教的行动。佛教艺术随之开始在于阗形成。而且这种形成，当满足于阗国王及其所治臣民的“德”与“神”，这种“德”与“神”即与于阗国当时的本土文化精神相吻合，这种文化精神又明显地来自儒、道两家思想的内容。

那时，这里的游牧部族大部分走向定居的农业形式，城邦国家形成，商人阶层出现，这些农民和商人对佛教自然亲近和易于接受。佛教和佛教艺术传入于阗，实际上又接受了一次中国西部文化精神对它的选择与改造，发展成为于阗佛教和佛教艺术。

在佛教向中国内陆传播之前，于阗国曾长期流行迦湿弥罗的小乘佛教，虽然后来大乘佛教传入，但在相当长的时间里，并未受到社会的重视。《出三藏记集》卷十三载，魏甘露五年（260），朱士行到于阗寻得大品《般若经》让弟子送回洛阳，但“未发之间，于阗小乘学众遂以白王云：‘汉地沙门欲以婆罗门书惑乱正典，王为地主，若不禁之，将断大法，聋盲汉地，王之咎也。’王即不听赍经。士行愤慨，乃求烧经为证。王欲试验，乃积薪殿庭，以火燔之”。由此可见，于阗国当时盛行小乘教，认小乘教为正典，视大乘佛教为“婆罗门书”，并且小乘教僧众有能力左右国王阻止大乘佛教传入中国内陆。

从现在出土的文物及佛教艺术遗物来看，年代较晚，在废寺中的走道里布满着千佛的壁画，中心佛坛残存在废墟室中央。在于阗第十寺址板上所绘之神王像及魔王像中，神王像头戴万王之王的帽子，卷髭以及浓重的须眉，细腰，穿着锦缎和高统靴等，正是中国西域少数民族的装束。形体结实，精神高昂，其间隐含着西部游牧骑马民族的阳刚之美。有人认为壁画有阿富汗艺术的特点，其中残留着萨珊王朝的风格。但萨珊王朝人物画不及此像的雄厚。这幅作品是一幅造型严谨的人物画。从魔王像更明显地感受到于阗国的地方风格，具有西部现代哈萨克族或蒙古族的脸部特征。特别是魔王头像，是取自中国西部少数民族的典型形象。魔王背后一男一女的头像，似接近于西部乃至中原的人物造型，魔王乘坐的两头牛，造形和笔意酷似嘉峪关出土的汉画像砖。

另有一幅《龙女传说图》，龙女头上梳有发髻，身上佩钏环，全身裸露的三折姿态以及优美的线条表现出富于肉感的女性魅力。从体态、脸型、五官以及传达的情感，似乎与佛教无关，展现的只是中国西部的地方民俗。龙女与目不

龙女传说图

斜视、一心向佛的两个虔诚和尚形成了鲜明的对照。作品运笔随意，造型饱满，画风更多地接受了中国内陆文化的影响，已有显著的初唐意味。但这种女性人体的描绘在同时代中土艺术中是罕见的，它表现了中国西部民族传统的性爱观与审美观。显示出在人的价值观念和对人体的审美观念及文化心理，与内陆的差异和距离。另一片壁板上，中央画着一位冠髻甚高的公主，身前碗中放着一碗蚕茧，旁立的侍女正以左手指着发髻，似说明这是一位蚕桑女神。据传，是为纪念和供奉第一个由中国内陆将蚕种偷藏髻中带入于阗的人。我们知道，当玄奘至此时，此地养蚕业已极盛，都城附近，多有寺庙奉祀这位蚕桑女神，它形象地记录了中国内陆文明对西部文化的影响，体现了西部民族对内陆文明的敬佩。

于阗再往东是古鄯善国，磨朗为其重要的佛教艺术所在。英国人斯坦因在废弃的古寺中发现了残损的大如真人的古佛塑像，衣纹处理与犍陀罗风格相近。护墙板上所绘的带翅膀的天使共有七尊。圆而大的眼睛，凝神注视着远方。充满了自信和力量的面部表情，使人联想起希腊带翅膀的爱罗神。与其说是佛教中佛的守护神——犍达婆像，不如说是西部民族英俊少年的形象。此外，还有佛传图、说法像，在释迦身后罗列着的弟子像。壁画还描绘有须达拿太子施舍的白象，由于王子的施舍无节，被父王所逐，王子又将神奇的白象施舍给婆罗门等情节，按故事发展的顺序而描绘成连环式的图画。从以上雕塑和壁画的内容，可以判断此时于阐、鄯善已开始流行大乘佛教。

在北道以龟兹为中心的佛教艺术，至今留下了甚为壮观的历史遗迹，这与龟兹佛教的盛行有着深厚的历史渊源。龟兹地处东西往来的交通路口，是人文荟萃之地。公元1世纪小乘佛教《说一切有部》传入龟兹，最初的小乘佛教僧侣，可能是一些来自犍陀罗地区的大月氏人，那时佛传之路要翻越崎岖绵延的兴都库什山，穿行荒凉的戈壁滩。但这对那些传经布道的僧侣来说并不陌生，因为他们的先祖是世代居住在祁连山一带的大月氏人，他们在走着一条回归之路，磨难的经历赋于了小乘佛教僧众坚毅的秉性，至今遗留在龟兹的佛教洞窟，记录了佛教东渐的历史。小乘佛教避世修行，目的是修成罗汉正果。如果说避

新疆克孜尔石窟壁画

世今生是一种无奈，小乘佛教是以今生换取来生，熬炼肉体换取不再坠入深渊。并以无数个轮回拯救自身，最终达到理想境界中的永恒。但是要实现这个目的实在是遥遥无期，当小乘佛教僧众还在山中时，大乘佛教僧人已受宠于龟兹王宫。最初大乘佛教的戒律并不十分严苛，与小乘佛教修行宗旨不同，大乘佛教相信缘法，一朝顿悟即可成佛。大乘佛教僧人顺则常居于都市，起佛刹园林于闹市；逆则息隐林泉，清享佛教徒的供奉。这一修行宗旨和行为方式，使大乘佛教长盛不衰，前者是避世独修，后者是聚结于佛堂。今天的所谓人间佛教，不过是大乘佛教的延伸和世俗化。

原始佛教在教义上似乎没有什么分歧，只是因为不同的修行方式产生了诸多部派，人的善良并非靠披袈裟来显示的。

汉晋时代，龟兹的国势鼎盛，佛教兴隆。汉班超说“若得龟兹，则西域未得者百分之一耳”，吕光也认为“唯龟兹据三十六国之中，制彼王侯之命”，就佛教兴盛而言，西域诸国除去于阗，未见其匹。

库车之克孜尔千佛洞，岩壁上开凿有许多被回族人称之为“明屋”的佛寺。年代较早的有牛车窟、菩萨窟、阿阇世窟。窟中佛龛将全窟分割成前后二室，佛龛两侧有穹门成回廊，石窟建筑显然受印度佛教建筑的影响。牛车窟中人物形象娇美，裸体的腹部以弧形线勾画出肌肉。用笔粗放，概括提炼，极富中国西部少数民族的形象特征：强悍、健美。菩萨窟的天井壁画，躯体阴影部分描写强烈，敦煌北魏期的画风大概受其影响。由此比较中我们会发现，这些人物形象姿态极富韵律，面部造型如鼻、口逞向中央集中的趋势，所形成的满月形，使人联想起此地曾经活跃的大月氏部族的形象。颇具意味的是这里有一个谓之“画家洞”的窟，描绘了一位执笔的画家，他左手执墨盘，右手执笔，举头作壁画。他的衣着，那短袍和高统靴，腰间所系的短剑，具有匈奴人种特征。将画家直接画在洞窟里，说明当时的画家对自身劳动的珍惜，也表现出佛教艺术中世俗内容得到神圣的佛徒的认可。

俗称峡谷洞的天井画，采用斜格式菱形线结构画面的方法，区分出一个一个的本生图，这是佛教艺术传入中国西部后一种常用的格式，这使画面更具装饰意味。分舍利图，是一幅别具特色的壁画，奔腾的战马与身披铠甲、手执旌旗武器的诸国战士们，在争夺舍利，似是当年鏖战沙场的战斗场面的记录。各类形象反映了中国西部部族乃至希腊、罗马、印度人种的特征，说明中国西部长期以来就是世界许多人种集结与活动的大舞台，呈现出极为开放的多民族混交的文化形态。

现已编号的克孜尔千佛洞有洞窟236个，分布在东西约两公里的悬崖上。在这些洞窟中，仅有75个洞窟保存较为完好，由于人为的和自然的破坏，很难找到一幅完整的壁画。

库木吐拉千佛洞，在库车城西南约30公里木扎提河的出山口处。石窟群分散于山口内河的东岸崖壁间，绵延1公里有余。现存有74个洞窟，其中仅有33个洞窟内保存有较为完整的壁画。

森木塞姆千佛洞，位于库车县城东北60余公里的地方，在库鲁达克山口内森木塞姆溪水的两岸。石窟群就稀疏地散布于两岸的山腰间与高丘上。现存较完好的洞窟有52个，而存有壁画的仅有19个洞窟。

另外，在库车城北约10公里处，一南北走向的山沟两侧的崖壁上，开凿有46个洞窟。其中窟形较完整的有38个，残余有壁画的仅11个。

这些石窟，开凿与兴建的年代，最迟不晚于东汉而停建于初唐。石窟都是依山傍水而凿。这一带在古代属古龟兹境内，所以我们一般都统称为“龟兹佛教艺术”。它的成就，集中地反映在多彩多姿的壁画艺术上，所以我们又常称为“龟兹壁画”。如果说犍陀罗是佛教早期雕刻艺术的胜地，那么，这里当为无愧于佛教早期壁画艺术的胜地。

由这些石窟壁画我们可以窥见古龟兹的社会与它的人民的生活哲学，以及情感与心灵寄托。因为佛教艺术的造型，显然是基于一种哲学观念的美感而诉诸视觉的表露，所以我们可以从蕴含着造像人的虔诚心态以及造型理念的壁画来探究、思考古代龟兹艺术的文化背景。

无论于阗佛教艺术或龟兹佛教艺术，它们的特征都十分鲜明：就整体而言，画面充满了乐观的情感，奔放的个性，强调人的力量和价值。它并不禁绝尘世的享乐，相反却尽力挖掘尘世的声色之娱。这也许正是中国西部民族的艺术精神。这种精神，在中国现在的西部民族中仍常常表露出来。任何文艺的产生都和它的过去有某种相关性，也即历史的延续性，所有的历史似乎都是一种结果。

这里曾经活跃过许多游牧部族，他们对性爱不遮掩，而且还利用各种艺术形式给予充分的表露。中国保存完好的早期人体绘画艺术，便在这里。这些人体绘画，性特征鲜明，为中土内陆所不及。

性是人类的自然本能之一，是人类生存的原动力，他们并不认为这是猥亵神灵，他们对动物的交配习以为常。他们懂得部族的繁衍得靠人丁的兴旺。所以在壁画中我们可以看到全裸体女性的特大圆润的乳房及细腰和丰臀；男性则强悍英武。他们在壁画中创造了许多这类优美的形象。

任何“神”的地位，是靠“人”的地位而定，“神”性是“人”性的反射。因此，各地域各国家宗教艺术之间的距离，即不同的风格特征，正是从这里发源。

古老的中国西部的城郭国家，也大都沿商道建成，国王和商人是城里的骨干，商人靠国王的权力得以进行贸易，国家靠商人的赋税得以富足，商人是使城市兴旺发达的重要力量，这里也构成了“国王与商人的时代”。佛教艺术必然将目标转移到国王与商人的喜好上来。要安抚他们的心灵，要愉悦他们的精神与肉体。商人们往来于商道，在各地穿梭，虽劳累但视野扩大，财富增加，也有时间、金钱来玩乐与挥霍。他们远离妻室，需要精神上的满足和性的刺激。前文已述，他们甚至同尼姑调情。他们好色贪财，在这一点上与各城郭国家的国王心理是相通的。因此我们不难揣度，在中国西部圣洁的、静态的佛教艺术里为什么会出现如此众多的具有动态的、饱含情趣的美女形象。

作为愉悦人生的音乐、舞蹈在这里也特别发达，并成为佛教艺术中的重要组成部分。龟兹为胡乐的中心。这里的人长于经商，能歌善舞，出现了像苏祇婆那样的大音乐家。《大唐西域记》卷一载，屈支国“管弦伎乐，特善诸国”。这里的屈支也就是龟兹的另一音译。《唐书》卷二十二载：“周隋管弦杂曲数百，皆西凉乐也；鼓舞曲，皆龟兹乐也。”这里所说的西凉乐，实际上也就是龟兹乐的变种。《通典》卷一百四十六说：“西凉乐者，起苻氏之末，吕光、沮渠蒙逊等据有凉州，变龟兹声为之，号为《秦汉伎》。后魏太武（拓跋焘，424年至451年在位）既平河西得之，谓之《西凉乐》。”所以我们说周隋杂曲也应属于龟兹乐。“自周隋以来，管弦杂曲将数百曲，多用《西凉乐》；鼓舞曲多用《龟兹乐》，其曲度皆时俗所知也。”到唐玄宗李隆基时，有坐立二部伎，极重龟兹乐。《通典》卷一百四十六《立部伎》说：“皆擂大鼓，杂以龟兹乐声。”《坐部伎》说：“皆用龟兹乐。”还说：“坐部伎即燕乐，以琵琶为主，故谓之琵琶曲。”可见龟兹乐对中国内陆音乐、舞蹈的影响之大。它的作用不能因它只是人们心目中我国历史上一个小国便可以忽视。它不仅影响了中国后世的音乐舞蹈，同时也滋养了中国的其他艺术如雕塑、绘画甚至文学等。敦煌壁画和雕塑中的器乐歌舞大多是“龟兹乐”及“西凉乐”等舞乐的形象化的精彩描绘，从而对形成敦煌艺术的特征及风貌产生了深远的影响，与犍陀罗艺术无论在艺术内容和形式上形成了鲜明的对照。

龟兹、于阗作为我国西部佛教艺术中心之一，当印度佛教艺术，特别是犍陀罗佛教艺术一经传入，即与本土文化精神以及人民的生活、思想、情感相融合，从而形成了于阗、龟兹等地的佛教艺术，形成了美术史上的所谓“西域画风”——一种中国西部独特的民族绘画和雕塑作风。这种画风瑰丽、明快、活泼，极富装饰性。在这里，活泼和欢乐取代了犍陀罗艺术的沉寂、肃穆，改变了佛教艺术的说教与苦修的原有架式。“佛”似乎只是作为联络的使者而存在，内中的“情”却是于阗和龟兹的，是我国西部各民族的。它们各自向东推进，于是南道有且末、鄯善，北道有高昌、楼兰，尔后合流于敦煌。

吐鲁番一带为古高昌国，佛教也极为盛行，中国内陆文明在此影响深远。在这里出土的《胡服美人图》形象的审美意味，是地道的“唐美人”，端庄、富丽、饱满、圆润。

吐鲁番木头沟左岸，石窟寺甚多，亦称千佛洞，通常称为木头沟壁画。内容有说法图，描绘有释迦说法，天王、菩萨、佛弟子双手合十供养的情景，下方是当地的信徒们牵着驴子捧着礼品向佛供养。释迦的衣纹处理，供养者的服饰衣冠，仍存留着大月氏人的丰姿。其中有一部分表现《伎乐图》的群像画面，人物造型强悍，极具西部游牧民族的豪放健美的个性特征。看到这些群像，似乎听到了铿锵有力、节奏鲜明的西域音乐。

古高昌国音乐、舞蹈也十分发达，在中国历史上曾经作出过重要贡献，这在残留的壁画中有所反映。古高昌国始于元魏中叶，它的人民是汉民族的后裔，所以在这里较早地推行汉文化，那《胡服美人图》也是极有意味的见证。高昌乐到唐代与龟兹、疏勒、康国、安国等并列为西戎乐。据《旧唐书·音乐志》载，舞蹈者的穿着常常是白袄锦袖、赤皮鞋、赤皮带、红抹额。乐器常用答腊鼓一、腰鼓一、鸡娄鼓一、羯鼓二、箫二、横笛二、筚篥二、琵琶二、五弦琵琶二、铜角一、箜篌一。这些不仅表现在高昌国一带的壁画上，同时在敦煌壁画中也有丰富的记录和详尽具体的描绘。

再东便是楼兰古国，它与敦煌为邻。

楼兰地处塔里木盆地最低洼地区。塔里木河、孔雀河在这里穿流而过，它们与罗布泊一起形成了一片广阔的河流冲积及湖积平原。由于风沙的袭击及风蚀作用，而今这个古国只留下了一片废墟，以及废墟下所埋藏的极为丰富的遗物，供人们发掘、考古、研究与凭吊。

楼兰何时建国不得而知。《史记·匈奴列传》记述有西汉文帝前元四年（前176）冒顿单于给汉文帝的一封书信，信中提到这时楼兰已为匈奴所占。张骞通西域后，汉武帝派兵，力战匈奴，将其势力逐出西域。于天汉元年（前100）前后，自敦煌设亭障至盐水，也即自敦煌至楼兰所在的广大地区先后设西域都护、戊己校尉。西汉元凤四年（前77），楼兰国改名鄯善。这鄯善的疆域包括尼雅河流域，东邻敦煌，实质上丝绸南北两道首先在此汇合而入敦煌。5世纪末（491—493），南齐使者江景玄出使高车，途经鄯善等地，是时“鄯善为丁零（即高车）所破，人民散尽”。此后鄯善国似已名存实亡。

自19世纪末叶始，西方考察队纷纷到我国西部探宝，英国考察队的斯坦因、瑞典考察队的斯文·赫定以及后来的日本橘瑞超、瑞典伯格曼、美国亨廷顿等的考古发掘，使一个深埋于流沙之下1600余年的古代王国——楼兰（鄯善）呈现在世人的面前；揭示了这个古王国境内的一系列城池、官署、烽燧、寺院、住宅、作坊、种植园和墓地，以及我国汉代丝织艺术精品云纹“长乐明光”“延年益寿”字样的锦、绫、罗，颇具希腊—罗马艺术风格的华丽毛织物，有雕刻着犍陀罗佛教艺术纹样的建筑构件和家具，有出自东汉（25—220）的《战国策》书页以及书写用的毛笔，儿童练习乘法时写下的“二八一十六”“九九八十一”等算式。此外还发现有猎箭、战箭、火箭和用铅与石做的鱼网、珍珠贝壳，一枚耳环、颈链，一块刻有黑尔米像的古代宝石，叙利亚或罗马的玻璃、铜匙和铜镊子、铁制和铜制的头簪，各种颜色的丝织品、床布、毛毯，等等。

斯文·赫定在他的《亚洲腹地旅行记》一书中说：“从文件和别的挖掘品方面显示出，楼兰有仓库，一间客栈，一间伤兵医院，一间邮政局，一座寺庙……人们从输入的报告中特别从当地所用的中国丝绸中推断得出，全境居民的数目很多。讲究的房屋里筑平的泥地上铺着草垫，这上面再铺上珍贵的地毯，院子里立着大水缸……都装饰着花纹，如印度的波斯的狮子头之类，还有叙利亚的玻璃具……”又说：“文人藏有著名的典籍……盛行着一种古代与现代，野蛮与中国的混合文明。”一座边境的堡垒，是亚洲腹部的古道，特别是介乎东方的中国与西方的波斯、印度、叙利亚和罗马之间“运丝大道”旁边的一个前站。

正如著名学者季羡林先生所说，世界上历史悠久、地域广阔、自成体系、影响深远的文化体系只有四个：中国、印度、希腊、伊斯兰，再没有第五个；而这四个文化体系汇流的地方只有一个，就是中国的敦煌和新疆地区，再没有第二个。

著名学者恭拉底将楼兰古国比作“一首田园诗，一幅世情画——但在世界伟大而阴暗的后台上”，赞叹它为“一座世界史上的纪念碑”。

但是这一“世界史上的纪念碑”，毕竟被风沙湮没掉了，毕竟只是敦煌的一个前站，一个“卫城”。它昔日的光辉，都包容在一个更为伟大、更为繁荣的中国西部重镇——“华戎所交一大都会”的敦煌。“世界史上的纪念碑”在这里高高的屹立着。

交脚弥勒佛　北凉　敦煌275窟

说法图局部·释迦回城　盛唐　敦煌217窟

雪山为城，青海为池，鸣沙为环，党河为带，前阳关而后玉门，控伊西而制漠北，全陕之咽喉，极边之锁钥。

河西完富，兵马精强，仓库有蓄，民庶殷富，外则挫折羌胡，内则百姓蒙福。

驰命走驿，不绝于时月；胡商贩客，日款于塞下。

说法图　北魏　敦煌285窟

第九章 华戎所交一大都会

最早提及敦煌地名之一的史料是《史记·大宛列传》："始月氏居敦煌、祁连间，及为匈奴所败，乃远去，过宛，西击大夏而臣之，遂都妫水北，为王庭。其余小众不能去者，保南山羌，号小月氏。"这段文字不仅提及敦煌地名，也提及了敦煌的主人为月氏，以及月氏遭匈奴袭击，败走，过大宛，降大夏（今阿富汗北部），在妫水之北建立起王朝，未及逃走的小部退至祁连山南麓与羌族共居，称为小月氏。此时的敦煌为匈奴所占据，成为其新的主人，这是发生在公元前176年左右的事。史载汉文帝四年冒顿单于遣使汉王朝说："天所立匈奴大单于敬问皇帝无恙。"书中叙述了赶走月氏、占领敦煌一带的情况："以天之福，吏卒良，马强力，以夷灭月氏，尽斩杀降下之，定楼兰、乌孙、呼揭及其旁二十六国，皆以为匈奴。"这段文字说明，公元前176年左右敦煌附近广大地区已归属匈奴。

敦煌一词也见于《史记·大宛列传》张骞给汉武帝的报告。东汉应劭注曰："敦，大也；煌，盛也。""大"与"盛"二字概括了敦煌的历史地位与状况。

将匈奴逐出敦煌等地区是在汉武帝时代。卫青、霍去病、李陵等名将在这里建功立业，写下了不可磨灭的历史功绩。

汉武帝击退匈奴之后，设河西四郡，作为经营西域以及对匈奴作战的基地，恢复了丝绸之路的畅通。《汉书·武帝本纪》载，元狩二年（前121）降伏了匈奴的浑邪王，在其地设武威、酒泉两郡；元鼎六年（前111）由该二郡再分置张掖和敦煌二郡。同样，《汉书·地理志》也载，张掖、酒泉两郡乃太初元年（前104）设置，武威郡设于太初四年（前111），敦煌郡是孝武皇帝刘彻后（前88）由酒泉郡分离出来的。同是一部汉书，设郡年代有前有后，也许《汉书·武帝本纪》是粗线条的，而《汉书·地理志》却比较精确和具体，尽管建郡年代稍有偏差，但并不妨碍我们确定河西地区的敦煌一带，在公元前1世纪收归为汉帝国所管辖。此后东汉、三国到晋中期的三四百年间，中央政权大体都能控制这一地区，汉民族与少数民族共居。发达的汉文化在这里开始繁衍。

汉代的敦煌郡，下设玉门、阳关、中部、宜禾四都尉，统辖今玉门镇以西、贝什托格拉克以东的疏勒河下游地区，横跨汉代龙勒、敦煌、效谷、渊泉、广至、冥安六县。汉代敦煌郡，实则包括有现今的新疆东部边缘、甘肃省敦煌及安西部分地区。所设玉门都尉统辖龙勒北境，阳关都尉统辖龙勒南境，分别镇守南北两条通往西域的丝绸古道。据《史记》《汉书》等古文献记载，春秋战国至秦时期，敦煌祁连之间居住有塞种人、乌孙人和月氏人。月氏强大，将塞种人赶至葱岭一带，后匈奴强大又将乌孙和月氏人驱赶。汉朝时敦煌拥有近四万人口。

敦煌北有马鬃山和天山余脉，东南有祁连山逶迤，西接塔里木河东端，也即楼兰、若羌、鄯善诸地。古时这里大概是一片深洼谷地，疏勒河横穿敦煌北境，与党河汇合，由于泥沙的淤积而形成为敦煌盆地，形成为沙漠中的一片绿洲。虽干旱少雨，但终年积雪的高山，融化出甘泉，形成丰富的地下水源，与疏勒、党河河水共同孕育着这绿色的生命。这里有我国西部最肥美的水草田，它们为农牧业发展提供了良好的天然条件。绿洲上果木成林，品种丰盛。在这里，农业、牧业、蚕桑纺织、皮革加工、果木培植、酿造业、冶炼业等相继出现，并随着历史的进程得到相应的发展。这里远非人们所想象的一片荒凉。那时，上至西域都护，下至屯田戍卒，无不将敦煌视为寄托乡情与身心求得慰藉之地。班超从戍西域三十余年，晚年上书皇帝："臣不敢望到酒泉郡，但愿生入玉门关。”[1]相传当年唐玄奘到西天取经，路过敦煌，官史、商贾、行者多劝他留居敦煌，言及到了敦煌即到了西天。由此可见，敦煌在人们心目中的地位。

敦煌地处河西走廊的西端，所谓“河西走廊”即黄河以西，由南部的祁连山，北部的蒙古高原的戈壁边缘所形成的狭长地带，也即武威、张掖、酒泉、嘉玉关、敦煌等这一带地区。因此，敦煌成为西通新疆的唯一出口。《肃州志·沙州卫志》载：“雪山为城，青海为池，鸣沙为环，党河为带，前阳关而后玉门，控伊西而制漠北，全陕之咽喉，极边之锁钥。”同时，它也是中亚、西亚乃至欧洲诸国到中国内陆的前站和必经之地。

张骞第一次出使西域，未能如愿，刚进入河西地界，即遭匈奴俘获，被拘留了十余年。他的第二次出使西域，则顺利通过河西地界，经敦煌，到达乌孙。他的副使们则分别到达大宛、康居、大月氏、大夏诸地。此后，朝野吏士对经营西域怀有好感。据《汉书·张骞传》记载，汉王朝“广其道而从之”。于是，“因益发使抵安息、奄蔡、犛靬、条支、身毒国……使者相望于道，一辈大者数百，少者百余人……汉率一岁中使者多者十余（辈），少者五六辈，远者八九岁，近者数岁而反”。这些使者，往返西域，必经敦煌。所带物品，也大都仿张骞第二次出使西域时的款式：“将三百人，马各二匹，牛羊以万数，赍金币帛，直数千巨万，多持节副使，……”众多的使吏，巨额的资财、货物，不只是通过敦煌，而且相当数量的牛、羊、马匹、粮草还得在敦煌给与补充。

据《汉书·李广利传》记载，汉武帝时的贰师将军李广利远征大宛，就曾屯军于敦煌，六万多大军，十万头牛，三万余匹马，从敦煌出发时，仅运送粮草的驴、骆驼就达一万余头。这里不仅显示出敦煌作为屯兵、备战、维护丝绸商道的据点的重要战略意义，而且显示出它的雄厚的经济实力。

汉武帝为联络乌孙共讨匈奴，曾采取联姻政策，以江都王刘建的女儿细君为公主远嫁乌孙王。细君死后，又以楚王刘戊的孙女解忧为公主嫁乌孙王，途经敦煌，官吏迎送，武卫相随，说明敦煌又是“出塞”“入关”的礼仪之地。

在东汉光武帝建武十七年（42）莎车王贤遣使奉献求都护，光武帝即授以西

---

① 古时玉门关在敦煌境内，属敦煌郡管辖，在今敦煌西北部。

域都护的印绶，敦煌太守裴遵上书反对，改授为大将军，莎车使者不从，裴遵竟将其都护印绶夺了过来，可见作为敦煌太守，他的权力之大。

《后汉书·明帝纪》记载，东汉明帝十七年（73）“遣奉车都尉窦固、驸马都尉耿秉、骑都尉刘张出敦煌昆仑塞，击破白山虏于蒲类海上，遂入车师”。《后汉书·西域传》载敦煌太守张珰上书：“北虏呼衍王常展转蒲类、秦海之间，专制西域，共为寇钞。今以酒泉属国吏士二千余人集昆仑塞，先击呼衍王，绝其根本，因发鄯善兵五千人胁车师后部。”由此可见敦煌及其太守的重要性与权威性，在经营西域、护卫丝路中它的举足轻重的作用。

这些活动，既给敦煌带来了沉重的负担，同时也刺激和促进了它的繁荣与兴旺。

自西汉王朝在这里建郡以后，即执行军屯和民屯。军屯以戍卒、士兵为主要劳动力；民屯以田卒和徙民为主要劳动力。奖励农耕，修泽、开堰、大兴水利。传授内陆农业技术，推广“代田法”以及耧犁的使用，收到“用力少而得谷多”的效益，推动着河西及敦煌地区农业的发展，造就了社会的繁荣和稳定。那时，这里生产的粮食自给有余，有的投入商品市场，也有的调回内陆。史载，汉元帝时，曾因内陆粮食困乏，调河西地区粮食以内济。有“河西殷富”之说，传统的畜牧业也呈现“马牛放纵，蓄积布野”的一派繁荣景象。农牧业的迅速发展也因此而带动了商业和手工业的繁荣，加速了敦煌由以农业为主体的集镇向商业都市的发展。

当然，这种向商品社会和商业都市发展的一个更为重要的原因还在于：敦煌自古以来是我国西部民族物资与文化的集散地，同时也是东西方经济、贸易、文化交往的枢纽。自张骞出使西域，汉王朝在河西设四郡以及建立西域都护府以来，丝绸之路得以畅通无阻，东西方往来日益密切与频繁。作为这条商道总汇口的敦煌，它的作用显得更加重要。

我们知道，两汉时期的丝绸之路，自洛阳、长安起，经河西走廊到敦煌，出玉门关与阳关，尔后沿着新疆境内的塔克拉玛干大沙漠两侧（即昆仑山北侧与天山南侧），分南、北两道西进。南道自敦煌出阳关，经若羌、鄯善、且末、精绝、于阗、莎车等地，越葱岭（今帕米尔高原）到大月氏（今阿姆河流域中部，阿富汗境内）、安息（即古波斯，今伊朗），再往西达条支（今伊拉克境内）、大秦（即古罗马帝国，今地中海一带地区）诸国。北道自敦煌出玉门关，经车师前王庭（即高昌，今吐鲁番）、龟兹（今库车）、疏勒（今喀什）等地，越葱岭，至大宛（今费尔干纳）、康居（即古康国，今撒马尔罕），再往西南经安息，达大秦。两汉以后，在北道的北面，又增添一道，原北道改称为中道。这增辟的北道，亦自敦煌出玉门关，经伊吾（今哈密）、蒲类海（今巴里坤湖）、渡北流河水（今伊犁河、楚河）至拂菻国（古东罗马帝国）而达西海（今地中海一带）。这上列几条，只是丝绸之路的主干线，当然还有许多支干。所列西方国家或地区到中国内陆，也是沿上述路线东来，而汇合于敦煌，总之，不管西去，还是东来，敦煌都是必经之地。

因此，敦煌在历史上的地位，相当于今日之重要海关。外国使节、僧俗、商贾到中土，迎来送往，“使吏民护送道路”“为封过所”（发给通行证）。有的停留在敦煌了解学习汉语语言与风土人情，有的就在敦煌开店设市。而西去的使吏，也在此筹备粮草，熟悉西域语言。

《史记·大宛列传》载，汉武帝远征大宛通西域后，“敦煌置酒泉都尉。西至盐水，往往有亭。而仑头有田卒数百人，因置使者护田积粟，以给使外国者”。《汉书·西域传》也有类似的记载：“于是自敦煌西至盐泽，往往起亭，而轮台、渠犁皆有田卒数百人，置使者校尉领护，以给使外国者。”外国使者、僧俗、商贾来中国“多者数百人，少者百余人”。汉王朝总是派遣官吏、田卒保护，修亭隧、烽隧以维护商道的畅通。疏勒河流域出土的汉简载：“制诏酒泉太守：敦煌郡到戍卒二千人，发酒泉郡。其假□如品，司马以下与将卒长史将屯要害处。”“亭隧第远，昼不见烟，夜不见火，士吏、侯长、侯史驰相告，举烽燔薪，以急疾为故。”此类汉简很多，它说明汉王朝对商道的重视，对商人、使者、僧俗的关注。

两汉以前，东西方商贸主要是民间交往，由西部游牧部族承担使者的使命，将中国的丝绸、铜器、漆器、冶炼技术带到西方。《管子·轻重》载：“殷人之王，立帛牢，服牛马，以为民利，而天下化之。”《尚书·酒诰》也说：“肇牵车牛，远服贾。”使用马匹，或驾车，或单骑与中亚、西亚等西方诸国交往。《史记·历书》记载，周历王（公元前877—前828）和周幽王（公元前781—前771）时期“畴人子弟分散，或至诸夏，或至夷翟”。许多精通天文、丝织、农耕水利及冶炼技术的工匠也成批迁入西北部少数民族地区。那时的敦煌，既是西部民族物资、文化集散的场所和东西方民间交往的重镇，也是各路人才汇集的地方。

自西域都护府设立及敦煌建郡以后，东西方交往已由官办与民办相结合。大宗的丝绸贸易，大规模的使团出入，均由政府官办。这样，敦煌便成为“通货羌胡，市日数全”“华戎所交一大都会”的商业都市。商业、贸易、文化交往，真是盛况空前。西方的毛皮、毛纺织、药材、金银宝石、瓜果等都途经敦煌输入中国内陆。

大秦在中国人的眼里，被认为是“极西”的国家，其早已与中国西部游牧部族有所交往。这个古罗马帝国对中国的丝绸怀有特别的好感、情有独钟。公元1世纪罗马作家普林尼认为：“塞里斯国以树林中出产的丝闻名于世……罗马仕女用作制衣料穿后光耀夺目。运输贯穿世界，实极艰巨。”罗马男女贵族都争相穿丝绸衣裙。许多罗马城市创设丝织业，专设中国丝绸市场。从中国进口缣素，而后拆散，加工织成绫绮，染紫缕金以供上流贵族。约公元2世纪，丝绸风行罗马帝国极西的海岛上的伦敦。其盛况被认为“不下于中国的洛阳”①。到4世纪时，罗马史学家马赛里努斯宣称：“过去我国仅贵族才能穿着丝服，现在则各阶层人民都普遍使用，连搬运夫和公差都不例外。”②如此庞大的需求量，需有相当的人力、物力和财力。虽然那时罗马帝国极富，成为西方世界最大的丝绸主顾，进口丝绸耗资巨额，但出口货物，向中国倾销也极不寻常。《魏略》上记载有大秦产物，实际是罗马帝国与中国进行商贸交易出口物资的货单：“大秦多金、银、铜、铁、铅、锡、神龟、白马、朱髦、骇鸡犀、玳瑁、玄熊、赤螭、辟毒鼠、大贝、车渠、玛瑙、南金、翠爵、羽翮、象牙、符采玉、明月珠、夜光珠、真白珠、琥珀、珊瑚，赤白黑绿黄青绀缥红紫十种琉璃、璆珠、琅玕、

① 沈福伟：《中西文化史》。

② 王尔：《中国道程志》。

水精、玫瑰、雄黄、雌黄、碧、五色玉、黄白黑绿紫红绛绀金黄缥留黄十种氍毹、五色毾㲪、五色九色首下毾㲪、金缕绣、杂色绫、金涂布、绯持（特）布、发陆布、绯持渠布、火浣布、阿罗得布、巴则布、度代布、温色布、五色桃布、绛地金织帐、五色斗帐，一微木、二苏合、狄提、迷迷、兜纳、白附子、薰陆、郁金、芸胶、薰草木十二种香。”①

这些物资输往中土内陆，大都必经丝绸商道的南北两路汇集于敦煌转入。此外，安息的狮子、扶拔，埃及的十色琉璃，印度的琉璃马鞍、宝石、奇禽怪兽，罽宾的瘤牛、大象，大月氏与大宛的马匹、毛织品和栽绒毯等都包含其中。大批的商人来中国，大量的商品输入中国市场，形成了敦煌商品社会繁荣的空前盛况。这些都表现在史料的记载中，表现在敦煌一带的出土文物里，表现在后来形成的敦煌艺术的绘画、雕塑等诸多视觉作品里。这些无疑对开阔视野、拓展创作题材、扩大敦煌艺术容量具有积极意义。

班固在他的《西都赋》中说“殊方异类，至于三万里”，珍禽异物集长安。汉家后宫明珠翠羽盈积，黄门充塞了薄梢、龙文、鱼目、汗血之马，外囿饲养了巨象、狮子、猛犬、大雀之群，又有陈列七宝床、杂宝案、厕宝屏风、列宝帐，称为四宝宫的桂宫以及充塞火烷布、切玉刀等的奇华殿。这些也都带进了汉代雕塑与绘画艺术中，在汉画像砖中得到了突出的表现，也在敦煌艺术中得到了充分的表现。

东汉初，河西四郡商贸发展仍很兴隆，据桓宽《盐铁论·西域篇》载“时天下扰乱，唯河西独安”。后虽豪强地主兼并土地严重，民族间的战争，特别是同羌族、同北匈奴之间的战争时有发生，对河西地区的经济造成了严重的影响，但中西商道，尚能通畅。商贸往来，文化交流也不曾中断。敦煌作为“一大都会”及军事据点的地位并没有丝毫的动摇。《后汉书·窦融列传》载，各地流民“避凶饥者归之不绝”，河西成为内陆流民的避难所。“河西完富”，“兵马精强，仓库有蓄，民庶殷富，外则挫折羌胡，内则百姓蒙福”，“驰命走驿，不绝于时月；胡商贩客，日款于塞下”，这样的总的社会环境和发展趋势也不曾改变。

曹魏时代，河西又有了新的起色。特别是在仓慈、皇甫隆任敦煌太守时期。

① 《三国志·魏书》。

仓慈就任，内抑豪强、抚贫弱、慰胡商，外国商人抵达敦煌“欲诣洛者，为封过所；欲从郡还者，官为平取，辄以府见物与共交市，使吏民护送道路”。而皇甫隆太守，则教民“作耧犁，又教衍溉”，使敦煌的商业和农业得到了恢复和发展，呈现出一派繁荣景象。

公元4世纪初，中国北部进入小政权分立的“五胡十六国”时代，由晋王朝任命的凉州刺史张轨宣告独立。张系名门望族，汉常山景王十七代孙，他通晓儒学，广集贤士，保护因中原动乱而亡命于河西的文人学士。据《魏书》及《晋书·张轨传》载，“秦雍之民死者十八九，唯凉州独全”；“中州避难来者日月相继”。尔后还曾有江汉人万余户、中州人七千户迁移到敦煌。河西敦煌一带的安稳局面，使得张轨政权“威著西州，化行河右”。张轨死后，其子张寔、张茂相继，到第四代张骏（张轨之孙）则号称“凉王”。事实上，这小王朝的创立者是张轨（约313年创立），亡于前秦时的376年。

这期间，在河西称为凉的小王朝有五个，故史称为“五凉”时期，即汉族系张氏所建的“前凉”，藏族系（氐）吕光所建的“后凉”，鲜卑族系秃发乌孤所建的“南凉”，匈奴系沮渠蒙逊所建的“北凉”，以及汉族系李暠所建的“西凉”。前凉亡于前秦，由于前秦君主苻坚淝水之战败于东晋，前秦将领据河西而独立，建“后凉”。西凉以敦煌为都城，它自北凉独立而成，后又为北凉所灭，北凉后为北魏所亡。535年宇文泰弑杀北魏孝武帝后分裂成东、西魏。敦煌自然归属于西魏。此后宇文泰的儿子篡夺了西魏政权，在557年改元为北周，敦煌进入北周时代。

总之，这一时期，虽然民族政权更替，但未引起大的动乱，敦煌仍然保持着它作为我国西部的政治、经济、商贸的“华戎所交一大都会”的显赫地位，并且在此基础上形成了以敦煌为中心的“五凉文化”。

五凉文化是一种混合型的文化，它在那尚处于混乱中的北部中国大放异彩。这种文化形态，既不同于南朝文化，也不同于北朝文化。它是我国西部，东西方交汇和往来特定历史时期、特定社会环境以及多民族文化背景的基础上，所形成的独特的文化形态——敦煌本土文化。

善事太子故事　敦煌296窟

商人出海　新疆石窟壁画

敦煌地区的本土文化精神，呈现为多民族的混交型游牧文化、开放型的商业文化以及汉民族的农耕文化所交融的独特的文化形态和文化精神。一种古代与现代、内陆与边陲、农耕与游牧的混合文明。

混交型的游牧文化、开放型的商业文化以及内陆农耕文化都在敦煌地区集结、碰撞、融合，而得以发展成为以敦煌为中心的、独具特色的“五凉文化”，正是这种坚实和雄厚的物质和文化根基，为敦煌佛教艺术的形成作了准备。

佛说睒子经　隋　敦煌302窟

第十章 敦煌本土文化精神的三个组成部分

前文提到，汉以前的敦煌地区曾经是三苗、戎羌、塞种、月氏、匈奴等民族的牧地，也是多民族相继争战活跃的舞台。这些民族一个共同的特点即都靠游牧、狩猎为生，表现为混交型的游牧文化，其历史的见证主要表现在大量的崖壁画中，他们的文化特征大致可归纳如下。

极强的群体意识。这通常与他们的生活习性有关，表现为狩猎和游牧的经济对它们生活的制约。择水草而迁徙的群体生活形成相互依存的观念。散居或个体的狩猎游牧几乎无法生存，因为这样很容易沦为其他游牧民族的俘获物或奴隶，这种生活环境和习性造就了他们的群体观念。例如匈奴歌："失我焉支山，令我妇女无颜色。失我祁连山，使我六畜不蕃息。"同时，又由于各种群体活动而强化着这种观念，诸如围猎、祭奉、歌舞、征战等，在河西乃至新疆一带的崖壁画中就常有所表现。牧场和游牧地的公有制与牲畜的私有制，成为促进这种群体意识的凝聚力。

充满"阳刚之气"。他们坚忍不拔、坦荡、粗犷，极具尚武精神。唐司马贞在《史记索隐》中说："西方胡皆事龙神，故名大会处为龙城。"龙城亦称龙庭，我国西北部少数民族常以"龙"的形象作为本民族的图腾标志。匈奴和羌族就是典型的实例。

而近年来我们从北方民族地区考古发现的早期龙纹图像，也说明龙是我国西北部少数民族所最先崇拜的对象。龙的精神体现了他们的民族精神。匈奴部族曾在大漠南北活跃了近300年，也曾在中原地区活跃了约200年，叱咤风云，甚至使我国西部许多民族匈奴化，其之所以能支撑这么长时间，与他们强烈的国家和民族意识以及国家的机制建构是有密切关系的。他们的生产组织与军事组织是相结合的，而且建立在地域基础上的军事行政单位打破了血缘基础上的宗族关系。这在当时无疑是一种先进的国家建制和组织形式，这使他们构成了一个坚强的整体。

匈奴等许多部族大多没有自己的文字，所留下的语汇也并不多，就一般来说，他们的时间观念比较淡薄，缺乏历史记时的观念，更没能留下记述历史的书籍。他们乐于对空间的占有，他们的行为态度是动的、豁达的、粗放的。他们意识到主体人格意义的重要，无意将主体当成客观的物体来把握，自觉意识到自我并不是同其他的同类相对立，而是具有彼此相连的关系的。这些在他们的歌舞和绘画雕刻中均有表现，这较之文字记录的历史有它更为重要的一面。这就是摒弃了传说中的可疑和错误，留下了时代和民族痕迹的具象图卷。歌舞、绘画、雕塑在没有形成自己文字和丰富语汇的部族，似乎其本身就弥补了人际间思想、情感交流存在的障碍，成为名副其实的艺术语言符号。因此，在现今的资料以及用汉文记录的我国民族艺术史中，西部民族的歌舞特别发达，其内容也特别丰富绚丽，形式也特别雄健、奔放、豁达。歌舞是最能表现一个国家和民族的情感和精神的，我国古代西部民族的歌舞对整个中华民族艺术的影响是巨大的。它以独特的西部风貌流传至今，历千年而不衰。在绘画和雕刻等造型艺术方面，人和动物是他们艺术表现的重要对象，正同他们赖以生存的对象是一样的。

“穹庐为室兮毡为墙，以肉为食兮酪为浆。”①他们对动物的身体结构和习性十分熟悉，有关动物绘画和雕刻在我国西部最为精美。如黑山岩画、酒泉下河清王坝河砖画，敦煌佛爷庙翟宗盈墓的动物画。他们没有大型的纪念碑性的

① 乌孙公主细君之《悲愁歌》。

绘画和雕塑作品，在他们的意识里，他们的部族、国家就是一座雄伟的纪念碑。绘画、雕塑只是这“纪念碑”上的装饰物，装饰着他们的弓箭、带钩、衣帽等。

这些部族，极少有传统思想的束缚以及尚古主义的保守性，部族之间的战争、商品交换的往来促成了西部民族间的文化交融与混合。

在性爱方面，女性被作为生育的工具。一夫多妻制较为普遍，没有汉民族严格的人伦观念。父死妻其后母（当然生身母亲例外），兄死则妻其嫂，所谓“贞操”“守节”在他们那里并无实际意义。

民族间的“生存竞争”突出地表现为人丁兴旺和种族繁衍，表现为对性的崇拜和生殖崇拜。在艺术里，对女性的性特征予以强调和突出的表现，裸体画在这些部族里是习以为常的，健美的裸体得力于游牧的生活以及以肉食为主的饮食习惯。

1987年，在新疆呼图壁发现的原始游牧部族祈求生育的大型裸体岩画，较全面地显示出了我国西部民族的文化特征和精神风貌。比呼图壁岩画年代晚得多的新疆石窟艺术中，也表现了大量的全裸或半裸的艺术形象，像克孜尔石窟的“水人戏蛇”（水人即裸体人）以及与真人般大的躺卧的女裸体形象。《娱乐太子图》中的全裸或半裸的形象的出现，实则是我国西部民族开朗、豁达精神的体现以及对自身生命的赞美，对自然的纯粹的人的赞美。对生殖的崇拜，同时也说明人体绘画雕刻在我国西部民族中有它的历史渊源和成就，并非因循于希腊、印度或犍陀罗的人体艺术。

这些狩猎游牧部族由于过着往来不定迁徙无常的生活，所以他们的文化形态及精神气质大都是你中有我，我中有你，甚至印度、阿富汗以及中国新疆等地由于民族的大迁徙以及大交往，各自也都包含有对方的文化特征，呈混交型的文化形态。

构成敦煌本土文化精神的另一个重要因素，是开放型的商业文化所显示出的以价值观念和目标心理为其特征的文化品质。

敦煌地区扼制两关，雄视丝道，成为古代中西交通要道，成为物质文明和精神文明的聚散地以及商业往来的大都会。商业文化在这里得到长足的发展，人们的视野在这里得到了拓展，知识也从小农经济狭窄单一的结构中走向更为广阔的空间。为适应商品经济的发展，人们的知识结构、道德观念发生了相应的变化。

以小农经济为基础的古代中国内陆文化，表现在伦理道德方面的核心是“仁”，虽然包括仁、义、礼、智、信诸方面的内容，但都是由一个“仁”的观念拓展开来的。“老吾老以及人之老，幼吾幼以及人之幼”，无不贯穿着一种“仁爱”的伦理观念。这种观念足以维护和稳固以小农经济为基础的生产结构和国家秩序。人们生存很少依赖交换，家庭既是生产者，也是消费者。除了家庭成员外，人们经常交往的大概只有邻居乡里，甚至“鸡犬之声相闻，老死不相往来”。这种关系只要以“仁爱”为怀，便足以维持。有了“孝顺、谦让、尊长、克己”的道德观，便能保持人际关系之间的平衡。再加上“忠君”“爱国”，便足以维护封建宗法皇权的统治地位。这些也便构成了以小农经济为基础的全部封建道德观。在这种道德观桎梏下的个人人格便遵从“修身、齐家、治国、平天下”的模式去完成。

但是，作为商业城市的敦煌，这种伦理道德观、小农经济的文化品质是不能适应的，敦煌除了是国内各民族物质文明与精神文明的集散地外，同时也是国际贸易的通道与重镇，它的人际关系要复杂得多，交往要频繁得多。换言之，商品交换，实际上是人与人之间的交往，买卖双方的交往，学识的交往，人文思想的交往。

商品交换促进了社会分工的细化，因此敦煌地区玉器制品手工业、皮革制品手工业、丝织品手工业等得到了相应的发展。利用自然为社会创造和提供更多的商品，增加财富，这是商业文化所呈现的显著特点。

形成了细密分工的商品经济社会，必然会出现各种不同的职业，在此基础上形成的生产结构，每个社会成员虽然都是通过从事某种职业来养家糊口，但这种职业本身，并不是为其家庭提供直接的消费物质，而家庭所需要的大量消费品都得由从事其他职业的人提供，每个人或家庭都是通过直接为别人服务而使自己间接得益，得到家庭所需要的物质消费品。社会中每个成员的富庶程度取决于其他成员的工作效率，任何一个环节的松懈将影响一大片人或众多家庭的利益。所以从人际关系讲，商品社会相互依存、相互影响、相互制约的关系，显得更为突出，它迫使人们从家庭的小圈子里走出来，走向社会、投入社会、关心社会。

商品的社会化，必然使人们的社会认识向纵向和横向拓展，使商业文化具有超前的内涵和更为丰富的思想内容。商品经济要求每个成员了解市场的供需，及时地、有预见地调整自己的经济活动和商品结构。这些都需要新的知识和技术。因此对封闭型的农耕文化而言，商业文化呈现出它开放性的特征。

从道德范畴来探究，中国几千年来对商人没有好感，商人成了“唯利是图”“欺诈”的代名词。这反映了小农经济农耕文化的影响根深蒂固，也反映了中国社会进展迟缓的根源。其实政客同商人的道德并没有绝然的区分，都需要参与社会，处理人际关系。前者主要是精神的，后者主要是物质的；前者依靠权力，后者依赖资本；前者治人，后者治物。其共同之处在于都不直接参与各类物质的生产，都要获得报酬，都可以说是“唯利是图”，但政客攻击商人“唯利是图”却是最厉害的。这样，似乎可以用一种道德的言词使不道德的行为变得冠冕堂皇且合法化。

商人虽然不直接参与各类物质生产，但他直接参与商品交换、文化往来，商人主要作用于流通领域，他从自己的职业中得到报酬。从实际上讲并不涉及道德问题，而纯属交换的一种行为，他与一般商品的交换并无本质的不同。而且从他们与社会联系的角度来看，他们的行为是大有意义的。它将一潭孤零零的死水一样的社会，变得生机勃勃，波澜起伏。当然商人有欺诈的一面，但我们知道商人也有守信用、调节市场的一面，而且整个商品交换的成长过程，主要依赖于信用的作用，而不是靠欺诈，因为毕竟不是一锤子买卖，所以他们必须重契约、守信用。这种契约关系，往往大于宗法关系，否则商品社会就无法运转。难怪我们在敦煌壁画里看不到对商人的贬斥，更多的是对商人的同情和赞颂。

从敦煌地区出土的大量汉简文书，波斯、罗马、希腊等国的艺术品，装饰纹样、钱币、器物等文物中充分显示了商业文化的风采。我们还从后来所形成的敦煌艺术，特别是壁画艺术中，看到了很多具体的、形象的资料。在敦煌壁画的内容和情节乃至具体的形象刻画中，商人们总是被同情、被尊重。佛菩萨也都是为他们说话的，从不曾玷污过他们。商人被描绘得艰辛、疲惫，在“神”的庇护下，总是能逢凶化吉。大规模的商队，驼来了中外人民的友谊，驼来了物质文明和精神文明。正是敦煌地区所兴起的商业文化，为后来所形成的敦煌壁画和雕塑增添了丰富的艺术内容和艺术语言，小至装饰纹样和器物的描绘，大至许多佛经故事，仔细品味起来，其中都带有浓厚的商业文化的意味。甚而著名的维摩诘居士身披裘氅、手执尘尾，出入于街巷、学校、妓院、赌场、酒肆，意态随和洒脱，也完全是一个巨商富贾的典型形象。佛经上曾这样描绘维摩诘：“游诸四衢，饶益众生……入讲论处，导以大乘。入诸学堂，诱开蒙童。入诸淫舍，示欲之过。入诸酒肆，能立其志……”这里塑造了一个商业社会“新人”——商人的典型。这些壁画从一个侧面反映了敦煌地区的先民们对待商人的情感较之内陆要深厚得多，思想要开放得多。较之同时代内陆的城镇，敦煌的商业文化要发达得多，特征也鲜明得多。因此反映在石窟艺术里，即便是同时代的内陆石窟艺术，同一内容同一题材，也没有敦煌艺术那样丰富多彩、那样具体、那样生动活泼和富有朝气。维摩诘形象的诞生实则是商业文化的结晶——一种文化的人格化与象征。

商品经济是生产力社会化的方式。因此，商业文化表现为求实，重视事物的价值观，注意人际关系。总之，一切事物都纳入社会化和商品化的轨道。以价值作为准则，重利、重实效、重契约和信誉是商业社会的道德观，而它的反面则是不道德的行为。商人见多识广，富有创新精神及开拓精神。但是由于从事商品交往，长途贩运带有一定的冒险性，所以他们也十分相信命运。

敦煌地区商业文化的萌发，对以小农经济占统治地位的古代中国，以农耕文化为核心的内陆文明而言，显示了独特的风采和富有朝气的生命力，这是敦煌本土文化精神又一极为重要的组成部分。

自公元前139年至前126年张骞出使西域以及前111年敦煌设郡以后，汉民族的农耕文化在敦煌地区占有显著的地位，成为敦煌本土文化第三个重要组成部分。

公元前2世纪初，敦煌建郡之前的西汉王朝即已有田卒和驰刑士们（充军服劳役的罪犯）进驻了这块土地，将汉民族农耕文化带到这块西部边陲之地。《汉书·武帝纪》曾载，元鼎四年（前113）从南阳新野发配到此的驰刑士暴利长，在阳关附近屯田，常见渥洼水边饮水的野马群，其中有一匹高大出众、雄健俊美，他设法捕获，献与朝庭。汉武帝见后十分高兴，诗兴大发，作《天马歌》："天马来兮从西极，径万里兮归有德。承灵威兮障外国，涉流沙兮四夷服。"后来还配上音乐，成为郊庙乐章之一。这似乎带有一点传说的色彩，因为《天马歌》明白无误地写着"天马来兮从西极"，乌孙马曰西极马，并非敦煌。《史记·乐书》载："武帝伐大宛得千里马。"写明了汉武帝所得之马的来历，也许前者表明了敦煌田卒、驰刑士民对汉王朝的忠诚不二，后者则显示了汉王朝的雄威国力，但二者其实都表明了敦煌地区与内陆的联系。汉王朝最高统治者汉武帝对西北一带如此熟悉，一方面说明敦煌在政治、军事、经济等方面具有重要的地位；另一方面说明汉民族与汉文化对敦煌的影响。

另，《水经注·河水》载："敦煌索劢，字彦义……将酒泉、敦煌兵千人，至楼兰屯田。起白屋，召鄯善、焉耆、龟兹三国兵各千，横断注滨河（库鲁克河或孔雀河下游），河断之日，水奋势激，波陵冒堤，劢厉声曰……乃列阵被杖……大战三日，水乃回减。灌浸沃衍，胡人称神。大田三年，积粟百万，威服外国。"这段史料更进一步表明了内陆文明对敦煌地区的影响，概述了汉王朝的戍边、屯田、兴修水利等措施对发展敦煌地区农业所起的巨大作用，从中我们也看到了这支开拓西域的农业大军的丰功伟绩。

史料中所载"敦煌索劢"不知属敦煌索姓的第几代，根据这段文字的记载，他应是汉武帝派张骞出使西域建河西四郡，至元帝建昭三年（前36）左右活跃在敦煌的人。索姓是敦煌的大姓，敦煌建郡以后，出于扼守河西、护卫丝绸之路、开发西域的战略需要，西汉王朝曾大量向敦煌移民，移民中有不少是被贬谪、流放到此的官僚、地主、文人、学士，索姓就是其中之一。索劢不仅是带兵的将领，还是兴修水利的专家。索氏家族几代中还有索靖这位我国历史上著名的书法家（张芝姊之孙），他生于239年，卒于303年，官至征南司马，工书法，尤其是章草，自称其书字势为“银钩虿尾”，并著有《草书状》。除索姓外，举家西迁至敦煌的还有张、李、翟、阴、记、令狐、阚、曹等诸姓，这些都是敦煌地区后来的名门望族。他们将中国内陆的物质文明和精神文明带到了敦煌。他们与成千上万的戍边官卒、下层徙边流放的罪犯，成为推动敦煌农业经济及文化发展的基本力量。汉民族文化以及农耕技术在这边陲重镇得到了繁衍与发展。

东汉末年的名将张奂，隐居敦煌，养徒千人，并著《尚书记难》，儿子张芝是我国书法史上的大书法家，脱去“章草”，自创“今草”，字体一笔而成，血脉不断，被称为“草圣”。晋王羲之对汉魏书迹，“唯推钟（繇）、张（芝）两家，其余不足观”。王氏父子的草书深受其影响。此外还有敦煌效谷人、著名书法家曹全以及学者、儒生宋纤、索袭、郭瑀等隐居讲学，授徒数百至千人，并在此著书立说。公元437年，河西沮渠茂虔向南朝刘宋奉表，献河西典籍，其中有“《周生子》十三卷，《时务论》十二卷，《三国总略》二十卷，《俗问》十一卷，《十三州志》十卷，《文检》六卷，《四科卷》四卷，《敦煌实录》十卷，《凉书》十卷，《汉皇德传》二十五卷，《亡典》七卷，《魏驳》九卷，《谢艾集》八卷，《古今字》二卷，《乘丘先生》三卷，《周髀》一卷，《皇帝王历三合记》一卷，《赵畋传》并《甲寅元历》一卷，《孔子赞》一卷，合一百五十四卷”[①]，这些书均为河西名著。而其中大部分为敦煌人所著。可以想见汉魏时期敦煌本土文化之发达，汉民族农耕文化在这里所占据的地位。

敦煌曾一度成为西域都护的治所、西凉李暠王朝的国都。这一时期，敦煌地区的建筑、绘画和雕刻也得到了相应的发展。内陆风格样式的宫殿建筑先后在这里营造，庞大精美的建筑群，在这个边陲重镇拔地而起。一大批经验丰富的建筑师、技工在这里发挥他们的聪明才干，而且代有才人，各领风骚。如张骏于姑臧地南筑城“起谦光殿，画以五色，饰以金玉，穷尽珍巧”。在建筑群主体殿堂四周，依东、南、西、北各起一殿，作为春、夏、秋、冬不同时令节气的居所。而且彩绘亦有所区别，“东曰宜阳青殿，以春三月居之……南曰朱阳赤

① 《宋书·氐胡列传》。

殿，以夏三月居之。西曰刑政白殿，以秋三月居之。北曰玄武黑殿，以冬三月居之”，而且“章服器物皆依方色……其旁皆有直省内官寺署，一同方色”。这已经详尽地考虑了建筑的实用功能与审美功能，以及民族的文化传统与目标心理。又如敦煌世家后代李冲，史称其“机敏有巧思”，在平城为元魏王朝设计过明堂、园丘、太庙，为孝文帝规划过新都洛阳的城市布局，设计过寝室。这些在敦煌地区受汉晋文化传统熏陶，由敦煌培养的能工巧匠，不仅在敦煌地区作出了贡献，而且能回过头来规划和参与中原王朝首都城市建设，说明敦煌地区人才汇集，建筑艺术达到了比较高的水平。又如曾广为流传的在敦煌出现的人物鲁般，据唐朝人张鷟的《朝野佥载》和段成式的《酉阳杂俎》载：“鲁般者，肃州敦煌人，莫详年代，巧侔造化，于凉州造浮图，作木鸢……于肃州城南作一木仙人……”大批汉魏墓群的发掘，从其结构与形制可以明显看出对敦煌早期洞窟形制的影响，绘画和雕刻在这一带也造成了较大的影响。

敦煌出土的木雕车马、人物，反映了汉文化西渐的影响，如木轺车、木牛车、小木马、木羊、木桶、六博俑等都展示了木雕艺术所达到的水平，粗犷、简练、生动。所有雕刻多着颜色，红、白、黑三色常常作为主要用色。彩绘《六博俑》木雕，刻画了两男俑跪坐交谈对弈，两俑之间有一长方形木盘，盘前部高起为小方形棋盘，黑底，棋局绘白色“规矩纹”图案。紧张而激烈的棋局，反衬出悠闲自在的汉民族文士的田园生活。武威雷台汉墓中出土的大批带彩青铜（经化验实际带有铜合金的成分）群雕是对秦代雕塑的发展，在以写实为基调的基础上，其手法更为浪漫，更为概括提炼，表现出一种意象的审美心理。其中最为著名是“马踏飞燕”，构思的奇巧、造型的完整，成为古今一绝，是我国西部骑马民族对马的喜爱、对马的习性了解而引发的意象，显示出汉文化与中国西部民族文化精神融合及再创造的丰硕成果。

在绘画方面，武威磨咀子墓葬漆画，唤起了我们的联想。那描绘在漆樽上的《舞蹈图》中一男两女翩翩起舞，分明是汉民族舞蹈的典型，很可能还是现今“红绸舞”的源头。我们可以在后来所形成的敦煌壁画中，十分明显地看到这种舞姿的描绘，甚至使人联想到《霓裳羽衣舞》舞姿的基调，令人怀疑它是

武威磨咀子汉墓葬　彩绘《六博俑》木雕

武威磨咀子汉墓葬　马踏飞燕

否真像艺术史家们所论定的那样源于印度。

居延木简画、木板画，多反映西汉将士戍边屯田的生活。其画法较为稚拙，画风奔放而随意，流露出汉画像砖的痕迹。居延破城子出土的带翼白虎及另一块木版画残片，所描绘的车马出行行列的图画，我们可以看到汉民族绘画以线造型、单纯凝练的表现手法，同时也可以感受到强烈的节奏，感受到原始的稚拙的西部民风。整个画面的气氛，使人感受到马不停蹄、文治武功的西汉王朝对开拓西部的坚毅信念。西汉雕塑和绘画务实、崇武、多现实生活描绘的特征亦带入到我国西部边陲，并接受着西部本土文化的选择。

我们以武威及酒泉、嘉峪关一带离敦煌较近或相邻的出土文物为例。武威磨咀子墓葬铭旌①，画面朝下，多绘日、月、云纹。有的“日”中绘有三足黑乌，乌周围填以红色，有的同时绘有九尾狐。“月”中的动物绘有蟾蜍、玉兔等，其民俗及用意与长沙马王堆一号利仓之妻主棺上的“非衣”、山东临沂金雀山西汉墓出土的帛画题材相类似。但在处理手法上，这幅更为粗放概括，而论其艺术容量，虚幻的祈求和意愿已明显地减弱。

另一个突出的特点是西部少数民族的图像已进入墓群中的木版画上，短须、披发、左襟、着短袍、系腰带。袍下部有褶边，袍下露裹腿毡鞋，似东汉时代羌族人的形象，表明西渐的东汉绘画已渗入了西部民风。

东汉晚期武威雷台墓顶莲荷装饰图案，由红、黑、灰、白、浅红等色绘成。中有莲实，四层重瓣，瓣头略尖。瓣上着色采用渲染法，以强调花瓣之体积感及物体的凹凸关系。相距年代不远的武威西门乱葬岗古墓的荷花图，亦采取相同的渲染法。

荷花图案本身在中国的采用源远流长。中国人爱莲，古已有之，《诗经》上不只一次地吟咏“山有扶苏，隰有荷华”，“彼泽之陂，有蒲与荷”。早在周代，荷花即已成为中国装饰图案中的素材，并且已在造型和纹样配置方面达到相当高的水平。

如河南新郑出土的春秋后期青铜器蟠螭文莲鹤方壶，壶盖就是用莲花与鹤

① 铭旌是覆盖在棺盖上的饰物。

战国时期四虎六牛形铜器

河南战国墓出土青铜器

河北出土长信宫灯

湖南出土四羊方尊

的图案装饰的。盖上铸有两重直立瓣尖向外开放的莲瓣，这种以莲花作青铜器盖装饰的审美在当时颇为流行。如蔡侯壶、莲瓣环带文簋、旬君子壶等颇为著名。河南陕县出土的战国时代四虎形铜器，器形作四虎立起，口咬一圆盘，圆盘中透雕八枚莲花瓣，以莲花为中心，又浮雕四只外向的青蛙，具有浓厚的田园情趣。还有洛阳烧沟战国墓出土的彩绘陶豆，在盘形豆的盘面上和豆盖的提手上均绘有莲花，花心正圆于四方各伸展出一瓣较宽肥的花瓣，两瓣间所形成的空隙处又各补一莲瓣，造成统一中的变化。这些例证足以说明中国莲花图案并非来自印度，而是古已有之，至少在周代早已运用于各类青铜器物上。其造型已形成了规范，并达到了相当高的水平。因此从中我们可以领悟到武威磨咀子、雷台墓室莲花图案与汉文化是一脉相承的。同时，武威墓室莲花图案的渲染法也告诉我们，表现物象形体凹凸的处理手法，也并非来自印度，更不能以此手法的运用来认定中国绘画与印度绘画造型特征区别之所在。

嘉峪关新城东汉晚期画像砖墓的发现，形象地记录了中原农耕文化的西渐和农耕文化与游牧文化的合流。

四座墓葬完好地保存有二三百幅画像砖和壁画，其内容大致可分为五类。

一、表现封建统治阶级深居的“坞”，实则是封建官僚地主的庄园。这里有描绘宴饮享乐的场面：主人们侧身坐在榻上饮酒赏乐，榻下乐师们在抚琴、吹竖笛、弹琵琶；还有女主人在宴饮、女婢在旁侍奉的形象；有树下乐师弹琵琶，牧童吹短笛的具有田园牧歌情调的画面。

二、描绘庖厨炊爨画面：有食用器皿、食物架、悬钩挂肉，妇女们洗涤器皿、井边抬水、厨下做饭、灶前烧火、揉面、捧盒进食，男厨师在屠宰羝羊与牛、切肉、烤肉、串羊肉等。

三、描绘农耕生产的画面：特别是表现养蚕造丝的砖画，以及表现汉民族农耕技术的二牛抬杠耕播图；描绘有牛车、扬场、打场、放牛等一整套农业生产过程及场面。养蚕造丝技术已在此流传，显示出这一带不仅是丝绸之路的通道，同时也是丝绸的生产地。其中有描绘从驱鸟护桑、采桑养蚕、蚕茧丝束、织锦等丝绸绢帛生产织作全过程的画面。

四、表现军事题材的画面：如屯田、营垒、练兵、出巡图、出行图等结构宏伟的小型壁画，看到这些壁画使人遥想当年汉帝国兵伐河西，金戈铁马，气吞万里的雄伟气概。

五、游牧部族的历史地位、民风习性，在砖画中也留下了众多的形象资料。此时的河西一带，残留的游牧民族，一部分沦落为奴婢，“父子低首，奴事富人”；一部分退隐山中耕种放牧和狩猎。如一幅画有坞壁的画中，坞墙上有许多小碉楼，坞外有两个小圆帐，一帐内半卧一人，一帐内跪坐一人在三足器上煮食，中间粗略地画一株树。庞然大物的坞与坞外孤零散落的小帐篷的对比，鲜明地表现出当时残留的游牧部族的历史地位及经济生活。像一些放马、狩猎、母马与公马交配的画幅则表现出他们的生活习性与毫无讳忌的情感。

有两幅画更发人深思，每幅都是由三块砖组成，上下各横卧一砖，上部横卧砖均绘虎头，下部横卧砖涂抹黑赭色。中间竖立的一块绘持杖门卒，一块绘提篮采桑女。虎头下绘门卒，凸现其威严，当在情理之中。虎头下绘采桑女，似乎较难理解。通常虎在汉代常作为镇宅、助威、避邪的兽中之王来表现，或作为威武勇猛雄壮的象征物。例如，霍去病墓前那些气魄宏伟的卧虎雕刻正是对墓主人的赞颂。这里虎头下的门卒与采桑女所表达的思想内涵可能象征着墓主人的身份和功绩在于护卫丝绸之路的畅通，这是他建功之业，可永留千古、炫耀于世的资本。从墓室发现的军垦、练兵、出巡、出行、戎马题材的砖画，以及采桑、养蚕、绢帛生产等题材的砖画，数量是最多的，质量也是较为精致的。由此我们不难推断出墓主人是位将领，职责是用武力保护丝路，至于其他如宴饮、赏乐、庖厨等不过是主旋律的伴奏而已。

魏晋时期的绘画，我们仍以酒泉、嘉峪关以及敦煌出土的大型墓室壁画为例。从内容上大致也可以归纳为以下五个方面。

（一）墓室建筑的形制多为复斗形顶，四角绘兽头，平面近正方形，四周呈明显弧壁。这种连檐阙形龛式的形制给敦煌石窟建筑形制以很大的影响，它说明石窟是由地下的墓室演化而来。

（二）不管是地下的墓室，还是地上的石窟，其内容都是对情感的追求与满足。都是对现世的留恋与对来世的祈求，来世不过是现实的反照与升华，所以大都描绘有出行、宴享、庖厨、狩猎等场面。而畜牧、耕作这些画面当是表现墓主人享乐场面的物质基础。这些在后来的敦煌壁画艺术中都是经常出现的题材和画面。

（三）这一时期描绘我国西部游牧民族的题材增多，如酒泉下河清五坝河墓壁画习武，永昌县东四沟墓壁画妇女图，敦煌佛爷庙翟宗盈墓两个人物髡首一作操琴，一匍拜于地等。大批汉民族和西部游牧民族共同劳动生产，一起屯垦、采桑、放牧的画面告诉我们民族的交融，农耕文化与游牧文化的合流，在敦煌艺术形成前已初具规模。这种交融与合流初步形成了文化、生活、思想、情感上独特的西部风采。

（四）各类动物的形象，在这些墓室壁画中得到了较充分的表现。虎、马、牛、羊、家禽、飞鸟等表现得生动自然、技法纯熟。

（五）珍禽神兽，如白虎、凤鸟、鹿首龙身的飞廉等仙灵异兽题材的增多，反映了敦煌佛教艺术形成前神仙、方术思想的传播和影响。如敦煌佛爷庙翟墓，在墓的门楼式照墙上有六十多块画砖，其内容即以珍禽异兽为主。

综上所述，我们不难看出庞大的、丰厚的敦煌艺术群体的艺术内容及表现形式的形成，是建立在多么坚实而雄厚的基础之上的。

汉魏时期河西一带绘画的造型技巧和形式美感大致可以归纳为以下六个方面。

（一）以线造型。线描技巧有了很大的发展和提高，线条的潜力和能量在这里得到了较好的发挥。有顿挫分明、粗细对比、变化丰富的线描，也有劲细如游丝般的线描，也有粗犷如奔马的线条，也有大量弧形线的运用所产生浑厚饱满、质朴无华之感的线描。总之用线纯熟、简洁、自然、奔放。线描本身即已体现出此时此地的民族情感——质朴、单纯、粗犷的民族个性和审美心理。

（二）较熟练地把握不同物体的造型特点，强调直观感受和意象，表现我国西部不同民族的性格特征和气质。如嘉峪关牌坊梁壁画墓的主人宴享图、烤肉的女仆、烹调图等表现汉民族女性的画面，与永昌东四沟壁画墓之妇女图，二者都用粗细对比强烈的线描，但明显地让人感到前者拘谨、温驯、柔弱，甚至含有压抑的汉民族妇女的性格；而后者则表现了坦然、强壮、开朗的少数民族妇女的情态。又如同是酒泉下河清地方出土的墓宅壁画描绘汉族妇女的采桑图与描绘少数民族男性的习武图，尽管前者用线粗放、大刀阔斧，后者用线严谨工细，但由于把握住了人物面部及态势的不同造型特征，仍能表现出前者的柔弱和后者的强壮。特别是前者注重人物动态的构成处理和影像效果，更凸现出后者勇敢刚毅的游牧民族个性，这种反常规的表现手法，反而加深了观众对其的直觉印象。

（三）用色单纯，对比强烈，注重色彩的并置美。红、黑、白、灰、黄是其常用色。这些壁画似乎继承了汉民族绘画的用色特点，气氛热烈，色感浑厚，在后来所形成的早期敦煌壁画中，上述颜色也成为常用的基本色，只是有时所产生的情调，向着相反的方向发展了。凹凸染色法的运用，增强了物象的立体感，强调了物象最基本的结构。但并不着眼于物象外部光影与明暗变化，形成了中国式凹凸渲染的特色。

（四）构图平面展开，打破了时空界限。将不同时间、空间的物象组合和建构在同一画面，无论是广袤无垠的空间，还是销蚀世间一切的时间，在这里都按照人的意志得到了自由的调度与表现，从而丰富了画面的艺术容量和思想内涵，使小小的画面，显得宏大和充实。这些壁画在继承汉画像砖的基础上又有了新的发展，如嘉峪关汉墓画像砖“井饮”“坞”等就是将不同时空的物象组合结构在同一画面的范例，达到出神入化、随心所欲的地步。

（五）从陈述事物拓展到注意画面整体节奏韵律的形式美感，为复杂的题材和庞大的画面结构处理提供了先例，为后来形成的敦煌艺术形式美感提供了借鉴。如规模宏大、浩浩荡荡的出行图，人与人、人与马的组合疏密有致，马鬃、马蹄、马尾等重色的着意安排，增加了鲜明的节奏感和韵律感，以及向前推进的流动感。由大量弧线、曲线所组合的人、马、饰物等流动的交错变换的线型，与手中紧握兵器的骑士们挺拔刚劲而单纯的直线，形成了强烈的对比，对增加画面的力度和坚固画面的构架起到了十分重要的作用。同时兵器所形成的直线以及直线与直线组合而构成的画面，产生向前推进的运动感和威武雄壮的气势，人们在得到视觉满足的同时，似乎也感受到了听觉的愉悦。还有那些军屯、营垒等庞大结构的画面，显示出画家驾驭全局的能力，正如同这里的民族能把握浩瀚无垠的戈壁、沙漠、绿洲一样，具有把握和处理庞大复杂的画面结构的能力。

（六）抽象的纹饰图案。象征性的处理手法和表现神话传说、神仙巫术、日、月、流云等意象的神秘空灵的浪漫手法也渗入到这种重实际的多民族聚居地区的文化精神中来。

总之，汉民族的农耕文化，对我国西部本土文化的构建产生了深远的影响，成为本土文化精神的最重要组成部分。

历史的事实证明在敦煌佛教艺术形成前，敦煌地区不仅有雄厚的经济势力，而且有坚实深厚的汉魏河西本土文化背景以及它的造型艺术方面的坚实基础。

大批的知识分子、能工巧匠流向敦煌，大批的军事将卒驻守敦煌，说明那时的敦煌社会较为安定，政治比内陆自由，经济比较开放，具有吸引人才、养育人才的土壤以及让他们施展才华的环境。因此，混交型的游牧文化、开放型的商业文化以及内陆的农耕文化都在敦煌地区集结、碰撞、融合，而得以发展成为以敦煌为中心的、独具特色的“五凉文化”，正是这种坚实和雄厚的物质和文化根基，为敦煌佛教艺术的形成作了准备。

佛教初入我国，它的经文、教义都是由来自天竺、大月氏、安息、康居等地以及我国西部地区的僧人译介，多为节译和编译，译者不懂就不译，其中不免有遗漏或曲解。译者大都根据中国当时当地的民族情感、风俗、习惯，特别是宗教观念和本土文化精神来认识和译解佛教经文，并择其善者而固之。人们接受的程度，往往取决于经文教义满足于人们需要的程度。因此，本土的文化精神，其一必定参与对经文教义的筛选过滤；其二必须改造和增进经文教义的含义，使之成为具有当时当地特色的佛教。佛教在它的故乡印度从来没有统一的样板，更没有稳固的基地，在中国更是呈现出各地域各民族的特色，当然更不可能有划一的情况出现。

由于敦煌本土文化精神的特殊构成形态，它的佛教及其艺术也呈现出独特的风貌与个性。宽容、开放、全面、诚实，是一个健康的社会应具备的基础条件，而敦煌在那个时代，走在中国西部边陲所有城镇的前面。据《敦煌遗书》记载："历代以来无此帝，三教内外总宣扬，先注《孝经》教天下，又注《老子》及《金刚》。"它以雄厚的物质基础，坚实的本土文化精神土壤以及宽容的社会环境，接受了异域的佛教，并且促进了佛、道、儒的合流，形成了敦煌式的佛教和佛教艺术。

采桑、习武

狩猎

耕田

车马

甘肃嘉峪关汉墓
画像·出行图

历代以来无此帝，三教内外总宜扬，先注《孝经》教天下，又注《老子》及《金刚》。

“胡人尚质，秦人好文”。我们知道历来汉文化讲究“质胜文则野，文胜质则史，文质彬彬，然后君子”。这说明了认清文与质的辩证关系，是掌握和传承中国文化精神的重要环节。

释迦的原始佛教，实在是一部有关智慧的、伦理道德的人生哲学。故要将释迦学说谓之“宗教”，反倒令人难以理解和接受，因为一般宗教总是建立在迷信、超人格的“万物之主宰者的存在”这样一个基础之上的，并且皈依和听命其主宰者的摆布。而释迦学说却毫无建立超人格的神明主宰的意思，纯属智慧的、实践的人生哲理。

对老子来说，“存在”表示一种能量在时空中的嬗变。在这种持续永恒的动态变化中，人、野兽、山水、花草、树木、云雨等都是不可分离的、水乳交融的统一体。在持续变化的过程中，没有一件东西与他（它）的前一刻是一模一样的，由于阴阳气的交荡、撞击、反弹而使一切事物处于动态的网络之中，这一阴一阳的交换作用即所谓“道”。

供养人　北魏　敦煌285窟

第十一章 佛教在敦煌的传播及佛、道、儒的合流

佛教沿着丝绸之路传入我国，首先在于阗、龟兹等地形成了传教中心。这里大多为游牧或定居的农牧部族，从思想、感情来讲，比较容易接受佛教教义。因为佛教在印度自成部派，有的部族就是从新疆一带迁入印度的。如塞种人，他们大约在公元前2世纪迁入印度，并在印度北部、中部建立了国家。公元1世纪，又迁入印度西南的摩诃刺陀（靠近孟买）。塞种国家在古印度是以商业的发达而驰名的，部派佛教在这里也非常发达。民族的迁徙，割不断情感的联系。

当时在于阗、龟兹等地区流行的多为小乘佛教。对原始佛教而言，它也是经过改造了的佛教、民族化了的佛教，所以我们通常称为于阗佛教和龟兹佛教。

那时，敦煌的情况大不一样，这里除它的本土文化精神相当深厚外，随着丝绸之路的畅通，汉王朝对西域重点经营，汉文化的影响也日渐加深。儒家的今文经学派和谶纬思想、黄老哲学、阴阳数术、占卜等已经在这里合流，形成了强大的势力，在民众中形成了很大的影响。因此，佛教要在这里站稳脚跟，必须在于阗、龟兹等地佛教经文的基础上经过再改造，再选筛。好在敦煌是一个文化思想比较开放的城市，比起佛教向内陆汉民族地区传播还是要容易一些，它所处的位置也决定了敦煌必

定是佛教进入中国内陆的重要关卡。

张骞出使西域以前这条商道已经存在，张骞出使西域之后，商道得到了进一步的发展和繁荣。按常规，此时佛教经文向我国新疆一带的传播可能已经开始，也许只是不成文的民间传播，因为佛徒总是同商人为伍以得到补给，而商人又经常借助僧人的旗号闯关过卡，偷税漏税，宣传自己的德行，“不看僧面看佛面”，以推销自己的货物。商业贸易交往必定也伴随有佛教的传入，因此唐代史家多认为，佛教传入中国当在汉武帝时代。难怪敦煌323窟出现了佛教感应故事画。张骞出使西域问金人名号的壁画，把张骞出使西域与佛教拉上关系，认为张骞出使大夏还“始闻浮屠之教”。这里不排除因唐初的佛道之争，佛教徒伪造历史以提高自己的地位，有意将佛教传入汉地的时间提前；但是我们也不能排除汉武帝时代，随着丝绸之路的通达，商业贸易的往来，不成文的佛教经文及佛像已经在我国西部新疆一带传播开来的假想。否则，严谨的《史记》《汉书》怎么会记载“收休屠祭天金人”[①]，“得休屠祭天金人”？

通常，人们将佛教传入中国认定在东汉孝明帝时代（58—75）。《理惑论》第二十章中有这样一段问答，记载了佛教传入的时间处所：“问曰：‘汉地始闻佛道，其所从出耶？’牟子曰：‘昔孝明皇帝梦见神人，身有日光，飞在殿前，欣然悦之。’明日博问群臣，此为何神？有通人傅毅曰：‘臣闻天竺有得道者，号之曰佛，飞行虚空，身有日光，殆将其神也！’于是上悟，遣使者张骞、羽林郎中秦景、博士弟子王遵等十二人，于大月氏写佛经四十二章，藏在兰台石室第十四间。时于洛阳城西雍门外起佛寺（也称为白马寺），于其壁画千乘万骑，绕塔三匝，又于南宫清凉台及开阳城门上作佛像。明帝存时，预修造寿陵，陵曰显节，亦于其上作佛图像。时国丰民宁，远夷慕义，学者由此而滋。”牟子及其《理惑论》为汉魏时旧帙，可谓佛教传入不久的当事人，虽然其间夹杂有迷信色彩以及遣使者张骞的错误，但对佛教传入时间的认定似较可信。《法苑珠林》一书中亦有类似记载。

最早将佛教经文译成汉文的是天竺迦叶摩腾、竺法兰所译的《四十二章经》，

①“金人”即佛像。

东晋杨都出金像·局部　盛唐　敦煌323窟

译文简明，取用儒家与道家的文体，颇似《孝经十八章》及老子《道德经》的写法。东汉桓帝时，安息国安世高来中国，翻译《长者子制经》及《长阿含十报法经》等。《高僧传》中，称其所译，义理明析，文字允正，辩而不华，质而不野。至灵帝时，月氏人支娄迦谶来华，译出《道行般若经》等十余部经，月氏沙门支曜译《成具定意》《小本起》等经，康居沙门康巨译《问地狱事经》。三国时代，月氏人支谦、康居国康僧会，先后至吴共出梵典……佛经的翻译，有力地促进佛教在中国的弘扬，而汉献帝时的牟子，著《理惑论》，设问答三十七条，阐明佛道，反复解说，以祛外惑。言辞清雅，理畅旨明，显示了佛教经文在中国传播后影响的逐渐深入。

西晋初年，强梁娄至、安息、无罗叉、安法钦等译著甚丰。这些域外翻译家往来中土，都必经敦煌，熟悉汉语语言与风俗习惯。有的在敦煌停留数年至数十年，如凉州沙门道朗作的《大般涅槃经序》载："天竺沙门昙摩谶者，中天竺人也，婆罗门种……先至敦煌停止数载。"所以他的译经"文义详允，梵汉弗差"。

在佛教经文中，翻译大乘佛典最为出名的要数昙摩罗刹，后来他改名为竺法护。法护就是出生于敦煌的佛经翻译大家，他的祖先即为世居敦煌的月氏人。法护幼年出家，随师巡游西方诸国研习佛学，他通晓我国西域多种方言文字及印度、大夏等国文字，将多种佛经译成汉文，《高僧传》谓其："所获《贤劫》《正法华》《光赞》等一百六十五部。孜孜所务，唯以弘通为业。终身写译，劳不告倦。经法所以广流中华者，护之力也……安公云：'护公所出……虽不辩妙婉显，而宏达欣畅，特善无生，依慧不文，朴则近本。'"所以世称竺法护为敦煌菩萨，在中国把一个佛教徒、佛经翻译家以地名敦煌冠以菩萨之称，恐怕也只有法护一人，由此可见敦煌在佛学传播中的地位及其当时的佛学盛况。

法护在敦煌组织了自己的译场，《出三藏记集》卷七《阿维越致经》记载："大康五年十月十四日，菩萨沙门法护于敦煌从龟兹副使羌子侯得此梵书《不退转法轮经》，口敷晋言，授沙门法乘使流布，一切咸悉闻知。"这段记述，说明敦煌地区自3世纪末年起，已经有了寺院和翻译家。

西晋之末，虽天下大乱，但西域诸国高僧仍络绎不绝地往来于中土。佛经翻译，进行不辍。如西域之帛尸梨蜜多罗，译《灌顶》《孔雀明王》等经；罽宾国僧伽跋澄，译《鞞婆沙论》；僧伽提婆，译《增壹阿含》《中阿含》等经；西域昙摩难提，译《阿育王息坏目》等经；罽宾国昙摩耶舍，译《舍利弗阿毗昙论》等。这些外域高僧，大多在敦煌停留小住，以熟悉汉地民情、民风、民俗及文化，有的也长期留居于敦煌。

龟兹国鸠摩罗什，曾遍游罽宾、沙勒、温宿诸国，精通佛教经典。后留居凉州18年，故能晓达中国文学及西部民情民俗。至姚兴征服后凉，迎其入关，于后秦弘始三年（402）十二月到长安。姚兴拜其为国师，请其译经。鸠摩罗什在居长安的9年中，译了大量佛经，如《大品般若》《小品般若》《十住》《法华》《维摩诘》等凡300余卷。《高僧传》中称其所译："率多谙诵，无不究尽，转能汉言，音译流便。于诸经论，畅源显神，发挥幽致，慧解入微，玄构文外。"僧肇于《维摩诘经序》中亦云："什以高世之量，冥心真境，既尽寰中，又善方言，时手执胡文，口自宣译。道俗虔虔，一言三复，陶冶精求，务存圣意。其文约而诣，其旨婉而彰。微远之言，于兹显然。"又僧睿《大品经序》述云："法师手执胡本，口宣秦言，两释异音，交辩文旨。秦王躬揽旧经，验其得失，咨其通达，坦其宗致。"

那时，中国有两大著名佛教道场，即以龟兹鸠摩罗什为首的西北道场和由庐山慧远主持的南方道场。慧远幼年习儒、道，后皈依佛门。

中土诸译经家，大多经敦煌西出取经，而后译成汉文。平阳武阳人法显，于晋隆安二年（398）历游印度，凡15年，所历30余国，所著《佛国记》为研究印度历史之重要著作。

两位西凉高僧智严、宝云也曾云游西域及天竺，求取经典。归国后，二人共译《普曜经》《广博严净经》《四天王经》等。雍州京兆人智猛，也曾西游，返国后，于凉州译《泥洹经》20卷。这些高僧译经家，均幼习儒、道，学解精纯，又华戎兼通，故能畅源显神，音训允正，文字弘丽畅达，才哲文思并美。

经敦煌的过往高僧译经家，他们的行为本身即已促进了佛教在敦煌的传播。

当然，翻译也并非一件容易的事，在《出三藏记集》里流露了翻译的困难。如该书记述有道安法师在《摩诃钵罗若波罗蜜经抄序》中说，译经有“五失本”：

一者，胡语尽倒，而使从秦，一失本也。二者，胡经尚质，秦人好文，传可众心，非文不合，斯二失本也。三者，胡经委悉，至于叹咏，叮咛反复，或三或四，不嫌其烦，而今裁斥，三失本也。四者，胡有义记，正似乱辞，寻说向语，文无以异，或千五百，刈而不存，四失本也。五者，事已全成，将更傍及，反腾前辞，已乃后说，而悉除之，此五失本也。

这“五失本”，使佛经汉译失去了原来的面目，这里有汉语的语法修辞、文与质等诸多问题，还有更重要的是翻译家对中国文化精神的基本认识，譬如“胡人尚质，秦人好文”。我们知道历来汉文化讲究“质胜文则野，文胜质则史，文质彬彬，然后君子”。这说明了认清文与质的辩证关系，是掌握和传承中国文化精神的重要环节。所以“歪嘴和尚念歪了经”是常事，这“歪经”正是地域、民族、个人意识的渗入，很难责怪它。更何况随着时代的变迁，时空差异很大，本来印度的原始佛教就部派林立，释迦牟尼也只是口授，并未留下有文字记述的经文。所以因部派而异，因人而异，因时代而异，因环境和风土人情的变化而异，创造出名目繁多的佛经是不足为奇的，要直译或意译佛经是很难的。因此翻译家们又切身体会到了“三不易”：

……圣必因时，时俗有易，而删雅古以适今时，一不易也。愚智天隔，圣人叵阶，乃欲以千岁之上微言，传使合百王之下末俗，二不易也。阿难出经，去佛未久，尊者大迦叶令五百六通，迭察迭书，今离千年而以近意量裁，彼阿罗汉乃兢兢若此，此生死人而平平若此，岂将不知法者勇乎，斯三不易也。涉兹五失本，三不易，译胡为秦，讵可不慎乎！

这真是经验之谈。其中体会最深的恐怕要算“圣必因时，时俗有易，而删雅古以适今时”，它道出了佛教经文当随时代、地域民俗有所变易的历史事实，能看到这一点是不容易的。虽然其间不无抬高佛理、贬斥“下民”的用意，但也不得不承认，要传播就要考虑传播的对象，从文辞到内容都得有所删改、取舍，以适“今时”。因此传入敦煌的佛经，是以儒家和道家思想为先导来认识和理解的佛经，也即是被初步改造过的佛教经文。

敦煌地接西域，是我国汉族最早接触佛教的地区之一，也是佛教向中国内陆传播的第一站。前面已经介绍西汉之际敦煌的本土文化精神非常浓厚，以儒家、道家为主体的农耕文化融合商业文化与游牧文化所综合的新型文化圈已初具规模，并主宰着敦煌地区民族的文化思想、生活方式和心理状态。

佛教要想在敦煌这样一个地区传播并站住脚，它必须对敦煌的主人有所亲近、奉献或者迎合，这就要求自己的经文随时俗而变易，适应人民的情感需求，得到主人的好感和青睐。而主人最起码的要求当然是有某些共同的思想和语言，否则不会接受这种不速之客的到来。

佛教初传，敦煌的行政机制、教学内容多取儒家之说。但社会思潮则受黄老思想、魏晋玄学影响最大，儒学呈衰退之势，这就带来了思想的活跃。佛教此时传入敦煌可谓天时、地利、人和，外因和内因对它的传播都是有利的。

原始佛教与大乘佛教

原始佛教即公元前6世纪由乔达摩・悉达多（释迦牟尼）所创建的，它是当时反婆罗门种姓制度的思潮之一。以无常和缘起思想反对婆罗门的梵天创世说；以众生平等的思想反对婆罗门的种姓制度。它的基本教义有“四谛”“八正道”“十二因缘”等。察其本质而言，是关于伦理与道德的人文哲学，是人类思想过程中不可磨灭的重要里程碑。简而言之，它透视人生的痛苦，提出了解除人生痛苦的途径和办法，并非因痛苦而舍弃人生。佛教关心人的状况，关心他们的受苦受难，将扭曲和异化的人生还原为自然人生。原始佛教的这种为人生的思想蕴含于“四谛”之中，即“苦、集、灭、道”。

人生是“苦”（无量诸苦），说明了人类处境的突出特点。这种苦的根源在于现实生活中的困难。后来被说成人生有“八苦”：生、老、病、死、怨憎会、爱别离、求不得、五取蕴。前四种是自然规律，即有生必有死。但人的要求却往往是长生不老，这违反了自然规律，当然会感到痛苦。接下来三种是社会规律，敌对的怨憎的人，往往会遇在一起；而自己所爱的人又往往被拆散而不能团聚；精神生活与物质生活往往又得不到满足，这样又产生了痛苦。最后的第八种“五取蕴”，释迦分析人的构成不外乎“色——物质，爱——感情、感觉（名曰情），想——理性活动、概念活动（名曰智），行——意识活动（名曰意），识——统一前几种”。总体为一类称为“蕴”，“取”是指欲望，取五蕴就会产生种种贪欲，就会产生“苦”。佛家认为“一切都有产生和消亡”，这是自然规律，也是社会规律。一切都处于流动和变化之中，一切现象都是流程中的不实在的表现，当我们抗拒流动的生活，企图把某种形式固定下来，于是便产生了痛苦。不管所采取的形式是东西、事件、人或念头，都将是“谄”，自我是不存在的。这里的无我，并非我们简单理解的“我”的不存在，用现代的语言来解释，即这种“我”必须溶化于大自然的统一体，或者说溶化于全人类的“大我”中。佛教的“利他”以及后来所谓“解救众生”“普度众生”的各种类型的菩萨的出现就是对这种“无我”的注证。可分的个体的自我只是一种错觉，是“谄”的另一种形式。人们在“谄”的迷惑下，受贪欲的驱使，寻求满足和奢望，必然导致人生的痛苦。释迦说：“自私为愁苦之因。”

由于贪婪和奢望得不到满足而带来的痛苦是一切苦的根源，佛家称之为“集谛”，佛家哲学认为是“无明”，也即是无知。因为一切事物看起来似乎是固定的、永恒的，而其实是瞬息即变、永远流动的。释迦说：“变化与无常是人生的一个特质。”然人们企图把它固定下来，因此就不得不一个接着一个地承受着苦难的重压与冲击，必然陷入恶性循环。人的生与死也是这样，有生必有死。释迦说“人皆当死莫能免”，“我们归终必须和一切亲近者分离，这乃是事理之必然”。这是佛家的生死观。牟子在《理惑论》中做了生动的比喻，他说：“……魂神固不灭矣，但身自朽烂耳。身譬如五谷之根叶，魂神如五谷之种实；根叶生必当死，种实岂有终亡，得道身灭耳。”这就不同于我们一般对佛家所谓轮回说的狭义理解，佛家重视人，是重视人的精神永恒与不灭。

佛家认定生和死是由“业”派生出来，是无穷无尽的因果链。释迦所谓的“业”，即身、口、意三方面的活动，是由“无明”（无知）决定的。释迦认为人生是无常的，终归要死。众生要求它有常，长生不老，这就是“无明”（无知），由此也就产生痛苦。

灭谛，即表明苦难解脱是有尽头的，可以解脱轮回的恶性循环，摆脱业的束缚，而进入涅槃境界。这种境界即关乎可分的自我和错误观念的永远消失。所有生活的单一性成了永恒的感受。使众生醒悟，使之脱离生死之烦恼。这种醒悟也就是佛性的获得，进入涅槃常乐的境界。

道谛，即“灭”绝苦难（寂灭法乐）则必须修行正“道”，因而有“八正道”，即正见（正确的见解）、正思维（正确的思维）、正语（正常的语言）、正业（正当的行为）、正命（正常的生计）、正精进（正当的努力）、正念（正当的意念）、正定（正当的禅定）。正见、正思是要求清醒地洞察到人类的处境，这是必要的起点；正语、正业、正命、正精进，表明注重自己行为的正确与生活方式的规范；正念、正定即关于正确的意识与沉思。所以释迦曾说：“幸福在于愿望的实现，而且只在于存着正当的愿望。”

四谛说是释迦学说的基本点，也即所谓四个真理——释迦原始佛教的内涵。他“剖析、透视人生的痛苦，穷究人生痛苦的根源，并找出解决人生痛苦的途径”。因此释迦的原始佛教，实在是一部有关智慧的、伦理道德的人生哲学。故要将释迦学说谓之“宗教”，反倒令人难以理解和接受，因为一般宗教总是建立在迷信、超人格的“万物之主宰者的存在”这样一个基础之上的，并且皈依和听命其主宰者的摆布。而释迦学说却毫无建立超人格的神明主宰的意思，纯属智慧的、实践的人生哲理。至于哲学的正确与否，如果我们不离开那个时代来探查，那么佛教思想在当时是先进的。正如梁启超曾经说过的：“一般宗教，大率建设于迷信的基础之上，佛学不然，要‘解信’，要‘悟信’（因解得信，因悟得信）……”所以释迦学说当时并未寄情于迷信，而是关注现实人生，如他自己所说：“不为将来建立希望，不为过去怀抱悔憾。”释迦所提出的和企望解答的命题，也是2500余年来人类哲贤所探究的基本命题。

任何一种人类智慧结晶的思想学说都逃脱不了两种命运：一是被扭曲和囚禁；一是被利用和神化，成为宗教的摆设物。佛家、儒家和道家的学说及其创立人都没能摆脱这种命运的摆布，都被神化和宗教化了。创立者被拖上了高高的祭坛，成为被顶礼膜拜的对象，使之脱离了历史的人格性，成为超历史的，超人格的神。学说也成了超历史、超自然、超知性的神的意志录。学术体系演化为膜拜体系，就会走上它的反面。显然，封建专制的存在，正是制造各种迷信术的温床，也必是各种谎言的毒脓所流淌的地方。

释迦佛说演化为“宗教”的过程，是在释迦死后他的徒子徒孙们干出来的。造佛像、编经文，释迦从“梳卷曲的头发，有胡子”的人之形态转化为具有“三十二相”“八十种好”的神之形态，成了超人格的“佛”。这里的“佛”，已不再是“觉者”“自觉”“觉他”的主张和认知的含义，而是转入超历史、超人格、超自然的神学范畴。

原始佛教变成带有“宗教”色彩与性质的宗教，从伦理的人生哲学演变成宗教迷信的佛教，佛像的塑造起了十分重要的作用。释迦在世是不同意造像和建造庙宇的，他不搞偶像崇拜。释迦逝世后500年间也未出现佛像，他是凡人，他认为自己只是指出成佛的道路（也就是觉醒的道路）。至于如何通过这条道路到达目的地，那只有看自己的努力。佛与众生平等，人人都有佛性，皆可成佛。佛是人成的不是神成的。佛不是造物主，不是万物之主宰者。释迦临死时的一句话最能代表他的世界观：“所有复合的事物，都要衰亡，勤奋努力吧！”

释迦死后几百年间，原始佛教被利用，被神化，被扭曲。于是，各部派佛教林立，在佛像塑造的影响下，大乘佛教应运而生。

大乘佛教兴起于公元1世纪左右，它是从部派佛教大众部中产生出来的，提倡回归释迦的原始佛教精神，革新佛教教义。他们将自己称为大乘，意即是谁都能够乘坐、容纳大众、属于大众的佛教，以普度众生为其终极目的。而将传统佛教中自求解脱的称为小乘。大乘佛教，将释迦的存在，超历史化、超人格化，不但使之成为与人不同的如来佛，而且将释迦的神格、精神具体化，产生了药师、大日、阿弥陀等佛。强调慈悲是智慧的重要组成部分，这集中体现在名目繁多的菩萨的思想里。所谓菩萨，即为成佛途中修行很高的人，菩萨的思想表明，不是只寻求自己的醒悟，而是要在自己达到涅槃之前超度众生成佛。我们常说的“菩萨心肠”即以“慈悲”为本的忠诚的爱和同情的心肠。形形色色的菩萨爱抚和关注着过去、现在、未来的人和事。大乘佛教扩大了菩萨成佛以前的修行方法，为众生提供了大量不同的手段来实现成佛的目的，扩大了成佛的范围：人人都有佛性，人人都能成佛，认为在空间上同时有无量无边的国土布于十方，因此可以有无量无边的佛，即使大家一起同时成佛，也能安排得下。因此大乘佛教能得到广大劳动群众和商人的支持。

大乘佛教产生在东西方贸易最活跃的时代，同释迦时代相比，商业贸易得到了更大的发展，而且进入了更为广阔的领域。因此大乘佛教兴起的时代，正是社会再次转入到国王和商人占主导的时代。大乘佛教在某种意义上讲，它更代表了这个时代国王和商人的思想意识，它的主要群众基础是商人和城市手工业者。大乘佛教对原始佛教进行的改革、丰富和发展，也是历史的必然，主要是要适应这个时代的特征和要求。

譬如商人为了牟利，常与统治者发生矛盾，希望政治有所改良，大乘佛经中便有一部分讲到治理国家的问题。

又如由于商业贸易的发展，社会分工的细密，为了适应发展形势的需要，大乘佛教修改自己的教义，将世间与涅槃打成一片，强调世间与涅槃是一回事，大乘佛教因此而出现了为世间服务的知识和进行研究的主张。这种知识不仅包括世间的哲学学说，而且对文字学、工艺学、医学、化学、绘画雕刻等均进行研究，并归结于“五明”（声、内、因、医方、工艺）。这种对世间学问多方面的研究的作法，不仅适应了商业贸易发展的需要，而且扩大了大乘佛教的影响，增强了群众对大乘佛教的信任感。同时，也使自身的理论，沿着科学的思维和实践的道路得以充实与发展。

再如，由于贸易商业的发达，计算方法必须改进，因而又引起了对数学的重视并促进了它的发展。以往印度计算进位的方法无一定的规则，而且一般采用七进法，到了这一时期则改用了十进法，还规定出十位数字符号。以前计算到十位数时空位加一点，用“·”表示，这时发明了“0”，用“0”代替了。“0”名“舜苦”，还是空的意思，不过也等于一个数字。我们从大乘佛教《兜沙经》里就可看到以十进法等级，这就反映了时代的需要和科学的进步。“0”是整数，你说它“有”是指它与任何自然数都可结合，你说它“无”是就它本身而言，但你不能说它一无所有，因为“0”（空）毕竟也代表一个数字。与大乘佛教认为的“空”也有用处的思想存在着密切的联系。大乘佛教认为“空”是实在的本质，并非是一种什么都没有的虚无状态。“空”是有生命的空，它产生了世界上的一切形式，具有无限创造的潜能。这里的“空”所表现的现象世界，不是静止的、永恒的，而是运动的、暂时的。它们在运动与能量永不停止地跳跃转化中产生和消失。是空非空，有形无形，也即“色不异空，空不异色，色即是空，空即是色”。空是精神的，同时也是物质的。

另外，大乘佛教对原始佛教的发展和再认识与这个时代也有着一定的关系。他们认为世界一切都是互相依持、互相联系的，人与人、人与物也是相互联系的，人不能看成个体，而应看成是整体。所以在趋向涅槃实践中，不是一个人的单独行动，而是全体都行动起来。单独趋向是自利，在缘起的条件下，单独自利是不可能的。要自利利他，甚至要以利他为自利。这样，把自己融合在众生的汪洋大海中。利他就是自利，因此在趋向涅槃的道路上，就觉悟到有许多事情要做，实现“究竟涅槃”的行为是完不成的，是停不下来的，这就有了无往境界。这种思维的产生，只有在商业贸易发达的条件下才有可能，显然它不属于个体的、封闭的农耕文化的产物。大乘佛教的这种观点实质上带有很深的知识性和很强的思辨性，甚至能使人从中清晰地悟到，那个“国王与商人时代”的思想家和哲学家所面临的问题，以及对问题的思考与回答。

因此，也就引发了大乘佛教看待问题的方法——较为辩证的中观思想，不片面地讲“空”，不片面地讲“假”（用语言表示谓之“假名”，而在思想上的表现则谓之“空”）。“假名”的原意是“假设”“施设”，二者统一不可分离才是“中”，这样就有了“中道正观”的认识和思辨的思想。

大乘佛教徒不相信有独立存在的个体或者孤立存在的外部世界，他本人就是可以介入这个世界的动力。对于他来说，外部世界和内部世界只是一块布的两个面，在这块布里所有的力和事件的线条，所有形式的意识及其对象，都被织进了一个无穷无尽、相互有条件地联系在一起的、不可分割的网络中。阿那加里卡·高宾达喇嘛说：“对于彻悟的人来讲……它的意识把握了宇宙，对于他来讲宇宙就成了他的‘身体’，而他的身体则是宇宙精神的体现。”这样一种思想始终贯穿于大乘佛教里。

作为大乘佛教代表的《华严经》的中心思想即是所有事物和事件的统一及相互关系。

原始佛教，发展到大乘佛教，其间经历了约五百年。大乘佛教思想在以《华严经》为基础的华严宗达到了顶峰，这部经文被认为是大乘佛教的经典文献。

综上所述，我们可以看到大乘佛教一方面具有较神秘的宗教意识，另一方面又具有很广的知识性，很强的思辨性与很浓的科学性。它是那个时代的科学智慧与人生哲学的重要组成部分，并无需我们从所谓“折光”中观察那个时代的现实。

敦煌地区最早接受的是大乘佛教。敦煌接受佛教有它特有的地理、历史、人文哲学及时代背景。敦煌地区具有与大乘佛教产生时相近的社会背景，它是中西商道的重镇，华戎所交一大都会。商业贸易发达，自张骞出使西域，汉武帝设河西四郡，敦煌商业贸易得到了更进一步的繁荣和发展。这一方面是有强大的汉帝国作为它的物资基地和后盾；另一方面统一的汉帝国又极重视对西域的开拓和对商道的护卫。这就保证了敦煌地区的商业贸易的稳定和繁荣，同时加速了其发展，为大乘佛教的传播提供了社会基础。首先随着军垦、戍边、屯田等活动的开展，汉民族的文士儒生以及将卒的涌入，汉文化在敦煌不断地扩大势力和影响；其次作为多民族聚居地的敦煌，也有了比较易于接受大乘佛教的民族情感和文化基础，这里还是大乘佛教发祥地，如大月氏、塞种等民族，是形成大乘佛教的直接参与者和接受者。最初翻译大乘佛经的支娄迦谶就是月氏人。彼此间存在一种“心有灵犀一点通”的默契，这就为传播提供了群众基础。

两汉占统治地位的思想是儒学。但汉初黄老之学广为流行，道家“无为而治”的思想为统治阶级所取用，使社会得到了休养生息的机会。

但自汉武帝采纳董仲舒建议，“罢黜百家、独尊儒术”，高高举起了儒学的旗帜，儒学取得了独尊的地位，但这时的儒学已有别于原始儒学。

原始儒学

原始儒学由孔、孟创立，是一种为己之学、自得之教的学说，它为的不是满足知性上的欲求，而是为了解决人生的实际问题，在这一点上，它与同时代的原始佛教学说相通。儒学是一种有关主张的哲学，对个人而言便是涉及心性的培养，意志的磨炼，道德的规范，将原我改造成超我的说教；对社会便是礼教的建立，制度的形成，统治机器的完善。这就是人们称之为儒学的内圣与外王的特征。因此，儒学对个人有积极的、进取的、关心社会和关心政治的一面，这是属于它开放性也即是“内圣”的一面。儒学是从对人的社会性的深刻体悟，引发出的具有较普遍意义的“修身”“养性”“齐家”说。另一面则是“外王”，也就是“治国平天下”。在这里儒家所显示的社会性、历史性的具体性格，受到一定时空的制约，因此成为儒学的封闭性部分。由于其封闭性部分或特殊性成份不能适应时代的变更而僵化，便引出对原始儒学的改革和注释，出现了新儒学。不管是“内圣”“外王”、旧儒新儒，其本质都是极积进取的。面对人生，参与社会，“跻身槐林”的“官本位”，“为己”“自得”的哲学，都是儒家在农业社会文化、专制封建文化基础之上的道德型、政治型文化。孔子的学生墨子曾对儒家进行了批判，但是两千多年来，这一哲学在中国似乎仍具有很强的诱惑力。至今在一些现代化的东方国家和地区，它的积极性的一面仍在起作用而且收到了效益。

儒家文化传统中最核心的三个要义，即一、三纲五常、人伦天道、忠孝是封建道德的最高准则；二、人生在世听任天命，尽人事，对社会尽职，即修身养性，齐家治国平天下；三、三大崇拜：天命崇拜（君权天授、福祸天定），祖先崇拜（隆丧厚葬、享祭恩神），圣贤崇拜（尊崇周孔、学由五经）。

汉代的儒学有异于原始儒学，其社会、历史原因主要在于时代由封建式的专制，演变为集权式的专制。周代的一套礼乐教化，已不足以来缓和专制的恶习，也不足以作为社会教化的资具，于是董仲舒等人的“天人感应”“人副天数”学说应运而生，设计了皇权之上有一个超自然而又感应于人间世事的力量的制限。“天不变道亦不变”，董仲舒吸取道学，构合阴阳方技，演化为西汉儒教。这样，原始的儒学开始蒙上了一层宗教的迷信的色彩。本来中国宗教不发达，也没有形成体系，原始儒学重人生，不敬鬼神。可是西汉末年以后，儒学一方面愈来愈神学化，谶纬迷信盛行；另一方面又趋于繁琐，官方经学，日趋浮华，因此它的社会地位开始衰败。《后汉书·儒林传》说，质帝以后“章句渐疏，而多以浮华相尚，儒者之风盖衰矣”；灵帝时政治最为腐败，群奸秉政，忠良遭害，公开卖官鬻爵，弄狗驾驴，设商肆于后宫，以儿辈身份敬奉宦官，名教被践踏无余。当时社会流言四起，时谚说“举秀才不知书，察孝廉父别居，寒素清白浊如泥，高第良将怯如鸡”，“书不必孔子之言，药不必扁鹊之方，合义者从，愈病者良。君子博取众善以转其身”，对儒学进行了抨击。可见儒学在人们心目中的地位已一落千丈。此后对儒家持批判抨击态度之士蜂拥而起，久而不息。其代表人物有嵇康和阮籍。嵇康抨击儒家“六经未必为太阳”，称六经为“芜秽”，进而揭穿其圣贤的虚伪和谎言，“非汤武而薄周孔”。阮籍认为名教是一切罪恶之源，他说：“君立而虐兴，臣设而贼生。坐制礼法，束缚下民。欺愚诳拙，藏智自神。强者睽眂而凌暴，弱者憔悴而事人。”这是当时现实生活的写照，通过对当时社会的描绘，揭示了新老儒家的虚伪。同时他还讥讽笑骂名教的圣人权贵及帮凶们，如同裤裆里的虱子，“行不敢离缝际，动不敢出裤裆”。儒教不再被认为是治国安邦、立身行事的唯一准则。正如傅玄在《语类》卷六所说：“魏武好法术，而天下贵刑名；魏文慕通达，而天下贱守节。”

儒教的衰落，刺激了黄老思想的复兴。上层集团试图从道家的思想中寻找出路，以解决社会与思想危机，安顺之际出现的《太平经》，桓帝祭拜黄老都由此而来。在民间，出现神化老子，宣传长生不老成仙说的现象。如《老子想尔注》，假借老子，建立民间组织，张角利用太平道发动了震撼全国的农民大起义，张鲁利用五斗米道割据汉中，后来张角、张鲁被镇压和收抚。故至三国时道教、道士引起统治者的戒备和防范。于是思想家在复兴道家思想时，把主要精力转入老庄之原始学说的研究，魏正始名士把老庄之学与儒学相结合开创出玄学之风。何晏、王弼是玄学的主流派，用《老》《易》作为阐发玄学的理论依据，提出以无为本的玄学本体论。在道家与儒家的关系上主张名教以自然为本，老庄崇尚自然，以自然为本就是以老庄为本。郭象是玄学主流派的继承者，他解《庄子》，主张"外内相冥"，即名教与自然合一。玄学以道家为本为内，以名教为末为外，偏爱老庄之学，所以玄学基本上是一种新条件下的道、儒合流思潮。但由于他们提倡老庄的目的在于实行名教，力挽儒教的衰败，因此与原始道家的思想还是相去甚远。而且许多儒生因仕途艰难，往往避世而归田野，或隐匿于山林，回归于自然；或愤世厌俗，授徒讲学于乡里。在不知不觉中也接受了道家的影响，也许这正是中国古代学人的一大特征：发迹时极力标榜儒家孔学，威威乎君子；落难时潜形于乡野尊尚道家老庄，悠悠然隐士。

原始道学

原始道学的创始人是老子。如果说儒家是一种"主张的哲学"，那么相对而言道家则可以理解为"认知的哲学"。虽然它从未真正被统治阶级所接受、成为中国哲学的主流，但它对后世的影响，对形成中国的文化艺术精神，是儒家所无法企及的。

道家认为宇宙万物的本源、本体是"道"，这个道是阴阳互补，对立统一的。"万物负阴而抱阳，冲气以为和"，道的运动是对立面的不断相互作用和转化，对立面是两极的又是统一的。世事无常，没有任何一件事物是永恒不变的，所有事物无时无刻不在生灭之中。

对老子来说，"存在"表示一种能量在时空中的嬗变。在这种持续永恒的动态变化中，人、野兽、山水、花草、树木、云雨等都是不可分离的、水乳交融的统一体。在持续变化的过程中，没有一件东西与他（它）的前一刻是一模一样的，由于阴阳气的交荡、撞击、反弹而使一切事物处于动态的网络之中，这一阴一阳的交换作用即所谓“道”。老子在他的《道德经》第二十五章中说：“有物混成，先天地生，寂兮寥兮，独立而不改，周行而不殆，可以为天地母。吾不知其名，字之曰道，强为之曰大。大曰逝，逝曰远，远曰反。故道大，天大，地大，人亦大……人法地，地法天，天法道，道法自然。”老子凭直觉的智慧，感到一种无声无形的循环运动，这种永不停息运转的力量看不见、听不到、摸不着，“视之不见，名曰夷；听之不闻，名曰希；搏之不得，名曰微。此三者不可致诘，故混而为一”。就是这种力量在主宰着这个物质世界。难得的是，老子并没有将这种“力量”归结为“神”，而是“其上不皎，其下不昧，绳绳不可名，复归于无物，是谓无状之状，无物之象，是谓惚恍，迎之不见其首，随之不见其后，执古之道，以御今之有。能知古始，是谓道纪”，且“道生一,一生二,二生三,三生万物。万物负阴而抱阳，冲气以为和”。

道究竟是什么？老子凭借他的直觉智慧和经验，认定是一种物质的同时也是一种自然规律的显现。老子以科学家的忠诚说“吾不知其名，字之曰道”。所以在道的解释里，有时将道的本质归为阴阳二气的交荡，有时道就是“无”，他说“天下万物生于有，有生于无”，他认识的气，弥漫充盈于太虚之中，气无处不在，无时不在，阴阳无始，动静无端。既不存在没有气（阴阳）的时间，也不存在没有气（阴阳）的空间。他的“无”，也是一种“似无实有”的无向纯无的转换和认识的升华，这里的无不过是气的一种初始状态。在昙济《六家七宗论》中道安简明地表述为“无在元化之先，空为众形之始，故谓本无”。为什么这么说？《说文》记录了当时人们的论道：“通于元者，虚无道也。”王育说：“天屈西北为无。”这里的第一句就是元与无的关系，谓“无”是由“元”字的一撇上通而造成。而“元”即“开始”，解释为“惟初太始，道立于一，造分天地，化成万物”。由开始再往前，到未始有始之时，便是无，便是道。正如我们始向东，一直朝前走，终极在西边。这是一种规律，也可用老子的话说就是“物及必反”。

第二句指“无”与“天”的关系，说天字的西北一笔弯曲起来就成了“无”。天缺西北，地倾东南，是当时流行的观念以及对“无”的解释。天是“至高无上从一大”，“无”当为天未成“缺西北”的初始状态。看来，古代人已经确认了老子的“道”是物质的，是自然界中的客观存在和客观规律。通常所谓“无为而无不为”，任何事情无不在按道的规律生成，始终循环不已。老子凭借自己的直觉把握宇宙的本原，至于构成这种本原为何物，叫什么名字，并没有特殊的重要意义。这正如人类在地球上一直在不停的呼吸着空气，但是直到19世纪才知道空气是何物。也正如人体的特异功能、气功、太极拳等神奇力量的显现，当年在我国还被认为是封建迷信一样的存在，不被理解，不受重视，但科学是无情的，现代科学证实，人体内确实存在“能量流”及“场”，这种能量流也只能是体验，肉眼无法看到。这一发现，可能引起科学的一场新的革命，被长期踩在脚底下的石头，正是现代科学大厦的基石。西方学者认为，“道”只是隐含着场的观念，而“气”却明确地表达了场的思想，它在中国古代表示生命力或赋予宇宙以生机的活动。作为中医基础的经络就是人体内气的通道，针灸的目的也就在于刺激这些气络的畅道，道家的武术、太极拳的基础也是气的运行。这种气（阴阳）真是有形无形，是空非空，“这种现象世界与物理学家的亚原子世界一样，是一种轮回，是生死交替的世界”。因此可以说，老子是我国“元气说”思想的奠基人。

我们之所以认定道家是“认知的哲学”，还表现在道家的《周易参同契》这部炼金术的重要著作上，这是一部假借爻象以论做丹之意的典籍，其内容相当丰富，与生物化学、物理数学和医药学有着相当密切的联系。实际上它是一部以人类生命为主体与死亡做斗争的书，其目的在于养性延年、强体益身，被称为道家方士的经典。其基本内容在于揭示人类身体内在奥秘的探索成果，实际上是对人身元气（目前被译为能量流）运行轨迹所作的思考与实践的记录，也即是对人体生物场能量运动所作的详细描述。道家思想贯串于这本书的始终，《易经》是中国文化最古老的典籍，自古以来，就被尊为“群经之首，大道之源”。孔子删《诗》《书》，订《礼》《乐》，作《春秋》，然后述《易》，将《易经》冠为六经之首。春秋战国时代的儒、道、墨等诸子百家，以及唐宋以后的儒、佛、道各家的学术思想，无不源于《易经》的天人之学，它是我国传统文化的基础、一切学术思想的根源。

关于易学的传承，《史记》《汉书》《后汉书》中都有记载。

《周易》是华夏文明的源头，在中国以儒家文化为主体的多元文化中占有极重要的地位。《周易》对孔子和儒家的影响主要有三点：首先是中道（中庸、中行）思想；其次是损益思想；第三就是忧患意识。儒家把“中行”作为一个主要的哲学范畴，后来也贯彻到美学领域。唐太宗李世民论书法时说：“虚则欹，满则覆，中则正，正者，和之谓也。”二程则概括为：“和顺积中，英华发于外也，故言则成文，动则成章。”“中”在美学上就是要求适中、和谐，而审美感觉在于心平气和、中不自乱，所以“得尚于中行”成为一个重要的美学范畴。

道家的思想源头，可以追溯到周易古经，其中的阴阳符号，八卦构架，以及富有哲理意味的卦爻辞，都是构成道家思想的基本因素。道家代表人物庄子曾明确提出《易》以道阴阳，从《易经》中受到启发，发展阴阳辩证思想和直觉思维论。而“三皇”之一太昊伏羲氏创立的阴阳八卦易经思想直接影响了中华民族的民族心理、民族精神和整个文化的走向。任何外来文化，若想在华夏大地上传播并扎下根来，都要从《易经》中寻求与自己相符相契的结合点，以便到达与中国本土文化相协调。佛教从东汉明帝时公开传入不久，就开始寻找与《周易》的这种结合点。

《参同契》下篇的《乱辞》结尾曾这样说：“自然之所为兮，非有邪伪道。若山泽气相蒸兮，兴云而为雨。泥竭遂成尘兮，火灭化为土。若檗染为黄兮，似蓝成绿组，皮革煮为胶兮，曲蘖化为酒。同类易施功兮，非种难为功。惟斯之妙术兮，审谛不诳语。传于亿世后兮，昭然自可考。焕若星经汉兮，昺如水宗海。”简短的几句话，道出了作者的本意及其科学态度。后代对《参同契》的解释：“参，杂也；同，通也；契，合也。谓与《周易》理通而契合也。”其书“假借君臣，以彰内外，叙其离次，直接汞铅，列以乾坤，奠量鼎器，明知父母，系以始终，合以夫妻，拘其交媾，譬诸男女，显以滋生，析以阴阳，导之反复，

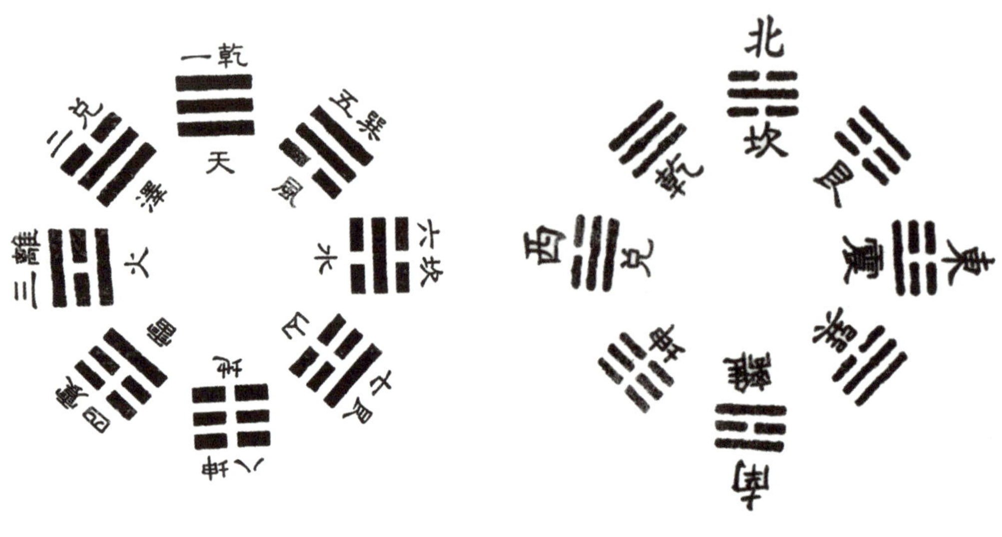

伏羲先天八卦图　　周文王后天八卦图

先天八卦与后天八卦之分：先天八卦是表明宇宙形成的大现象，后天八卦是说明宇宙以内的变化和运用的法则。先天八卦是伏羲创画，主旨在显示宇宙本体的现象，推测这些现象彼此间相互的关系与作用。后天八卦是周文王根据先天八卦另行组合而成，主旨是在说明万物的运行以及其作用。先天八卦是立体的阴阳变化，是古代宇宙论的图解，体现阴阳二气的变化。后天八卦是古代的时空图，中国古代的时间和空间是一致的。实际上先天与后天八卦是相互为用，以推演宇宙万物体用合一的功能的。先天为体，后天为用，即先天八卦是基础，后天八卦是应用。

示之晦翔，通以降腾，配以卦爻，形于变化，随之斗柄，取以周星，分以晨昏，昭诸漏刻，莫不托易象而论之，故名《周易参同契》云。”《参同契》所记录的内容，许多已被现代科学所证实，其不愧为古代中国科技理论和实践的结晶与高峰，中国科技史上一系列的发明创造，也多与它有直接或间接的关系。正如今人周士一、潘启民在《周易参同契新探》中所说的，《参同契》是打开中国科技宝库的金钥匙，这部书是论“内丹”之旨的，中国的传统医学（包括脉学、针灸、体育疗法、五运六气学说）是与《参同契》这个体系直接相联系的，由“内丹”流而为“外丹”，产生了一系列副产品，包括生物学、化学、物理学、药物学、数学以及其他方面的种种发明和发现。其中，世界上谈论得最多的火药、指南针、印刷术等正是这个体系的学者在默默无闻的实验室里创造出来的，世界上正在逐渐明白的二进位制数学（中国原名为“加一倍法”或“一分为二”），也是这个学派的学者以洁净精微的符号传播到人间去的。可以认为，如果说老子是中国“元气说”科学思想的奠基人，那么这部《参同契》则是对元气学说的科学实践与检验，并由此所作出严密的数学表述。

道家思想在完善自身人格，社会行事等方面，也表现出它作为“认知的哲学”特征，从自然中引申出来又回归于自然中去，站在那个时代世界的高峰。比如中国人非常熟悉的“知人者智，自知者明”，“是以大丈夫处其厚不居其薄，处其实不居其华，故去彼取此”，“贵以贱为本，高以下为基”，“大成若缺，其用不弊。大盈若冲，其用不穷。大直若屈，大巧若拙，大辩若讷”，“生而不有，为而不恃，长而不宰，是谓玄德”，“合抱之木，生于毫末。九层之台，起于累土。千里之行，始于足下”，“为而不持，功成而不处，金玉满堂，莫之能守，富贵而骄，自遗其咎”，等等，这是多么深刻的哲理，又是多么平凡的字眼。老子认为人与自然合一（也就是所谓“天人合一”），将他的理论坐立在自然的基石之上，所以它真诚、洁静、坚固。它不是皇帝御榻上的摆设，或权杖上的装饰品，不像“君君臣臣、父父子子”那样的伦理学伪善虚假，与儒家的“主张哲学”形成鲜明的对照。如果说儒家学说是“雕刀”，这把雕刀无时无刻不是在为统治阶级斧凿理想的社会模式和社会人格；那么，道家则像一座“浑天仪”，这座浑天仪也无时无刻不是在探测、记录与点拨宇宙的奥秘和自然人格的原形。

道家作为“认知的哲学”还表现在治国用兵上。老子认为：“我无为而民自化，我好静而民自正，我无事而民自富，我无欲而民自朴。”用现代语意来概括叫作“以身作则”。还说：“其政闷闷，其民淳淳。其政察察，其民缺缺。”你国政宽宏，人民便纯朴；国政苛刻，人民则会变得狡狯。又如充满哲理的“祸兮福所倚，福兮祸所伏。孰知其极？其无正也。正复为奇，善复为妖，人之迷，其日固久。是以圣人方而不割，廉而不刿，直而不肆，光而不耀”，“鱼不可脱于渊，国之利器（指权柄）不可以示人”。老子站在自然的基石之上立论，以他对自然现象的直感体认，给主政为官的仕人以点拨。这里充满了哲人的敏锐，学者的宽宏，以及其人格的洁静。

作为“认知的哲学”，老子在文艺、美学甚至文艺心理学方面，都留下了十分精辟的见解和直观的体悟。比如“天下皆知美之为美，斯恶矣；皆知善之为善，斯不善矣。有无相生，难易相成，长短相形，高下相倾，音声相和，前后相随……”这是对文艺创作及其形式美的高度概括和总结。老子还说：“知其雄，守其雌，为天下溪。为天下溪，常德不离，复归于婴儿。知其白，守其黑，为天下式。为天下式，常德不忒，复归于无极。知其荣，守其辱，为天下谷。为天下谷，常德乃足，复归于朴……”虽然，我们知道在老子思想起步的地方，似乎没有什么艺术的意欲，也不曾以具体的艺术作为追求表述的对象，但是他所追求和点拨的宇宙本原的“道”的确具备其普遍的意义：既含有科学美学的成分，也含有人文美学的色彩，既属于过去，也属于现在和未来。他不像近代西方美学的创建者，一开始即以美为目的，以艺术为对象，去思考剖析；也区别于儒家的抱住特定的主张目标（政治或道德），借艺术为对象，加以图式。道家的“自然”“无为”，表现在艺术上即所谓“复归于婴儿”“复归于璞”，归结为这样一种“返璞归真”的艺术境界和美学原则。道家的阴阳互补、对立统一观念贯穿着中国艺术的始终。它虽本无心于艺术，却又不期然地归于今日的所谓中国艺术精神之上。因此我们将道家的思想认定为中国传统文化艺术精神中最重要的部分，是说得通的。后来的禅的思想，实际是道家思想在新的形势下的发挥。道家的思想及其艺术精神，在敦煌文化艺术中无疑也得到了充分的发扬。

道家作为“认知的哲学”还突出地表现在对性爱的体悟上。它既不同于西方现代的性解放、性放纵，也不同于儒学的性禁锢，道家显得自然、真诚、纯清。道家认为，人应该摆脱各种人为的羁绊和束缚，与自然融为一体，和谐的生活才能使自己获得快乐、健康与长寿。因此效法自然，使生命中的阴阳两种成分像自然界一样和谐地交互作用，凭借阴阳的接触，彼此吸取，互为补充，各自强化。

阴、阳这两种力量相反相成，相克相生。道家在自然现象中，将月亮与冬天喻为“阴”，太阳与夏天喻为“阳”；天属“阳”，地属“阴”。引申于人类，则男属“阳”，女属“阴”。正如前文所介绍的《参同契》太极图所展示的思想推演出：男人并非纯阳，在最刚健的男人体内，亦会有阴的成分；女人亦并非纯阴，即使在最柔弱的女人体内，亦会有阳的成分。对两性而言，其体内各自的次要成分，有补充与强化其主要成分的作用。在道家这种知性的表述里，性行为并不是神秘与丑恶的，也不是单纯欲望的满足与情感的发泄，而是阴阳两种宇宙力量，在人类两性中自然而正当的体现。天地相交生万物，男女相交生子女，“合以夫妻，拘其交媾”，并借助性行为“保体养生”，互相滋补。因此，我们甚至可以推断，道家的乾坤，阴阳的宇宙观，来自于性的启示，富有性的象征。而那太极图，不过是一个性交合的象征符号，万物生于这个“有”，“有”生于“无”，自然就不难理解了，因为这一切只不过是一种自然现象的回响。

在性爱这点上，道家与佛家怛特罗支派的思想不谋而合，只是道家表述得更深刻，更自然纯正。

即便是被扭曲和变形了的所谓道家《房中术》仍然也不失其科学的光彩。包含有性愉悦、性满足以及优生学的生活常识。譬如，要使生下来的孩子健康强壮，那就需要遵从自然的阴阳法则，在阳气旺盛时受孕……且配偶的选择也极为重要。虽然道家的《房中术》含有浓厚的哲学倾向，但亦具有实践上的重要意义。

儒家非常忌讳两性间肉体的接触，“男女授受不亲”“以礼为防”的规矩十分严酷，即使女性生了病，请医就诊，亦不能直接触摸到病人的肉体。儒家的礼教规定使每个人从孩提时代起便被套上了枷锁，即所谓男女七岁不能同席，不能到同一个井挑水，不能将衣服挂在一起……对女性要求更严格，《女论语》上说：“内外各处，男女异群，不窥壁外，不出外庭。出必掩面，窥必藏形，男非眷属，互不通名。”

然而，儒家思想中一个最要紧的伦理道德准则，却是维系宗法家族有条不紊的延袭，这就自己给自己出了难题。儒家的“孝道”不仅是对自己的父亲，还包括对无数代列祖列宗的职责，他们在另一个世界的福祉，是整个家族未来幸福之所系。因此儒家的“孝道”规定“不孝有三，无后为大”。每一个家族成员必须使得祖先的血脉延绵不绝地传递下去，这就必须要有儿子，这就必须要有女性的参入，而且非有肉体的接触与交媾。为了生出健康的儿子，因而不得不在私下里求教于道家，求教于自己所不容的源自道家的《房中术》，否则便有可能沦为最大的不孝，甚至连自己这样一个极其严谨而崇高的儒学，也会自己断了自己的香火。所以为了实现儒家的崇高主张，缓解僵硬的政治说教，于是有了两汉之际儒家谶纬说的盛行。

儒家本不是宗教，而是一种“主张的哲学”，近乎于政治的教科书。凡欲依附于政治而欲有所作为，凡欲“跻身槐林”而望飞黄腾达，总是将孔老夫子抬出来，甚至假孔夫子之灵，言解图谶。“自汉以后，凡世人所传帝王易姓受命之说，一切附之孔子。如沙丘之亡，卯金之兴，皆谓夫子前知而预为之谶……”《旧唐书·王世充传》中载：“世充将谋篡位，有道士桓法嗣者，自言解图谶，乃上《孔子闭房记》，画作丈夫持一竿以驱羊。释云：隋，杨姓也，干一者，王字也。王居羊后，明相国代隋为帝也。世充大悦。”这种谶纬之说一流行，儒学也就被蒙上了宗教神学的色彩。孔老夫子也就被推上了超历史、超人格的神殿宝座，同佛教殊途同归。

于是，使人想起叔本华的思考：起初，人们思考的那些真正有价值的东西，只是为自己着想。思想家可分成两类，一种是专心为自己而思想，另一种是为他人而思想。前者称为“自我思想家”，只有这类人，才能认真地思考事情，所以他们才是真正的哲人。实际上，他们一生的快乐和幸福，也是在思考之中。

后者可称为“诡辩派”，他们渴望人家称他们是“思想家”，他们的幸福不是在本身中，而是在他人的喜好中，换言之，他们是热衷于投世俗之所好。叔本华思考的偏颇是显而易见的，但如果将他的“自己”扩至为人类自身的本能，那么那些“投世俗之所好”的思想就显得虚伪，无益于加深人类对自身的认识，而不得不沦为社会人情、伦理道德和宗教法规的婢妓的下场。

自西汉武帝掌握了河西地区，到东汉、三国和晋中叶四百余年间，中央政权大体都能保持对这个地区的统治。那时社会安定，经济繁荣，商业贸易日渐发达。来往官吏、商贾、僧俗，相望于道，络绎不绝。文化思想相对于内陆而言更为活跃。也就是在前文所归结的三种文化形态并存的本土文化精神在敦煌地区的日渐拓展，而且由于经济繁荣的局面，要求有更为丰富、开阔而灵活的文化思潮以适应新的社会形势。当印度文明、希腊文明与敦煌西部即今我国新疆一带的民族文化初交与相互影响的时候，儒家思想和道家思想也早已波及龟兹、于阗等新疆的主要地区，并在这一带形成各自的风格样式。敦煌，这个中国西部商业大都会，中国西部文明的前沿阵地，社会的需要促使了古老世界的三大文明在这里得到了进一步的综合与交融，佛、道、儒三教合流的局面在这里得以形成。这种局面形成的过程及社会历史条件，大致可归纳为如下几点：

一、两汉之际，特别是东汉后期，儒家思想存在着信仰危机，“内圣”与“外王”的两面都失去了昔日的光辉。这在敦煌表现得尤为突出，儒学的“贵农贱商”思想带有农耕宗法文化的封闭性，显然已不适应社会形势的发展。旧有的伦理道德观念、旧有的社会机制、旧有的知识结构，已经阻碍着这个国际贸易都会的繁荣。那时的敦煌，存在着不同经济利益的共生状态，需要有与之相适应的起指导作用的上层建筑，尽管新老儒家对儒学极力进行修补、改革，甚至期望以神化孔子挽回日渐衰落的局面，但也无济于事。

二、随着儒家思想的衰落，刺激了黄老思潮的兴起，上层统治集团试图从道家思想中，寻找解决社会与思想危机的出路。因此老子思想颇为流行。据《后汉书·桓帝本纪》载：“饰芳林而考濯龙之宫，设华盖以祠浮图老子。”另据《孔氏谱》所描述：“桓帝位老子庙于苦县之赖乡。”而且画有孔子朝见老子的故事。

此时的老子，其地位已上升为至尊。

两汉之世，鬼神、祭祀、服食、修炼、房中术等都托始于黄老，并取用阴阳五行之说综合为道教，在民间具有广泛的群众基础，适应于敦煌社会的需要。所以当佛教传入敦煌之初，僧俗及商贾常将佛陀与老子相附，盛传“老子入夷狄为浮屠（佛陀的译音）”“以道家的清虚守一之旨，摄释迦清静寂灭之义”。道家的清虚，贵尚无为，好生恶杀与佛家的思想存在着相通之处，因此佛道往往相依互作，甚至佛道不分。在敦煌，道家著作以及假老子的道教经典流传颇广，经典存卷也多。据姜亮夫教授的《敦煌所见道教佚经表》录证经典达32种之多，在今存道经敦煌写本目录中，也记载有27种之多。不仅数量，就其质量而言，敦煌发现的六朝至隋唐的老子写本，在中国北部和西部所存的写本中最具有代表性。

由此可见，在佛教传入敦煌之际，道家思想已取得了无可争议的重要地位，它已深入到社会生活的各方面。道教神化老子与大乘佛教神化释迦异曲同工。

三、大乘佛教在传入敦煌前已在敦煌西部的于阗、龟兹、楼兰等地开始传播。几经改造以成各具特征的佛教和佛教艺术。所译经文也是以儒、道行文体裁为准，以儒、道哲理解释佛教经文教义。其本身，已导致许多富有成果的思想交流与交融。佛家取儒家的伦理孝道，以满足王权统治者的需要；取道家的“方术”“元气说”以适用广大的市民阶层与农民的需求。佛、道、儒三家都在互相吸收和改造，都企望赢得独尊的地位，都不是或脱离了单纯学术意义上的“家”，而演化为信仰、膜拜意义上的“教”。

此外，三教的合流，还在于它们思想的深层的确存在着许多的共同之处或相似之处。大乘佛教重慈悲，儒教重仁爱；大乘佛教讲中观，儒教讲中庸。大乘佛教与道教，它们之间的共同和相似之处似乎更多些：佛教悟“空”，这“空”是有生命的“空”，它是产生世界的一切形式；道教贵“无”，这“无”是具有无限创造力的“无”，似无实有。佛教讲“三宝”，道教讲“三清”。其实都是一回事，都是“三一体”的玄理概念的演绎与延伸，即阴阳交互、媾合为一体，而产生第三者——新的“生命”。因此有“谈空空于释部，核玄玄于道流”之说。

佛教将无休止的转换和变化的世界称为“轮回”，它意味着一切都处于不停的运动状态；道教将流动和变转的实在称为“道”，把它看成是包罗万象的宇宙自然规律。佛、道都认识到所有事物的相互关联与统一，认识到世界上所有现象的经验，只是基本的统一的表现而已，所有事物都被看成是宇宙整体中相互依存，相互依赖，不可分割的部分。通过相互的依赖而获得自己的存在与性格，佛教和道教都认为所有事物的对立面都是两极的，黑白、明暗、善恶等只是同一现象的不同方面。各对立面互相依赖，它们之间的冲突永远不会以一方的完全胜利而告终，总是表现为双方的相互作用。两教关于时间和空间的直觉经验，都认为它们是相对的，紧密联系的，即没有离开时间的空间，也没有离开空间的时间，它们是相互渗透的。凡此种种，都反映了佛、道两家的相通和相似之处。正如汉魏时代的牟子在他的《理惑论》中所说：“佛与老子，无为志也”，“吾览佛经之要，有三十七品；老氏道经亦三十七篇……”又说：“吾既睹佛经之说，览老子之要，守恬淡之性，观无为之行，还视世事，犹临天井而窥溪谷，登嵩岱而见丘垤矣。五经则五味，佛道则五谷矣。吾自闻道以来，如开云见白日，炬火入冥室焉。”

佛教的“本无”，道学的“贵无”，玄学的“崇无”，理学的“无极”，虽各家解说不同，其间似也有相通之处。

四、佛教传入敦煌，特别是中国内陆地区，佛、道、儒三教的合流，曾经历了一段艰难的兴佛、灭佛以及三教排座次之争。佛教处境最为艰难，因为它是外来品，但其终归以它的适应性与容他性，在敦煌以及中国内陆的广大地区得到认可。

我们知道，正统儒家，虽然已失去了其独尊的地位，但不能不指出，历代统治阶级及统治集团，从来都不曾放弃儒家的“三纲五常”“忠君孝道”之说，在教育上仍以儒学作为国学，“忠孝”观念是其核心。这是维系封建宗法统治的一把利刃，“三纲五常”“忠孝节义”不过是封建伦理的政治化。道德被权力所代替，皇帝即是道德的化身。有位哲学家讲过，为人同为己，爱人同爱己，这是出以“公心”的终极还是一个“私心”？凡不是出自本能的“善”，都是为了达到某种“恶”的目的，也难怪历代的统治阶级如此器重它。因此在这一点上佛、道二教均不能动摇它，只能修改或充实自己的教义以迎合这种观念。

印度的种姓制与中国的宗法制似乎无本质的区别。佛教学说作为反对种姓制度的思想，作为代表商人和下层人民的旗帜，不能在印度本土长期飘扬，只好流落他乡。传入中国后，佛教似乎从历史的教训中醒悟过来，明白了儒教虽然呈衰落之势，但它仍是封建宗法统治的指导思想，明白了随缘而施、投其所好的重要方法，在于取得上层统治集团及帝王的支持。因此，尽管佛、道、儒纷争激烈，曾有魏太武帝灭佛的偏激，也曾有宋文帝、梁武帝对佛的过分依赖，灭佛扬佛更替发生，但佛教在这种纷争与艰难中，日益扩大了自己的影响。

《魏书·释老志》记载了北魏孝文帝对佛教的看法：“夫为帝王者，必只奉明灵，显彰仁道。其能惠著生民，济益群品者，虽在古昔，犹序其风烈。是以《春秋》嘉崇明之礼，祭典载功施之族。况释迦如来功济大千，惠流尘境，等生死者叹其达观，览文义者贵其妙明。助王政之禁律，益仁智之善性，排斥群邪，开演正觉。故前代已来，莫不崇尚，亦我国家常所尊事也。”从这份复教诏书中，我们可以看到佛教得到统治阶级承认的社会历史缘由。帝王必须以神道设教治民，承认佛教学说有“等生死者，叹其达观”的思辨性和“览文义者，贵者妙明”的学术性。特别是佛教具有“助王政之禁律，益仁智之善性”的功能，可以强化帝王统治的权威性及皇权天赐的合理性，能辅佐名教，扩大封建道德的影响。

在民间，佛教以随缘而施，集图谶、阴阳、医术、方技、因果报应及精灵之说，合为一体，广为传布宣讲，从而争取到了广泛群众的尊奉与支持。图谶近于儒，阴阳、方术、医学等取于道。佛、道、儒三教的合流，从实质上改变了本来意义上的佛教，而形成为中国式的佛教。

敦煌经历了三教合流的过程，但它没有中国内陆地区那么艰难。在时间和空间上它都占有优势，在需要上它更为迫切，在条件上它更为有利。

五、敦煌是多民族聚居的地区，这里的民族同西部民族有着紧密的联系与交往，甚至血缘关系也更相近。同中亚包括大夏、印度等古国的广大地区的民族，有着长期交往的历史以及血缘关系，也有着相近的相似的习俗与爱好和信仰。如我在前文中已经介绍过的在古印度曾建立了许多国家的塞种人，在古代巴克特里亚建立大夏王朝的月氏人等，原本都生活在敦煌。这些民族，并不因为各自在不同的地域或国家而失去联系，相反著名的商道——丝绸之路，将它们世世代代紧密地联系在一起。物质的东西，往往易于在记忆中淡化，民情、民风、民俗却往往可以延绵千载而不衰。因此佛教入敦煌，从情感上讲易于为民众所接受。

敦煌曾长期为少数民族政权所统治，儒教对他们的影响，并不像中原汉民族那样根深蒂固。他们狂放不羁、坚毅勇敢的民族精神，历来都不欢迎那种桎梏人性的说教。高空中的雄鹰、旷野上的骏马，似乎更接近于他们渴望自由的个性。

那时，敦煌的社会生活开放，思想较为自由，因此东来的高僧、译家、学者多居住于敦煌。立精舍、授僧徒、译经文，“植柰千株，开园百亩”，在敦煌立寺延学，故那时著名的九位译人多小住或长留于敦煌。

由于国际性的商业贸易的交往以及商品经济的繁荣，一个新兴的商人阶层已经形成。能歌善舞的我国西部民族，他们的歌舞才能，得到了进一步的发挥，为迎来送往的外交礼仪增添了光彩。思想开放，商贸发达，文艺繁荣，佛、道、儒三教在敦煌合流，佛教得以在敦煌传播与延伸。

佛教入敦煌，佛教艺术也随之而传入敦煌，与敦煌本土文化精神相结合，与儒、道精神相结合，产生了既有别于印度佛教艺术与犍陀罗佛教艺术，也有别于我国新疆于阗、龟兹式的佛教艺术的新形态——敦煌佛教艺术。如果说印度佛教艺术、犍陀罗佛教艺术是印度文明与希腊文明、伊斯兰文明交融的产物，那么敦煌艺术则是中国、印度、希腊、伊斯兰这世界四大古老文明的产物，是一种全新的独具特色的文化形态。敦煌的文化与艺术集中地体现了这一新型的文化形态的特质。

窟顶东披　西魏　敦煌285窟

窟顶西披　西魏　敦煌285窟

窟顶藻井　西魏　敦煌249窟

要想逃避这个世界，没有比艺术更为可靠的途径；要想同这个世界结合，也没有比艺术更可靠的途径。

对于佛教教义而言，艺术是它的精义的物化图式；而就艺术而言，所有玄奥的教理，全部繁杂的社会生活，只不过是借以表现其自身的真正的形式，归根结底，它是时代的一面镜子。

一切有生之物，“都有一种寻求快乐的本性”，那是一种伟大的力量，凡是血肉之躯都要受它支配，好像毫无办法的海草都要跟着潮水的涨落而摆动一般，这种力量，不是议论社会道德的空洞文章所能管得了的。

也莫高窟者厥初
秦建元二年有沙門
樂僔戒行清虛執心
恬靜嘗杖錫林野行
至此山忽見金光狀
有千

莫高窟建窟年代的历史文献之一——唐武周圣历元年（698）《李君修莫高窟佛龛碑》碑文之一角

第十二章 危崖千窟与流沙

敦煌石窟艺术群，从广义而言，除包括敦煌莫高窟外，还包括今安西县城南约70公里处的榆林窟、小千佛洞以及今敦煌城西南的西千佛洞。几十年前，因工作关系，笔者曾经对这些洞窟作过实地检视考察记录，所有石窟都依山傍水，临河床峭壁而镂凿，随往日商道的兴衰而兴衰。

在峰谷交错的荒漠开一方净土，与大自然竞造神奇洞窟里的极乐世界，是他们一生积蓄的私藏。而他们每个人的内心世界，就深深地潜隐在无数的雕塑和壁画的背后。歌德说："要想逃避这个世界，没有比艺术更为可靠的途径；要想同这个世界结合，也没有比艺术更可靠的途径。"

安西榆林窟开凿在东西两岸的峭壁上，窟下水势至今仍湍急磅礴，两岸乱石砂堆、草木丛生，向前蔓延开来，荒漠一片。洞窟内壁画、雕塑因人烟稀少，仍保存完好。开窟时代约始自隋唐，窟前残留有殿堂，现存有唐窟3个、五代窟8个、宋窟13个、西夏窟4个、元窟4个、清窟9个。榆林窟由于大规模营造始于唐代，虽有一些窟由后代人改修或重修，但主要的唐窟似仍保留原貌。大概后来由于它远离城市，人迹罕至，壁画保存完好。如第25窟，色彩的清新明快，线描的雄劲，造型的丰满，极能窥见唐人的风韵丽彩。小千佛洞距安西35公里，开凿时代不详，现存最早的为晚唐的北一窟；南五窟大部属于五代及宋所建，由于风沙侵蚀，大多崩坏。

西千佛洞位于敦煌城西南约30公里处，为当时丝绸之路必经之地。党河从这里流过，石窟就开凿于党河北岸的断崖上，现存约20窟，从方形窟及窟内有中心柱的形式来判断，最早建窟应始自北魏时期，部分窟损坏严重。由于年久失修，很少有人过问，致使壁画雕塑毁坏严重，也许是因为它坐落在这石窟林立的我国西部，只能算个小弟弟而受到冷落，甚至被遗弃，唯有党河水长流不息。它远不及规模宏大、保存完好的敦煌莫高窟。

莫高窟坐落在敦煌东南约25公里处。三危山与鸣沙山两山之间的衔接处是一片宽广数十里的坡地，这片坡地，被远古以来从两山间流出的大泉冲刷，形成了深而广的河床，河床东岸是起伏不平的沙丘，西岸是高耸如削的峭壁。莫高窟就镂凿在这西岸的崖壁之上，犹如蜂巢一般镶嵌着近500个石窟。遥想当年，殿堂建筑雕梁画栋，光彩照人。大泉河水清澈如镜，碧波漾重阁，轻烟绕殿堂。

据现存的唐代碑《李君修莫高窟佛龛碑》记载："……实神秀之幽岩，灵奇之净域也。西连九陇坂，鸣沙飞井擅其名。东接三危峰，泫露翔云腾其美……前后显敞，川原丽，物色新，仙禽瑞兽育其阿，班羽毛而百彩。珍木嘉卉生其谷，绚花叶而千光……升其栏槛，疑绝累于人间。窥其宫阙，似神游乎天上……"可见，那时这里是一灵崖仙境之地，号称有数以"千计"的石窟。商贾在这里歇脚，官吏在这里怡情，僧徒在这里念经，乡民在这里朝佛，构成了"别有天地非人间"的佛国景观。然昔日的繁华景象，现仅留在敦煌莫高窟的艺术里。

莫高窟全长1618米。洞窟坐西朝东，南北走向。根据石窟分布情况，分南北二段。北段洞窟除极少数外，多为以往僧徒、修窟画工、雕塑匠师的住所。从窟前遗址发掘的色碟、毛笔等简陋的用具和居住的小岩洞看，可以想见当时画工们的清苦。他们把一生的精力、智慧、才华留在1000余米长的南段洞窟里。如今有壁画和雕塑的洞窟计492个，保存有圆雕塑像2000余身，影塑1000余身。在元代以前的2000多身塑像中，基本完好的原作计1400余身，残缺的有70多身，残缺而经后代修补的有720多身，这些经后代修改、妆色或重塑的佛像，大多已与原作相去甚远。现保存有壁画计45000余平方米。

莫高窟现存的最早洞窟，相当于西凉、北凉统治时期的十六国晚期。莫高窟历经西魏、北周、隋、唐、五代、北宋、西夏、元、清等朝代，上下1500余年间的营造与修建。

朝代的更替，民风的演化，西部社会的精神文明与物质文明，中外的贸易与交往，西部民族的文化精神与审美特征等，在这些洞窟里都得到具体而形象的表现。作为社会历史，它是我国中古时代千余年间西部社会和民族活动的画卷，在世界史上是绝无仅有的；作为文化艺术，它承前启后，继往开来，以西部本土文化精神为合理内核，集世界三大文明之精华，创造了举世无双的新型文化艺术形态，也是世界艺术史上绝无仅有的。

目前，向外介绍莫高窟的创建为前秦建元二年，也就是公元366年，敦煌文物研究所曾计划在1966年召开建窟1600周年纪念的学术讨论会，其根据是武周圣历元年（698）《李君修莫高窟佛龛碑》的记载："莫高窟者，厥初秦建元二年，有沙门乐僔，戒行清虚，执心恬静。尝杖锡林野，行止此山，忽见金光，状有千佛……遂架空凿岩，造窟一龛。次有法良禅师，从东届此，又于僔师窟侧，更即营建。伽蓝之起，滥觞于二僧。"秦者，即是前秦苻坚所建立的小王朝，建元二年即公元366年。但是，这一记载，给我们提出了一个问题，莫高窟建窟的年代似不确切，因为它晚于西部新疆的于阗、龟兹等窟，甚至晚于与它相邻的楼兰。这于理似乎说得通，但时间相距那么远就可疑了。历史的事实是，敦煌和于阗、龟兹关系极为密切，佛教艺术传入的时间不至于相差那么远。至于晚于敦煌以东的内陆各省的佛教雕刻及绘画，则不在情理之中，令人难以置信。由此问题引申出的又一问题即敦煌早期佛教雕塑和绘画，到底是由西传入还是由东移入，或者是二者的结合体或集散地。如果这样，敦煌莫高窟就纯粹是一个过路艺术的集合点，一个无本土文化精神可言的佛教艺术陈列馆，这似乎与敦煌的历史地位不符。

这个问号，将我们带回到历史的遗迹中去：后汉隐帝乾祐二年己酉岁（949）

《沙州志》残卷记载有莫高窟兴废的情况，伯希和所盗敦煌石室卷子本（P2691）正面写佛经，背为《沙州志》残文:“今时窟宇，并已矗新，永和八年癸丑创建窟，至今大汉乾祐己酉岁，笇得伍佰玖拾陆年记。”

“大汉乾祐”，即五代后汉隐帝年号。“己酉”当为公元949年，上推596年为东晋穆帝永和九年，即公元353年；所书“永和八年癸丑”，“八年”即公元352年，且永和八年岁是壬子，上书“癸丑岁”，应当是指翌年的353年。八、九两字，转抄容易出错，由于附上干支，可以使我们查检出差错。另外，此记载写于佛经背面，应是可信的。这样，将莫高窟创建至少提前了13年。

此外，尚有两处记载，将莫高窟的创建提前至公元3世纪中叶，这就是有关晋司空敦煌索靖题仙岩寺一事，见于莫高窟记，此文有二本：一是唐人墨书，现存莫高窟156窟前室北壁西上角（晚唐张淮深所修之窟）的《莫高窟记》所说：“司空题壁号仙岩寺”；二是伯希和窃走卷子本（P3720），两本出入甚少，而以卷子本最全：“秦建元年中，有沙门乐僔，杖锡西游至此，遥礼其山，见金光如千佛之状，遂架空镌岩，大造龛像。次有法良禅师东来，多诸神异，复于僔师龛侧，又造一龛。伽蓝之建，肇于二僧。晋司空索靖题壁，号仙岩寺。自兹已后，镌造不绝。”（卷本为王重民先生抄本）索靖在敦煌为累世宦族，他“该博经史，兼通内纬”，为西域戊己校尉长史，官拜酒泉太守，善章草，名声颇著，敦煌是他的故乡，留笔灵岩，当在情理之中。如此看来，可得：一、莫高窟前身叫仙岩寺，在索靖题壁之前即已久有寺院伽蓝存在；二、沙门乐僔及法良禅师系索靖的上一代人或至少为索靖的同一代人；三、自索靖题壁以后，石窟更“镌造不绝”，所谓“镌造”，当指凿窟而言，这可能与索氏为敦煌世家、名门望族有关。索靖官至征南司马，爵位显赫，博经史，通内纬，与佛教关系密切，在乡民中有一定号召力。所以，他题壁之事，后人特别重视，毫无疑问，至公元366年他于莫高窟壁题仙岩寺手书仍存。

索靖生于公元239年，卒于303年，享年65岁。因此恰与号称“敦煌菩萨”的法护是同时代人，法护比索靖早死一年，法护及其弟子早已在敦煌“立寺延学”，说明索靖时代敦煌早已有佛寺，当然不一定是今莫高窟。唯156窟题壁《莫高窟记》载“晋司空索靖，题壁号仙岩寺”，已界定了仙岩寺即莫高窟前身，这就说明将莫高窟的创建提前至公元3世纪中叶或下半叶是能成立的。只是那被一致肯定的沙门乐僔及法良禅师二位建窟之勋不好发落，就得往前推上近百年。好在他们的身世尚未有定论，也许是传说，也许是法护或当地名僧的假托也不无可能，这当然是毫无历史依据的假想，但有一条也不得不引起注意：两个到此游方的僧人，若无社会背景和靠山，远离敦煌城开凿石窟，谈何容易！纵然发现有“状若千佛”的灵崖宝地，其自身的力量是单薄的，更何况僧人是不能“捉金银”的，也就是说钱对僧人是垢物，是身外之物，倘若在敦煌地区没有很高声望和影响的大德僧人参与，修建寺院恐怕也是很难的。敦煌过往僧人络绎不绝，想来也不是谁都能修寺造窟的。正如同历朝能建窟供养的，多为敦煌的豪门望族，只有他们才有这种财力，而作为僧侣，只有深得地方官吏及商人的支持、信任并在敦煌有威望，能讲经授徒的高僧可能才有如此的感召力。如果乐僔和法良取得了法护那样的影响和地位，那么至少他们也应该在历史记载上留下他们的身世传记，然而在敦煌的史料碑文中除留下两个名字以外，其他似乎一无所闻。因此，要么法护及其敦煌过往的高僧就是乐僔和法良，要么敦煌莫高窟的创建还得推前，至少也得提前至公元238年索靖出生的年代，这样与新疆诸地石窟修建的年代就大致相符了。

以上是关于有文字可考的莫高窟建窟年代，但这些资料都是后人的追记，其间不乏矛盾之处，而至今尚没有发现建窟时同代人的记述或留下的有关史料。因此对莫高窟以西的新疆诸地的石窟创建时代及以东的中国内陆佛教造像及石窟的建窟时代，作一粗略的概述，对了解和认定敦煌莫高窟的建窟年代是有益的，它有助于我们较为客观的认识和判断。

莫高窟以西的新疆诸地早在公元前2世纪至前1世纪即西汉时代，便已传入佛教，这是没有什么问题的。佛教艺术的传入和石窟寺的修建大约也在此时。我们选于阗、龟兹、楼兰三个地区的实例，从中可以看到早在东汉时期就已留下了许多佛教艺术的遗迹。

民丰县精绝遗址东汉墓中出土过一件棉织物，其上印有蜡染的供养菩萨和骑在狮上、大部已残缺了的佛像。

20世纪初，斯坦因在若羌县磨郎遗址发掘出一座石佛寺，出土了六尊等人高的泥塑彩绘大佛和精美壁画，李遇春先生曾认定：“初建此寺，至迟不晚于东汉中期。”又说：“库车及其附近各县是西汉时期西域重镇之一、龟兹国的中心地区，那里的佛教寺院很多，经过对出土朽木和木炭标本的碳-14年代测定，森木塞姆千佛洞、东苏巴什古寺、克孜尔千佛洞、西苏巴什佛塔都有东汉时期所开凿的洞窟和艺术品。”

罗布泊古称盐泽，是位于中国新疆维吾尔自治区塔里木盆地东边、若羌县以北的一个已干涸的咸水湖，曾经是我国西部地区最大的湖泊。古罗布泊诞生于第三纪末、第四纪初，水面面积超过两万平方公里。罗布泊曾有过许多名称，先秦时的地理名著《山海经》称之为“幼泽”。有的因它的特点而命名，如坳泽、盐泽、涸海等，有的因它的位置而得名，如蒲昌海、牢兰海、孔雀海、洛普池等，还有辅日海、临海、纳缚波等名。元代以后，称罗布淖尔。罗布淖尔系蒙古语音译名，意为多水汇集之湖。

古代发源于天山、昆仑山和阿尔金山流域的水流，源源注入罗布洼地形成湖泊。注入罗布泊的诸水，主要有塔里木河、孔雀河、车尔臣河、米兰河和疏勒河等。融水从东南通过疏勒河流入湖中，形成了巨大的湖泊。“淖尔不周之山，北望诸毗之山，临彼岳崇之山，东望坳泽，河水之所潜也”，指明罗布泊（坳泽）在葱岭（不周之山）之东。“敦薨之水西流注入坳泽，盖乱河自西南注也”，前者即今开都河、孔雀河水系；后者即来自塔里木盆地南缘的各河流。“乱河”者，反映了当时河流交织、纵横成网的情景。此后湖水减少，湖盆地自南向北倾斜抬升，分割成几块洼地。

据史书记载，在公元4世纪初时，罗布泊“广袤三百里，其水亭居，冬夏不增减”，它的丰盈，使人猜测它“潜行地下，南也积石为中国内河也”。当年楼兰人在罗布泊边，筑造了十多万平方米的楼兰古城，曾经是一个人口众多，颇具规模的王国。它东起古阳关附近，西至尼雅古城，南至阿尔金山，北至哈密。它身边有烟波浩淼的罗布泊，它门前环绕着清澈的河流。公元前126年，张骞出使西域归来，向汉武帝上书："楼兰，师邑有城郭，临盐泽。"成为闻名中外的丝绸之路南支的咽喉门户。到公元4世纪，曾经是"水大波深必汛"的罗布泊西之楼兰，到了要用法令限制用水的境地。据郦道元《水经注》记载，东汉以后，由于当时塔里木河中游的注滨河改道，导致楼兰严重缺水。尽管楼兰人为疏浚河道作出了最大限度的努力和尝试，但在此之后楼兰古城最终还是因断水而废弃了。曾经繁华兴盛的楼兰城成为废墟，无声无息地退出了历史舞台。

敦煌、哈密、鄯善、吐鲁番、库尔勒、若羌都处于罗布泊周边地区。南北两条丝路的交汇点敦煌，成了集散地，作为"丝绸之路"要冲而著称于世，也成就了丝路的辉煌。

20世纪中后期，塔里木河流量减少，两岸人口突然增多，周围沙漠化严重，罗布泊迅速退化，直至20世纪70年代末完全干涸。现在罗布泊是位于塔里木盆地北面最低并且最大的一个洼地，而其曾经是塔里木盆地的积水中心。在烟波浩淼的罗布泊变成一片干涸的盐泽后，盛极一时的丝绸之路黄沙满途、行旅裹足。就连"生而不死一千年，死而不倒一千年，倒而不枯一千年"的胡杨树现在也成片的倒下、枯萎、死去。

直到20世纪初瑞典探险家斯文·赫定首次进入罗布泊，它才逐渐为人所知。斯文·赫定在楼兰古城发现一尊站立的一公尺高的佛像，"上面刻着坐佛笔直的圆柱，是雕刻得很精致的艺术作品，生动的佛像的直柱、莲花台和别种花样的饰物……"有联珠纹与忍冬纹，还有一块木板上刻有打坐的佛，其中四个完好，一个残缺。楼兰在公元3世纪末和4世纪初即已衰落，这些雕刻当是它全盛期为寺庙装饰而作，时间当在公元2世纪，至迟也当在3世纪早期的东汉时代。同时发现的钱币"一枚是在公元7年，另一枚是14年铸的"。还有"一块刻有黑尔米像的古代宝石，叙利亚或古罗马的玻璃"，"用具则有勺子和陶土罐，都装饰着花纹，如印度、波斯的狮子头之类，还有叙利亚的玻璃具"。叙利亚是当时制造玻璃距楼兰最近的地方。斯文·赫定所发现的文物全属公元1世纪到3世纪时的楼兰遗物，说明此时佛教艺术及有关纹饰已经传到了楼兰古国，临近敦煌的边缘，当然绝不会恰好就停留在这边缘而不向重镇——敦煌传播，何况敦煌曾一度管辖楼兰之地。近年来随着考古调查的不断深入，在古楼兰遗址出土了贵霜王朝的铜钱，钱上铸有释迦佛像，并印有婆罗蜜字母写的“佛”字，这种钱币我们在前文中已经表述，系迦腻色迦王在位时期所铸，说明这种铸有佛陀形象的钱币在公元2世纪时就曾经由丝道传入了敦煌的近邻楼兰。敦煌作为古丝路的交汇点，国际商贸的重镇，古代西部政治、经济、文化的中心之一，佛教艺术在此落脚当与楼兰同时。相隔咫尺，晚又能晚到何时？绝不可能相差百年！

牟子《理惑论》载：“昔孝明皇帝梦见神人，身有日光，飞在殿前，欣然悦之。明日，博问群臣：‘此为何人？’有通人傅毅曰：‘臣闻天竺有得道者，号之曰佛，飞行虚空，身有日光，殆将其神也。’于是上悟，遣使者张骞、羽林郎中秦景、博士弟子王遵等十二人，于大月支（氏）写佛经四十二章，藏在兰台石室第十四间。时于洛阳城西雍门外起佛寺，于其壁画千乘万骑，绕塔三匝，又于南宫清凉台及开阳城门上作佛像。明帝存时，预修造寿陵，陵曰显节，亦于其上作佛图像。”

孝明皇帝，即东汉显宗刘庄，年号永平，在位19年（58—75）。这时在洛阳即已经建立了佛教寺塔并绘有佛像，而且是途经敦煌从西域传来。于洛阳雍关西，立白马寺。可以认为是中国内陆有佛寺的最早记载，于寺壁作千乘万骑绕塔三匝图，可认为是寺壁佛画之始。而明帝令画工图佛像置清凉台及显节陵上，也是目前所知在中国内陆造像之始，其时为永平十年（67）。

《魏书·释老志》载：“自洛中构白马寺，盛饰佛图，画迹甚妙，为四方式。凡宫塔制度，犹乃天竺旧状而重构之。”《法苑珠林》一书也有类似记载：汉明帝永平三年某夜，明帝梦见一神人，其人身长一丈六尺，全身呈金黄色，头上有一个光耀夺目的明珠，使人见后，肃然起敬。帝醒后，仍想不出此神人究系何人，遂召见群臣，将梦见神人一事告之，当时有一位叫傅毅的大臣说：“臣闻西天竺，有一位圣人，其所传之教法，能使国内民心向善，一般民众受其教法感化，可达到不治而不乱，不言而自信，不化而自行的境地，此圣人称为佛陀，其人亦身长一丈六尺，全身呈金黄色，陛下所梦见的神人，一定是佛陀无疑。”明帝听后，非常高兴，遂立即派侍臣蔡愔，率千乘万骑出使天竺，由陆路向憍赏弥国出发，一路历尽千辛万苦，长徒拔涉，终于到达憍赏弥国。憍赏弥国的优填王问明原由后，即赠送佛像及经文，连同佛具等，另外又派迦叶摩腾和竺法兰二位高僧，随同返国，负责讲经。归国后，明帝大为喜悦，立即在京城近郊，建造了一座白马寺。

敦煌以东的中国内陆各省，在东汉之际均有佛教艺术遗迹出现。如河南南阳画像石、山东沂南滕县石刻、四川乐山麻浩享堂石刻、内蒙古和林格尔墓室壁画等都已出现佛像或有关佛教故事的雕刻或绘画作品。

三国时代的吴，建都南京，佛寺、佛像、佛画等最为盛行。其后六朝时代建寺最多的，要数江南。

相传孙吴时的大画家曹不兴，能于五十尺的绢上画佛像，须臾而成，头面手足，胸臆肩背，不失尺度，故《益州名画录》中记述："前辈画罗汉有曹样，曹画衣纹稠密。"东晋另一画家顾恺之，对画佛更有深入的研究，其承汉代高古画风，师事卫协，融曹不兴之所长，为一代尊师。相传兴宁元年（363），瓦棺寺初置，僧众请朝贤鸣刹注疏，众人出的没有超过十万的，但看到顾恺之的画之后，注下一百万钱。他用一个多月时间，在壁上画成维摩诘像一躯，准备在次日开光点睛，通知全城民众前往参观，第一天要施钱十万，第二日五万，三日以后随意捐纳，结果开户时光照一室，参观者络绎不绝，不几日便得钱百万。

瓦棺寺内顾恺之的名作《维摩诘经变》图，在当时享有盛名。公元785年，唐代大诗人杜甫看到此画后诗兴大发："看画会饥渴，追纵恨淼茫。虎头金粟影，神妙独难忘。"

西晋时，道安大师于襄阳立檀溪寺，铸丈八铜质佛像，佛像现虽已不复存在，但记录是可信的。《法苑珠林》卷三十五载，甘肃永靖县炳灵寺石窟为"晋太始年之所立也"，即公元265年炳灵寺已建窟造像。又《水经注》引《秦川记》："河峡崖傍有二窟，一曰唐述窟，高四十丈，西二里有时亮窟，高百丈，广二十丈，深三十丈，藏玉书五笥。"可见其规模之大。

东晋之时，沙门竺道一之金牒千像、慧护之丈六释迦铜像等，都已十分著名。至戴安道之弥陀及胁侍二菩萨木像，以及夹苧之漆像等制造，已达到很高水平，有“极东晋造像之妙”的美称。

安帝义熙二年（406），锡兰王送白玉石琢成的高四尺二寸佛像以及法显从天竺带回的小佛像，与当时顾恺之所作之维摩诘壁画，同称为瓦棺寺三绝宝中之名品，可见中土内陆佛像塑造，已达与锡兰、天竺不相上下、可以媲美的高度。而那高隐博学之士的戴逵父子，更是佛画、佛塑的大家。他们的作品庄严雅致，令人畏敬。擅光颜圆满之妙技，极镌琢之奇巧，并已具有自己的风格特色。《法苑珠林》中有戴颙改进古制造像的记载：“治像手面威相若真，自肩以上，短旧六寸，尺蹠以下，削除一寸。”据说，匠人在铸塑瓦棺寺佛像时，总感到面瘦，找不到毛病，后求教于戴颙，戴颙告诉匠人：“并非面瘦，因为肩臂太丰满的缘故。”《法苑珠林》还记述并评论说:“西方像制，流式中夏。虽依经熔铸，各务仿佛。名士奇匠，竞心展力，而精分密数，未有殊绝……寻二戴像制，历代独步。”由此可见南朝寺庙、佛画之盛。无怪乎晚唐诗人杜牧曾作诗云：“南朝四百八十寺，多少楼台烟雨中”。

可见，敦煌莫高窟以东的佛教造像及绘画，在公元366年前后已相当盛行，早具规模，且已经对佛像雕塑及绘画进行了改造，“依经熔铸，各务仿佛”，使之符合中国内陆民风及欣赏习俗、审美心理和文化精神。

作为东西文化临界地的敦煌，以它在中国西部的历史地位、地理位置以及雄厚的财力、物力和人力来讲，它完全具备较早地建立佛教寺院的条件。因此，如果说敦煌莫高窟的建立晚于新疆之地还在情理之中，但若说晚于它的东部内陆，则很难令人信服。

所以，我们可以根据历史的文字记载及通过对莫高窟东、西两方甚至近在咫尺的佛教寺院的建立及佛像的塑造、佛画的创作等具体事件的考察与比较，得出敦煌莫高窟建窟年代。即莫高窟创建的年代上可限于东汉中期，下可限于公元239年至303年索靖生活的时代。

这些初创的洞窟，目前尚未找到，但并不等于已经在地球上消失。如果它修建得很精致、很宽大，后代人增添或修改其中的大部，这是可能的，这种现象在敦煌莫高窟是屡见不鲜的，但绝不会毁弃。更何况自古以来中国人有保存历史、延续历史的习惯。初创的洞窟总会留下和显露其历史的痕迹和真实的面貌；如果说初创的洞窟很粗糙，当与其时敦煌的历史、经济、文化地位不符，因为这里是国际贸易重镇，是高僧、富商及中外使节居住、落脚、中转的一大都会。正当佛教日盛之际，想来，莫高窟初创之寺窟，也不致粗糙到不如于阗和龟兹的寺窟，当然也不能排除扩建、重修的可能。因为传入敦煌的主要是大乘佛教，如果由于对小乘佛教的排斥而引起敦煌寺窟的某些更动、变换，这种情况是否也有可能发生呢？由于人们对武周圣历元年（698）《李君修莫高窟佛龛碑》的偏爱，而认定敦煌莫高窟建窟于前秦建元二年（366），同时也认定至唐代已建有“千窟”，显然，这“千窟”也只是虚词，大概为形容其多，要真是“千窟”，那说明有一半多的洞窟被毁坏了，根据莫高窟崖壁及窟前遗址发掘的情况来看，似不可能。

敦煌地区现存留壁画和雕塑的洞窟为492个，敦煌文物研究所史韦湘先生做了大量细致的工作，他根据敦煌地区历史的特殊性及对莫高窟早期洞窟的分析、比较，作出了莫高窟的石窟断代和分期，确认：

十六国晚期即前凉太清四年（366）至北凉永和七年（439），现存石窟7个；

北魏时期，即太延五年（439）至永熙三年（534），现存石窟8个；

西魏时期，即大统元年（535）至恭帝三年（556），现存石窟10个；

北周宇文觉元年（557）至大象二年（580），现存石窟15个；

隋朝开皇元年（581）至大业十四年（618），现存石窟70个；

唐朝武德元年（618）至天祐三年（906），又分为四个时期：初唐，即武德元年（618）至长安四年（704），现存石窟44个；盛唐，即神龙元年（705）至建中元年（780），建窟80个；中唐（吐蕃时代），即建中二年（781）至大中元年（847），现存石窟44个；晚唐即大中二年（848）至天祐三年（906），现存石窟60个；

五代时期，后梁天平元年（907）至后周显德六年（959），分后梁、后唐、后晋、后汉、后周五朝，现存石窟32个；

北宋建隆元年（960）至景祐二年（1035），现存石窟43个；

西夏大庆元年（1036）至宝义元年（1226），现存石窟82个；

蒙古成吉思汗二十二年（1227）至北元宣光二年（1372），现存石窟10个。

以上所列洞窟，有的一个洞窟同时有几个时代的壁画，有的重修改建，所以我们同时将部分洞窟罗列在不同时代。

五代以后，对前朝洞窟的重修、改建是常有的事，往往利用原有的洞窟，重新粉刷绘制；有的则在完全毁坏前朝石窟的基础上，重新确立自己时代的形象。因此，我常常想，信徒们并不见得那么虔诚，当企图显示自己力量时，对前朝的所谓“圣物”，管你是佛、菩萨也好，天王力士也好，通通将壁划破、糊上泥巴，重新描绘上新的内容，为自己歌功颂德，以长留天地，为后代所朝拜。这与其说是在承认佛的力量，倒不如说是在炫耀自己的力量。如果说宗教“欺骗”了历史，那么，历史也捉弄了宗教；与其说人是宗教的奴隶，倒不如说宗教也是人的奴隶。

从十六国晚期到北周时代，石窟形制可分二类：第一类洞窟，长方形或方形佛堂式，它附有修行小龛的洞窟，是为静修深入禅定，以求闭目见佛的需要而设立，仅以这些洞窟，企望能幻化出僧侣苦修成佛的精神和意志。第二类是中心方柱塔庙式，窟身作长方形，分前后两部分，前部入窟的地方凿成摹仿木构建筑的屋宇般的“人字披”，是一个便于礼拜的前庭，椽子中装饰着花纹图案和飞天；后部中央是一个中心方柱直通窟顶，是为进香礼拜时，作回旋巡礼用的，中心方柱四面均开小龛，龛内塑坐佛及菩萨，上端有影塑菩萨或飞天，与中心方柱相对，左右的墙面两壁排列着小龛，龛内塑像或龛外两侧塑像，壁上画有千佛、说法图或本生故事。

隋朝的洞窟，大体也可分为两种，一种从十六国晚期至北周的龛柱形制变化而来。随着壁画内容的需要，取消了魏窟的前室部分，将中心方柱改为佛坛，露出了完整的窟顶，窟顶有华盖式藻井及神话题材的壁画。壁间的龛减少，使壁画扩大，故说法图和维摩诘经变图等规模较大的画面开始出现。

这也是隋朝前期的洞窟所共有的形制特征。427窟是隋代规模最大的洞窟，分前后室，后室保留着前代中心方柱的形制，柱的前面是三铺大立佛，柱的侧面和后面为三龛说法像；前室两侧，排列着金刚力士和四大天王，天王脚下踏着“恶鬼”。隋代后期，一种中央平广而三面有龛壁的形制窟出现，中心坛取消，窟面更为开阔，法华经变图等大型壁画开始出现，大构图、大场面的壁画日益盛行。三十多年短暂历史的隋代，在莫高窟中留下了大量永恒的绘画和雕塑艺术品。

唐代国力鼎盛、社会安定，洞窟建筑形制发生了很大的变化，碍眼的中心方柱及佛坛已经消失，只有与入窟门的相对处开凿的大型佛龛。整个环境豁然开朗，一扫前朝石窟沉闷、紧缩的气氛，甚至连两侧墙壁的小壁龛也取消了。规模宏大的净土经变图，取代了隋代以前的本生故事和千佛装饰，艺术的想象取代了宗教的“虚妄”。整个唐帝国的风采都活跃在敦煌艺术之中。这时期开窟多达230个，几乎占莫高窟现存石窟的一半。

吐蕃时代，即相当于中唐时期，那时沙州由吐蕃王朝统治，寺院增多，寺院经济得到空前发展，属敦煌佛教艺术的繁荣时期之一。这时期的石窟形制及内容都有显著变化，它的洞窟制作非常考究，覆斗形窟顶，方整的四壁，盝顶帐形龛以及佛床、壶门，无不严整、精巧。此时还出现了屏风画的形式，屏风内画各品比喻故事，在一壁之上往往画多铺经变图，创造了一些独具特色的壁画样式。

晚唐至宋初，由于莫高窟洞窟建造日渐增加，可供建窟的崖面已达饱和。因此只好将早期洞窟（多为魏代的洞窟）改建重修，把龛柱改为须弥座而另创了一种屏壁的样式。唐大中二年（848）张议潮收复河西，逐吐蕃而归政中央。中央政府以归义军节度使之名加封张议潮。此后，归义军政权在西北各族民众中有重大影响，那些本来是吐蕃管辖时期政治、经济上的既得利益者，摇身一变成为归义军的功臣，执掌了河西地区的政权，致力于保护和扩大世家豪族及佛教寺院的利益。因此，纷纷以“报恩”“庆寿”“供养”为名，行自我赞颂之实，为自己立功德碑，建造了不少洞窟，当时著名的世家豪族，张、李、索与三个僧统在莫高窟便都开凿了大型的洞窟。世俗的内容大量拥进了“圣洁”的佛堂，这时洞窟中的佛坛渐变为像今天的大雄宝殿似的样式。

五代、宋初，归义军节度使曹议金继张议潮之后，统治河西。他仿张议潮方式，在莫高窟修建洞窟。约公元940年后，曹议金的女婿、于阗国王李圣天也跑到莫高窟，继续修起了大型洞窟。在曹氏父子统治敦煌的百余年间，他们除陆续修建了一些大型洞窟外，还设立画院，招募画师塑匠。除在莫高窟开窟造像外，他们还在安西榆林窟修建了很多洞窟，而且基本上形成定规：如藻井画双龙，四顶角画四天王，通道入口及东壁画大型供养人像等，经变的位置也有相当的规范。

在曹氏统治时期，除新开凿的7个大型洞窟外，其余50余窟均是由前朝石窟的大规模改修而成。在现存的各代洞窟中，几乎都挤入和夹杂有曹氏统治时期留下的遗迹。

宋代石窟，多利用前朝的洞窟，以表彰自己的功德。以后的西夏在统治敦煌的200年间也留下了大量的佛教艺术作品，使我们能了解这个业已消失了的民族国家。元代也在这里留下了深深的印记，在石窟的修建及其石窟形制方面，几乎没有新的东西，大多是在前代石窟的基础上改建或修补而成。元代石窟如1、2、3窟及465窟等，窟形承袭前朝，但佛画一反前朝各代作风。

敦煌石窟艺术群的创建与延续，经历了1000余年的历史和十多次改朝换代，其修建从未中断。我国西部各族人民用勤劳的双手和智慧的头脑，描绘了广阔的社会生活画卷，他们以惊人的毅力记录了他们的思想、信仰、理想与追求。

就佛教教义而言，艺术是它的精义的物化图式，而就艺术而言，所有玄奥的教理，全部繁杂的社会生活，只不过是借以表现其自身的真正形式，归根结底，它是时代的一面镜子。

社会不是宗教“真理”的创建物，但宗教所集中的对象，却是社会和人类生命至关重要事件的投影。近代人类学研究的一项重要成果，是认识到宗教不仅是教义或哲学，是思想方面的一块知识领地，同时也是一种特殊行为状态，既是信仰系统，也是社会现象，还是个人经验。这一点，我们只要通过对敦煌莫高窟石窟的创建、石窟内容所蕴含的哲学思想进行研究，便不难得到证实。它在我们面前展示出了我国古代敦煌、河西走廊乃至中国西部精神文明的全部光辉、全部物质与精神生活。

张议潮统军出行图　晚唐　敦煌 196 窟

释迦牟尼佛像　北魏　敦煌254窟

艺术最终会走向哲学。

哲学就是怀着对现实的不满足的疑虑，到处探寻人生最美好的乐园。

人类“掌握世界”的方式可分为科学的、哲学的、宗教的、艺术的四种。其中艺术掌握世界的方式就是人对现实、对人生的一种形象的、审美的、典型化的反映，它给人以美的享受……好生和乐生鼓舞人们对美好生活的热爱与追求，是积极的、进取的、入世的。而宗教呢？则与之相反，它修“来世”，寄希望于“来世”“天国”，它将人的本质变成了幻想的现实，它是人们存在脑海中幻想的反映。

艺术偏重于现实性，宗教偏重于虚幻性。它们的相通之处在于满足人类情感的需要，是心灵的补给，用以弥补科学和哲学的不足。艺术和宗教同属于人类精神层面，就像剪刀的上下两片，它们的作用在于剪断现实生活中的烦恼与错乱，以求得心灵的慰藉，精神的满足，情感的发泄。

七佛药师变局部·舞乐·燃灯菩萨　初唐　敦煌220窟

第十三章 佛教艺术与人生哲理

敦煌莫高窟，现存492个有壁画和塑像的洞窟，各个窟大都以佛像为主体组成一个世界。佛像塑于壁龛内或中心柱及基坛上，佛像的四周则常配有佛弟子及菩萨的塑像。塑像之外，四周墙壁及天顶绘有佛本生故事、经变图、诸天部众等。供养人像、藻井花饰、山水杂画等满布各个角落，组构为各不相同的“佛国世界”。每一尊佛像，都隐藏着教化的历史，蕴含着神秘的深层哲理。我们知道，哲学不是从知识的简单材料中，而是从社会情感的深层材料中发源而来。通过对组成敦煌艺术主体的佛像的探究，我们可以窥见由情感社会产生的人生哲学和人类时代心灵的影像，可以思考制作佛像的文化背景及哲学思考。就如黑格尔说艺术最终会走向哲学，诺瓦利斯说哲学就是怀着对现实的不满足的疑虑，到处探寻人生最美好的乐园一样。

如前文所述，释迦初创佛教本无偶像崇拜。释迦死后近500年内亦无佛像，只是由舍利（佛骨）崇拜而产生了佛塔，围绕塔而产生了各类装饰雕刻及纹样；继而希腊雕刻艺术及造像思想的东进，使犍陀罗产生了释迦佛像。释迦的种种性格、精神的实体化便由单一的释迦佛像演化出了各种不同时空、不同思想、不同职能及地位的佛像。据统计，在敦煌莫高窟中，释迦说法像最为普遍，除释迦三尊外，尚有阿弥陀佛、弥勒佛、文殊菩萨、普贤菩萨、如意轮观音、不空羂索观音、北方天王、药师佛、南方天王、千手千眼观音、四大天王、地藏观音、千手千钵观音、水月观音、卢舍那佛、孔雀明王、金翅鸟王、阿修罗王等。

这些佛像，虽然肩负着不同的使命，体现着各自不同的思想内涵，然而它们都有一定的形态和样式特征，这就是在《大智度论》《涅槃经》《无量义经》等经典中所明示的佛之“三十二相”“八十种好”，这样便形成圆满、完善的佛的尊容。

佛是由人修行得道而成的，因此在原则上佛的形象乃无异于常人的形象，但佛像又不能等同于常人的形象，因为佛是大彻大悟的智者。当然，在释迦弟子的想象中，释迦牟尼的实在人格并不存在，即尚未成佛时悉达多太子降临人世时，便具有了超凡的精神与肉体，便有了“超人的神格”。这种种超凡之处，便集中地体现在“三十二相”“八十种好”的生理、肉体的特殊条件上，这些肉体条件便成为所有佛像所必须具备的相貌特征。这些特征也不因时代的变迁而改变，它实际上是佛的具体表征，是最基础的必须具备的表象特征。

据《大智度论》八十八之《法界次第》载“三十二相”为：

1. 足安平相：足底丰满，也即所谓的扁平足；
2. 千辐轮相：足底犹似掌纹显出千辐轮；
3. 手指纤长相：手指细长优雅；
4. 手足柔软相：手足皮肤细嫩、柔软，所谓的贵人手相；
5. 手足缦网相：手足的指与指间，有犹似水禽足趾间的蹼样的膜；
6. 足跟满足相：足跟广阔而丰满；
7. 足趺高好相：足趺隆起；
8. 腨如鹿王相：大腿的肉像鹿王一般柔挠；
9. 手过膝相：站立时手长过膝；
10. 马阴藏相：男根缩于体内；
11. 身纵广相：双手平举时，其宽度与身高相等；

12. 毛孔生青色相：从每一毛孔生长青色的毛；
13. 身毛上靡相：体毛直竖；
14. 身金色相：全身光辉如黄金；
15. 常光一丈相：身上经常放出一丈高的光芒；
16. 皮肤细滑相：皮肤细滑而无垢腻；
17. 七处平满相：双手、双足、双肩和颈部等七处有丰满的肌肉；
18. 两腋满相：腋下饱满，不似凡人有洼；
19. 身如狮子相：如狮子有威严；
20. 身端直相：身直而端正；
21. 肩圆满相：双肩丰满；
22. 四十齿相：四十个牙齿，整齐而美丽；
23. 齿白齐密相：牙齿洁白，整齐而密，没有缝隙；
24. 四牙白净相：上下的门牙，尤其白净；
25. 颊如狮子相：脸颊饱满而丰厚；
26. 咽中津液得上味相：口中有特别的津液，味觉很好；
27. 广长舌相：舌薄而柔软，如将舌伸出张开则能掩盖脸部；
28. 梵音深远相：声音洪亮且深远；
29. 眼色如绀青相：眼如青空澄美；
30. 眼睫如牛王相：如牛王睫毛长而美；
31. 眉间白毫相：眉间生有右曲白毛放光明；
32. 顶成肉髻相：头顶有肉隆起如髻。

这就是我们通常谓之的“三十二相”。

另有“八十种好”更为繁缛详尽，在此从略。单就这“三十二相”，除少数几“相”带有宗教的怪诞外，其余大多数“相”的实质都是人的生理与肉体健美的集合或综合，也是一个民族的审美观念的集中显示。这种古老的审美意识，我们在印度、巴基斯坦等国家或民族的现代艺术品中尚能看到，虽然这种审美

毛孔生青色相
身纵广相
常光一丈相
眉间白毫相
顶成肉髻相
眼色如绀青相
身毛上靡相
广长舌相
眼睫如牛王相
四十齿相
颊如狮子相
四牙白净相
咽中津液得上味相
齿白齐密相
梵音深远相
肩圆满相
身端直相
腨如鹿王相
身如狮子相
皮肤细滑相
七处平满相
身金色相
两腋满相
手足柔软相
手过膝相
足趺高好相
千辐轮相
足跟满足相
手指纤长相
手足缦网相
莲花台
金刚台
金刚相
马阴藏相
足安平相

佛三十二相

意识无不流露出上流社会的审美理想，但人类企望的健美情感，必然延续给他的子孙们。令人疑虑的是，在印度的绘画雕刻艺术里，男性的塑造往往女性味十足，远不如希腊艺术中男性的英武和洒脱，也远没有达到印度绘画雕塑中女性的造型美，以及它所充满的性感。也许这正是印度的艺术精神的重要方面。

“三十二相”“八十种好”虽为标准佛像的共同特征，但我们只看容貌与身体，还是无法识别究竟是何佛，故需要我们从佛像双手的手势来区分。因为每一尊佛的手势都有严格的规范，手的位置、手指的屈节都可以帮助我们认识各类佛的尊号。这种手、指所表现的形态叫作“结印”，“印”又叫作“印相”“印契”。简言之，所谓“印”即是饱含思想内涵的象征的手势，也即类似哑语的“手指的语言”——思想、情感表达的符号。

在莫高窟诸多佛像中，我们先从早期出现的释迦如来佛像的塑造，来思考探究其文化背景与哲学思想。

一、释迦如来佛像的制作及其文化心理与哲学思考

敦煌艺术中，释迦牟尼生涯传记的雕塑和壁画，成为早期石窟中常见的主要作品。

描写释迦前世的故事，即我们通常说的“佛本生故事”或“本生谭”这类故事。描绘释迦在前世曾为国王、商人、僧侣、王子，或男或女或动物时行善积德的业绩，以前因达成佛之后果。如北魏254窟的“尸毗王本生故事”，画面描绘尸毗王为了解救将要被鹰啄食的鸽子，鹰要求王剔下自身与鸽子同重量的肉给它吃，但在王身边切肉的人，无论从王身上剔切多少肉都达不到鸽子的重量，于是，王只好舍身坐在秤盘上，才正好与鸽子的重量相等，这样才救出鸽子。故事表现了尸毗王的舍身精神，这尸毗王即是释迦的前世。还有像北周428窟门北画的《须大拿太子舍身饲虎图》，北魏257窟南壁龛下东起所绘的《萨埵饲虎本生图》，均描绘释迦在前世，舍身供养遇难的虎母子，由于其前世的行善积德，故而有转生为今世之释迦的故事。它体现出佛教的因果报应、轮回转世的主体

思想。这是前世释迦作为王子须大拿、萨埵时的功业。还有其前世作为动物时的故事，也即描绘在北魏257窟西壁的《九色鹿王本生图》等。

由于有了前世作为国王、太子、商人、动物等的行善积德的功业，才有了今世释迦的诞生，并因此而引导出释迦一生的事迹，这在敦煌壁画中得到了较充分的表现。并且常以连环图的形式绘制在壁上，其内容为“降生”“太子习学”“太子出家”“太子剃发”“山中苦行”“降魔”“尼连禅河澡浴”“鹿野苑转法轮”“涅槃”等从生到死的“佛传图”，有了诞生像、苦行释迦像、降魔成道像等。

诞生像：相传释迦的母亲叫摩耶。一日，摩耶夫人散步于蓝毗尼园，在无忧树下小憩，举右手欲摘花枝时，释迦从右腋下出生。出生的释迦，落地后走了七步，步步生莲，右手指天，左手指地说：“天上天下唯我独尊。”描绘这种姿态的佛像叫作释迦诞生像。我们知道，古代印度对女性生殖器特别崇拜，等人高的女性裸体塑像，其生殖器常常塑在与观众视线平行的高度，故其明知人从何而生，却偏要说释迦从他母亲摩耶夫人的腋下而降，这显然是他的后世弟子信徒将释迦超人化的最初一步，好在还承认是女人所生。我们还是小孩的时候也常听大人这么说，显然这里也包含有一种性的神秘色彩。至于生下来走七步后说出“天上天下唯我独尊”，即开宗明义地表述了释迦学说的终极是关于人类在宇宙的地位，将人类自身视作救世主。这“唯我独尊”的“我”，显然已超出了释迦自我的范畴，而指向全体人类中的每一个“我”，即人人有佛性。只要凭借自己的努力、智慧，恒心苦修，皆可完善自身，超度成佛。这里的“我”，还包含有人为万物之主的含义，可惜被释迦的后代们所曲解和抛弃。这种将历史的人格，变化为超历史人格的思想，即成为后代塑造理想人物的捷径。

苦行释迦像：释迦29岁时，为探究人生的真谛，寻求解决人生苦恼的方法，出城求道，这就有了《夜半逾城》之类的雕刻与壁画。其内容是表现悉达多王子骑在犍陟马背上，悄悄离开他父母、王宫，离开妻子，寻师访友，到远山丛林中开始出家苦行的生涯。犍陀罗的高浮雕《宫女入寐》《太子夜半逾城》，作品描绘了特定的王宫场面，陈述了离宫的这一内容。敦煌329窟初唐壁画《夜半逾城》，完全抛开了具体环境的铺陈，在骑马的释迦周围巧妙地安排和描绘有天女诸天以及用手捧马之四足的善神等，为不惊扰家人巧妙地用人托马蹄，使人感到连一丁点马蹄声都没有了。强调一个“静”字，使动的画面产生宁静的效果，离愁化解为轻快。

释迦离宫出家后，最初向在实行禅定的同代哲贤求教，访跋迦婆，闻苦行出离之道。访阿蓝迦蓝于摩揭陀国，王舍城北弥楼山，闻僧传派之法。后又转道于郁陀罗仙，皆未能得大法。遂入优楼频螺村的苦行林，苦行了七年，弄得形容瘦削、皮包骨头，痛悟苦行并非使之得到解脱而进入涅槃境界之道。凡表现释迦苦行这段经历的佛像，即所谓《苦行释迦像》，最早也是最具代表性的便是在前文中所叙述的现藏于巴基斯坦拉合尔博物馆的释迦苦行塑像。在莫高窟表现这种苦修成道的大型塑像似乎少有发现，而在“八相成道”的组画中，也只是偶尔出现，但不是形同枯槁。它显示出中古时代，敦煌人的审美心理、承受能力以及对佛传故事的取舍。

出山释迦图：释迦苦行七年之后，终于觉悟到苦行徒劳，不是真正的修行方法，对求正觉没有帮助，于是毅然下山，即为《出山释迦图》。

降魔、成道图：下山后，释迦便在尼连禅河沐浴，洗去污垢，接受村女奉献的乳糜。坐于正觉山菩提树下，发誓：“不得正觉，不起此坐。”思考了七七四十九天，观照四谛十二因缘之法，终于悟道成佛。在释迦悟道期间，遭受许多恶魔野兽的捣乱、诱惑、干扰，但都一一被释迦斥退。描绘这种戏剧性情景的画面，刻画释迦此时此地的神态的像即为《降魔、成道像》，通常也称为降魔变。莫高窟北魏254窟南壁龛下，北周428窟北壁等窟所绘制的降魔变，就属于这一类佛像。

释迦经过了多年的苦修与悟道，终于探究出人生苦恼的根源，从而得道成佛。时年35岁，此后便有了释迦如来佛像的出现。

夜半逾城　初唐　敦煌329窟

乘象入胎　初唐　敦煌329窟

树下诞生　印度石刻

各国王子局部

说法图　初唐　敦煌322窟

说法佛像：成道后的释迦佛，身披袈裟，云游四方，教化群类，计49年。他设坛说法，广收弟子，弘扬教义。首先初转法轮于波罗奈斯郊外的沙鹿那多又叫鹿野苑的地方，度阿若憍陈如等五比丘，说四圣谛法；其后到王舍城，此时是他离家三年后返回故乡，度其父王、异母弟阿难，表兄弟难陀及其子罗睺罗等亲属。如敦煌盛唐117窟龛顶北侧所绘《释迦为四众说法图》《释迦回迦比罗卫城图》《罗睺罗出家图》等即是。

释迦佛在世行道说法的地方，多有豪富、巨商为其建精舍，其中最著名的有：摩揭陀国的竹林精舍，憍萨罗国的首都舍卫城的祇园精舍，毗舍离国的大林重阁讲堂等。凡将释迦在这些地方说法、教化的神态以雕刻或绘制的手法，塑造出来的佛像，即我们一般称之为释迦如来佛像。莫高窟中北魏等早期洞窟说法图较多，释迦如来佛正坐中央，两边侍立弟子和菩萨，成为石窟的主尊。

为了识别释迦如来佛像，根据释迦特定的行为中所表露的神态，产生和归结为五印相。即：

禅定印——将两手手掌重叠，载于趺坐上，以示禅定时的神态。

施无畏印——屈竖右手，舒五指，掌向前，即施无怖畏给众生的意思，来自于释迦普度众生时，使世人静心的动作及姿态。

降魔印——伸右手覆于右膝，指头触地，以示斥退群魔时的姿态。

转法轮印（又名说法印）——此法印来源于释迦在鹿野苑初转法轮时说法的手势，但因时代的变迁，地域的差异，故说法印各有所不同，在印度作左手执袈裟角，举右手，传入我国时正值北魏时代。另一种为两手当胸，右手向外，大拇指与食指相捻作轮。这种法相主要表现在我国初唐时代的释迦如来佛像的塑造上。

施愿印（又叫与愿印）——伸左手掌向外，指端下垂的手相，是佛菩萨为应众生的祈求所作的印相，象征施与。

涅槃佛像：所谓涅槃，意即寿终正寝。但在佛教僧徒的认识里，释迦佛是“不死”的，因而回避了这种叫法，而谓涅槃。涅槃为梵音，本意为圆寂或寂灭、安乐、解脱等，新旧解释颇多。释迦活到80多岁，很有自知之明，自觉将不久于人世，故在拘尸那伽罗城外的沙罗双树之间布床，向众生作临终遗诫后，以头北面西，右胁为下，右侧而卧的姿态入涅槃境。“北首右胁卧，枕手累双足”，表现这种情态的佛像称涅槃像。莫高窟此类佛像不少，雕塑、绘画均有表现。北魏428窟、隋代295窟的涅槃像壁画，以及盛唐225窟北壁斜顶敞口龛内塑涅槃像，身后有弟子天人19人。中唐158窟两壁坛上所塑的巨型释迦涅槃塑像（长15米），在塑像的后面以壁画的形式绘有比丘举哀，各国王子恸哭、泣血沥心、痛不欲生的情景，而释迦表情则安然自若，形同入睡，表现出佛教的“等生死者，叹其达观”的人生哲理。

再生说法图（也称为金棺出现图）：即释迦寂灭后，被移入金棺。然而从忉利天下界的摩耶夫人却偎依在金棺旁悲泣，于是释迦佛大发神功而再生，从金棺现出上半身，为其母摩耶夫人说《大摩耶经》，虽不合“理”，但合乎人之常“情”。说完经后，释迦又入金棺，弟子们便含泪将其付于荼毗（即火葬），其骨灰残烬即所谓舍利，为力士收于高楼，时阿阇世等八国国王，为争舍利互相率兵攻伐，后分得舍利而归，各兴建佛塔以供敬仰与崇拜，这就是著名的《八王争舍利图》。

敦煌北周290窟，窟顶前部人字披、东西披绘有佛传故事图，自东披的太子降生至西披佛为憍陈如诸比丘说法，均作了细致而详尽的描绘，后部平棋塔柱东还绘有《鹿野苑说法图》，也就是佛在初转法轮之地，度阿若憍陈如等五比丘，说四圣谛法的场景。隋278窟、初唐283窟龛外南北两侧亦有作夜半逾城、乘象入胎等佛传故事内容的画面。释迦佛像，作为佛教的主尊，常见于敦煌壁画和雕塑的说法图、八相图、降魔图、涅槃图、再生说法图等故事中。以上便是对释迦如来佛像的各阶段形象所作的概说。八相图即已清楚地描绘了释迦成道行化事迹的一生，对待八相成道，大乘和小乘各有区别。大乘根据起信论的说法，定八相为：下天、入胎、住胎、出家、成道、转法轮、入涅槃；而小乘对八相的说法，则依《天台四教仪》第四说，将住胎省略，出家后为降魔而成道，以此降魔变突显了释迦成道中的艰难险阻，体现释迦求道坚毅、顽强的信念和行为。从莫高窟早期壁画及塑像中，可以看出以大乘佛教为主也掺和着小乘佛教的思想。

前文已述，敦煌主要接受的是大乘佛教，以及从西域传来的小乘佛教的余波。

我们知道，大乘佛教产生时深受佛像成立的影响。从释迦的原始佛教到大乘佛教经历了很大的演变，在从人生哲理的原始佛教，演变为宗教性的佛教的过程中，佛像作为超历史化、超人格化的偶像崇拜物的出现，具有十分重要的意义。

释迦之学，本来不搞偶像崇拜。后来从没有“偶像”的原始佛教，变为具有“偶像”崇拜的佛教。从舍利崇拜而产生舍利塔，及围绕舍利塔所产生的雕刻、装饰艺术，进而与希腊雕刻艺术相碰撞，产生了以犍陀罗为中心的佛像雕刻艺术。因像而产生形，因形与像而引发我们对佛教思想的变迁、时代地域的更移以及文化背景与哲学思想的思考。敦煌莫高窟佛像艺术，已经是对犍陀罗佛像艺术和我国新疆西部的佛像艺术的再选择、再取舍、再思考的释迦佛像艺术。

在印度的佛舍利塔基坛，盛行雕刻释迦佛生平的作品，犍陀罗的“佛传故事”的雕刻作品，都没有能占住莫高窟的重要位置。而且自隋唐以后，此类作品很少出现，这说明，敦煌地区所崇拜的释迦，是超历史、超人格的释迦，进一步证明敦煌所接受的是大乘佛教。

此外，在制作释迦佛像方面，除了诞生佛和涅槃佛，莫高窟主要着重于与愿印（表示普救众生的慈悲之心）、施无畏印（表示不畏外敌不退避的精神）的佛像，因为这种佛像所体现的“慈悲”以及普度众生的精神，符合此时此地的敦煌传统文化精神和人们的接受心理，这就是儒家的仁爱观。而对那些通过苦修与降魔而获得成道的途径，人们没有给予信赖，这是因为中国的社会思想，更偏重于实际，偏向于以安易的方法获得慈悲与救济。人们对于佛教的信仰，也似乎更关注于在佛教的哲理中寻求修身养性的新思潮，以补充处于衰落的儒家思想，以丰富玄学思辨的智慧。所以像净土宗那样，只念“南无阿弥陀佛”便

降魔变　北魏　敦煌254窟

涅槃变　隋　敦煌295窟

涅槃经变局部·各国王子举哀图　中唐　敦煌158窟

迦叶奔丧　中唐　敦煌158窟

帝王举哀　中唐　敦煌158窟

能受益的简易法门，比较容易得到一般人的接受与信赖。

释迦的涅槃佛像，所体现的是“有生必有死”的生死观以及万物无常的观念。释迦在当太子的时候说过：“万物无常，有存当亡。今欲学道，度脱十方。”在死的面前，释迦显得达观，在涅槃像上甚至流露出静静的笑容。释迦就是要以这样的人生观、无常观来超度众生，传播他的教义，而释迦涅槃像也正是这种教义的具体化、形象化。这种生死观、无常观与老庄的哲学思想不谋而合。

关于释迦说法像，在印度所看到的最古老的说法印，是左手执袈裟角、举右手。但在我国已不是纯粹的说法印，多以与愿、施无畏印来表示。“印”虽是佛手的指形，然在此形中，却显示了时代的变迁和环境的改变，所变化了的佛的精神与思想内涵——以施无畏，将众生的不安除去，以与愿福佑生灵。

原始佛教，在穷究人生的烦恼与痛苦根源时，提出禁绝人生的贪婪欲望。但在大乘佛教里，它并不否定人生欲望，它革除和弥补了原始佛教的局限，认为欲望是可以得到满足的。这样，释迦佛像的与愿印、施无畏印，就取得了新的含义。同时，大乘佛教也否定了小乘教的通过苦行后消灭欲望，否定了“独善其身，只求以自己解脱为目的”的小乘教，提出了“兼善天下”“普度众生”为目标的教义和自利不如利他的指导思想。这样，施无畏印、与愿印正表达了这种利他的精神，这种精神实则已改变了犍陀罗及小乘教的释迦说法像的初衷，而成为敦煌式的释迦说法像。

前文已论述的老庄思想，提倡顺乎自然，“欲望”也在其列，它被认为是人类的自然行为。在道家的眼里，性欲是阴阳互补，男女交媾也是正常的行为，只能顺乎自然。“禁欲”与“纵欲”都将造成物极必反的结果。儒家也不一概地否定欲望，只是提倡“知足少欲”“知足常乐”。因此，在大乘佛教精神支配下的释迦说法像，是已经体悟到了中国文化精神的佛像，所以能在中国广为传播和兴盛。作施无畏印及与愿印的释迦说法佛像在莫高窟占有重要的地位，正是这种佛像所蕴含的哲学思想与当时敦煌社会的情态及其文化背景有着密切的联系。

因此，一些佛教学者认为大乘佛教是在中国产生和发展的佛教，是有一定理论依据，经受得起历史检验的。变化与无常观、慈悲与普度众生已是超越佛教宗派的基本思想，也是影响最深的佛教思想，这种思想创造了莫高窟的艺术氛围，形成了佛教艺术的特殊性格。所以，莫高窟的释迦佛像与印度的释迦佛像及犍陀罗的释迦佛像，虽然存在着某些外貌和造型的相似之处，但已经是貌合神离、相去甚远了。而且越到后来越是面貌全非。正因为如此，我们研究敦煌佛教艺术也不能“以貌取人”，无论谈了多少犍陀罗遗风与希腊雕刻手法等的影响，究其本质也只是谈了形，忘了神，其结果将会是形、神皆误。

比如人们常谈的莫高窟释迦佛像的微笑来自犍陀罗微笑，而犍陀罗微笑受到希腊雕刻古风时期微笑的影响，即所谓的“古风微笑”。如果单从“笑”的形式而言，也许是这样，但就“笑”的内容及其深层的哲理来看，却又相去甚远。我们看释迦佛像的微笑，总感到一种平和、慈悲，使你的不安或焦燥心情得到平静与慰藉。这笑里，体现了佛的悲天悯人、普度众生及福佑生灵的内涵。

龙树在《大智度论》中说：“笑有种种因缘，有人欢喜而笑，有人嗔恚而笑，有人轻人而笑，或见异事而笑，或见羞耻之事而笑，或见殊方之异俗而笑，或见稀有之难事而笑，今是为第一稀有之难事也，为众生说法欲使之得解脱，是为第一之难事也……是以难事，故而笑。”

这里，龙树将释迦佛像微笑的深刻哲理进行了剖析，并认为佛的微笑，是指遇到了稀有之难事。稀有之难事当指人生的困难，在困难面前的释迦镇定自若，淡然而笑，显示了智者的深沉和大度以及用慈爱护卫众生的坚强意志和决心。

正如前文所说，希腊人从埃及人那里引进了造像，将埃及的威严、沉默、冥想的造像注入了微笑的生命，就像给无垠的沙漠荒丘，镶嵌上一片嫩嫩的绿叶。于是，他们在造像思想中各自拉开了距离。

在希腊雕像的微笑里，显示了对人生的肯定，表现了生命生存的欢悦。希腊是一个勇于战斗、精于航海贸易的民族，也是一个智慧的、富有优越感的民族。在希腊神话故事和雕刻艺术里，以讴歌战斗的胜利者以及战斗英雄为题材的塑像，占据了很重要的位置。在希腊人的造像里，显示的是自信和胜利者的微笑，是战胜他人的微笑。我们翻读荷马史诗，浏览希腊神话，常常能看到这种征服者的微笑。

希腊哲人柏拉图的著作与亚里斯多德的“诗学”，都以优越来解释笑，从而引导我们理解希腊雕塑中微笑的实质及其思想内涵。希腊的狄摩西尼斯塑像就是一例，这位古希腊雄辩家，手捧书卷大声地演说，他以敏锐的思考和巧妙的雄辩击败他的论敌，而流露出得意的表情与微笑。

特奈亚的阿波罗神，最初被认为是保佑家宅或城市平安的门神，在雅典和希腊其他城邦也被尊奉为行路人和航海者的保护神以及祛灾之神。这尊公元前6世纪的阿波罗塑像，被表现为昂首挺胸、举步向前的模样，作为护卫神，他神形优越而自信，同样表现出一种胜利者的微笑。

回过头来，我们将释迦佛像与上列二尊塑像作一比较。释迦说法是静静的，他不是要驳倒别人。在佛家的眼里，人世间，哪有什么胜负之争，他说法的目的是将慈爱的雨露滋润到众人的心田，他的微笑是引导众生悟道解脱而表现出的一种微笑，这是睿智深思、严于律己、慈悲为怀的微笑。而作为雄辩家的狄摩西尼斯的微笑，所展示的是驳倒论敌、取得胜利的优越与欢悦。他言辞激烈，情态激昂。而那尊特奈亚的阿波罗神，他是门神、保护神和祛灾神，他总是以战胜自己的对手、显示自己的力量而愉悦、而自豪，这与佛家思想是格格不入的。所以无数次扩张、海战、殖民，几乎成为古希腊社会生活的重要部分。因此，他们的微笑总离不开显示自己力量的优越、自信和胜利感，而这些正体现出古希腊的民族精神。相比而言，释迦佛所要保护的不是一家、一个城市、某次战斗，他要做的是给全人类指出苦难的根源，从而达到净化人类灵魂、超度人类向善的目的。所以释迦曾说：“虽然一个人和一千个敌人对战一千次，如果他能征服自己，他才是一个更伟大的征服者。”佛教强调人的“内省”与“克己”，这点同中国的儒学有某些近似，而与古希腊精神相对立。由此我们可以看出，释迦佛像造型的微笑与希腊雕刻造型的所谓古风微笑，其社会生活背景及其所隐含的哲学思想是不同的。虽然都是微笑，但形似而神移，这也是显而易见的。

因此，有的学者认为，以佛家为代表的文化是慈悲的文化，而以希腊为代表的欧洲文化是正义的文化，并以释迦同基督的一生相比较作出了理论考察。

释迦是从摩耶夫人右腋诞生，基督是玛利亚所生，二者的出生都具有神奇色彩；释迦虽为太子，但却是“人”之子，而基督一诞生就具有威灵，是神之子；一个认为人都有佛性，凭着自己的毅力、智慧、恒心皆可成佛，一个则以神灵自居，主宰着人类的吉凶祸福，操纵着万物的生死荣辱，这种地位，凡人是不可企及的。

释迦是自然的死，基督是被杀而死，一个视生死无常，在涅槃佛像中表现出超然、达观、微笑，一个被钉死在十字架上，表现出痛苦、绝望、悲哀。一个进入金棺安乐而死，一个升入天堂，飘然而去。一个给众生播下慈爱的种子，一个给信徒留下复仇的火焰。一个是慈悲为怀、普度众生，一个是“疾恶如仇”，为伸张正义而作“最后的审判”，紧握“正义”的标尺，自命为真理的化身，大行复仇与屠杀。所以尼采就曾以此探究了犹太人的“怨恨的伦理”。佛教以死—悲哀—达观—微笑展开感情的伦理，基督教则以死—绝望—愤怒—复仇—审判沉溺于情感的伦理。二者的区别是显而易见的，也许因上述的例子，进一步使我们联想到：一个将社会矛盾推演出顺应与和谐，一个将社会矛盾激化为对立与斗争的两种不同的宇宙观。

我们姑且不谈两种文化性质的名称是否准确，也不去研究它是否符合东西方社会的实际，单就这“微笑”的哲学含义及文化背景而言，我想上面的比较是可以成立的，是能够引起我们思考的。社会的形态及其文化的心理，必然要反映到客观化了的艺术中，这是毫无异议的。

二、阿弥陀如来像产生的历史背景

阿弥陀如来像同释迦如来佛像，表面上看没有多大差别，都具备“三十二相”“八十种好”，这是佛像的共同点，其区别在于手的位置、手指的姿态，即前文所述的“印相”。

阿弥陀如来的印相最多，可分为九品（种），它与释迦如来佛像的印相显著的区别是：双手的拇指与食指或中指、无名指捻作轮形，由捻二指的手的位置而分为上品上生至下品下生九种。拇指与食指捻轮时为上品印，与中指捻轮为中品印，与无名指捻轮为下品印；两手同捻上品印在膝上对结称为上品上生印，举胸前为上品中印，两手分开，右手向上，左手向下，即称为上品下生。照此类推，拇指捻中指作轮，则产生中品上生，中品中生，中品下生；拇指与无名指捻指作轮则形成下品上生、下品中生、下品下生。一般在雕塑或绘画的阿弥陀如来像中多取上品上生与上品下生印。这些印相代表着净土来迎的意思。

有关阿弥陀如来佛及其净土变的雕塑与壁画，在莫高窟留下了许多鸿篇巨制，特别是净土变壁画，占有极为重要的位置，时间跨度大，艺术上也取得了辉煌的成果。

据敦煌文物研究所多年来对洞窟内容的考察统计，绘制“经变相图”的有：西方净土变198壁、药师变96壁、弥勒净土变87壁、维摩诘经变68壁、法华经变36壁、天请问经变33壁、报恩经变32壁、华严经变29壁、金刚经变17壁等，这些数字告诉我们两个方面的情况：一是因经变图的大规模出现而显示出的中国佛教艺术的题材和风格的转变，以及莫高窟壁画艺术的特色；二是由莫高窟所绘西方净土变的壁画所占的显要位置，而显示的信徒们崇拜对象的心理变化。

释迦前世的故事，即佛本生故事，表现了释迦所以成佛的因果，这种自我牺牲、长时间地苦行、修炼法力等，使成佛的道路太艰难，凡人很难作到。“佛”与“人”仍然是相对立的，佛似乎也显示不出更多的优越性和诱惑力。因此，各种经变故事的出现弥补了人们心理情感上的断裂层。而阿弥陀佛的净土信仰即只依靠念佛便可以成佛，死后便可以进入西方极乐世界的莲台上，闻阿弥陀佛讲经说法，获得正果，为人们通向彼岸世界，打开了方便之门。它劝慰信徒们关键在于自己的心，心诚则灵，“能念之心，即所念之佛；所念之佛，即能念之心。所生之极乐，即能生之心；能生之心，即所生之极乐”。正如释迦所说：“宁静来自内心，不要到外面去寻求它。”也就是净自心，心生极乐。这种任何人都可能做到的简易法门，何乐而不为？故隋唐之世，造阿弥陀像，绘西方极乐世界净土变壁画之风大盛。

莲花飞天藻井
初唐　敦煌420窟

三兔莲花飞天
隋　敦煌407窟

我国净土念佛法门的滥觞，当推东晋慧远以阿弥陀净土立宗，慧远于东晋孝武帝宁康三年（375）派弟子支法领法净，自扬州往西土寻众经，在于阗国得《华严经》。慧远于东晋太元八年癸未（383）入庐山，后于东林寺置禅院。那时天下大乱，当代名士，多慕慧远之名，入庐山求学。名画家宗炳，文学家谢灵运、陶渊明等皆是。

据慧皎《高僧传》记载，元兴元年（402）时，刘遗民等123人弃世遗荣，依远游止，慧远乃于精舍无量寿像前，建斋立誓，共期西方。

慧远本来是北方人，为道安的弟子，随道安逃难至襄阳，当他的师父道安被苻坚带回北方时，他只好南下，上了庐山。庐山在东晋初很有名气，玄学家翟汤、名僧竺昙无兰皆居于此。慧远的到来，将我国北土佛法，主要是大乘佛教经典般若空性在这里与南方盛行的玄学相适应相融合，助成了慧远的阿弥陀净土立宗并扩展与传播。至南北朝时代净土念佛的风气已遍及南北中国，风靡一时，至隋唐而进入极盛期。

描绘极乐净土的画，叫作净土变，或叫作净土变相图，又称净土曼荼罗。

净土宗劝人念佛，死后即能进入西方极乐世界，但世人难免有所动摇，产生杂念，释迦如来佛的态度是不受诱惑，坚定信心，朝极乐彼岸世界走去；阿弥陀如来佛的态度是我就在西方极乐世界，召唤众生心无旁骛，一心念佛地走过来。因此，他们之间的区别又有了释迦说去，阿弥陀说来，这一“去”一“来”，便有了所谓的“遣迎二尊”的佛像，甚至有了所谓的“二尊院”。

因此，阿弥陀如来像的塑造及其净土变相图，实则是彼岸世界的构成图——一个往生的极乐世界，这是那个时代人们所能想象与憧憬的世界。

《观无量寿经》记载着一个动人的故事：在摩揭陀国的首都王舍城，有一太子名叫阿阇世，受恶友调达的唆使，将父王频婆娑罗囚禁在七重室内，欲将之杀死。阿阇世的母亲，频婆娑罗之妻韦提希，洗净身体，以酥蜜调小麦粉涂在身上，又将葡萄汁盛入瓔珞孔中，偷偷地往幽室侍奉自己的丈夫频婆娑罗王，使大王免除了饥饿，保持了生命。经过三七日之后，阿阇世问守门人，父王频婆娑罗是否已死，守门人说还没有。后阿阇世查明真相，极为愤怒，欲害其母，此时有月光与耆婆二大臣，冒着生命危险苦谏，阿阇世才免杀其母，而将她幽禁在深宫内，不许她再出来……韦提希夫人被幽禁后，悲伤至极，泪如雨注地向释迦佛倾诉道：“我再也不想活在这种恶浊的世间，请让我脱离这苦海吧，惟愿往生无忧国土。”释迦佛面对这位悲泣的韦提希夫人，即时放光现十方光辉净妙国土。于是，韦提希得赖于佛力，看到了阿弥陀净土彼岸世界的美妙，而得以信仰，走入正觉之途。

《观无量寿经》以人世间的艰苦悲怆的故事作为背景，来表述净土的伟大魔力，以寄托从苦难人生中解脱的理想。

韦提希还真算是幸运的，因为她能得到释迦佛亲自说法指点，能看到阿弥陀净土，感到有盼头，且正处于所谓正法时代，也即教、行、证完整存在的时代，也就是处在修行最为理想的时代。

佛教徒将释迦如来佛流布的情况按时间划分为“正”“像”“末”三法：“正”法时代即释迦佛入灭后五百年间，这期间佛教能“正确”地被传承，修行也比较容易，“正觉”也能正确达成。“像”法时代即五百年后至千年间，此时代虽有教行，但无正觉，也即是虽能读经典、修行，但很难得到正觉的时代。这个时代虽然不如正法时代好，但还说得过去，不算最坏的时代，也就是说从释迦入灭起的一千五百年间，都还属不坏的时代。但这以后就不行了，佛教进入了“末”法时代，这时代将延续一万年，也就是永远这么下去。此时代只有教而无修行，亦无正果，所以是最糟糕的时代。此时代依靠自力不可能解脱，所以对佛教徒来说，极害怕进入这“末”法时代。其实，真正最害怕的还是释迦教义的忠实执行者，他们提出“末”法时代不过是号召信徒尽早皈依佛门，一俟真正接近“末”法时代，他们又会提出自我解嘲的办法。阿弥陀佛的信仰就是其中之一。阿弥陀信仰只依靠念佛即可以往生极乐净土莲花台，闻阿弥陀佛说法，并能获得正果。这种比较简易的法门，任何人都能接受。

敦煌壁画中有不少“十六观”的壁画。十六观图是从《观无量寿经》中得到启示，以十六个不同境界的画面对经文进行描绘，信徒一面念佛一面观照，按十六观图的顺序，一一观想这十六个美妙的世界，直至十六观全部想到，一个完善的西方极乐世界即呈现在眼前。这十六观多描绘在净土变相图的左右，中间便是以阿弥陀佛为中心的极乐世界，圣众配置于观音、势至以下两旁。经过十六个“观景”的“观想念佛”的法门，对一般人来说还是较难的，但比起苦修来，似乎宽松多了。当然，像发展到后来的只要念“南无阿弥陀佛”，诚心专意便能成佛，那才是最为简易和受到普遍欢迎的修持法门。

对阿弥陀佛的信仰与崇拜，在我国起于充满绝望与不安的南北朝时代，昌盛于隋唐盛世。看来，它似乎有治愈对现实的绝望、消解对死的不安的一面，也有憧憬彼岸、对未来充满美好愿望，获得精神寄托、满足永生快乐的一面。

人类不同于一般动物，其主要特征即在于拥有思维、想象和对未来充满憧憬。人类之所以能生存、发展、创造，就在于永远充满了希望，没有希望就不可能有创造。阿弥陀净土变相图，即是人类对美的憧憬、想象与崇拜，也是对自身创造的赞美，虽然我们后人常批判这是“虚妄”，但虚妄的活着实在要比无望的死亡要有意义得多，特别是作为人类的精神创造物——艺术，没有希望，没有想象，当然也就不会有艺术。灭绝希望的人，必定是灭绝创造与灭绝人性的疯狂，其结果也必定是走向自我的灭亡。

从伦理的角度来讲，任何人在世积善，来世便可进入西方极乐世界；若在世作恶，那就会堕落至地狱。不是吗？为人做了“善”事，内心会趋于平静；做了恶事，内心会不安，这“不安”，也是一种无须外力的报应。这种因果报应，在那个时代无疑会有它惩恶扬善的积极作用，让人们在心中产生对美与善的向往。但这里它所提供与启示的只是“自然的人”，它还不可能将认识提高到“社会的人”。因为凡不是出自本能的“善”，都是为了达到某种“恶”的目的。因此，这种对彼岸世界憧憬的思想是脆弱的，因而它极易为权势者所利用和愚弄。

随着时代的更替，思想的变化，阿弥陀净土宗的思想也随之有所改进，从繁杂到简易到只须念“南无阿弥陀佛”，便有阿弥陀来迎至极乐净土。因此与之相适应的阿弥陀佛的造型，也从坐佛变为立佛，印相也由定印变为来迎印，佛与人的距离越来越小，关系越来越亲近。这种改变的根本目的仍在于因果报应，呼唤起人类“善”与“美”的本性，同时消除人们对死亡的不安与恐惧，“化人间为庄严净土，变地狱为极乐世界”，净化人类的灵魂。

因此，有的学者认为释迦如来象征“善”，而阿弥陀如来则象征“美”。这“善”与“美”本身不正是人类的希望与追求吗？不正是那个时代，人类精神的物化？

三、药师如来佛及其利益现实的思想

敦煌壁画中药师经变图计有96铺，仅次于阿弥陀净土经变图而居第二位。

药师如来佛的经典在我国被翻译的时期是隋炀帝大业十二年（616）。

在造型上，药师如来佛与释迦如来佛没有显著的区别，而且印相也相同，均作施无畏印和与愿印。

据经典载，药师佛两旁以日光、月光两菩萨作二大胁侍，并且列载誓愿侍卫药师信者的十二神将。

药师佛的制作，通常有坐姿与立姿两种形式。在台座上结跏趺坐的药师佛似在审视众生的病灶，以期解救众生；站立的药师佛，似在向祈祷者走来，较之坐像更增加了亲切感。

在敦煌壁画中，药师变相图的表现较之西方净土变毫不逊色。药师佛两旁的日光、月光两菩萨，似在象征着现实人间，十二神将履行守护信奉药师如来佛信者的职能，表现护法者的性格被塑造和描绘为威严的武士形象，这些以补充和完善药师佛利益现实的思想。背后各竖长竿，竿头有幡飞舞，重楼叠阁，圆堂虹桥，水池中有白莲，虚空中有飞鸟，舞乐的配置与西方净土变相近。

在药师如来佛像的背光上，常配有七尊如来像，象征七佛像如来面对着四面八方世间的众生，表示悲悯与关注。药师佛的造型，到后来才正式与释迦如来佛造像拉开了距离，其左手持药壶，右手持锡杖。

唐玄奘在所译的《药师玻璃光如来本愿功德经》中载：“玻璃为地，金绳界道，城阙宫阁，轩窗罗网，皆七宝成，亦如西方极乐世界，功德庄严，等无差别。”

从药师佛像的成立及其职能和所处的环境，我们可以明白他是利益现实的佛，他是可以清除人类病魔、保护人类远离病难的佛。较之于为消除人类最大的恐惧——死亡，赐予安慰感的阿弥陀佛，他似乎显得更为现实和亲近。由此看来，笼统地说佛教学说是出世的哲学，或说以入世的内容达到出世的目的的结论，显然是片面的。生老病死是人类最敏感的问题，也是最关切的问题。实际上佛教的思想正是从这里展开。虽佛传故事，宣扬佛前世的好善乐施，在世的苦行与法力，教化众生的德行等，但此时的人们已经不把释迦看作现实的人。不管怎么宣扬，佛与一般的人的距离是无法消除的。于是，有了大乘的净土宗及其法门的崇拜，使人们以祈求净土为目的。阿弥陀净土的出现，以念佛修往生西方极乐世界，解除众生对死的恐惧与不安，这似乎与人生在世，消灾迎寿的愿望是一致。因为人们总是尊重生的现实，于是有了利益现实，念佛消灾延寿，修当世福寿的药师佛。因此，这种佛在民间流布较广，为众生所欢迎。

大乘佛教的教义已与原始佛教、小乘佛教教义不同，它更面对人生，它不止于求自己的彻悟成佛，而且也要引渡他人到彻悟的道路上来，也就是“上求菩萨，下化众生”所显示的精神。按此精神贯彻下去，就要有各种各样的佛，也就是上文所列举的部分佛所体现的思想。这些佛都是在释迦之后出世成佛的。他们从各个方面关注于人类的生、老、病、死，具体地教化人类摆脱苦难。因此，这些佛都有具体性格特征，各司其职，但又统一在以释迦如来佛为中心的佛教思想体系里。药师佛，实则是由后世创造和由释迦如来佛所派生出来的佛。这些面向人生的各种各样的佛，究其本质是人生各色各式的生活所幻化的情感、思想和意志的具体产物，它立足于人生，也面向人生，其目的是完善人生。药师如来佛的出现进一步证明了这点。当然这“药”只是精神上的，但认识到药对人生的重要，自然也是可取的。“药”的存在，“净水瓶”的出现，即是对现实人生的认同与回归。

报恩经变　中唐　敦煌154窟

卢舍那佛　北周　敦煌428窟

卢舍那佛　盛唐　榆林17窟

四、大日如来佛像的产生及思想背景

大日如来佛的梵名叫作摩诃毗卢舍那佛，常被称为大卢舍那佛，或卢舍那佛，均象征至高至圣、光明灿烂，意为统辖宇宙之佛。因此卢舍那佛被认为正是由他变化成释迦，在菩提树下说法，尔后出现于所有的世界。因此，卢舍那也被视为佛教的本源之佛，正是他将各种各样的如来佛的思想，统一为体系的。卢舍那的世界，是统一一切的世界，也即由每一尊佛各自发挥的理念又有所统一的世界，卢舍那佛为统一一切佛的佛。

敦煌莫高窟北周428窟南壁画有卢舍那佛像，左手执衣，右手作说法印，法衣上布满着山岳人物，佛身体中央画作须弥山形，山顶有仞利天宫，山前坐着裸身的阿修罗。须弥山下，有铁围山，屋内有一佛的坐像，象征“人间道”；佛的膝上部，绘有各种鸟兽，表示“畜牲道”；下段法衣衣裙部分，绘有举手狂奔之人像，代表着“地狱饿鬼道”，用以象征从天界至地狱一统华严的世界观，集宇宙万物于一身。这种思想的产生约在公元3世纪末叶，而载于4世纪我国所译的《华严经》《梵网经》《观音普贤陀罗尼经》。

稍后，形象又有了变化，头部结高髻，带宝冠，着华贵手饰。衣上装饰最为华丽，这些都区别于所有如来佛。也许因为释迦是由卢舍那变化而来，释迦变化之前为王者，故其造像有王者的风采；也许是为了统辖一切如来佛、菩萨、明王、天等诸尊而显其独尊的地位；更可能是以他的形象及华丽的装饰所囊括和综合诸佛的一切特征，用以象征它至高至圣，统管宇宙万物。

卢舍那佛初看形同菩萨，但他同菩萨又不同，他所作的印相，既区别于其他佛，更区别于菩萨。卢舍那佛所持印相，除前所述，另外还有法界定印。这种印相，很能说明卢舍那佛在诸尊中的地位及其职能。法界定印常用于卢舍那佛坐像，即双手掌朝上，重叠于膝上的禅定印。此印相象征理念和智慧，象征达到彻悟的最高境界。显示其至高至圣、泰然自若、神圣不可侵犯的地位。可以看出，这些印相，都来源于对生活细微的观察和认识，以及精心地提炼和概括，产生一种近于符号的艺术语言，这种符号是基于人类情绪的象征性艺术图式。

卢舍那佛成立的思想，体现了《华严经》的无限论的哲学思想。前文已述，《华严经》的主题，即所有事物和事件的统一及相互关系。《华严经》上曾有这样的说法：大佛的每一个莲瓣都蕴含着一个巨大的世界，也即“一花一世界，一叶一菩提”。我们先看到巨大的大佛的世界，继而看到每一小莲台，而坐在小莲台中的每尊佛像，又含有首先看到的巨大的世界。无限的宇宙包含无限小的个体，无限小的个体反映无限大的宇宙，个体本身也是一个宇宙，也即人们常说从一滴水见大海，大中含小，小中见大，从刹那到永恒，从微观到宏观，周而复始，无穷无尽的宇宙。我不敢说《华严经》所表述的这种宇宙无限论的哲学思想，来源于周易与老庄哲学思想，但与八卦所展示的宇宙原型，以及“道”所体现的万物归于一体的思想极为接近。这是大乘佛教对原始佛教的一次革新，这次革新起于西域，完成于中原地区，突现在临界点的敦煌。

革新的思想基础从哪里来？至少可以肯定，老庄哲学无限论的思想给予了《华严经》以巨大的影响。因为原始佛教没有这种无限论的明晰思维和认识，更没有系统的论述。而那时整个西方，包括哲学思想发达的古希腊，也还没有进入角色，只是到了17世纪的德国思想家莱布尼兹在思考一种单子论的同时产生了认为一个个体，含有无限大的宇宙的思想。众所周知，莱布尼兹的无限论的思想来源于周易、老庄。他的微分学的发现也受到了八卦二进位制的影响，因此英国李约瑟博士根据现存的莱布尼兹的书信和手稿，认为“从中听到了很多中国思想的回声”。所以，卢舍那佛所体现的思想，其背景上涂上了浓厚的道家文化思想色彩是可以成立的。

显然，卢舍那佛的世界，是将众生的智慧与想象引向对无限宇宙的认知境界。

后期大乘佛教，逐渐向密宗的方向发展，互相融合掺杂。佛教将奥秘而庄重的宇宙生命称为“密”。因此，密宗以宇宙生命为对象，将大乘佛教看成初步的阶段，称之为“波罗密乘”，而将自身则视为高级的阶段，名之为“真言乘”。真言密教的教义更接近于自然，从宇宙无限的生命中，探究人类自然的心性。

密宗由开元三大士传入中国。密教修行之法门，分金刚界、胎藏界二部。

金刚属智，寓意男性，属阳；胎藏属理，寓意女性，属阴。所属金刚，示意其体坚固，能摧毁一切烦恼有如金刚，也即没有什么法能破他，但他可以破万物万法。所谓胎藏界即表明密教系以地、水、火、风、空五大及净菩提心为本的理性，这种理性摄一切诸法，具足万德，犹如母胎含藏子体。为了与大乘、小乘相区别，也叫“金刚乘”。后来，金刚乘又有了变化，教理更为通俗，简明易行，所以又被称为“易行乘”。金刚乘密教的成佛办法本来已经简易，主张“即身成佛”，而“易行乘”则更简单，主张“立地成佛”。他们认为成佛为常人的“快乐”原则，及达到的最高境地。他们将“快”“乐”最后归之为男女的性欲，所以他们的瑜伽方法，必须是同女人配偶，并称此为手印。同时，他们还对人的生理作了许多研究，提倡用瑜伽的方法来控制自身内部的所谓“有生命的风”，就可以使人的生命不受时间流转的影响，而得以长寿，以至于脱胎换骨，变人身为佛身。密教发展到最后，以所谓“时轮乘”而告终。

关于密教的性爱快乐成佛，这里的“佛”实质已是有关心性和人的意志的教义，因此得到社会广大群众的欢迎。但却被新老儒学家们抨击为“淫秽低级”的“下流感情”。在这点上，它的思想及其认知似乎与道教的情感与认知相通，既不是性掩盖，也不搞性虐待，而是顺乎自然。悟其智理，它比儒家更入世，更肯定现实，更回归自然。

奥古斯特·倍倍尔在《妇女与社会主义》一书中写道：“在人的所有自然需要中，继续种属的需要是‘生命意志’的最高表现。这种需要深深地埋藏在每一个发育正常的人身上，到成年时，满足这种需要是保证人的身体和精神健康的重要条件。”路德也说：“如果有人想抵抗自然的需要，因而不去做他们所想做和该做的事，那就犹如一个人希望自然界不再是自然界，希望火不会灼人，水不会打湿东西，希望人可以不吃饭，不喝水，不睡觉一样。”伯特兰·罗素在谈到基督教的禁欲主义的时候说：“……回避绝对自然的东西，就意味着加强，而且以最病态的形式加强对它的兴趣，因为愿望的力量同禁令的严厉程度是成正比的。”

因此，密教教义恰恰是那个禁锢的无情世界中一条清澈的小溪，它只能在敦煌那样宽宏、开放的边远地区流淌着，而不能进入河床高筑的禁锢的中原地带。因此，在内陆没有或很少留下它的痕迹，这样，反倒助成了敦煌佛教艺术与内陆佛教艺术的又一区别。

敦煌自盛唐至元代，都曾留有密宗题材的图像，存有密宗经变、佛顶尊胜陀罗尼经变，大日如来佛像以及曼荼罗等雕塑和壁画。

也有认为大日如来是由卢舍那如来佛变化而来。两尊系同一系统的佛，只不过卢舍那佛是《华严经》《梵志阿阏经》《观音普贤陀罗尼经》所说的佛，大日如来则属《大日经》《金刚顶经》所说的佛，都认为自己是佛教本源之佛，统一一切佛的佛，它们之间有联系，也有区别，联系即大乘佛教是密宗的基础，即所谓初步密教，是后期大乘佛教得以继续发展的依靠。大日如来佛所体现的思想，更加世俗化，更加接近对宇宙人生和大自然的显现和回归。

大日如来的世界，实际上也即卢舍那佛的统一一切的世界，也即曼荼罗的世界。所谓曼荼罗，其意义为集合或者说总汇与本质。也即表示佛的集合与彻悟的本质。

大乘佛教创造了许多的佛，但这些佛是怎么统一于大日如来佛的，我们从胎藏界曼荼罗图式可以看到这种统一的方式。图式将佛的集团分为十三院，其中央为中台八叶院，此院以大日如来为中心，围绕大日如来的是宝幢如来，开敷华王如来，无量寿如来，天鼓雷音如来，以及普贤、文殊、观世音、弥勒四菩萨。从中台八叶院的图式我们可以窥见彻悟大觉的过程。四尊如来表示佛立宏愿，进入正觉而成就的过程，四尊菩萨则表示佛修行的过程。同时我们可以看到以大日如来为中心的诸神、菩萨都得到了合理安排，再配上围绕此院的表示破化迷妄的持明院，表示广大知识的遍知院，表示慈悲的莲华部与表示智慧的金刚院……最外层则有最外院，配以佛教以外的神作护法神。

首先这样的组构图式，既是佛教教义思想的图解，也是密教向世俗化逼近的注脚。它恰如以皇帝为中心的封建国家机制的建构图，说明它步入了“红尘”，迎合了儒家的正统观念。其次，大日如来佛的造型近乎凡人，装饰极为豪华富丽，取人间帝王的装束，说明他对现实的肯定，对世俗情感与快乐的赞美。本来，世人和王者在佛家的眼里是尘世的凡夫俗子，大日如来佛的装束实际是对以往清贫、简朴、苦修的诸佛的否定，而转向于对现实、人生的肯定与追求。《大日经》载有这么一句话："因使有情界爱乐。"这简直是对原始佛教和以前部派佛教的背离。密教肯定了"有情世界"，而且认可了音、色的快感和意义。其三，大日如来佛是象征着把握生命本质的神和创造的神。他作为胎藏界、曼荼罗与金刚界曼荼罗的主尊，他的极特殊的手印智拳印颇耐人寻味：印相为两手作拳状于胸前，右手握左手的食指，作实现思维的情态，也似象征理、智的和合，男女的交媾，天地的合一。特殊的印相，传达了大日如来佛的特定的思想内涵，即生命的本源为和合，人间生命与宇宙生命融为一体，是无限创造力的源泉。看得出来，密教是企图以性的象征去把握生命的本质，剖析生命的奥秘，而与道家的思想取得了联系。密教的世俗化、人间化，逐渐使它用自己的双手剥去了宗教迷雾的轻纱幕，裸露出丰腴、艳丽的肌体，回归于宇宙、现实与自然的人生。这恰如一个人使劲地朝西走的时候，他的终极却在东。

在敦煌元代465窟主室窟顶藻井，画有大日如来佛一铺，东披画阿閦佛一铺（象座），南披画宝生佛一铺（迦楼罗座），西披画无量寿佛一铺（孔雀座），北披画不空成就佛一铺（马座）。接下来是东西南北四壁均画有曼荼罗以及众多的小图像……这个画面实则以大日如来佛为主宰，表示统一一切的世界，也即表示佛的集合与彻悟的本质——曼荼罗的世界。从题材内容到风格形式，在敦煌莫高窟算是最为特殊的。

以上简述了莫高窟艺术内容中主要的如来佛像，所谓"佛"就是觉者，即对人生的根本道理有透彻觉悟的人；所谓"如来"，即成正果、正觉之众佛，也就是在佛教里所说的最高理想境地的佛，它象征着完美圣洁的神格。

从以上分析我们可以明白：释迦如来佛代表善的价值，阿弥陀如来佛代表美的价值，药师如来佛则代表利益现实的价值，而大日如来佛则代表知的价值，显现了各尊如来佛的象征意味和思想内涵。

除卢舍那如来佛、大日如来佛外，其他诸尊如来佛都可以视为表现释迦如来佛为行导教化大众，具体施教化行动的佛。因此其装扮与造型同释迦佛相同，都为披宽袈裟的出家装束。而卢舍那如来佛与大日如来佛，从敦煌雕塑与壁画艺术中可以看到有如菩萨像的带宝冠的华贵装饰等。

各种佛像的创立，反映了佛教在各个时期各地域发展的适应性与融他性，同时也反映了佛教经典与教义随时代和地域所产生的变化以及它的兴起和衰退的全部历史。

下文再简述敦煌艺术内容中另一重要部分——菩萨。

五、菩萨的造像及其思想内涵

菩萨，在我国民间广为流传，几乎家喻户晓、人人皆知，成了慈悲的代名词。“菩萨心肠”成了人们对善良人性的赞美。佛教能在中国的流播，菩萨的意志、行为给予了它有力的支持，菩萨在众生心目中的影响为佛教增添了光彩。

爱别人，让自己生命的智慧在所有人的生命中复苏，“生命因为付出了爱，而更为富足”，这就是菩萨所体现的思想。

自敦煌从北魏时期有说法图开始，便有了菩萨。隋唐后，说法图减少，而单身菩萨增多，且穿着也为俗装所代替。菩萨的世俗化从隋代即已开始，至西夏已落入“红尘”，参与世俗与现实人生的纠葛，人们又用良知和智慧创造与完善了它。

但菩萨究竟是什么，它的身世如何？知之者甚少，熟悉的人不多。

菩萨，即是菩提萨埵的简称，本用于称谓成佛以前的释迦，也用于生前转世的释迦，因此出家以前的释迦也称为菩萨，也就是求佛果，行进中而修行的觉者，广度众生的觉者，它的职能是自觉、觉他，教化众生，救济众生。

既然菩萨仍是人，是即将成佛的修行中的人的形象，因此，菩萨的形象特征常以出家前释迦的形态为依据，即王子悉达多的形象。他英俊，体态匀称，头结高发，有时戴宝冠，上半身为裸体，装束华丽，有头饰、颈饰、腕钏、璎珞、天衣等装饰，下身着裙，脚穿凉鞋。但因为菩萨是将来要成为佛陀的人，所以基本造像也具有与佛陀相似之处，眉间的白毫，手足缦网相等。

在大乘佛教中，菩萨的意思已不一样，菩萨不再是修行中即将成佛的人，而认为他本来就是佛，只是为了救济众生不去做佛，不愿意安闲地坐在净土的佛座上，宁愿深入婆娑世界，救苦救难于众生。菩萨曾有一誓言：“只要地球上还有一个灵魂未得到拯救，正陷入人世的束缚和烦恼之中，我自己就不进行涅槃，不住涅槃。”大有一点先解放全人类，最后解放自己的精神。

因此，德国学者凯瑟林在他的历史名著《一位哲学家的旅行日记》中写道：“其实，菩萨是在向罪恶的世界发出召唤，因为他了解与这个世界有关的事情。他达到了‘无我’的状态，他知道自己的根源在于神灵，但是，他的存在又与所有的存在者紧密相连。因此，他像爱自己那样爱一切存在。在所有的存在完全反映出神性之前，他是不能休息的。具体表现出人类的进步目标的是菩萨，而不是贤者。”在中国人的心目中，菩萨备受敬重，且人们常常将菩萨当成佛。菩萨与佛似无区别，人们看中的当然也就是菩萨利他的精神与目标。

正因为菩萨要普度众生，教化和救济众生，即显示“上求菩提，下化众生”的境地。因此菩萨的种类不少，特别是菩萨的利益现实方面的行为，要求有利益现实的多方面分工的菩萨。菩萨的设置，随着大乘佛教的发展而发展，而随密教的传播而增置。

在我国，常以浙江普陀山为观音菩萨的净土，山西五台山为文殊菩萨净土，四川峨眉山为普贤菩萨的净土，安徽九华山为地藏菩萨的净土。

敦煌壁画与雕塑艺术中描绘的菩萨有：弥勒、文殊、普贤、空藏、大势至、地藏、引路……从名字即可看出各路菩萨均有象征利益现实的定位、定职，其中仅观音菩萨又分为水月观音、千手千眼观音、不空羂索观音、马头观音与准胝观音、如意轮观音、圣观音等，真是名目繁多，分工细密。

观音菩萨与势至菩萨是阿弥陀佛的胁从，观音体现慈悲，势至代表智慧；文殊与普贤是释迦佛的胁从，文殊体现智慧，普贤表示慈悲。平常念佛时释迦的胁从文殊先念，阿弥陀佛的胁从则由观音先念，这表示了两尊如来性格的迥异。因为菩萨为变化的佛，它随缘而施，随类显现。因此在这里，面对着众多的菩萨，只能择其最具代表性的分述如后：

观音菩萨　盛唐　敦煌 220窟

观音菩萨　中唐　敦煌112窟

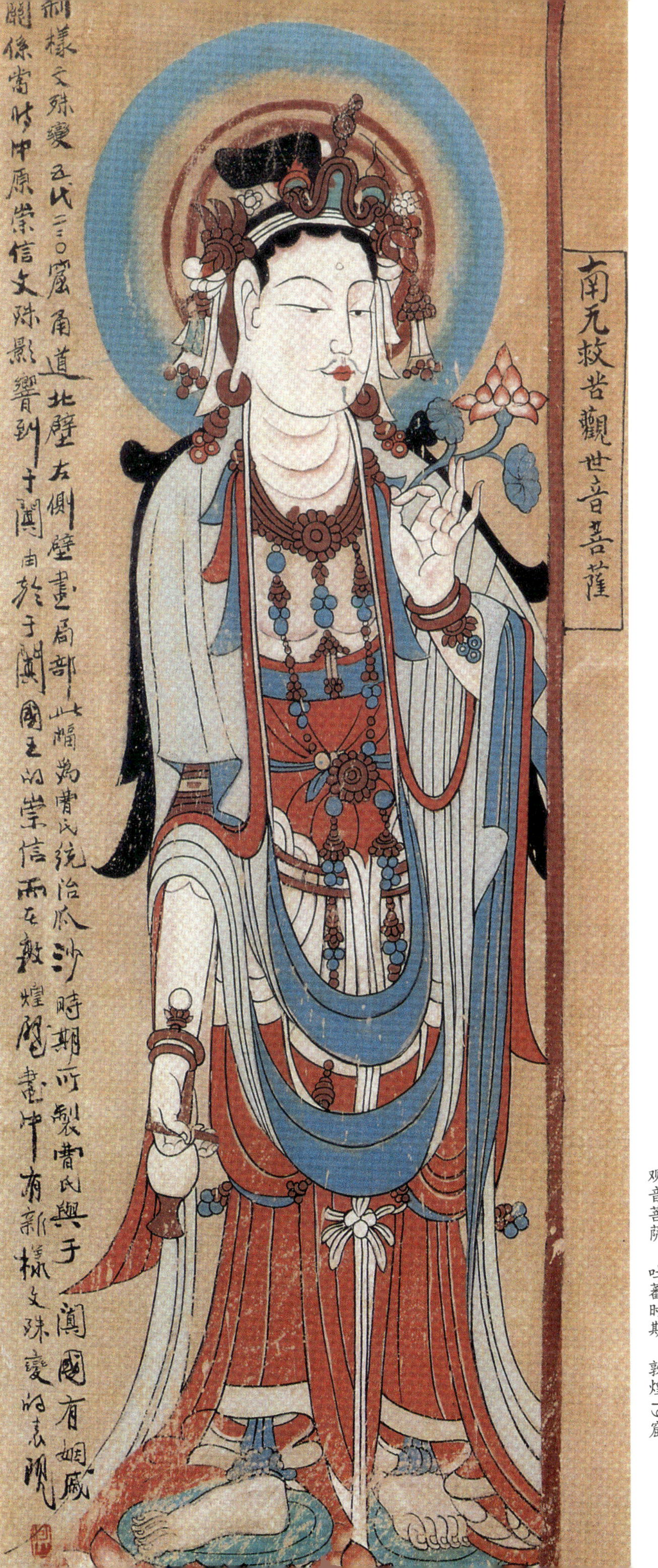

观音菩萨　吐蕃时期　敦煌19窟

水月观音　西夏　榆林2窟

（一）观世音菩萨

“家家阿弥陀，户户观世音”，这是来世和现实两种观念的结合，也是与人类休戚相关的行将遇到和面对着的现实问题，实质上是时代人生的对象化；“观念”关注人类，人类也信仰起这种实际的“观念”。因此，到唐代盛世，如来佛中最有影响的是阿弥陀佛，而菩萨中最受欢迎的是观世音菩萨。历史的积淀，在人民的心目中，佛教的思想似乎就是这两尊佛所体现的思想，可见其影响的深远。

观世音的名称来自鸠摩罗什的译著，竺法护译作“光世音”，鸠摩罗什则从意译，取菩萨观察、听闻众生苦恼，只要一心称名，即可解救世间悲苦之意。玄奘法师直译为“观自在”，意为菩萨欲使众生观诸法而得其自在。故法藏疏云：“于是理无碍之境，观达自在”，“观机往救，自在无阂”。玄奘的译名，从“智”“悲”译出。“观世音”为避唐王李世民之讳，故去掉“世”字，只言“观音”。人们因菩萨能俯听世间声音，有苦有难时呼叫，即可得到救援，因此“观音菩萨”或“救苦救难观世音菩萨”，在民间广为流传。

大约在公元2世纪，观世音其名可能已经流传，但有记载的当属《无量寿经》。观世音是作为阿弥陀如来佛的胁侍者出现。然最初独立的观世音经典，当推《法华经观音普门品》所载：“若有无量百千万亿众生，受诸苦恼，闻是观世音菩萨，一心称名，观世音菩萨，即时观其音声，皆得解脱。”所以遭大海难，念“观世音”即成陆地，遇恶贼盗，念“观世音”则刀杖变成面制。观世音菩萨变化33身，随缘显示应身，寻声救苦救济信仰者，因此也就有了33种不同的观音菩萨。

敦煌的观音像，大都来自佛经，《观无量寿经》中谈到他的仪相：身紫金色，顶有肉髻圆光，以毗楞伽摩尼宝为天冠，冠中立化佛，天衣璎珞，真实色身相。隋唐时代华丽优美，愈到后期，发形、装饰、衣裳愈趋华丽光彩。

6世纪后半叶，已经有了关于十一面观音的汉译经典，此经典所述，由一面二臂的观音像变化至多面多臂的观音像，此后出现了不空羂索咒经的汉译。7世纪前半期，已经出现了有关千手观音的经典。

密教重要经典之一《陀罗尼集经》，在公元653至654年间就有了汉译本，其中除十一面观音、不空羂索观音、千手观音外，又出现了母持一切观世音、随心观世音、十二臂观世音等，而且述及了马头观音、准胝观音的经典，在680年左右译成，表明7世纪中叶名目繁多、丰富多彩的观音像已经布满人间。

8世纪初叶，如意轮观音的经典开始汉译，至9世纪中叶，大约有了十种译经，如意轮观音菩萨也出现了。

名目繁多的观音菩萨，以利益现实的诸多方面，使人们感到亲切和慰藉，灵魂得以净化，从而引发出对生活中美的事物的追求。人们创造美的事物不是为了麻痹自我而是为了情感上的满足。

正因为观音大慈大悲，解救众生，利益现实，而造型又多作华丽，强调肉体的美，充满了人情味，因此在一般的观念里常作为女性看待。特别到了近代和现代，在再创造的艺术品中，观音已经完全女性化。究其源头，观音应是男性，但因他又可以演化为33身众多的菩萨，因此其造型超越了人间男女的性别特征，而作为人类"善"与"慈悲"的情感物化体现。

敦煌壁画中北魏时期的菩萨，头戴宝冠，身上不挂璎珞，亦无胡须，显然是作为英俊少男来刻画的。但后来，特别是隋唐以后的菩萨，皆身饰璎珞，着长衫，披彩带，面容慈悲，闲静端丽，分明是一副女相，但却偏偏又画上了三笔胡须，这胡须可以说是在菩萨身上唯一能发现的男性的重要标志。这种造型特征，盛行于中晚唐，余风流演至宋代，尔后才进入明朗的性变时期，大多的供养菩萨皆作女相。在7世纪中叶以后的经典中，已出现了女性形象的菩萨，如叶衣观音菩萨像等。

众多的观音，面对着人生众多的危难，随缘而显现出自己的神力与实现自己的宏愿，因此各种人间具体的灾难，造就了各种观音的具体形象和性格特征，又出现了象征其性格特征的各种观音造像，现就其主要的分述如下：

十一面观音：别名大光普照观音，为胎藏界六观音之一。有两臂、四臂、

手托日月神的十一面观音　晚唐　敦煌76窟

八臂不等的形象，所持物及印相均有不同，以体现其不同的思想内涵。按经典记载，其造型应是一个身体上长着十一个大小相同但心性不同的头面。这样，用绘画的方式描绘尚可，用雕塑的方法塑造则有难度，且形同怪物，有失观音菩萨的典雅和庄重。古代画师们很少按原经典规定处理，将变化美的丰富与重复美的力量掺和，融化僵硬的经律。

盛唐时期的敦煌148窟，画有好几处此类观音，龛顶东披绘有四臂观音、南披八臂观音等，所绘的本面两侧各有一面，头冠中有化佛一，两旁各一面，头发上部有三个头面，再上有两个面，顶上还有一个面，共十一面，从本面到顶部，各头面渐小。这种反常态的怪异，到后来有所改变，突出了常人的第一面，其他头面减小，上升为装饰。这样，既体现了教义又增加了形式美感，同时也是中国对十一面观音的新创造。

十一面观音的十一个容貌，含有不同的寓意：前三面为菩萨面，作寂静相，表宝部；左三面为嗔面，作威怒相，表金刚部；右三面为菩萨面而利牙上出，表莲华部；顶上为佛面作如来相，表佛部。对十一面的意义，《十一面疏》有释义说当前的三面为慈悲相，乃见善良的众生生大慈心，给予乐。左方的三面为忿怒相，乃见恶众生生大悲心，为之拔苦。右方的三面即见净业者发希有之赞，劝进佛道。后面的暴笑面即见善恶杂秽的众生而怪笑，攻恶，而使之向道。顶上如来面，对习大乘者说最终最上之佛道。这段文字具有两方面的含意：一方面，说明观音的本质是慈悲，而各面相则表明他观察到了世间的善恶、美丑，以便于随类施教。其目的是将众生引导到善与美的成佛境地。因此，观音像的多面系假面，均从属于本来的慈悲面，以多面烘托和强化本面观音性格的本质特征。另一方面，多面像造型观念的成立，表明了大乘佛教对人性的认知和彻悟，对人性所具有的多面性和复杂性的洞察和把握。就像前文所介绍的道家的阴阳互补思想，大阳中含有小阴，大阴中含有小阳。它不同于希腊雕刻确信人性的一面性，单一性而绝对化，也有别于印度教对人性多面的疑惑和不安，它更接近于道家认知的哲学。

不空羂索观音：也属于胎藏界六观音之一。其意义表明在人生的苦海中，以妙法莲华为饵，有如以网捞鱼，将一切苦难众生救济到菩提彼岸，以“羂索”寓菩萨的四摄法，摄取众生，无有空过，故言不空。不空羂索观音的造型，有一面、三面、四面、十一面，有二臂、四臂、六臂、八臂、十八臂、三十二臂等种种相，一般作八臂，为变化最多的观音。

敦煌石窟里有不空羂索观音变57铺，由此可见其影响以及流布之盛。

敦煌所存留的一幅不空羂索观音趺坐宝池中涌的大莲花上，正二手举手胸前，大拇指相捻；第二双手左持宝瓶，右持宝戟；第三双手左持数珠，右持杨柳；第四双手左持军持，右持羂索。

如果说十一面观音侧重于表现认知与智慧的神格，那么不空羂索观音则着重于显示慈悲与普度行为的神格。

千手千眼观音：亦属胎藏界六观音之一，原名为千手千眼观自在菩萨。顾名思义，此观音有千只手千只眼，是以形容手眼之多，威力之大，能洞察世间一切事物，度世间一切众生，象征着它具有最大的神力。

8世纪初叶以后，千手千眼观音一直很盛行，成为观音信仰的中心，被称为莲华王，亦即观音之王。我们看到在现代修复的寺庙中千手千眼观音仍然具有重要的位置。

敦煌莫高窟现存《千手千眼观音经变图》，约40余幅，分布在30多个洞窟之中。最早出现在盛唐，最晚约为元代，以晚唐至宋代最为盛行。一般多绘于前、后室南北壁甬道北壁或甬道顶，但最为特殊的是晚唐161窟的千手千眼经变图，被安置在主室覆斗式顶藻井中央，形成以经变代替藻井图案的装饰，另外盛唐148窟图像安置于洞窟后室东壁甬道口的上方，将甬道口上端的盝形结构当成水池，使壁画同建筑结构自然结合起来，形成一个整体的意境。

敦煌元代3窟绘有极为精致的千手千眼观音壁画。两旁绘有婆薮仙及吉祥天，其次为四天王、梵天、帝释天、日天、月天等。千手千眼观音的每只手掌中，画有一只眼睛，显然这意思是以千眼观察人类的危难与愿望，并以千手象

千手千眼观音经变　宋　敦煌76窟

千手千眼观音　元　敦煌3窟

征解救人类并赐予人类以幸福的神力，象征“智慧”与“愿行”，即“和”与“行”的神力。

我认为这种玄秘的思辨与超现实的造型表现极具中国文化精神的特色。千手千眼观音集“认识”与“实践”于手，以及手掌上绘制的眼，取一面、单身、多臂来体现造型美感，来寓意其思维与教义，使每一个信徒为之倾心和顶礼膜拜。这不能不说明佛教思想启发了艺术创造的想象，从而创造了艺术品自身的价值。

如意轮观音：是密教在其思想中最后创造的观音。“如意”是“如意宝珠”之略，“轮”是“法轮”，住如意宝珠三昧，能如意说法，救度六道众生之苦，成就一切众生之所愿。此像以造六臂为主，其姿态为竖右膝，左足垂地，坐于自宝池中涌出的大莲花上，作思惟之姿态，一种悠闲自在、若有所思的贵妇打扮。有关如意轮观音的经典，早在8世纪即已开始翻译，至9世纪中叶，计译有十余种之多。

如意轮观音的造型，一般右第一手作思惟状，第二手于胸前持如意宝珠，第三手一般为数珠；左第一手垂于光明山安掌，第二手于胸前持莲花，第三手作擎头指宝轮之姿。主尊头上悬天盖之左右有飞天、日天及月天，下有左右二供养菩萨，池中现难陀及跋难陀二龙王，左右下角并有威怒尊及毗那夜迦之金刚面天。人们对于他的信仰在于此观音所持的如意宝珠所象征的功德，即能财宝如意，而宝轮则象征着能扫除世间一切烦恼与困苦。

敦煌壁画中描绘的如意轮观音变计65铺，多为中、晚唐至宋、西夏时所作。它从一个侧面反映了不同时代的人们对佛教信仰的转变，佛教也从所谓不食人间烟火的最圣洁的殿堂，落入对人间世俗的关注，从认定财宝是人间的最脏之物，到招财进宝，赐福禄于人间。由彼至此，佛教弯弯曲曲地走过了它漫长的道路。

观音的心是利他、利社会、净化人生、净化社会。信仰观音是为了摆脱苦难与恐惧，从而产生希望，人们在膜拜时盼望获得观音所代表的神力的救护。

至于杨柳观音、龙头观音、白衣观音、鱼蓝观音、水月观音等，则纯系佛教传入我国后与各地域独特的信仰相结合的产物，这里从略。

（二）大势至菩萨

《观无量寿经》载：“无量寿佛住立空中，观世音、大势至是二大士，侍立左右。”观音立于左，大势至立于右，作为阿弥陀如来佛的胁侍，组成西方极乐净土的三尊，合称为“西方三至”。

大势至菩萨，也译作大精进，得大势或大势至等。据《观无量寿经》载，此菩萨以其独特的智慧之光，能普照一切众生，永离三途八难之苦，故名大势至。此尊象征智慧和威力，与象征慈悲的观音菩萨成为一对。《大日经疏》卷五载：“如世国王大臣，威势自在，名为大势。言此圣者，以至得如是大悲自在之位，故以为名。所以持未敷莲者，如毗卢舍那实智花台既成果已，复持如是种子，普散一切众生心水中，更生未敷莲华，此尊迹同是处，亦能普护一切众生潜萌之善，使不败伤念念增长。”显示出大势至菩萨的威严功德，以及光华灿烂的神格。

大势至的造像特征与观音菩萨的造像特征大同小异，就是这“小异”，恰到好处地区别了他们之间的性格。《观无量寿经》说：“此菩萨身量大小，亦如观世音，圆光面各百二十五由旬，照二百五十由旬。举身光明，照十方国，作紫金色，有缘众生，悉皆得见。但见此菩萨一毛孔光，即见十方无量诸佛净妙光明，是故号此菩萨，名无边光。以智慧光，普照一切，令离三涂，得无上力，是故号此菩萨名大势至。此菩萨天冠，有五百宝华，一一宝华有五百宝台，一一台中，十方诸佛净妙国土广长之相，皆于中现。顶上肉髻，如钵头摩华，于肉髻上，有一宝瓶，盛诸光明，普现佛事。余诸身相，如观世音等无有异。”

观音、势至仪态相近，相异有三。其一观音菩萨宝冠中现化佛，而势至菩萨宝冠中作宝瓶。其二，观音菩萨左手执净水瓶，右手执莲花，势至菩萨左手执净水瓶，右手则执杨枝，唐时，最流行的持物便是莲花杨枝，莲花示圣洁，

大势至菩萨　盛唐　敦煌66窟

大势至菩萨　晚唐　敦煌196窟

出淤泥而不染，杨枝示清净，轻盈飘忽。净水瓶示净化众生引渡至彼界。其三，观音常立于阿弥陀如来之左，而大势至常立于右，观音能独立成尊为世人供奉膜拜；大势至很少独立成尊，常常作胁侍者而立。

敦煌隋唐时代净土变相图最为流行，在净土变、说法图的壁画中，大势至菩萨的造像表现得十分精致华丽，与观音菩萨共同胁侍阿弥陀如来佛，实现其宏愿和理想，度众生入西方极乐世界的彼岸。

（三）文殊菩萨与普贤菩萨

这是两尊在我国民间流传较广的菩萨，也是在敦煌壁画、雕塑中表现得最多的菩萨。作为释迦如来佛的两胁侍，自北魏有佛说法图以来，便有文殊、普贤并侍左右的造像。自隋唐后，敦煌壁画中“说法图”减少，因此单身菩萨增多，文殊、普贤取得了相对的独立性，如文殊菩萨与维摩诘居士的论辩，普贤演化为普贤延命菩萨，因有增益延命的德分，所以也单独被绘制供奉。唐代以后文殊、普贤像得到广为流布，且各带众多的随侍，成为独立的主尊。在菩萨中文殊、普贤地位最高。

文殊菩萨：又名文殊师利菩萨，译为妙吉祥妙音。在《图像抄》内记载其形象为头戴五髻冠，右手持智剑，左手持青莲华，蓄谓顶上五髻，表示内证五智；右手利剑，表示智慧的象征。文殊乘狮子，系表示智慧而勇猛无畏，属般若经典为《华严经》所记的菩萨。

文殊被称为“诸佛之师”或“七佛之师”。佛也自称文殊为其师，在《放钵经》中有这样的记载：“……威神尊贵，度脱十方一切众生者，皆文殊师利之恩，本是我师……文殊者，佛道中父母也。”文殊主智门，它的智慧修持均有助于佛道，因此佛有时也得承其教化，也就是说，文殊的智慧修持已胜过了佛，但他没有成佛，是为了普度众生，弘扬佛法，把利他放在首要地位，解脱众生，才最后解脱自己。

在敦煌壁画中有许多描绘文殊菩萨的画面，大都为鸿篇巨制。如敦煌莫高窟初唐的220窟东壁门北所绘的文殊菩萨与门南的维摩诘的论战充分展现了作为智慧修持，普度众生、掌理睿智的文殊菩萨的光彩。

普贤菩萨：《大日经疏》说："普贤菩萨者，'普'是遍一切处义，'贤'是最妙善义，谓菩提心所起原行及身口意，悉皆平等遍一切处，统一妙善备众德，故以为名。"普贤造像有作二臂合掌与手持金刚铃两种。前者出自《法华经》系统，后者依据密教仪轨所制作，但一般多为右手持金刚杵，左手执金刚铃，头戴五佛宝冠，乘坐六牙白象。如《法华经劝发品》所载："世人苦行苦立，念诵此经，此尊当乘六牙白象前来献身。"普贤从切实的"行"做起，于是有《普贤行愿品》的所谓应修十种广大行愿，敬佛、忏悔、随喜、习佛学等，广为信众们所接受。因此，普贤的理德、定德、行德与文殊的智慧相配对，象征着"理、智"的一双，"行、证"的一双，三昧般若的一双，成为大乘佛教本身所创造的居上位的二尊菩萨。

文殊、普贤两尊菩萨，从胁侍释迦佛，到成为独立主尊，其间造型变化比较多。这是民族的再创造，也是人间内容、时代思想的渗透。文殊菩萨的净土(也叫道场)，据《华严经》记述为东方清凉山，所以我国的五台山被作为其净土，普贤菩萨的净土被认为是四川的峨眉山。由此可见，这两尊菩萨在我国的创造发展与变化。文殊的形象在密教系经典里，按其顶髻的形状分为一髻文殊、五髻文殊、八髻文殊等，与密教里以普贤延寿命菩萨为代表的有二臂像、升臂像，"白肉色""身金色""宝冠有五佛"等等变化一样，二尊菩萨的形象都是多变的。

文殊又象征智慧，普贤又象征慈悲，文殊表现了"智"，普贤表现了"行"。文殊表示着大智慧为诸佛之母，普贤被认为是一切行为都由此而起，甚至连他们的坐骑狮与象的造型也都含有象征的意味，即表示为恰如驯服猛兽的罪恶与欲望，以无限的智慧与慈悲凝聚为精神与力量，制服任何的猛兽与恶魔，使人心得以净化，世间得以安宁。

敦煌壁画中，有关文殊、普贤菩萨的造像数量较多，壁画文殊变计131铺，

文殊菩萨　吐蕃时期　榆林25窟

普贤菩萨　吐蕃时期　榆林25窟

文殊菩萨　隋　敦煌276窟

普贤变局部　西夏　榆林3窟

普贤变计125铺，还有相当多的雕塑作品，而且就艺术质量而言，各时代均有其特色并达到相当完美的水平。这对东邻日本、朝鲜诸国都曾产生了深远影响，以至于造就了所谓“渡海文殊”在日本的盛行。

（四）弥勒菩萨

弥勒菩萨是佛教所明示的未来之佛。他的住所，谓之兜率天，即须弥山最顶上的天，也即释迦曾修行的地方。现在由弥勒住此院内，对天人说法，同时又自己修行，等待将来降生于阎浮提（即我们所住的世界），在华林园内的龙华树下成佛。因为他是继释迦成佛之后才能成道的佛陀，所以也称为一生补处的菩萨，而将来成道后，即成为佛陀，所以也称为弥勒佛或弥勒如来。也正因为他是将来的佛，所以称之为未来佛。

弥勒菩萨的造像与他成佛前的双重职能有关，其一是“天人说法”，有作交足姿态的造像，右手作施无畏印，左手掌向下置于膝上。嘴角向上微微作笑，容貌纯静慈祥。如敦煌十六国时期的275窟西壁所塑的交脚弥勒菩萨。其二是“自为修行”，则右足平置于左膝上，左足则从台座垂下，头略低垂，右手肘置于右膝上，以手指轻轻支颊，左手自然下垂置于左膝，整个造像表达了沉思时的姿态，故我们又称之为思惟菩萨。这种思维半跏的造型，显然表现了一种悟道前为烦恼所困的思维，可视为释迦成道前在菩提树下作为弥勒菩萨修行的形态。

粗看，似乎弥勒菩萨与阿弥陀佛相同，但其实是不同的，阿弥陀佛是度死者进入彼岸世界，即往生西方极乐世界，在天国建立乐园的佛。而弥勒却不然，他为人们设置了两条路：一是往生弥勒菩萨的兜率天，以求解脱；二是等待将来弥勒下生人间，在人间建立乐土。那时人间会变成理想的王国，气候温和，四季之差极小，各种珍宝充溢于世，人们寿命极长，人人丰衣足食……这样弥勒降生俗界，救济众生，同时他自己也将在龙华树下成佛。

因此有了《弥勒上生经》和《弥勒下生经》二种经典之别：《上生经》描写

关于弥勒在兜率天的天人说法及兜率天的种种妙乐之事。描绘在天宫的弥勒菩萨形象及景况的作品，我们叫作弥勒净土变，这种作品的目的是劝慰众生往生兜率天，得以解脱。而《下生经》则译述了弥勒菩萨自兜率天降生俗界的情况，那时，世界将没有山谷，一坦平原，土地肥沃，丰衣足食，街市热闹，人心安定，世上思想相近，语言统一，是一派太平景象的理想之国。如《观弥勒菩萨上生兜率天经》载："人常慈心，恭敬和顺……雪泽随时，谷稼滋茂，不生草秽。一种七获，用功甚少，所收甚多。"《法灭尽经》中曾说："弥勒下世间作佛，天下太平，毒气消除，雨润和适，五谷滋茂，树木长大，人长八丈，皆寿八万四千岁，众生得度，不可称计。"《佛说弥勒菩萨下生经》里也有"弥勒出现，国土丰乐"的记载。而弥勒则将末法时代不曾受到释迦如来亲自教示而得救的众生，通通予以救济，使他们成佛，因此他广得众生的信仰。

敦煌两尊最大的佛，即96窟西壁我们通称为北大佛和130窟西壁的南大佛，都是弥勒造像。96窟弥勒造像为武周延载二年（695）武则天治政的时代所作，此像高33米，也就是今天的莫高窟九层楼内的大佛。130窟的弥勒像，高26米，造像于盛唐时代，虽晚于北大佛，却保存了原来的风貌。弥勒眼神中所显现的知性和憧憬的光辉正是众生的希望，弥勒面容慈祥的微笑正显示他构建人间佛国的自信，以及对众生充满爱的情感。

弥勒与诸神、诸菩萨一样，有自己的一片"净土"。弥勒净土变，多为表现他在兜率天的乐事及天人说法等场面。这样的净土变相图，在敦煌壁画中竟占有87幅之多，除5幅为隋代所作外，绝大部分为唐代所作，而且构图规模宏大，富丽堂皇。一般正中绘弥勒，右为大妙相菩萨，左绘法华林菩萨，金石为地，琉璃七宝为阁，七宝花树，好一派圣洁庄严无比的净地，它实则是华丽王宫的表现。盛唐445窟的弥勒净土变上方描绘有弥勒与圣众，下方描绘有男女剃度出家等俗界众生皈依佛门的情景。这些分明是当时现实的真实展现，是那个时代的风俗画卷。

从唐代弥勒造像的宏伟，大规模的弥勒净土变壁画的盛行中，我们可以窥见那个时代人们对弥勒菩萨，对作为"未来佛"的弥勒的信仰。这原因主要在于他既具有阿弥陀佛接迎往生者进入弥勒自己的净土兜率天，而且又胜阿弥陀佛，在将来他必降生人间，在众生的住地，建立起人间乐园，实行救济，教化众生成佛，所以弥勒较之阿弥陀对人们更实际、更亲近、更有盼头。而且唐末至宋初，自释迦佛入涅槃已将接近1500年，即将进入末法时代。若进入末法时代，则佛教的信徒已经不能自己修行求得正果，必须依靠他力，信徒们正为此感到不安，甚至绝望和惊恐，这他力就是弥勒菩萨，它既可以将正法时代释迦疏漏的众生，通通救济成佛，也可以在末法时代教化、解救众生，以慈悲的方法，建立起人间的理想佛国。

因此，到禅宗思想泛滥的时代，认为弥勒已经出现于人世间，布袋和尚即现实的弥勒菩萨。于是清正的智者弥勒菩萨演化为大腹便便、言语无状、席地而眠、云游于乡里、化缘于市井的布袋和尚。他大腹常笑，寓意着所谓“大肚能容，容天下难容之事；笑口常开，笑天下可笑之人”。这也从另一个侧面反映了人们对弥勒佛的信仰，已转入世俗的、利益现实的情感方面来。

人类最大的特征是有希望与憧憬，喜欢追寻快乐。希望和憧憬是一切生命的原动力。有生命的希望，才有生命的创造，才有对现实的超越，对已知和被认可的世界的超越，以及基于熟悉的已知世界，向着未知世界追求的勇气和想象。佛教和它的艺术即是这种人同世界的联系和结合最有效的途径。人们对弥勒的信仰，正是基于那个时代人们对“希望”与“憧憬”的选择。我们现代对它的理性结构的批判，无非是新的时代人类新的希望与憧憬，以及追寻快乐的本性、对重建理性结构的渴望。前者滋养了后者，但又被后者所扬弃。人类的永恒希望与憧憬，是不断地对现实世界超越的力量，从而造就了人类社会的进步与更新。

（五）地藏菩萨

据佛典载，地藏之名的由来，即地为万物之母，播下种子即发芽、生长、开花、结果，蕴藏着伟大的功力，故此尊菩萨象征着大地藏有救济众生的伟大

地藏十王　五代　敦煌384窟

功能。自释迦佛入灭以后，地藏则自立宏愿救济六道众生于苦海深渊。这六道即地狱、饿鬼、畜生、阿修罗、人、天诸道。只要口念菩萨之名，一心皈依，即可于苦海中得救，安住涅槃得救。在一般信徒的心目中，地狱被称为超度亡魂的罪孽的地方。在生者将死者托付给地藏菩萨之后，似乎可以使生者得到安宁与慰藉，所以地藏菩萨因解救连结生与死的两界而赢得了人们的信仰。

地藏菩萨的造像，形同比丘，剃发圆顶，不戴宝冠，身着袈裟，左手执宝珠，右手结愿印。但在后世，地藏菩萨的信仰深入民间，因而他的造型有所变化，其左手执宝珠，右手执锡杖，如云游僧人，飘忽四方，救济庶民之苦。他的穿着简朴无华，这样形象本身即增添了亲近感，有助于使他的思想深入到庶民中，并得到广大庶民的认可与信仰。但地藏菩萨造像较特殊的地方在于他的宏愿是为了救济沉沦于苦海的六道众生，所以他常现身配以六道，故此又有六地藏像（这里从略）。

虽然，地藏菩萨有解救连结生与死两界的利益现实的一面，但人们更信服他作为冥府之佛的功德，即解救亡灵的罪孽，减弱生者的烦恼与不安。

按因果报应，死去的人在彼地或地狱受到报应苦，但在佛教徒的眼里，苦，是有尽头的，人的本性是善良的，可教化的，不是愚顽不化的，认为真正的罪人不是他的罪过本身，而是“无明”，一切罪恶都是来源于无知所引生出来的行为。因此就有了大乘佛教奉为神灵的地藏菩萨，以关怀怜悯众生，使众生免受地狱之苦。我们只要看看地藏菩萨的誓愿——“地狱未空，誓不成佛，众生度尽，方登菩提”，这样一种利他的神格，正是大乘佛教所要表述的人格精神。

上面列举了三对六尊菩萨，这些集中地体现了大乘佛教的以“兼善天下”“广度众生”为目标的“自利不如利他”“以慈悲为怀”的中心思想。这种思想被强化，似乎是中国佛教的一大特色。因为从本来的佛教意义上讲，重视智慧胜过于重视慈悲。显然，“慈悲为怀”“兼善天下”的佛教思想在中国的突现与上升，反映了佛教思想的变迁以及佛教信仰形态的变化。同时也说明这种思想的形成是在与中国的儒、道思想的合流中所产生的。因此，菩萨的信仰在中国特别盛行。所以敦煌壁画中出现各种有关菩萨的变相图计546铺之多，而且是作为敦煌艺术中最精彩最富情趣和变化的画面而受到中国信众的关注。

如果说各种如来佛（药师如来除外）象征着宇宙人生的觉悟和理想的最高境地，象征着以圣洁完美人格的智慧和理性教化众生，那么各种菩萨则更偏重于表述以慈悲为本及利益现实等人生诸多方面的思想，体现为教化行为的具体实践。换句话说，即诸如来偏重于理论系列的构建，而诸菩萨则偏重于知行合一系列的实践；诸如来偏重于理想人格的显示，超然物外，高高在上，而诸菩萨则偏重于现实人格的显现，不离尘俗，亲切感人。

在众多显示智慧的理性与显示慈悲的情感的菩萨中，我国更关注于对显示慈悲情感的观音菩萨的选择，这从一个侧面，又提示我们中国文化精神的情感原则，这种原则与道家的认知原则、儒家的主张原则，共同组建了中国的文化精神，以及真、善、美的艺术内涵与准则。

六、佛弟子像——人与神的中界

佛陀弟子有在家和出家之别。在家弟子可以说所有信徒都是，因为凡佛徒，都自称佛弟子，数目自然无法统计。出家的弟子也很多，据说，能证实的阿罗汉果的比丘，那时就有1255人。在这些弟子中比较有代表性的有十大比丘或曰十大佛弟子。他们帮助佛陀弘扬佛法，在体悟佛法的十大方面，显示了各自的修持与行为。如据《翻译名义集·十大弟子篇第八》云："舍利佛智慧，目犍连神通，大迦叶头陀。阿那律天眼，须菩提解空，富楼那说法，迦旃陀论义，优波离持律，罗睺罗密行，阿南陀多闻。"即舍利佛，智慧第一；目犍连，神通第一；富楼那，说法第一；须菩提，解空第一；迦旃陀，论议第一；大迦叶，头陀第一；阿那律，天眼第一；优婆陀，持戎第一；阿南陀，多闻第一；罗睺罗，密行第一。

这十个各执一法，随其乐欲，各一法门，自有偏长，故称"第一"。他们都是各方面的专家，组成宏扬佛法的智囊团，成为经文教义方面的文职护法人。

初期，佛弟子排列不到重要地位，敦煌早期洞窟较少有他们的造像，因为

释迦树下说法图之局部　盛唐　敦煌330窟

供养菩萨　初唐　敦煌328窟

阿难　初唐　敦煌45窟

胁侍菩萨　西魏　敦煌432窟

胁侍菩萨　初唐　敦煌328窟

迦叶　盛唐　敦煌45窟

他们并未挤入佛和菩萨的行列之中。隋唐之世，日见升格，逐渐形成了一佛、二弟子、二菩萨的格局。这个格局，一方面反映了人间社会以皇权为中心的等级格局；另一方面从佛弟子地位的上升中，体现着人间的世俗情感在佛教格局里的上升，也即利益现实情感的上升。其次，寓示着佛教在自觉地接受中国文化思想的改造，特别是儒家的君臣礼仪的社会秩序与国家建构框架，以适应该时代的统治者的思想以及封建帝国的需要。

十弟子中，迦叶、阿难常胁侍佛陀左右。这在敦煌石窟唐代各期的塑像中，表现得尤为充分。迦叶作长者，清瘦，可以看出他经历过苦修和世事的磨难，他的身世，常常流露在眉宇间，也常常具体地被描绘在他的衣饰上。总之，他体现了一个苦修僧的持重老成的头陀形容。阿难像则常常被描绘、塑造成一甜美英俊的少年，难怪他被译成观喜、庆喜、无染，他体态丰满，肌肤稚嫩，神情安然恬静，表达了“多闻法而受持之”的情态。这一老一少常伴随佛陀左右，而成为佛弟子中最上首者。

但据《佛说观无量寿经》记载：“佛从耆阇崛山没，于王宫出，时韦提希礼已，举头见世尊释迦牟尼佛，身紫金色，坐百宝莲花。目连侍左，阿难侍右，释梵护世诸天，在虚空中。”

这里说目连即目犍连，表示神通第一的弟子，也是年老的弟子，但敦煌则多以迦叶和阿难同时胁侍佛陀左右，成为一老一少的一对，强调了苦修与灵智的两个方面，更突显佛陀的神通，也许更符合至高无上、神通最大的国王的统治思想。因此，今龙门宾阳中洞与莲花洞，正面造佛左右侍僧，老的作迦叶，少的作阿难，也是比较合理的解释。

其他佛弟子也常在壁画中得以表现。造型多立像，作行脚僧人的装束打扮，迦叶常作施无畏印，或双手合十；阿难则常左手扶右手，自然下垂相交于腹部，或两手插袖于腹部。稍后，佛龛常有一佛二弟子二菩萨二力士，力士后又有二菩萨所组成的佛国格局，实际上天国与人间已经融为一体。佛教便从它所代表的商人自由思想转化为代表国王的封建等级专制思想。弟子、力士的出现无疑使人间和天国得以接近，人、神得以沟通，弟子、力士成为沟通的中界。

七、天龙八部、金刚力士、诸天部众——人间力量的显示

同人间的政权结构一样，佛国里也有文治武功的护法神。天龙八部，力士金刚，诸天部众实际上具有两部的意义：即武部和文部。用来保卫佛或恭候佛的差遣。

天龙八部，即天、龙、夜叉、阿修罗、乾闼婆、紧那罗、迦楼罗、摩睺罗伽的统称。八部造像，亦成为敦煌石窟艺术的重要题材。如宋法云曾解释：“原夫佛垂化也，道济百灵，法传世也，慈育万有。出则释天前引，入乃梵王后随，左辅大将由灭恶以成功，右弼金刚，用生善而为德，三乘贤圣既肃尔以归投，八部鬼神，故森然而翊卫。”这八部神，成为佛的直接侍卫。

天：梵名提婆，有光明、自然、清净、自在、最深之义，最胜最尊的去处。天的名称和数目繁多，在敦煌造像中最多的为梵天、帝释天等。梵天作清净，是创造天地的主宰者，被视为支配娑婆世界的神。《十二天报恩经》内说“梵名为天王之主，众生之父”；帝释天住在须弥山顶上之喜见城，为忉利天的主神，统辖三十三天。被视为支配天候等自然现象的神，二神都是主宰人间及其生活的重要神。由于重要，他们常被安置在释迦像的周围。

龙：难陀、跋难陀等。据《法华经序品》所记，佛在耆阇崛山开大会时，参加的有八大龙王，而其中最受欢迎的是难陀、跋难陀二大龙王。《妙法莲华经文句》卷二解释说：“难陀名欢喜，跋名善，兄弟常护摩竭提雨泽以时，国无饥年。瓶沙王年为一会，百姓闻皆欢喜，以此得名。”由此可见，龙王是“雨泽”的自然之神，这神虽以梵文定名，究其本质，实属中国的龙文化的渗入，也显示出中国佛教的形成过程。佛经上曾说：“一切法皆是佛法。”中国民间传说中喜闻乐见的神，皆纳入了佛教经文典籍，并冠以佛说。这样，一方面反映了佛教的宽容，更重要的是也反映了佛教经文的弹性及可塑性，从而使它能“随缘而化”“随遇而安”，形成各具国家、地域和民族特色的佛教及佛教艺术。

涅槃经·天龙八部　中唐　敦煌158窟

诸天·毗瑟纽天　西魏　敦煌 258 窟

阿修罗　西魏　敦煌149窟

夜叉： 又云药叉，释作勇健、暴恶、贵人。有三种：一在地，二在虚空，三在天，“守天城池门阁”。在敦煌石窟，多作虚空中的飞行夜叉。此外，据《大智度论》说，四天王天中的北方毗沙门天“主夜叉及罗刹”，所以夜叉又是四天王天中的眷属。

阿修罗： 略弥修罗，译作非天、非类、不端正、居众相山中，又住大海之底。好斗，常与各诸天战，属恶神，所以亦名无善神，丑陋相貌之神。又《法苑珠林·修罗部》云：“……依《长阿含经》云：劫出成时，昔有光音天八海洗身，水精入身，生一肉卵，经八千岁生一女……此女有时，在海浮戏，水精入身，生一肉卵。复经八千岁生毗摩质多。有‘九头’，头有千眼……纳香山乾闼婆女，生舍脂罗睺。舍脂罗睺者，是帝释取为夫人。罗睺阿修罗，亦云障日月。为帝前军。”《妙法莲华经文句》卷二下，又加上了掩日的故事：“罗睺罗，此云障持，障持日月者也……日放光照其眼，不能得见，举手掌障日……掩月亦如是……日月失光，来诉佛。佛告罗睺：‘莫吞日月。’罗睺支节战动，身流白汗，即放日月。日月力、众生力、佛力，众因缘故，不能为害。”他是一个能吞食日月的恶神，而且还曾与忉利天作过战，但终究被“佛”所征服，使其释放日月，改恶从善，皈依佛门，并且成为佛法最得力的保护神，八部护法中最重要的一部。阿修罗造像，常为三头、六臂或八臂，两手持日月，作勇猛威严之状。如敦煌莫高窟西魏249窟窟顶西披画的阿修罗王，顶天立地，四目四臂，左右手托日月，两侧有雷神、风神、迦楼罗、人非人等。

阿修罗显示了人的生命力的粗暴、鲁莽、好斗的一面，野性狂热的一面。佛教按理性给与其束缚，使之不至于堕落到人性被破坏的深渊，不至于变成危险的人，这就是改恶从善的本意。当然，这一理性约束的结果，往往会失去人性的自然本色，然而在这里阿修罗仍然是力量和威严的武神，他的皈依佛门，成为佛法的维护者，既体现了他的威力，又表述了他的弃恶从善的一面。佛教恰到好处地处理了人性的这二面，完成了“恶”的粗野的面孔向“善”的心理和行为的转化。

乾闼婆与紧那罗：乾闼婆为梵文音译，意译作香神，香阴神等，为行乐人之称，天帝俗乐之神，有时这名词也用于倒立伎身上。紧那罗意译作歌神。慧琳《一切经音义》卷二十五中解释："紧那罗、或云真陀罗，此云歌神。"又卷一中说："……紧那罗歌神也。其音清美，人身马首，女则姝丽、天女相比，善能歌舞，多与乾闼婆天以为妻室。"这两种神经常在一起，他（她）们都属于天伎，轮流为诸天作乐，与天同住，共坐饮食。但它们不属于天，只是为佛及天部诸神作乐，而天部又都是佛的护法，所以他们两神不是"天"，他们不过是供养佛、护卫佛的"伎人"。显然，叫他们"飞天"是错误的。然而这种错误的叫法，似乎已经约定俗成，那么只好"入乡随俗"，将错就错，谓之"飞天伎乐"。

敦煌壁画和塑像中的"飞天伎乐""歌舞天人"，全都是乾闼婆与紧那罗的形象，这一形象与洞窟同时出现，多绘塑在佛像的左右与龛楣的上部，或窟顶的平棋上，给洞窟增添了流动感和神秘的天国气氛，起到"鸟鸣山更幽"的肃穆宁静的效果。敦煌飞天的出现，从十六国至元代的一千余年间，随着时代的变迁，在不同的时空中，留下了不同时代人们的审美情趣和对形式美感的追求，这些特征将在后文中再作进一步的探讨。总之，敦煌壁画、雕塑中"飞天"的大量出现，展示了世人追求自由、幸福、快乐的欲望，这种欲望实质是对人性的肯定，对人类基本心态及其欲望的肯定。"天国"神的欲望，实则是人间信众的欲求。这种对欲望满足的神格"飞天"，实则是中国古代哲人们所认定的真正人格体现，难怪从19世纪以来，许多西方哲人会引发和建立起以食欲、性欲、权欲等为中心来考察人生、解释人生的现代哲学思想体系。

迦楼罗：汉译金翅鸟。《妙法莲华经文句》卷二下云："……翅翮金色，居天下大树上……亦称为凤凰。"这是一个凶恶的大鸟，可入海水之内，以龙为食，后来悔过自责，受"八关斋法"，皈依佛门，成为八部护法之一。敦煌西魏249窟窟顶西披、东披均绘有迦楼罗，西魏285窟窟顶南、北披亦画有迦楼罗形象。

摩睺罗伽：慧琳在《一切经音义》中解说："摩睺罗伽，亦是乐神之类……

敦煌壁画飞天伎乐·乾闼婆与紧那罗

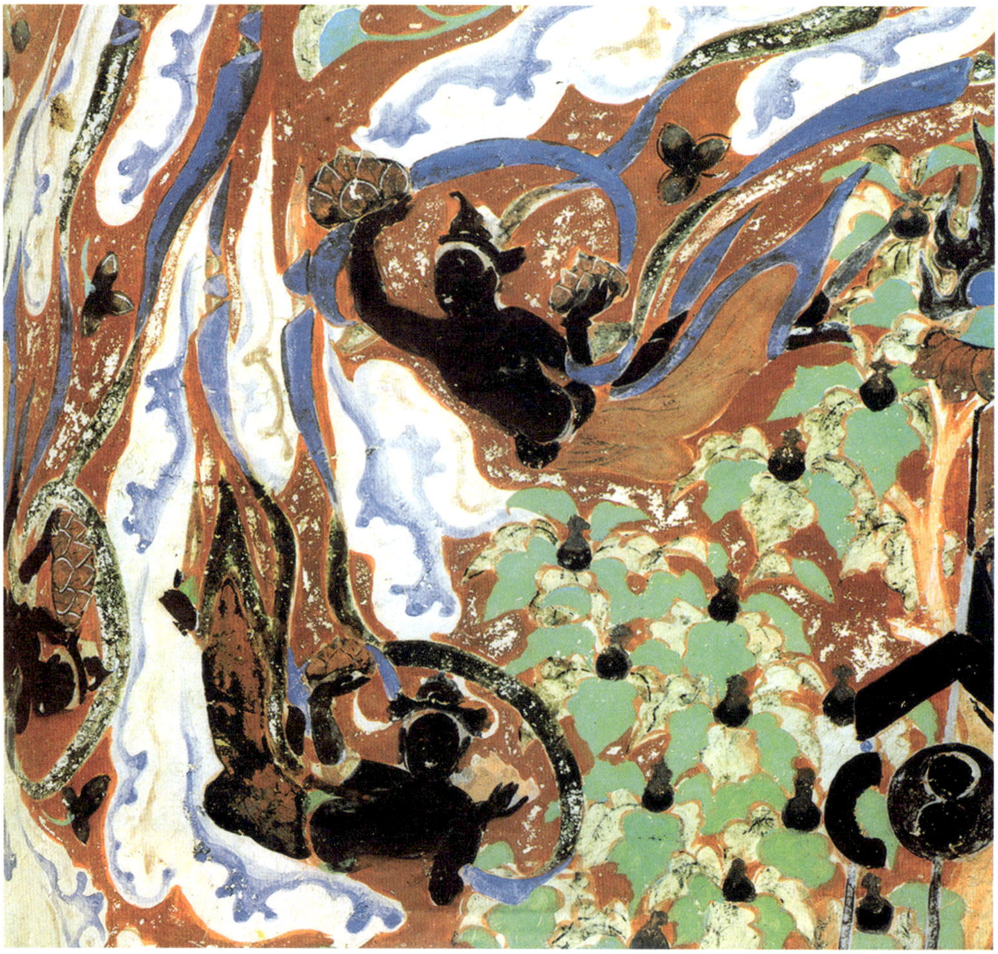

飞天伎乐

或云大蟒神，其形人身而蛇首也。”这种神像，大约与乐神相同，一般难以辨认出来。在中国石窟、壁画、塑像中较少出现，故阎文儒教授根据法云的《翻译名义集》所载“摩睺罗伽，此乃结八部数尔”的说法，认为从文句来看，好像是用它来充八部之数。是故，石窟造像中少有此蟒形或蛇首人身的护法像。

金刚力士：除上列八部护法像以外，佛龛中常造金刚力士像，壁画中也常绘有护法的金刚力士，他们作为镇守佛门的武部神而占有重要位置。

金刚力士梵名为跋阇罗波尔，译作金刚手、执金刚、密迹力士、密迹金刚力士，密迹金刚神及仁王等，异称颇多。这些异名均因其手中所持金刚杵而异，又因为他平常有五百随从夜叉，故又有别名为金刚夜叉。

《大宝积经·密迹金刚力士会》第二中记：“金刚力士，名曰密迹，住世尊右，手执金刚。”他秉承佛的意志，为说菩萨秘如来密要。“是密迹金刚力士，已当供养贤劫诸如来众，将护正经，受而持之，道利开益，无量众生，从是没已，生阿閦佛土。”由于金刚力士能护持正经，导利开益于众生，因而在石窟造像中，常将头戴鸟冠、手持金刚杵的金刚力士，刻绘在门的两侧，或作为佛龛中并列于菩萨天王之后的左右龛门两护卫。

金刚力士的造像为上身赤裸，肌肉鼓胀，筋骨外露，面部作威严怒号之相，或作粗放憨笑之相。如敦煌中唐194窟佛龛外所立的金刚力士塑像、盛唐205窟说法图中所作怒号相的金刚力士壁画以及盛唐320窟释迦树下说法图左右作憨笑状的金刚力士像等。

金刚力士护法守门的职能，我们在后代的寺庙中经常可以见到。在门的左右这种金刚力士的出现，先入为主地给人以一种威严感，造成庄严肃穆甚至畏惧惊恐的环境气氛，恰似封建王朝宫门的护卫。

金刚力士的神格内涵，趋向野性粗豪与力的表现，因此，紧张的肌肉，跃动的姿态，展示了其潜在的能量与外射的张力。

四天王像：《大智度论·释天王品》中解释：“四天王者，东方名提多罗，秦言治国，主乾闼婆及毗舍阇；南方名毗流离，秦言增长，主拘槃荼及薜荔多；西方名毗流波叉，秦言杂语，主诸龙王及富多那；北方名鞞沙门，秦言多闻，主夜叉及罗刹。”因此，也有将此护世四天王称为：持国天（东）、增长天（南）、广目天（西）、多闻天（北）四尊。

持国天含治国安民的神格；增长天含增长自他的威力，助万物能生之德分；广目天惩罚罪人，使之遇到辛苦后，能起道心；多闻天还译作遍门、善门、多门等，为常护、如来道场并闻法，故具多见多闻的神格。

四天王造像的区别，日本心觉抄《别尊杂记》“四天王”条载：“东方持国天……赤色，忿怒形也，被甲，火发向上，着天衣，左持剑，右押股上，眷属围绕。南方增长天……赤色，右手持剑，左手作拳按腰，着甲胄，眷属围绕。西方广目天……赤色，着胄，右手持三股戟，左手按股上，眷属围绕。北方毗沙门……着七宝庄严甲胄，右手托腰，左手捧宝塔。八大药叉将吉祥天等眷属恭敬围绕。”

敦煌壁画四天王像，有绘于窟顶之四角的，有绘于壁门两侧的，如初唐57窟前室西壁门侧的天王赴会图，晚唐168窟东壁门南北画天王，各一身等。也有绘于大佛龛最下层的，如西魏285窟西壁龛北侧及龛南侧下层均画有四天王的形象。后来四天王的地位逐渐升格，步入佛龛、全副武装，显示其护法的伟力，如盛唐45窟西壁平顶敞口盒龛内所塑南北天王的塑像。

四天王中，有的又被独立出来，成为大众的膜拜对象。如北方毗沙门神，在西域于阗，其信仰极为盛行，被作为当地的守护神而受到供奉。此信仰后来又再度演变，作为王城城门的守护神。据传，唐天宝元年（742），镇守西域的安西都护府被包围时，经不空三藏的祈祷，毗沙门显灵驱散敌军，在毗沙门显灵前，突然出现了无数的老鼠，啮断了敌军的所有弓弦，由此而显示了毗沙门天的神威。从此，在西域地区便又出现了手拿老鼠的毗沙门天王像。

毗沙门天王造型一般来说，多为左手掌上托一宝塔，右手执三钴杵。人们信仰他为光明神以及演变为施福护财的善神神格。其左手所捧的宝塔，被认为能喷出无量珍宝，授予一切众生，使之能得大福德。这也许就是成为我国民间

东方天王图·持国天　五代　敦煌89窟

飞天伎乐

北方天王毗沙门
西夏　敦煌5窟

彩塑力士　盛唐
敦煌45窟

摩醯首罗天王　初唐　敦煌321窟

须达与舍利弗·四大天王·天龙八部·阿修罗　晚唐　敦煌196窟

流传至今的所谓托塔天王的前身。在敦煌壁画中毗沙门天王赴哪吒会图计有28铺之多，就很能说明问题。

四天王是佛国的卫士与保卫神，同人间君主的护卫武装有一样的职能。敦煌四天王的装束，其衣裳、甲胄，完全是各时代中国武士的装束，脸部的造型及其所表达的情感，也纯属中国古代武士的形象特征。表情、装束所体现的已全然是中国民族的精神和风貌。而其思想内涵显然已经融和了中国民间对门神的崇奉，对福禄寿神、财神等民间广为流传的习俗的信仰。《西游记》中的托塔李天王大概就是佛道杂交的产物。可以说四天王像纯属中国佛教的创造。

此外，还有四大天神：地神、水神、风神、火神。这些画像均用汉民族神话传说中的形象来创造所谓佛国天庭中的诸神像，这在莫高窟建窟的早期绘画中即已出现。这一事实也说明，即便早期的佛教艺术，也不可能是印度或犍陀罗艺术的翻版，不管什么艺术他都是一种民族精神、内心世界、审美情感的外化和显现，也即客观化的民族精神，它是民族生命的表现，任何外来的东西，只能是对本民族艺术生命的充实与完善，否则都逃脱不了被抛弃的命运。

一般认为，形式的东西，恰恰又是艺术的内容。倘若敦煌249、285诸窟，没有诸神的描绘与烘托，且不说那位阿修罗王威严气概将化为乌有，想象中的天体佛国，也会变成虚无的一片空白。

“假使威光，虚如怪相”，为的是“光荣佛法，拥护世间，卫像防经，长伸供养。疏善记恶，永得熏修。”这就是全部莫高窟洞窟中诸多的神怪、异像、鬼神的构想与创作的根本目的。

例如，西魏285窟西壁正中大龛外，北壁中层画童子形的鸠摩罗天与象头长鼻的迦那钵底像，象征解障惩恶。窟顶东披上，摩尼宝珠的左右，北边有持矩，南边有持索的人身、蛇尾的怪像，有说日天的伏羲、月天的女娲神等。元代3窟北壁所绘的毗那夜迦天即改恶从善的天，他原本是障碍神，对一切事物都给予障碍，行各种恶事，被迦那钵底制服后，使他从善事天。西魏249窟以及285窟窟顶上，都绘有猪头、人身、有翼、四肢作爪状的怪像，249窟顶西披雷神下和285窟窟顶北披的人首鸟身像等，都是变化了的佛经故事中的所谓千秋、鬼和须吉、毗摩质多等像，都是由中国民间故事、神话传说中的造型手法和心理意象，再创造出来的佛国中的神兽、神怪、神人，成为改恶从善的护法者。这些神像的创造，既显示了佛的惩恶导善的威力，也体现了佛的所谓普度众生、悲怜众生的思想内涵，既显示了外域佛教思想向中国思想的靠拢（包括经文的改造）及其适应性，也显示了中国佛教艺术思想和艺术造型向民族化推进的特殊性。如果说佛教和佛教艺术传入中国后，前期侧重于选择，那么中期则侧重于改造（主要表现在新疆诸地的佛教及其艺术），后期则显示出其融合的威力（主要体现在敦煌佛教及其佛教艺术以及中土内陆的佛教及其艺术）。虽然各期都在互相搀杂着进行，但每期所显露的侧重点，仍然是醒目的。

综上所述，中华民族民间古代神话故事的出现，对佛教故事中各种形象的描绘与塑造的中国化，意义显然是重大的。

其次，在佛教艺术中，上述各类形象，几乎全部是男性，虽然观音菩萨到后期也有作女像描绘的，但就其源头，“他”仍然不是“她”，女性在佛教造像里地位低下，正同于女性在儒学里没有地位一样，在这一点上佛、儒似有共通之处。

如来、弟子、菩萨、天王、力士，不管是什么神灵，都是人格的神化，都是一个男人的世界，然而人是要生存和生活的，但生存、生活都离不开女性，作为生活哲学的佛教学说，它不可能抛开女性而不顾，虽然在佛教里女性地位卑微，但在印度佛教艺术里的女性，则是完美的很具性感的人性美的体现。尽管女性的地位卑微，没有能跻身于佛国的“上层集团”，但是在天部中却也出现有女神天女的神像，只是这些神像是以侍奉、护法、取悦等眷属的身份出现的。同人间皇权社会无实质的区别。

在敦煌壁画中常见的天部女神，有功德天（即吉祥天）与辩才天。

吉祥天梵名为摩诃室利，译作大吉祥天女，旧译功德天女。此天女在胎藏界曼荼罗内，虚空藏院中，侍于千手千眼观音菩萨之侧。其形象如《陀罗尼集经》十内记：“功德天像，身端正，赤白色，二臂画作种种璎珞、环钏、耳珰、天衣、宝冠。天女左手持如意珠，右手施咒无畏。”敦煌元代3窟北壁画《十一面千手千眼观音变》一铺：观音居中，两上角画“飞天”各一身，西侧画吉祥天，这尊吉祥天像，完全是一派汉民族宫廷显贵的少女装扮。其容貌、精神、气度实在也是那个时代女性的具体形象的记录。

辨才天女：梵名为萨罗沙缚底，是梵天之后妃，其名称起源于印度萨罗沙缚底河的神格化，又称大辩才天女，大辩天，大辩天神等，被喻为音乐之神。

辩才天的造像，在《金光明经》中记述：“面貌仪容，人皆见乐，以种种妙德严身，目修广如青莲叶。常以八臂自庄严，持弓、箭、刀、鞘、斧、长杵、铁轮及绢索。端正如乐观满月。”容貌十分端丽俊美，但又持弓、箭之类，于柔中见刚，含有护法之意。她与吉祥天并称有施与财富之象征。

综上所述，天龙八部、金刚力士、诸天部众，都是作为佛教的守护神而成立，即武神、乐神、福神、财神等既护卫、侍奉供养诸佛，情同现实人间，也利益现实人间，人间有形形色色的欲求，佛国便安排和创造有各种各样满足这种欲求的天神。

这诸天像的创造，多来源于地域、民族的原始宗教或民间信仰。因此他们本身就内含有地域的民族的思想、情感、愿望与要求，也因此而缩短了人与神的距离。所以我们从诸天像中也可以看到，它们几乎已完全中国化，显示出中国佛教艺术的特征。第一，诸天像的造型，接近世人，给人以亲近感，因为这些天部，多含有人性的成分。威严的武士，作乐的飞天，窈窕淑女的吉祥天等等，均蕴含着中国的文化精神。他们护卫、愉乐天国，也利益着现实人生。第二，诸天像的造型，其衣饰装束，以各时代、地域、民族的世俗的衣饰来表现，无不是在中国人物画造型基础上的再创造。第三，诸天像的造型较如来佛和菩萨造型的严格规范而言显得自由，表情神态也更显得富于变化。第四，诸天像造型自由奔放，更富于动态感，打破了佛教艺术的静谧和单调感，与佛像和菩萨表情的端庄、慈悲、宁静的情调，造成了鲜明的对比。此外，诸天部像也更多地灌注了画师的个人情感和风格手法，使之更多地体现了时代的世俗情感和愿望。

辩才天女　元　敦煌3窟

诸天像的成立，寓示着人类从“理性的思考”以及对“冷峻的崇高精神”的追求，转入到对现实人生欲望的祈求与满足，同时也寓示着艺术想象开始对宗教想象的进击，表现出艺术想象的永恒性、丰富性和多样性。

八、供养人像——佛窟向人窟的靠拢

供养人是指出家的比丘与比丘尼以及信仰佛教的男女众生。他们捐资财、修洞窟、造佛像、制壁画、敬佛、供养佛等，故谓之供养人。

佛教徒认为，“金檀铜素，漆纻丹青，图像圣容，名为佛宝。纸绢竹帛，书写玄言，名为法宝。剃发染衣，执持应器，名为僧宝”，此三宝为事佛的虔诚表现。

“是心作佛，是心是佛。”大乘佛教认为，人可以“顿悟成佛”，“一阐提人皆得成佛”。但是有条件的，这条件就是要事佛、敬佛、供养佛，重要的是开窟、造像、宣讲书写经文要义，皈依三宝。心要诚，心诚则灵。这是对原始佛教苦修成佛的发展，注重于直通人的心性。开窟造佛像是心性表现的重要部分。《法苑殊林》卷四十一《供养篇引证部第二》载：“自作供养者，得大果报。他作供养者，得大大果报，自作他作供养者，得最大大果报。”这样就有了捐资、积资建窟、造佛像的僧众及信徒。为了表明自己的功德，往往将自己所捐资的数量或造窟、造像的业绩，书写上自己的名字加上“一心供养”之类的题词，或绘制自己的形象表明自己的心愿。此类人像，我们通称为“供养人像”。供养人像的出现，对我国肖像画的发展起了重要的作用，虽其本意并不在于此，但像与不像，好与不好，大概也是时代人心的所向。

敦煌莫高窟目前能看到的最早留有供养人像题记之一的是西魏285窟北壁，其供养人发愿文题记及年月为“大代大魏大统四年岁次戊午八月中旬造”“大代大魏大统五年五月廿日造讫”，以及署有“比丘尼惠胜供养”的题记和造像。

就一般来说，供养人像均绘制在四壁近地面处，墙壁中心部位，常常是佛本生故事、各类经变题材的地盘，墙壁上方多绘贤劫千佛或诸天部众，窟顶则为藻井花饰。供养人像一般多作立像、跪像，坐像极少。有绘于窟门两旁的，有绘于佛龛下壁须弥坛左右侧的，有绘于基坛四周及窟廊下部的。早期供养人像画得都比较小，有的仅署名而不造像。

十六国至隋代，供养人像身躯较小，高不过寸，并且男女分别，尊者在前，画得简洁随意。供养人像中最前面的男性像多为比丘，女性像则多为比丘尼，大概以示引路之意，而后，才是世俗的供养信徒，男像作束髻，或峨冠高耸，大都穿挎褶，着靴，朱衣束带，尊贵者穿宽大袍服，长袖飘举，从者按比例缩小。女的则细腰，窄衣大袖，长裙拖地，披巾络肩背，也有穿折领外衣，有如男子袍服，体形面容呈“秀骨清像”之状，神情闲雅虔诚，侍女尾随，窄袖高腰，亭亭玉立。

隋代供养人像，多绘于画壁下方，服饰有了显著转变，折领胡服装束不多见。男的大多穿圆领窄袖袍服，腰间束带，头裹幞头，足着靴。女的则窄袖长裙，高腰齐胸，肩巾从肩披搭下，身姿窈窕，足着尖头靴，十分典雅。胡服减少，汉民族装束增多。

初唐仍沿用隋式，但供养人像位置已开始拓展至甬道两壁和门项等处。男像用幞头，窄袖长袍，女的服装也较窄小。盛唐以后，洞窟甬道及殿堂前壁，开始绘制等身大小供养人像，莫高窟盛唐130窟甬道南北两壁各开一龛，龛下的供养人像，是这一时期最突出的代表。甬道北壁龛下前半画等身四男像，第一身是“晋昌郡太守兼墨离军使乐庭环供养像”，后面是他的三个儿子的供养像，后半则画持杖拂的侍者四人。甬道南壁龛下前半画等身女像三身：第一身是“都督夫人太原王氏”，后二身是“女十一娘”“女十三娘”的供养像。后半画女侍三排，共九人，有的捧花，有的捧壶，有的持肩，有的拱手，面如满月，并施“靥饰”，浓妆高髻，雍容华贵。供养人像的增大，地位的上升，不仅显示出开元之盛世的风采，而且表明那个时代人格的上升，人的价值的观念改变。

天宝以后，莫高窟进入吐蕃统治时代，虽窟形、龛形、壁画、塑像的形式都有了变化，但绘画作风与初盛唐仍有继承关系。表现在供养人像上，女子形体丰满，衣裳宽博，立像必敷地毯，跪像多陈矮榻。男的绯袍正冠，执笏佩鱼，女的凤冠绣服。同时也出现了吐蕃族的供养人像，其装束为男女均裹头巾，穿长袍，开领很大，袖长过手，腰悬杂佩。虽作风渐趋繁缛，但从对供养人自己造像的精雕细刻中，显现出对世俗人生的重视。

步入晚唐，供养人像更显视出对宗教内容的步步进逼与冲击之势。现实的内容，历史的业绩随同供养人像自身，进入了神圣的佛教领地。敦煌晚唐156窟，南北两壁及东壁下部通栏所作的高三尺余的巨幅，《张议潮统军出行图》《河内郡太夫人广平宋氏出行图》，使人们感受到了活生生的人的力量。随着历史的推移，人间力量得到了肯定，现实的人格与历史的神格逐步走向合一。外在于人的天国世界，转换为人的内心世界，佛性从彼岸游移到人世的此岸。

五代宋初供养人像的地位更加显赫，其数量也大增，在宽敞的洞窟、殿堂、甬道深处与须弥堂、中尊背幛等处，绘制着供养人像近300身。

五代供养人像几乎都是等身大像，主要人物甚至超过真人大小的高度。多绘制于甬道两侧，其服饰大致与唐代相近，但显得更为华丽繁缛。男供养人像，多着朱红袍服，硬脚幞头，金带持笏。女像则发髻更加高大，头饰梳栉簪钗及步摇，脸相丰满并贴花钿，衣裙拖地，锦簇花团，一派宫庭贵妇的气派。这个时代由于统治河西的曹议金三世系与回纥于阗诸可汗有世亲，故在不少女像中有回纥装束，高髻，戴桃形金凤冠，系红绢带，穿窄袖长袍，折领和袖口都有绣金纹饰，脸上施靥饰，项佩珠链。侍女亦作高髻但不着冠，以红绢束之。

敦煌五代98窟东壁南门《维摩诘经变文殊图》下，通壁所作巨幅供养人像，蔚为壮观，这就是“大朝大宝于阗国大圣大明天子”供养像，画像比真人高大。于阗国王李圣天，身着朝服，冕旒，右手持供养鲜花，左手持带柄香炉，宝盖上有二童子牵引扶持，给凝重浑宏的造像增添了灵动之感，那端严睿智的形象，显示了于阗国王的气韵风采。随后的家室作等身大小，男女十余身，个个装束华丽，绘制精心。东壁门北，维摩诘图下通壁作回鹘公主等供养人七身，公主像比真人高大，衣纹图案变化丰富，头饰华贵，侍女及僧尼，形体小于公主，显示了严格的尊卑等级。五代100窟，也在东壁门南下部作《曹议金统军图》，门北作《回鹘公主出行图》供养人像。

从这些供养人像的精心绘制中，可以探究窟主心灵深处的奥秘。与其说修建洞窟是表虔诚的事佛之心，不如说是借神灵以树自己的威德；与其说关心的是佛的“神格美”，不如说更关心的是自己王室家族的“人格美”。因此，在敦煌石窟遗书中称其窟为“曹大王窟”，看上去这种称呼没有什么特殊的意义，但仔细推敲起来，由“神窟”变为“人窟”，其间所潜藏的为自己及家族树碑立传的良苦用心是十分明显的。

宋以后石窟艺术在敦煌开始衰退，所造石窟，大都在前朝基础上重修、改建，唯61、55、53窟等大型石窟，跨五代及宋初。在这些洞窟里，供养人像的绘制，仍然十分显赫。如61窟南壁下部画曹氏家族女供养人像16身，东壁下画供养比丘3身及于阗公主等女供养人像4身，其画风与晚唐一脉相承，女供养人脸部贴花达十余处之多，衣冠服饰极尽浮华。通过这些画像，我们不仅可以探究曹氏家族，特别是曹元忠、曹延禄统治瓜沙的情况，同时更为重要的是，石窟神秘的面纱已徐徐揭开。

隋代供养人

西夏为党项羌族建立的政权，统治河西近200年，留下了独特的文化形态，表现在供养人的造像上也极为明显。敦煌西夏409窟，东壁门南画西夏王供养像一身，王子一身，侍从八身。门北画西夏王妃供养像二身，童子一身。西夏王像，头戴高顶白毡帽，圆脸细眼，鼻隆颐满，身着团龙窄袖长袍，束腰，足穿毡鞋，这是一副完美的肖像画，显示出少数民族政权统治者，同样不曾忘记将自己的形象十分精心地描绘在洞窟中。

敦煌艺术的内容十分丰富，正像当时的现实生活的丰富性一样令人眼花缭乱，有劳动生活、社会风俗、风土人情的描绘，还有装饰纹样、藻井花饰、山水杂画等，无不含有深层的思想内涵，蕴藏着不同时代我国西部多民族的情感与审美意味，其实质是人类在历史不同阶段自身形象的缩影。这些将在下章中，结合各时代敦煌艺术的风格特征予以阐述，这里从略。

综上所述，从独尊的释迦牟尼佛像，派生出多种多样的如来佛像，演化出众多利益现实的菩萨和诸天部众，他们直接参与人类社会，显示出由玄妙的、抽象的理性教义，向着活动的、有生命的、开放的直觉艺术的转变过程。这个过程的原动力是社会的人，或按照惯常的经典理论所认定的“阶级的人”。但是，长久被忽视的还有另一个方面，那就是作为对幸福、快乐、自由追求的自然的人的本性。这使我们不能不看到人的阶级性乃是人性在阶级社会中的异化和畸变的产物。因此佛教的“神性”转化、变迁至现实“人性”的过程，也是一个人性不断完善和回归的过程，这种变迁和转化，必然地促使一部分教义解体，另一部分则融化到新时代的血液中去，融化到新时代的人的精神中去，而逐渐显露出佛家精神的“庐山真面目”，原来是人的自身，是人的自身的对象化，所有的历史“神格”原来只是时代“人格”的显现和图式。

人创造了社会，创造了佛教，创造了艺术。这是人类自然生命的象征，也是人之所以为人的象征，其目的是为了好生和乐生的追寻快乐的本性，为了超越和摆脱自然的必然性和社会环境的束缚，是追寻人类的自由幸福与解放的创造。正如法国哲学家巴斯加所说：“所有的人都以快乐幸福为他们的目的，没有例外。不论他们所使用的方法如何的不同，大家都在朝着这同一的目标前进。”

虽然各种创造不一定都会给人类带来自由、幸福与解放，但明知如此，人类的天性还是要求他自己去创造。人类在流动的时空中，总是在迷雾中穿梭行进，有时拼搏挣扎，有时成功愉悦，但总是不断地追求超越和再创造，总是按照自己的面貌、理想、追求来创造“神”，来创造社会，来不断地创造自身、完善自身，以期从必然王国向着自由王国靠近。所以佛国的彩虹是社会的光照，是朝着理想社会追寻中的一条迷蒙的艰辛之道。

艺术与宗教同为人类思维情感的两个方面，同为掌握世界的两种方式。它们在历史发展的过程中，彼此交织，相互渗透，融为一体，相互作用而后又分道扬镳，总是时合时分。

敦煌艺术就其职能来说带有宗教性，它是佛教膜拜的一个因素和对象，从一开始它便具有为佛教服务的使命。佛教的教义靠艺术的图式给与体现，佛教利用了艺术的特性，使信徒从具象的可以直观感觉的形象中增强信赖，从而接受佛教的思想和教义。

佛教艺术虽然来源于佛教，但它毕竟也是历史的产物，艺术在其自身历史的发展进程中以它的直觉性和现实性特征以及审美的功能，越来越大地赢得了相对的独立性。人类社会的活动不仅可能而且总是丰富艺术的内容和形式，改变和充实艺术的想象，使艺术朝着自身的方向发展，以适用人类社会的需要，并且使其现实的世俗情感的因素，相应地不断增强扩大影响，不断地膨胀起来，这样使佛教艺术的宗教性不断地被削弱，导致艺术因素抛弃其宗教因素，从而获得独立的、相对自由的发展，向着自由和解放的彼岸跑去。因为艺术必然要凌驾于科学、宗教、道德之上，作为人类心性的一种自由的活动，它难以接受科学的严密性、宗教和道德的严酷性制约，它必须捍卫人类心灵的这块自由圣洁领地。

此外，上文对敦煌石窟内容的分析，以及对佛教思想演变及其文化背景的思考，又给我们一个重要的启示，即佛教并非一般的宗教，特别是中国的佛教，它从多方面反映了它的时代，聚集时代的智慧与理性、伦理道德与人文哲学之大成。它的焦点始终对准着现实的人类社会，并为适应现实或反叛现实而改变它的教义信条。因此，我们不能持全盘否定的态度，也不能采取简单而轻率的态度，丢开佛教思想价值的研究，只承认其艺术的所谓“审美”的价值，这无异于只承认一个死者遗容的“审美”价值。恰恰是中国的佛教，它对中国的文化思想曾产生过广泛而深远的影响，它能在中国存在千百年，自有它存在的价值。翻开中国的哲学史、文学史、艺术史，它存在的价值与意义是不言而喻的。

佛教思想渗透于我国西部文化艺术的深层，并且展示了我国西部文化圈的重要特征，它作用于敦煌的文化及其艺术，从而产生出综合性的艺术群体和新型的文化形态。

隋代供养人

女供养人　初唐　敦煌329窟

供养人　盛唐　敦煌130窟

吐蕃王供养像　吐蕃时期　敦煌159窟

于阗国王李圣天与皇后供养像　五代　敦煌98窟

于阗公主与眷属供养像　五代　敦煌61窟

西夏王供养像　西夏　敦煌409窟

变迁虽然在一个方面引起了解体，同时却含有一种新生命的诞生——因为死亡固然是生命的结局，生命也是死亡的后果。

敦煌艺术是综合性的艺术群体，综合就意味着创造，艺术的综合与综合的艺术，形成了一种新型的独特的敦煌艺术样式——新型的文化形态。

“佛陀认清了人性痛苦的原因——贪婪。他要人面临这样的选择：继续贪婪，受苦并陷入其轮回，或者舍弃贪婪，了断痛苦和轮回。人类除了两者间的抉择外，没有其他的可能性。事实上，为了选择完美，我们必须醒觉。”这就是敦煌佛教艺术的主旨和艺术精神。从这一主旨和精神出发，来展示对人类和人性的赞美，对真、善、美的渴望，对未来的纯清世界的追求，这些就构成了敦煌佛教艺术的内容以及重要特征之一。

萨埵饲虎本生图　北魏　敦煌254窟

第十四章 综合性的艺术群体 新型的文化形态

敦煌文化艺术的特征，可以大致归纳为五点，即佛教艺术的兴衰史、综合性的艺术群体、新型的艺术形态、多民族情感的凝晶、雕塑壁画艺术的辉煌成果。本章集中论述前三点，而将后二点掺和在前三点中。

前文曾介绍了中国文明的西传和古希腊、古印度文明的东渐，又论述了敦煌的本土文化精神。其目的在于凸显敦煌艺术总的文化特征，表明它不仅代表着我国当时西部文化圈的最高成就，同时也代表着中国佛教艺术的最高成就，甚至还可以说，它是当时东方绘画和雕塑艺术的最高成就和最完美的体现，是东西方艺术交融的历史丰碑。

黑格尔说："变迁虽然在一个方面引起了解体，同时却含有一种新生命的诞生——因为死亡固然是生命的结局，生命也是死亡的后果。"

一、佛教艺术的兴衰史

就中国的文化艺术精神而言，以往学者多认为只有孔子和老庄所显示的两个典型；就地域而言，则分为南方的楚文化圈及黄河流域的中原文化圈。更有甚者，长期以来，在新老儒家的势力强大并推波助澜的情况下，认为中国文化精神就是儒家的精神，很少有人认真地思考独具特色的西部文化圈，往往无视这一客观存在。似乎冒出一个西部文化圈，会有损于政治上大一统的中国文化精神。这种文化思想上的偏见，导致了学术研究上的一种模式，即名义上是维护大一统的中央帝国的威严和纯洁，实则是满足于近亲繁殖，形成畸形、迟钝和衰退的庞然大物。这同中国长期的皇权政治、封闭的自然经济体系以及中国文化多次出现的文化上的排他性、排外性是一致的。

早在战国时代，孔夫子的大弟子孟轲将长江流域一带的人贬为“南蛮鴂舌之人”，将其文化排斥于中华文化之外，更不认为它有自己的文化，在历代统治阶级及儒生的眼里也只有中原帝国的文化，一切都必须统一在儒家文化的规范之中。

多样的统一，这个统一是强大的、自由的、丰富的、有生命力的。一统天下是暂时的、虚弱的、专制的、无生命力的。

中国西部文化曾经影响着南部中原的文化，正如同南部、中原中国文化曾经影响着西部中国文化一样。它们各具特征，互相影响，它们各自的特征是由于他们各自存在的差异决定的，它们的相互影响反映了它们的协调与同一。

历史的事实是当时的中国存在着以儒家为主体的黄河中、下游流域的中原文化圈，还有以道家为主体的长江流域文化圈以及以佛家为主体的西部文化圈。它们像红、黄、蓝三原色，调配和绘制的中国古代文化的不同色调的画面，其中有残忍的、阴暗的，也有明朗的、辉煌的，使中国古代的文化显得丰富多彩，无比辉煌。

虽然儒、道、佛三家的艺术观都注重于为人生而艺术，但是开辟了三种不同的“人生”的途径，表现出三种不同的形态，又不能不引起我们的重视。8世纪，日本著名学者空海在他的《十韵诗》中曾作过精辟的概括：“纲常为孔子所述，习之可跻身槐林；变转乃老聃所授，因之可临道观；惟义最深者为《金仙一乘》之法，自他兼施，不忘禽兽……”在空海看来，儒学是做官术，学习了孔子的伦理纲常，可以做官，甚至位至三公；阴阳变化是老子的思想，学习它可以道察世；而最为幽深的是《金仙一乘法》的大乘佛教，它普度众生，功德无量。空海自幼研究儒道二学，而后又研习佛教，因此，他在选择人生之路时，通过三教的比较，选择了佛教作为归宿。他对三教的看法是深刻的，他精通中文，并以中文著述，在中国求学期间曾师事过青龙寺惠果长老，他难免有扬佛的倾向性。但他所选择的佛教实质上已是中国式的佛教，因为那时的佛教早已成为融合了儒家、道家思想的佛教。

中国西部是以佛教为主体的文化圈，而敦煌及其艺术，又是这个文化圈最集中的代表，所以佛教艺术是作为敦煌艺术的重要特征之一而凸显在中国文化史上的。

虽然佛教起源于印度，但它在印度没有得到长足的发展，在婆罗门教占统治地位的印度，佛教地盘逐渐缩小，直至衰亡。因此佛教艺术在印度也没有能得到充分发展与完善，而且被化解到以印度教为主体的印度艺术中去了。

犍陀罗佛教艺术最辉煌的成就体现在雕塑上，主要在于佛像的塑造和佛本生故事的描绘和刻画上，而且集中体现了小乘佛教思想，它没有能够形成佛教艺术的整体规模效益。只有敦煌艺术才形成了佛教艺术的整体规模，它以大乘佛教思想为主体，融合诸部派佛教思想，使佛教艺术得以延绵千余年，只有它才集中地体现了佛教艺术以及中国佛教艺术的特色，体现了中古世纪中国西部的文化精神。

作为以佛教艺术为主体的敦煌莫高窟，它的全部思想内涵在于密切地关注着人生，揭示人性痛苦的原因——贪婪，并使世人了解人生苦难的心理历程，用“十二因缘”的教义，图示众生的情绪和心智活动，以“八正道”普度众生离苦、解脱而得到欢乐。正如弗洛姆所说的：“佛陀认清了人性痛苦的原因——贪婪。他要人面临这样的选择：继续贪婪，受苦并陷入其轮回，或者舍弃贪婪，了断痛苦和轮回。人类除了两者间的抉择外，没有其他的可能性。事实上，为了选择完美，我们必须醒觉。”这就是敦煌佛教艺术的主旨和艺术精神。从这一主旨和精神出发，来展示对人类和人性的赞美，对真、善、美的渴望，对未来的纯清世界的追求，这些就构成了敦煌佛教艺术的内容以及重要特征之一。

虽然当佛教和佛教艺术在整个中国的南北传播开来的时候，在全国各地曾出现有大量的寺庙及寺观壁画和雕塑，但它们从来也没有能够占主导地位，取代其他地域的文化艺术精神及其风格特征，也没有能够形成像敦煌那样规模庞大、完整的佛教雕塑、壁画艺术群体。同时也由于中国地域辽阔、民族众多，各地的佛教艺术也带有不同的地域和民族色彩，并且将佛教艺术融合到各自的艺术中去。

敦煌佛教艺术，展示了佛教在中国的传播、演变、融合以及兴衰的全部历程。它虽以大乘佛教为主体，但它包容了原始佛教、小乘和大乘佛教的教义，即经过了由存留有印度原始的佛教，发展演变为中国佛教各阶段的历史进程，而且以雕塑和壁画艺术，形象地展示了这一历史演变进程的全貌。这在中国其他地区是不曾有过的。因此敦煌艺术，以其完整的佛教艺术的特性与中原地区及南国艺术拉开了距离，它体现了我国古代西部文化的独特风貌。

二、综合性的艺术群体

在古代的世界文化艺术史上，还找不到任何一个地域、城镇能像敦煌那样形成如此庞大的综合性的文化艺术群体，能像敦煌那样展示出世界三大文明的融合，展示出佛、道、儒三家文化精神的共存，展示出诗、词、歌、赋、音乐、舞蹈、戏曲、建筑、雕塑、壁画、书法等艺术门类的有机配合，显示出如此的包蕴深宏、博大辉煌。罗丹曾经说过，整个法兰西就包含在巴黎的大教堂中。中国学者姜亮夫也说过，整个中国文化都在敦煌卷子中表现出来。我们不能说整个中国艺术就包容在敦煌艺术中，这有过誉之嫌，因为整个中国的文化艺术博大精深、源远流长，但是，我们完全可以说，整个中国西部古代的文化艺术精神都包容在敦煌的文化艺术中，这是毫不过分的。

敦煌文化艺术的辉煌博大，主要在于它是综合性的艺术群体，在于它深厚的文化根基，倘若没有雄厚的本土文化背景，那么也绝不会构架起如此庞大的艺术群体。它的伟大在于它始终站在敦煌本土文化这一“巨人”的肩膀上。敦煌藏经洞的发现及其总数达六万多卷的文物资料，连同庞大的石窟雕塑、壁画艺术群体，为我们从两个方面回答了这个问题：一是它自身的价值，二是影响和组建敦煌综合性艺术群体的诸元素。

敦煌是中国佛教的圣地，理所当然保存有丰富的佛教经典，但是，敦煌藏经洞还保存有大量的儒家经典与道家经典。

儒家经典如《诗经》《尚书》《论语》《左氏春秋》等，是敦煌卷子的重点，而且都是唐以前的古本。如我们现在读到的《尚书》是唐代开元、天宝以后修改的版本，而开元、天宝以前的本子，全部保存在敦煌卷子里；又如我们现在读的《论语》是由何晏注的一种本子，何晏注本收集了魏晋人的注解，但是，敦煌所发现的皇侃注的本子，则将两汉和魏晋之间所有人讲《论语》的要点都收录在注中，因此使这个本子成为中国的宝典。那时在敦煌，儒家经典成为僧尼们的必读课程，研读儒家经典的僧尼在历史上不乏其人，譬如天台宗智者大师不仅精研儒家经典，而且理解得比一些儒家学者还要精明，他曾为《孝经》作注，解析之深，说理之透，为当时儒家所不及。

在敦煌遗书中道家经典《道德经》的卷子很多，抄写的书体、用纸、校勘都很讲究，往往最后还要录一个郭先公（即郭璞）所作的序。敦煌所藏的《道德经》卷子，多为唐代写本，隋以前的极少，这原因在于老子姓李，李唐王朝统治者自称为老子后代，因此初唐起道教得到了发展，虽未定为国教，但也上升为国家祖宗、家法长者的地位。此外，还发现有《周易》《庄子》的卷子以及仙家、方士们的话语录，还有《老子化胡经》残卷，这些是研究道教与佛教之间的矛盾以及其相互交融的重要材料。

《老子化胡经》说的是老子曾经将他的道传到了胡族的地方，感化了胡人。老子曾在西藏讲学，而且还远去印度讲学，并且认为释迦牟尼是老子的学生。这些虽为无稽之谈，但也反映出道佛争地位、争先后的心态，也反映出佛、道二家的确有某些相通之处，他们往往在论争中融合与发展各自的思想。

佛家研究道家的经典，接受道家的思想，使自己能在民众中站稳脚跟，虽然两家常有矛盾，但暗地里又互相借鉴。道家“变”的思想、“无”的观念、阴阳转换的道理，同佛家的轮回之说与“空”的观念有相通之处。佛家研究儒家的经典，接受了儒家的孝悌观、忠君观，使佛教适应于中国封建宗法制度及国家组织形式，使佛教能迎合封建统治阶级的需要而得以传播。实质上，这也是佛教的自我改造过程，而敦煌艺术群则正是这种改造成果的显现——中国的佛教艺术。

我们在敦煌残卷中发现有不少资料，证明唐玄宗曾亲自注有《孝经》、《金刚经》和《道德经》。这三经是儒、佛、道三教中各自的最重要的经典，在新集《孝经》十八章的歌赞中有这么几句：“开元天宝亲自注，词中句句有龙光。白鹤青鸾相间错，连珠贯玉合成章。”“历代以来无此帝，三教内外总宜扬，先注《孝经》教天下，又注《老子》及《金刚》。”由此看来，在民众中，在上层统治阶级的眼里，敦煌艺术已不完全是单一的佛教艺术，它所呈现给我们的是三教合流的色彩。

综合性的敦煌艺术群体，还表现在它包容有内容十分丰富的文艺作品。这些作品，大多来自民间，主要有变文、诗歌、话本小说、歌词、俗赋、理论等文学式样，作品内容与敦煌壁画艺术相映成辉，构成敦煌艺术的整体。这些都是极为重要的，因为它除了显示自身的价值，也指导和影响着敦煌的造型艺术。

敦煌藏书的发现，使我们有机会了解到敦煌文化艺术中除了有辉煌的造型艺术，还有大量的语言艺术，即有大量的文学作品，一般称为敦煌文学。敦煌歌词即是敦煌文学的重要组成部分，曾引起国内外学者的广泛关注和极大兴趣。

顾名思义，歌词即依托曲调倚声定词，可以歌唱的词，它需具备体段（即章解）、平仄（即旋律）、叶韵（即节拍）三个条件。一般来说中国古诗的发展和创新常常与音乐是合拍的、关系密切的，比如先秦的《诗经》与雅乐相配合，汉魏六朝乐府诗与清乐相配合，隋唐时代的燕乐等。所以，通常我们将《诗经》、《楚辞》、乐府、隋唐的曲子和大曲、宋词、元曲、明清小曲等都叫歌词。在我国，古代歌词的范围很广，历史悠久且成果辉煌。

敦煌歌词是手抄的写本歌词，作词的时代在唐至五代的340多年间，其数量相当可观，仅任半塘编著的《敦煌歌辞总编》就收有1160首之多。

敦煌歌词内容丰富，题材广泛，大至可分为三部分：一是佛曲歌词；二是关于历史事件和历史人物的歌词；三是关于都市生活中商人、知识分子、歌伎、市民、豪侠、道士、僧徒、深闺怨女、五陵年少等歌词。将一个商贸繁荣的都会——敦煌的社会人情与风貌都装进了歌词艺术中。

关于佛曲的歌词，虽然带有浓厚的佛教色彩，但其间也隐含着儒家、道家的思想内涵。在有关佛曲的歌词中，着重于宣扬、点化众生，劝善行孝，轮回报应，求证因果。目的在于“去舍荣华修佛道”“努力修取未来因”，向僧俗行教化，以唤起宗教的情感，然所唤起的情感必须与儒家的伦理孝道、道家的淡泊脱俗的思想合拍，与历史和现实的生活合拍。如《十恩德》便是将父母的养育之恩分成十个项目来歌唱，《百岁篇》将人生分为十年一单元，从十岁到百岁，用十首歌词吟咏，还有一篇《十二时》，题为《普劝四众依教修行》，其最末一首说：“敬疑（拟）讲，日将西，计想门徒总大归。念佛一时归舍去，明日依时莫教迟。”人与社会，人与自然之间的矛盾，贫富不均，人生的苦难等社会现象，在佛曲的歌词里也有突出的表现，但是对这些社会现象的认识和理解，却被引入到了“各自前生缘果异”“罪福总是天曹配”的宿命论的泥潭。

在关于历史事件和历史人物的歌词中，《献忠心》《酒泉子》是不可多得的史诗般的力作，它们真实地概括和记录了黄巢起义的史实，描绘了起义军英勇豪迈的气概，以及李唐王朝官僚们丧魂落魄的丑态：“每见惶惶，队队雄军惊御辇。蓦街穿巷犯皇宫，只拟夺九重。长枪短剑如麻乱，怎奈失计无投窜。金箱玉印自携将，任他乱芬芳。”黄巢入长安时“甲骑如流，辎重塞途，千里络绎不绝，民夹道聚观”。敦煌歌词中这样一种英雄主义的思想，本与佛家思想无缘，它的出现从一个侧面反映了佛家思想的政治化、世俗化。敦煌歌词中有一首《菩萨蛮》：“敦煌古往出神将，感得诸蕃遥钦仰。效节望龙庭，麟台早有名。只恨隔蕃部，情恳难申吐。早晚灭狼蕃，一齐拜圣颜。”此篇纯属史诗的歌词中，对英雄的颂扬与对唐王朝的忠心交织在一起。

自安史之乱以后，河西一带落入吐蕃之手，吐蕃统治敦煌达70年之久，当时敦煌地区的人民在归义军节度史张议潮的领导下，浴血奋战，平定河湟一带，收复失地，得到人民的拥护，在每年驱傩的群众大会上，时常唱起《儿郎伟》的歌："伏丞（承）大王重福，河西道泰时康，万户歌谣满路，千门谷麦盈仓。因兹狼烟殄灭，管内休罢刀枪，三边披肝尽髓，争驰来献敦煌。"又如《望江南》写道："曹公德，为国拓西关。六戎尽来作百姓，压坛河陇定羌浑，雄名远近闻。尽忠孝，向主立殊勋。靖难论兵扶社稷，恒将筹略定妖氛，愿万载作人君。"歌词热情地赞颂了他们收复失地、坚守边疆所创建的"殊勋"，同时我们从中也能了解到敦煌社会生活、经济状况与人心背向，以及西部民族强悍尚武的精神气质。张、曹两姓，是统治敦煌的世家豪族。在他们所统治的时代，在敦煌莫高窟开凿了一些较大的石窟，并且将家族的功绩以及自身的肖像、出游的场面都描绘在洞窟里，与敦煌歌词相得益彰、互为印证。

反映都市生活中商人、知识分子、歌舞伎、深闺怨女、五陵年少等题材的歌词，则向我们展示了一个商业经济发达的都市社会生活的全貌，甚至可以认为当时敦煌已处在资本经济的萌芽状况，已经产生了以贸易、经商为主的商人阶层。而且由于往来敦煌的外国人，大多是商人和依附于商人的僧尼，这就促使敦煌商业文化得到了很大的发展。

《长相思》所表现的即是富商、小商贩与雇工等三种不同类型人物的不同命运，从中可以看出社会结构的性质。歌词写道：

估客在江西，富贵世间稀。终日红楼上，笙歌舞著辞。频频满酌醉如泥，轻轻更换金卮。尽日贪欢逐乐，此是富不归。

旅客在江西，寂寞自家知。尘土满面上，终日被人欺。朝朝立在市门西，风吹泪□双垂，遥望家乡肠断（一作"长短"），此是贫不归。

作客在江西，得病卧毫厘。还往观消息，看看似别离。村人曳在道傍西，耶娘父母不知。身上缀牌书字，此是死不归。

新型商人阶层的出现，牵动了社会结构的每一根神经，随之也带来了文明的病痛，富商大贾，寻花问柳，"终日红楼上""贪欢逐乐"，富不归；妓女、歌

妓院　晚唐　敦煌9窟

舞伎，漂香于客栈、酒楼，卖身卖艺，贫不归。

早在汉武帝时代，敦煌就已经出现了军妓、商妓和歌舞伎，这些也许正是敦煌壁画中的色彩多姿的歌舞等艺术塑造中的原型，正是敦煌社会生活的映照。妓女是商业社会的副产品，被生活所逼的妇女，在出卖自己的肉体和尊严的同时，使自身成为了商品，处于被侮辱与被损害的地位。敦煌歌词中有一首《望江南》，表现了她们悲叹的心情："莫攀我，攀我太心偏。我是曲江临池柳，这人折了那人攀。恩爱一时间。"

富商大贾，贪欢逐乐，寻花问柳，富不归；小商小贩，"终日被人欺"，"朝朝立在市门西"，贫不归；出卖劳动力的雇工"得病卧毫厘"，"身上缀牌书字"，死不归；真是"富者高眠醉梦中，贫者已向尘埃走"；戍边的将士，久不归。错综的人际关系，复杂的社会心态，都在短短的歌词里得到了表现。当然，这还只是社会生活的一个侧面；社会的另一面是深锁在闺阁中的妇女，她们更为哀怨、凄切、悲怆。敦煌歌词中对妇女的描绘更为真切动人，率直纯真。"泪珠串滴，旋流枕上"，"情恨切，气填胸；连襟泪落重重"。这一类歌词又有别于李唐王朝时中原闺怨诗的缠绵悱恻、幽怨哀婉，而是大胆地唱出："今世共你如鱼水，是前世姻缘，两情准拟过千年……梦魂往往到君边，心穿石也穿，愁甚不团圆。"

一首《凤归云》将守空房妇女思念征夫的感情作了入微的刻画：

征夫数载，萍寄他邦。去便无消息，累换星霜。月下愁听砧杵起，寒雁南行。孤眠鸾帐里，枉劳魂梦，夜夜飞扬。想君薄行，更不思量。谁为传书与，表妾衷肠？倚牖无言垂血泪，暗祝三光。万般无奈处，一炉香尽，又更添香。

我们知道，在敦煌壁画中有许多描绘可悲妇女的故事，但大都抹上了一层佛教的或伦理的色彩，然而在这里却纯然是发自下层妇女的悲鸣或渴望。《鹊踏枝》中有"叵耐灵鹊多谩语，送喜何曾有凭据。几度飞来活捉取，锁上金笼休共语。比拟好心来送喜，谁知锁我在金笼。愿他征夫早归来，腾身却放我向青云里”之句，一种敏锐的洞察力，一种对自由的渴望充满了字里行间。与它同时代的文人歌词相比，敦煌有关妇女的歌词更显得坦然率真，是负重女性的悲切、渴望甚至反抗的内心世界的刻画，它似乎更少脂粉气，更多粗朴味，更能引起共鸣。

还有一首歌咏女人一生的《百岁篇》，在民间广为流传，它通过从自然人生到社会人生的转换，将那个时代妇女的心态及处境作了集中的、典型的刻画，带有普遍的意义，悲切而深沉：

一十花枝两斯兼，优柔婀娜复厌厌。父娘怜似瑶台月，寻常不许出珠帘。
二十笄年花蕊春，父娘聘许事功勋。香车暮逐随夫婿，如同箫史晓从云。
三十朱颜美少年，纱窗揽镜整花钿。牡丹时节邀歌伴，拨棹乘船采碧莲。
四十当家主计深，三男五女恼人心。秦筝不理贪机织，只恐阳乌昏复沉。
五十连夫怕被嫌，强相迎接事屡纤。寻思二八多轻薄，不愁姑嫂阿家严。
六十面皱发如丝，行步龙钟少语词。愁儿未得婚新妇，忧女随夫别异居。
七十衰羸争奈何，纵饶闻法岂能多。明晨若有微风至，筋骨相牵似打罗。
八十眼暗耳偏聋，出门唤北却呼东。梦中长见亲情鬼，劝妾归来逐逝风。
九十余光似电流，人间万事一时休。寂然卧枕高床上，残叶凋零待暮秋。
百岁山崖风似颓，如今身化作尘埃。四时祭拜儿孙在，明月长年照土堆。

这是那个时代妇女命运的一部史诗，没有宗教的劝诫，没有人为的雕琢，全然是时代妇女在自然人生与社会人生撞击中消耗殆尽的灵与肉的写照，其中隐含着深刻的悲剧意识。

在敦煌壁画中我们不难看到时代妇女悲剧的画面，虽然已披上了宗教的华衮，但现实生活的强光仍然穿透着层层迷雾，将那个时代妇女灵肉的剪影呈现在我们的眼前。

敦煌歌词中还有一部分描写兄弟民族题材的作品，它表现了多民族集居之地的敦煌的特殊性质，同时也歌颂了兄弟民族对大唐帝国的敬仰。他们“学唐化”，《献忠心》载其赞颂“生死大唐好，喜难任，齐拍手，奏乡（一作“仙”）音”。《赞普子》记一位兄弟民族将领曾唱道：“本是蕃家将，年年在草头。夏日披毡帐，冬天挂皮裘……朝朝牧马在荒丘。若不为抛沙塞，无因拜玉楼。”在敦煌壁画里，我们同样可以看到兄弟民族对汉唐王朝的挚诚感情，即使在吐蕃占领敦煌时期，他们仍然选用汉民族人才，利用沙州的世家豪族统治沙州，承继前朝文化和经济管理体制，寺院增多，寺院经济得到了空前的发展，将佛教和佛教艺术推向了另一高峰。

敦煌歌词是在民族民间歌谣的基础上发展完善起来的新型文体，因此它题材广泛，想象丰富，语言通俗，大胆夸张，具有浓厚的浪漫主义色彩，为我们展示了宽阔的社会生活图卷。更为重要的是它描写了新型的商人阶层，显示出萌芽状态的资本主义经济在敦煌的兴起，以及由此而带来的生活在商品经济社会环境下不同类型的人物心态，渗透着新型市民阶层的观念意识。

敦煌歌词中绝大部分都是流传在民间的作品，作者大多是来自民间，写的是他们的切身体会，具有参与社会的意识，表述着市民阶层的心声，具有广泛的群众基础。同时他们的作品，又因在民间流传的过程中经受着群众的检验而得到修改、充实与完善。所以敦煌歌词对敦煌变文的产生和发展起了极大的推动作用。

敦煌藏书中，有一种说唱文学作品，它是向僧俗衍述佛经故事的一种文体，这种文体，将佛理通俗化，说唱结合，以利于招徕更多的听众。其题材大多采用佛经故事、历史故事和民间传说以及现实的生活内容，记录这种演唱故事的文本，通称为“变文”。正如我们将用具体的形象描绘佛经故事的雕塑及绘画称为“变相”一样。这种文体，最初曾被认为是“佛曲”，后来发现原写本上有“变”字，在敦煌写本上也有较多的题记，又在唐宋人的记载里找到了翔实的证明，如《八相变》《目连变》等，故而称为“变文”。

“变文”与“变相”，作为宣传佛教经文、教义的两种最主要的艺术形式，前者是以口语文词作时序的拓展，后者是以形象的描绘为依托而显现，二者在敦煌都得到了很大的发展，由于在敦煌藏书中发现有大量的这类变文，故又称敦煌变文。

敦煌变文，按其内容分为讲唱佛经故事和非佛经故事两类，这同敦煌变相也是一致的。演唱佛经故事的变文如《阿弥陀经变文》《维摩诘经变文》等，是先引述一段经文，然后边讲边唱，根据经文加以铺陈渲染，散韵交错，演唱兼及，听者也可跟随吟唱，“各各谈指，人人唱佛”。另外，也有文前不引用经文，而是依据佛经里的故事或传说，自由地抒写阐扬，如《降魔变文》《目连救母变文》。这些以佛经故事为主体的变文，其间也掺和了儒家人伦孝道的思想情感，如《目连救母变文》就是一例：虽然目连是佛家弟子，但他历尽千辛万苦，入地狱，访寻其母，最后在如来的帮助下，使其母皈依佛法，脱离了苦海。故事宣扬了佛法，也宣扬了孝道，这种观念正与中国传统观念相吻合，而易于被听众所接受。

此外，非佛经故事内容的变文，在敦煌艺术中占有很重要的地位，其中最具有代表性的有《董永变文》《伍子胥变文》《汉将王陵变文》《王昭君变文》《孟姜女变文》《张议潮变文》《张淮深变文》等。这些以历史故事、民间传说、现实内容为题材而创作的变文，不受佛教经典的束缚，着意于表达地域的、民族的情感与观念。如《伍子胥变文》描写的是伍子胥为父兄复仇的故事：楚平王荒淫无道，强夺儿妇为妃，子胥之父伍奢苦谏，楚王不从，反杀奢及子尚，伍子胥亡命吴国，起兵报杀父兄之仇。后来，吴王夫差听信谗言，致使子胥遇难。这个故事，是春秋末年大复仇故事之一，见于《左传》《吴越春秋》《史记》。故事情节曲折，情调悲怆凄楚，一方面表现了伍子胥坚毅不屈、大义凛然的“孝子”和“烈士”的个性特征，另一方面也显示出儒家宗族观念在人们心目中的地位。《舜子至孝变文》则是宣扬舜子“孝顺父母感于天”的儒家伦理观念。

昭君出塞的故事是在我国广为流传，几乎家喻户晓的历史故事。《王昭君变文》是在这个基础上形成的。故事展示了广阔的历史场面：这里有汉王朝的民族政策，有匈奴社会的风俗，有塞外的自然风貌及那些奏乐、狩猎、婚丧礼等生活情景，我们在敦煌壁画中也能看到这些场景与类似的情节。当然这篇变文的重点在于塑造一个美丽动人的昭君形象，并且将她复杂的内心活动、崇高的爱国热情与对故土的留恋融为一体，紧紧地揪住听众，使人敬仰同情。

《汉将王陵变文》表现了王陵、灌婴夜袭楚军的勇敢机智的英雄行为。故事揭露了项羽胁迫陵母招降王陵的丑恶行径，表现了陵母大义凛然的高贵品质。据《汉书·张陈王周传》记载：“王陵，沛人也……陵乃以兵属汉。项羽取陵母置军中，陵使至，则东乡坐陵母，欲以招陵。陵母既私送使者，泣曰：‘愿为老妾语陵，善事汉王。汉王长者，毋以老妾故持二心，妾以死送使者。’遂伏剑而死。项王怒，烹陵母。”这段短短的记载，在敦煌变文里却拓展为具有六七千字连说带唱的长篇。

《张议潮变文》描写的是敦煌人张议潮趁吐蕃内讧，率领民众赶走吐蕃和回鹘守将，收复河西瓜、沙、伊、肃等广大地区，并派人奉十一州地图户籍归唐，唐王朝封张议潮为瓜、沙、伊、西等十一州节度使的故事。故事讴歌了这位归义军首领为巩固边防立下了汗马功劳的光辉业绩。描述了威武雄壮、气势磅礴的战争场面和高昂的士气，文字简洁生动。如“仆射即令整理队伍，排比兵戈；展旗帜，动鸣鼍，纵八阵，骋英雄。分兵两道，裹合四边。人持白刃，突骑争光。须臾阵合，昏雾涨天。汉军勇猛而乘势，拽戟冲山直进前。蕃戎胆怯奔南北，汉将雄豪百当千”。

据不完全统计，敦煌存留的变文达190种之多，如此众多的敦煌变文写本将我国西部民情、自然风貌、宗教信仰、人伦道德、历史文化等，精彩地浓缩在文字作品中，它们实质上是敦煌壁画艺术的重要脚本和文字素材。

敦煌变文在中国文学史上，并没有引起足够的重视。它采用的是散文与韵文结合的文体，以散文讲述故事，韵文重复歌唱散文所讲述过的故事内容。散文楚楚动人，韵文提纲挈领，这样反复讲唱，有利于加强听众印象，增进记忆与理解，显示出极端的通俗化与群众化。它极善于将人们的宗教情感和审美情感合而为一，以奇幻的构思，曲折动人的情节，人物内心活动的描述，庞大的场面铺陈，构建起形形色色虚幻的、神秘的、缥缈的玄怪世界；同时又以对民间故事、历史事件、现实内容的巧构与遐想，敷陈铺叙，出神入化，熔佛、道、儒三教精神于一炉，使这一艺术形式具有广泛的市场和覆盖面。

我们知道，南朝文学以华丽为特色，故长于感觉性的诗赋，北朝文学以质朴为本性，故优于理论性的散文，初唐四杰之一的卢照邻对南北朝文学特质的认识是中肯的，《六朝文论》评其说“北方重浊……南方轻清”。变文则是融二者之所长而形成的新文体，形成了寓意深远、内容丰富、风格粗犷豪放、刚健雄浑的中国西部文学的特色，并且开中国话本小说和说唱文学的先河，起到承前启后的作用。历史故事、现实事件的变文出现，冲击了六朝以来的志怪小说，影响着唐以后的新兴文体，使我国通俗古典文学进入了写实主义的时代，为中国文学发展史填补上一段空缺。

总之，敦煌“变文”同敦煌“变相”一样，是国际文化交流的结晶，是一种全新的艺术样式。我们之所以认定它是全新的艺术样式，是因为它并不是印度的“……见佛之仪，以歌赞为贵。经中偈颂，皆其式也”那样“歌赞”与“偈颂”的形式。虽然印度佛经的重颂与应颂也是能歌能和，讲唱结合，但是译成汉文，限于字义，便不可能唱了。限于民情，限于审美习惯，它要普及经文教义，便不得不吸取汉地群众易于接受和理解的行文方式和语言结构。如同《高僧传·经师篇总论》中所说：“……梵音重复，汉语单奇。若用梵音以咏汉语，则声繁而偈迫；若用汉曲以咏梵文，则韵短而辞长。是故金言有译，梵响无授。”显然各有利弊，需要有新的“歌赞”与“偈颂”的讲经形式。《高僧传·经师篇总论》中说：“天竺方俗，凡是歌咏法言，皆称为呗。至于此土，咏经则称为转读，歌赞则号为梵呗。”转读与梵呗虽同是有声调的，但转读不入曲，而梵呗则要入曲，前者似散文，后者近韵文。《高僧传·经师篇总论》说：“转读之为懿，贵在声文两得。若唯声而不文，则道心无以得生；若唯文而不声，则俗情无以得入。”

在我国最初创制的“梵呗”是魏陈思王曹植在东阿鱼山删治《瑞应》《本起》。《高僧传·经师篇总论》中说：“始有魏陈思王曹植，深爱声律，属意经音。既通般遮之瑞响，又感鱼山之神制，于是删治《瑞应》《本起》，以为学者之宗。”又说这呗“传声则三千有余，在契则四十有二”。一契是一个曲调，四十二契便是四十二个曲调联奏。同时在吴国有支谦从《无量寿经》《中本起经》制成菩萨连句梵呗三契，康僧会传泥洹呗声，清靡哀亮，为一代模式。东晋建业建初寺支

贤愚经·善事太子入海品
五代　敦煌98窟

贤愚经·善事太子入海品
五代　敦煌98窟

昙籥制六言梵呗，梁时有西凉州呗。这“梵呗”的创造应是变文的雏形而且有了地域的差别，并初具个性特色。

此外，创造者都是名师，曹植就是建安时代文学成就最高、最具代表性的作家之一，他的散文抒情咏物、内容充实、词采华茂；他的辞赋是屈原《离骚》精神的直接继承者；他的诗歌则继承了乐府民歌及《诗经》《楚辞》的优良传统。他能“精达经旨，洞晓音律，三位七声次而无乱，五言四句契而莫爽”。由这样一位传统诗文造诣极深，极富创造性的作家所创制出来的“梵呗”，想必不会是印度佛教歌赞偈颂经文教义样式的生搬硬套。何况曹氏父子，重视民间文学，得益于乐府民歌，是有定论的。

应当肯定赞颂的说唱结合，是佛教宣讲经文、教义、佛传故事的固有形式，必定会给佛教传播的各地以影响和启示。没有佛教教义的通俗解释的要求，也就不会有敦煌“变文”出现的必然。但是如果没有敦煌汉晋本土文化的基础，没有被广大群众所喜闻乐见的传统文化形式的融入，也就无法满足社会要求，也没有实现它的必要，因此也绝不会有“变文”的出现。

我们知道，早在战国及秦汉时代，我国已有散韵夹杂的文学作品——赋。如战国时荀卿的“赋”，汉魏六朝的赋体，大都是散、韵的混合体。那时人们将韵文和散文结合写物、叙事与抒情。从《诗经》至屈原的《离骚》，汉魏六朝的四言、五言诗体，汉代的乐府民歌，以及接受民歌影响产生的长篇叙事诗，如《妇病行》《孤儿行》《上山采蘼芜》《艳妇罗敷行》《孔雀东南飞》等都是散韵结合的形式。在人民群众中广为流传的《木兰辞》更是魏晋六朝时代我国北方民间叙事诗的杰作。鉴于诗歌和音乐在中国文学传统上是不可分离的，因此，当印度佛教传入中国后，人们用佛经故事释解应证深奥的经文哲理，用散文通俗地说讲经文故事，用韵文提纲挈领作“梵呗”歌赞经文教义。这样一种形式，既能为那些俗讲僧人和民间艺人所接受，也能为广大听众所认同，这就为产生一种新型的文学样式提供了基础，使之成为可能。

说敦煌变文是一种新型的文学样式，主要在于它的唱词，这是变文比旧有讲经新添的一部分，也是讲经文里最重要的一部分，因为有了这一部分，才把讲经变成俗讲，才把佛经的宣传大众化、故事化、民间化。王重民先生曾指出，最早的变文是讲经文，而一般的变文是从讲经文中派生出来的。讲经文又是由三个部分组成的：一是经文，即在开讲的时候，先把要讲的经文唱出来；二是讲经，即把唱出来的经文加以解释；三是唱词，即把解释的要旨，再用优美动听的歌词，歌赞重复一次。第一第二组成分，多是因袭原有的，第三组成分是新生的。变文所以区别于旧日讲经而构成新的样式，全在于这新生的部分。这一部分是最活跃的、最生动的而且是最具创造性的。

唱词所包括的诗歌、俗曲和诗词，有五言诗、六言诗、七言诗和三三七言的俗曲。五言诗采用较少，主要是由于五言诗是公元8世纪以前的正体，六言、七言、三三七句体在唱词中占有重要地位，尤其是七言句在唱词内占的比重最大。三三七句实质也是七言词，不过因为在第一句由两个三言组成（也有只是一句三言句），接着便是三句、五句的七言。这种句式的诗文，早已在我国民间广为流传，虽为文人学士所不屑，且很少采用，但深得民间下层群众的喜爱。敦煌地域这种文体也早已深入民间。变文正是在人民群众喜闻乐见的文体基础上，形成了自己的风格特征。它既克服了由于“梵音以咏汉语”所带来的“声繁而偈迫”，也解决了“汉曲以咏梵文”所带来的“韵短而辞长”。因此它就是它自己——一种新型体式。敦煌变文同敦煌造型艺术一样，是一种具有创造性的新型样式，同为敦煌艺术群的重要支柱。

敦煌藏书中还保存有大量的诗篇，最早的选本有《玉台新咏》等残卷，还有唐代的著名诗歌选集，诸如《唐人选唐诗》《诗总集》《陈子昂集》《高适诗集》等。

唐代是我国诗歌的极盛时代，人才辈出，各领风骚，为世人所公认，名篇巨制大都收入《全唐诗》中，然一些来自民间的质朴无华、通俗易懂的诗却并未被收入《全唐诗》。但却比较完整地保存在敦煌石窟里，其中最为著名的有《秦妇吟》，仅抄本就有九个，最早的写本是留有题记的“天复五年（905）乙丑岁十二月十五日敦煌郡金光明寺学仕张龟写”，约距该诗创作年代为22年，作者韦庄（约836—约910）是我国文学史上著名的词家和诗人。《秦妇吟》为我国不可多得的长篇叙事诗，全诗长达1600余字，诗人以敏锐的洞察力，深刻地揭示出在黄巢起义冲击下，唐代社会转入腐朽衰败、风雨飘摇、朝不保夕的境况。开篇：“中和癸卯春三月，洛阳城外花如雪。东西南北路人绝，绿杨悄悄香尘灭。路旁忽见如花人，独向绿杨阴下歇。凤侧鸾欹鬓脚斜，红攒黛敛眉心折。借问女郎何处来，含颦欲语声先咽。回头敛袂谢行人，丧乱漂沦何堪说。”接着通过妇人的叙述，将故事层层展开。声势浩大的“贼军”“狂寇”弄得“轰轰昆昆乾坤动，万马雷声从地涌。火迸金星上九天，十二官街烟烘炯”，对统治阶级的腐朽无能，官军的累累败绩造成“内库烧为锦绣灰，天街踏尽公卿骨”的下场作了真实的描绘。虽然作者站在反对农民起义的一边，但无情的现实、诗人的良知，将他推向了真理和正义。描述这种题材的诗作在韦庄同代人中是极为少见的，大概也因为这个原故使得《秦妇吟》无法进入正宗的《唐诗集》。虽世无传本，但是它却能留存在敦煌莫高窟，而且其手抄本达九种之多，说明当时敦煌自由思想活跃，没有中原那么禁锢，也说明敦煌社会对艺术的宽容，而不是一些学者所论定的敦煌艺术比中原保守。

在敦煌藏书的诗歌中，王梵志及其五言白话诗的发现，在我国文学史上具有极为重要的意义。

王梵志生平在我国史书上没有详细记载，我们只有从冯翊子的《桂苑丛谈》中，推断出他是卫州黎阳人，郑振铎先生称“梵志生平，约在隋唐之间”。敦煌所藏王梵志诗的写本，最早的当推现藏于俄罗斯列宁格勒的1456号，题记为“大历六年（771）五月□日，抄王梵志诗一百一十首，沙门法忍二写之。记”。

王梵志一生总的来讲，可算是一个地道的平民诗人、平民思想家。他的诗是他那个时代平民复杂而矛盾的心灵写照。他的诗，一方面表现为质朴通俗，另一方面表现为怪诞离奇；一方面鼓吹中庸之道的儒家伦理道德，另一方面又流露出佛家的“悲观厌世”。他的诗几乎全是哲理诗、教训诗或格言诗，被盛誉为“外示惊俗之貌，内藏达人之度”。这种通俗诗流行于民间，根深蒂固。但他又不是郑振铎先生所认定的一个“自了汉”的诗人，因为他直面人生，讥讽王公新贵“年年合仙药，处处求医方”，最后还是逃不脱“相次入黄泉”，“纵得百年活，还入土孔笼”的结局。由此他发出深深的感叹：“世间何物平，不过死一色。”这种感叹不是一个“自了汉”面对社会所能观察理解得到的。他针砭时弊，揭露官吏的丑态：“当官自慵懒，不勤判文案……更兼受取钱，差科放却半。枉棒百姓死，慌忙怕走散。”“……里正追役来，坐著南厅里。广设好饮食，多酒劝遣醉。追车即与车，须马即与马。须钱便与钱……官人应须物，当家皆具备。县官与恩泽，曹司一家事。纵有重差科，有钱不怕你。”他同情平民百姓，写出了“十六作夫役，二十充府兵……长头饥欲亡，肚似砍穷坑”，“门前见债主，入户见贫妻。舍漏儿啼哭，重重逢苦哉”。由此可见，他不是一个“自了汉”的诗人。他做人的哲学表现在他诗里：“黄金未是宝，学问胜珍珠。丈夫无技艺，虚沾一世人……世间难割舍，无过财色深。丈夫须远命，割断暗迷心。”“心神激前直，怀抱彻沙清”表现出孤高、傲岸、淡泊、明志的个性。

王梵志50岁左右步入空门，皈依佛理，寻求精神的解脱，但也不是“自了汉”的心态，他反而更透视了人类的深层，揭示了人类灵魂中阴暗与丑陋的一面。“五体一身内，蛆虫塞破袋。中间八万户，常无啾唧声。脓流遍身绕，六贼腹中停。两两相啖食，强弱自相征”，“堂上哭声身已死。哭人尽是分钱人，口哭原来心里喜”，“心里为欺谩，口中佯念佛”。诗人揭露了社会的丑恶，给予了讥讽与抨击。于怪诞中见纯真，奇巧中求自然，化深奥为平常，一反初唐浮艳浓丽的诗风，开创了以随意通俗的白话写诗的先河，形成初唐独树一帜的民间风味的诗风。

敦煌藏书还保存有敦煌地区的诗人所创作的作品，在《敦煌唐人诗集残卷》中收录有未曾收入《全唐集》的72首，还有《敦煌十二咏》《敦煌廿咏》《沙州十二咏》等写本。

敦煌、瓜州等地自被吐蕃占领以后，许多汉人被俘，上面所提到的72首诗即为在敦煌被俘的两名汉人所作，这些诗都是被俘后辗转他乡，感慨悲怀之作。诗人表达了他对昔日敦煌的怀念，也描述了我国西部兄弟民族集居之地的人情风貌。《夏日非所书情》作：“山河远近多穹帐，戎俗追观少物华。六月尚闻飞雪片，三春岂见有烟花。凌晨倏闪奔雷电，薄暮斯须敛雾霞。”《晚秋登高之作》作：“谷口穹庐遥逦迤，溪边牛马暮盘跚。”我们在敦煌壁画中经常看到有关西部兄弟民族生活的风情，正说明各种艺术形式在共同组建着庞大的敦煌艺术群体。

伴随着唐代商业经济的发展，市民阶层不断扩大，为适应市民阶层需要的民间说唱文学也应运而生并得到了蓬勃发展。这种文体称为话本小说。这种话本小说，大多出自下层知识分子和市井贩夫之手，因此也有人叫市人小说，它区别于当时文人的传奇小说，也区别于“变文”的散韵结合，它是以散文叙述为主，偶而杂有极少的诗词的一种文体。

我们习惯于将敦煌发现的话本称为敦煌话本小说，话本虽与变文有所区别，以讲说为主，但受变文的影响较深。话本与唐代传奇小说有所区别，话本小说情节更曲折，人物更活泼生动，它来自民间，属民间口头文学，充满泥土气息，但它又接受了文人们所重视的传奇小说的结构形式，它们互相渗透、互相影响。

敦煌藏书中保存下来的话本小说虽然不多，但就其作品所隐含的思想情感而言，它表露了佛、儒、道三教思想的渗透，也表露了人民的心声。

《唐太宗入冥记》，叙述了唐太宗魂游地府、生魂被勘的故事，宣扬了佛教的因果报应、轮回转世的思想。另一篇话本小说《庐山远公话》，通过远公为了偿还宿债、了结前缘当奴作仆的情节，讲述了惠远和尚修道念佛，感动了“山神造寺、潭龙听经、远契佛心成为高僧”的故事。从表面上看，其宗旨在于宣扬轮回报应、前世宿缘、冤冤相报的佛教思想，其骨子里却表现了人性的自我反省以及对信仰的坚信不移的追求。

体现儒家思想的话本故事有《秋胡》。《秋胡》故事原出《烈女传》。《烈女传》本身就是儒家思想的产物，敦煌话本将其铺叙成长文。故事叙述了鲁国儒生秋胡羡慕做官、热衷于仕途，决心“远学三二年间，若不乘轩佩印，誓不还故乡”，于是告别母亲妻子，外出游学求官，后来做了魏国宰相，政绩卓著。一别九年，秋胡忽然想起了老母“忆母泣泪含悲”，魏王准他衣锦还乡“奉谢尊堂”。当秋胡微服行车至本国，遇见采桑的美貌女子，便乘机调戏并赠诗一首：“玉面映红妆，金钩弊采桑。眉黛条间发，罗襦叶里藏。颊夺春桃李，身如白雪霜。”紧接着问道：“娘子，不闻道：‘采桑不如见少年，力田不如丰年。’仰赐黄金二两，乱采一束，暂请娘子片时在于怀抱，未委娘子赐许以不？”这时娘子从桑树上下来，回答秋胡说："新妇夫婿游学，经今九载，消息不通，音信隔绝。阿婆年老，独坐堂中，新妇宁可冬中忍寒，夏中忍热，桑蚕织络，以事阿婆。一马不被两鞍，单牛岂有双车并驾？家中贫薄，宁可守饿而死，岂乐黄金为重？忽而一朝夫至，遣妾将何申吐？纵使黄金积到天半，乱采堕似丘山，新妇宁有恋心，可以守贫而死。"当秋胡听完采桑女这番话，便"面带羞容，乘车便过"。秋胡回到家中，其妻"喜不自胜……身着嫁时衣裳，罗扇遮面，欲似初嫁之时"盛妆相见。哪知眼前的丈夫，竟是"桑间赠金宰贵"，正是那个调戏她的男人，顿时怒火中烧，泣泪交流，当着婆婆的面，怒斥秋胡是"于家不孝、于国不忠"、情薄轻佻的男人。

故事取儒家的孝道伦理观念，以其矛攻其盾，将一个道貌岸然的儒生赤裸裸地暴露在世人面前，相比之下，那位采桑女子显得多么高洁，她勤劳善良，甘愿"守贫取死"，她"桑蚕织络，以事阿婆"，她对爱情多么坚贞不屈，视金银如粪土。从采桑女的身上我们看到了那个时代下层人民的伦理道德观念，听到了那个时代下层人民的呼声，与儒家正统三纲五常、三从四德的伦理道德观念相去甚远。虽然这女子仍然是以一种传统的心理作为她的行为动力，但却是以尔之矛攻尔之盾，具有叛逆的一面也是显而易见的，这也许正是民间文学的永恒之处。我想，倘若一个国家、一个民族，它的民间艺术凋零，那这必定是缺乏人性、正义与真理的国家和民族，也决定不会有伟大的作品和伟大的人物出现。

敦煌藏书中还有一种反孔子的话本小说《孔子项托相问书》。故事描述孔子有两车草，曾寄托给项托的父母，因为老人家年老昏迷，把一些烧了剩下的喂了牛羊，孔子听说便来讹诈，被七岁的项托驳斥，孔圣人在项托面前显得愚笨无知，于是恼羞成怒，杀害项托，而项托精灵不散，化作森森百尺苍竹，永存人间。在那样的时代，出现这样"放肆"的作品，实在是难能可贵的。说明只有人民大众才敢对"圣人"开如此不恭的玩笑，才敢于触动儒家正统观念。

贯穿道教思想的话本小说有《叶净能话》。小说描述了一个精通道法的道徒，他"上应天门，下通地理，天下鬼神……要呼便呼，要使便使"，"绝古超今，化穷无极”，“宇宙之内，无过叶净能者矣”。作者通过一系列曲折离奇的故事，以示道徒叶净的“在道精熟，符箓最绝”。你看他，惩治岳神和妖狐，在被“不敬释门”而好道的唐玄宗召见后，大展法力、屡显神通，诸如遥采仙药、剑南观灯、进献龙肉、求降甘雨、幻化饮酒、皇后求子等都有撰写。其中最著名的当推叶净引《唐明皇游月宫》，作者创造了一个奇幻的天国世界，类似佛画中的西方极乐世界；后世《红楼梦》中的太虚幻境，也许就是这种浪漫手法的继承。作品集中地刻画了一个“世上无二”、“造化须移则移，乾坤要止则止”、法力无边、道术高强的叶净形象。故事充满了传奇性和神话的色彩，从一个侧面反映了道教在敦煌的地位以及在群众中的影响。显然这里的道教，也已汲取了佛教的一些思想，而佛教也汲取了道教的某些内容，因此在敦煌壁画中诸如求降甘雨、幻化饮酒之类的题材得以出现。敦煌话本小说无疑对敦煌造型艺术产生过深刻影响。

敦煌藏书话本小说的发现，说明我国话本小说的出现，并非始于宋代，而是远在隋唐之世即已产生，并且显示出强大的生命力，已经成为有意识的文学创作并初步形成了“小说”这种文学样式。

此外，敦煌藏书中还保存了许多词文、俗赋及其他文学作品和语言典籍、史地文书、科技资料。

在语言典籍方面，《尔雅》《玉篇》均系唐代古本，还有俗字书如《千家文》《字宝碎金》《俗用字要》《杂辨字书》等。其中收集了不少西北地区的俗语。它们既是考证唐风、唐俗、唐音的重要材料，也是读各类卷子、唐宋以来的俗文学作品十分重要的字典。还有关于音义方面的书如《一切经音义》《尚书王肃音义》等都是佛教经典和儒家经典音义中最早最好的文本。

敦煌发现的韵书，均属于唐人使用的切韵一系的韵书，如陆法言《切韵序》等。

敦煌发现的有关西域民族语言材料，如西夏文、宰利文等，材料亦十分珍贵，它证明了这些民族都曾对庞大的敦煌艺术群体的出现，作出过自己的贡献，留下了自己的音容笑貌与历史足迹。

在史地材料方面，敦煌也发现有《史记》《汉书》《晋书》《唐书》《阃外春秋》

《春秋后语》等史料书籍；还有《沙州都督府图经》，详细记载了沙州有多少县、多少乡、多少人、多少土地，土地怎么分配等。关于敦煌的世族、人物均有详细记载，如《敦煌名人名僧邈真赞》《敦煌高僧传》等，将敦煌唐代以前的名门望族、学者贤达、高僧都一一列入，像敦煌大书家索段、索靖，大世家豪族张家和曹家，高僧鸠摩罗什等都有较详细的史料记载。

有关古代西域的史地材料也很多，对我们研究西域文化、社会历史无疑是极为重要的资料。敦煌竹简的发现，也为我们了解当时敦煌的社会政治、经济、军事等情况提供了资料，有助于我们深入理解敦煌造型艺术的题材、内容，以及世态人心。

在科技方面，敦煌石窟艺术的存在，其本身就说明了当时敦煌科学技术方面所取得的巨大成就，诸如建筑学、力学、工程学、颜料化学、雕版印刷等。没有这些科技的成就，也就不会有如此庞大的敦煌艺术群的出现。科学方面的知识运用，在人们日常生活中最为广泛的莫过于建筑学。汉魏时代，河西建筑得到了很大发展，人才辈出，这些建筑的成果被反映在敦煌壁画中，使我们看到了各个时代的不同的建筑风格。

其次是医学和天文历法，敦煌藏书中发现的陶弘景《本草》是未经人篡改的、最古的写本。姜亮夫教授说“这卷子不仅是中国医学的大宝贝，而且也是人类最古最早的东西”。在敦煌藏书中发现有好几个卷子的《食疗本草》，书中介绍通过饮食治疗疾病的医方，这也是中国最早的一大发明，直至现代才引起西方医学界的广泛关注。《食疗本草》中将吃什么食物治什么病的食谱作了详细记载，如豆浆、豆腐、豆渣可以治疗炎症和毒疮，至今仍为我国民间所广泛采用。还有针灸，在敦煌卷子中说得很清楚，什么穴位治什么病等。切脉也是我国的独创，在敦煌发现了《玄感脉经》，对研究人体经络整体把握与调理人体机能来诊治疾病是十分重要的。这些医书的发现可以说明，在以敦煌地区为中心的我国西部早已在唐代即形成了完整的医疗体系。这些方面的成就，反映在敦煌壁画中才有了诸如《问疾》《得医图》等极为生动与真切的画面的出现。

敦煌唐朝星象图在伦敦的展出说明中国古代的科学水平冠绝全球，敦煌星象图更证明中国古代在天文学上的伟大成就。根据英国学者研究，敦煌星图的历史可追溯至7世纪，唐朝星象图比欧洲首批星图早800年左右，欧洲首批星图是文艺复兴时期才出现的。

敦煌藏书中发现的《七曜历》，也有八九卷之多。我们知道《七曜历》在中国是很古老的，《易经》中说“七日来复”。中国历史上的七曜是以日、月、火、水、木、金、土，即五行加日月来代表的。此外，当时敦煌有自己的大历书家，如翟奉达、翟文进等人。还有关于占星术、日历等卷子的发现，对了解当时的民俗以及与农业生产发展的关系来说也是珍贵的资料。

以上所列举的敦煌藏书资料，虽然只是敦煌藏书中的极少数，但以其内容之丰富，规模之庞大，在当时的整个世界是无与伦比的。难怪姜亮夫教授曾十分感叹地说“整个中国文化都在敦煌卷子中表现出来”，这些藏书的发现证明了所有新型的艺术样式的出现总是以强大的、深厚的文化背景的共生性与联动性为根基，所有的艺术门类都是在相互作用、相互影响下求得共同发展的，所有最伟大、最辉煌的艺术总是在民族、民间艺术的基础上培育出来的。

在敦煌艺术的后面，站着的是包括中国各地域各民族的哲学、科学、历史学、地理学、音乐、舞蹈、文学等在内的一个庞大的文化整体，它们之间的共生性、联动性及其所形成的“规模效益”，使得敦煌艺术得以在更高层次上获取营养。概而言之，它们是站在世界四大古老文明的肩膀上，犹如站在巨人的肩膀上，从而达到世界的超前的高度。

敦煌艺术是综合性的艺术群体，综合就意味着创造，艺术的综合与综合的艺术，形成了一种新型的独特的敦煌艺术样式——新型的文化形态。

三、新型的文化形态

世界文化史的经验告诉我们，艺术在互相交融与撞击以及不同元素的组合中改变它原有的结构和素质，从而组建起新的形态，而择优的组建则诞生了新的艺术形态。没有艺术的综合和综合的艺术，就不可能有新型艺术的出现，更

得医图　盛唐　敦煌217窟

良医授药　晚唐　敦煌9窟

疾病治疗　北周　敦煌296窟

不可能产生伟大的文化艺术和伟大的人物。

“夫和实生物，同则不继。以他平他谓之和，故能丰长而物归之。若以同裨同，尽乃弃矣……以他平他谓之和”，意谓聚集不同的事物而得其平衡，叫作和，只有这样才能产生新事物，所以说“和实生物”。“以同裨同，”即将相同的事物加起来，是不可能产生新事物的。在这点上，古人的论述似乎是精到而在理的。

敦煌艺术是一种新的艺术形态，在其时的世界史上，没有任何一个地域或国家能像敦煌那样，综合了世界四大文明古国的精华，培育出如此灿烂的艺术成果。虽然这颗灿烂的明珠镶嵌在中国西部，但它无疑属于中国艺术整体的一部分，当然，同时也属于世界。

敦煌艺术是独特的、完整的、新型的艺术形态。它的根基在我国西部，创建它的是当时世界先进的文化艺术，它是中国西部原生文化“不简华夷，兼收并蓄”综合而成的新产品。它并非像一些外国学者所论定的敦煌艺术是西方艺术的东渐，也非一些中国学者所推论的敦煌艺术是中原传统艺术的西去。

所谓敦煌艺术是西方艺术的东渐，无非是指希腊、波斯、印度以及出自巴基斯坦白沙瓦一带的犍陀罗佛教艺术的东渐。应当承认，这些国家和地区的艺术曾经影响过敦煌艺术，甚至可以说，敦煌艺术的形成、组建曾经受到多方面的启迪，内含诸多国家的文化艺术因素，融合和综合了不少其他类型艺术成就，离开了这些，也就不可能形成独具特色的敦煌艺术，正是这些才使得它有博大的容量和辉煌的成果。

所谓的敦煌艺术是中国传统艺术的西去，主要是指中原文化艺术的扩延，说到底就是汉文化的西去。应当承认，中原文化曾经久远地影响着敦煌，特别是自张骞出使西域、汉武帝设河西四郡，敦煌成为丝绸之路的商业重镇、中西商业贸易的都会，中原文化在这里具有不可动摇的地位，中原文化在这里与西部多民族文化的混交综合，形成了以敦煌为中心的汉晋时代的本土文化。如果说没有中原文化的参与，不仅形不成以敦煌为中心的先进的汉晋时代的本土文化，而且也不会有敦煌艺术的出现。

但是不能想象，一个没有自己文化传统的国家或地域会形成一种新型的文化艺术样式，它既无法选择与鉴别，也无法去混交综合，结局只能是占领，只能是被外来文化所代替，抑或只能是一个杂陈的博物馆。

之所以说敦煌艺术是本土文化精神与世界三大文明的混交、综合所产生的新型的艺术形态，是因为它既不是希腊、波斯、印度以及犍陀罗艺术的翻版，也不是中原艺术的照搬，它就是它自己——一种新型的自成体系的艺术形态和风格样式。我们从其内在的艺术精神和外在的表现形式以及所创造的庞大的艺术规模中不难发现这种鲜明的特征。

古希腊的艺术，我在前文中已经作了介绍，这里再归纳一下，总的来说，他们是面对自然、控制自然、利用自然。他们对生活环境加以观察研究，其目的在于控制、利用与索取，用来满足人们的各种欲望与需求，他们的生活态度是向外的，是与自然对立的，在艺术上表现注重于摹写自然，因而古希腊艺术表现出三个显著的特征：第一，希腊艺术作品所固有的逻辑性、尺度感、严格的理性化，在表现方法上力求和谐、真实；第二，注重个体，歌颂奋力拼搏、向外拓展的英雄主义和战胜他人、征服他人的胜利者，表现出强烈的个性化的造型特征和美学原则；第三，即便是非理性的思维形式的神话，也加以严格的理性化以及“神人同性”的观念，人间世俗的情感和直观的艺术形象始终占有主导地位。在形象刻画上，男性英俊、洒脱、健美、勇敢，女性典雅、优美、高贵，知性与美融为一体，战斗、欢乐与性爱融为一体，从“真”出发而实现“美”的规范。

敦煌艺术精神与古希腊艺术精神几乎全然相背，它是内向的、直通人的心性，不是控制、利用自然，更不是向自然索取，而是控制、利用、调整人的心性，观察研究人的心理环境和心理过程，发挥与生俱来的身心潜能，从对自我的控制与训练中，领悟适应自然、不受制于自然的道理，追求心性的自由与解脱，离苦作乐。在敦煌艺术里没有什么竞技和战斗的胜利者，如果说有胜利者，那也是人的自身对贪婪、欲望的舍弃，实现“佛性”，达到觉醒。真正的英雄在于战胜自我、征服自我。这里注重人与环境的关系，这里的“佛”，是观念的人的共性，是内省的、沉思的、肃穆的、普度众生的人类良知和崇高精神的体现，这里淡化了性爱，强化了人类普遍的爱，象征意味的艺术形象在这里占主导地位，从“善”出发而达到“美”的境界。

因此，古希腊艺术不论是它的雕塑和瓶画，与敦煌艺术的雕塑和壁画所体现出来的艺术精神是完全不同的，所以敦煌艺术是“西来”、是希腊化的产物的论点自然是不能成立的。

同时，敦煌艺术不同于犍陀罗艺术，有别于印度佛教艺术以及波斯艺术的作风。敦煌艺术，特别是它的雕塑，接受了古希腊某些造型手法和纹饰，滋养和充实了自己，其目的在于实现自己的艺术精神，完善自己的造型手法，正如同古希腊艺术接受了古埃及及东方诸国的艺术影响一样，我们不能论定古希腊艺术就是东方艺术的西去。

波斯艺术受古希腊艺术的影响极深，特别是在希腊化时期。因此有人把塞琉古王朝时期的艺术称为希腊—伊朗风格的艺术。但是波斯民族有着巨大的同化能力，虽然他们曾经历过多次战争的灾难和异族的入侵，但古老的民族文化精神经久不衰。他们将埃及、希腊、罗马、叙利亚两河域等国家和地区的艺术，通过长时间的融合，逐步地转化为自己的艺术风格，显示出民族艺术旺盛的生命力和宽宏开明的气度。

从大型的拱顶建筑、雕刻到小巧的金属工艺品及随身携带的饰物，无不充满律动感和装饰意味，隐约中浮动着古老游牧民族的精神。他们信仰超自然的力量，崇拜超自然的多神教。反映在艺术里，一方面是庞大的神庙、宫殿、陵园建筑群，有着巨大的空间结构、雄浑的体量感，使人站在殿堂中感到敬畏与自身的渺小，有如牧民立马在广阔无垠的原野，体现了一种博大的情怀。另一方面是小巧的金属工艺及饰物，它们精细优美，像茫茫原野上精致的小花，体现了一种质朴的、轻松的装饰美感，以及细致入微的观察与表现能力。

波斯艺术中的怪兽及动物雕刻与波斯细密画及图案装饰曾经对敦煌艺术产生过影响，但波斯艺术在进入敦煌前早已在新疆境内的南北商道经过了巧妙的融合，转化为龟兹艺术及于阗的风格。我们从敦煌艺术的一些花草纹饰中，还能看到波斯艺术的影响，也能看到波斯商人往来中国的画面。但敦煌艺术中没有波斯那样的大型浮雕群，早期敦煌壁画中的建筑也不着重体量的雄伟而是重形态和气韵，壁画也不是波斯细密画的轻快欢愉，而是深沉神秘，绘画作风也较波斯细密画来得粗放、质朴、野性。从中可以体悟不同地域不同民族的艺术精神和心理取向。

犍陀罗艺术常被史学家们称为希腊—犍陀罗艺术，西方史学家多把它归入希腊—罗马艺术系统，它形成于希腊人统治的末期，这里的民族多来自中国的大月氏人，带有中国西部游牧部族的文明，接受希腊人在这地区所留下的文化，突破了不造佛像的禁忌，开始了佛像的雕塑。追随着希腊艺术柔和而自由的“静穆的伟大”和“高贵的单纯”的美学原则，以希腊神像的写实手法来塑造古印度佛教题材佛像，甚至形象也接近希腊人。至公元4世纪才逐渐演变为沉重肃穆、体态粗短的佛像造型样式，才有了自己的面貌，才创造出犍陀罗自己的艺术风格特征，并且成为笈多王朝印度佛教艺术的先驱。

犍陀罗佛教艺术，曾经在中亚细亚及天山南路形成佛教艺术的主流，对形成以龟兹、于阗为中心的佛教艺术起了很重要的作用，但是这种作用主要在于启发。龟兹、于阗的本土文化很快就接受和消化了它。我们从这两地的雕塑和壁画中，不难发现一种轻快、欢愉、奔放的民族精神，以及具有民族特征的人物造像与风土人情、歌舞场面，从艺术基调上即与犍陀罗艺术拉开了距离。

犍陀罗艺术集中体现了小乘佛教的思想，强调个人的苦修成佛与独善其身，它的艺术形成，主要受到希腊、波斯、印度的影响。而敦煌艺术则集中于体现大乘佛教的思想，强调自修内省、普度众生、兼善天下、顿悟成佛。

犍陀罗艺术的成就主要体现在它的雕塑艺术上，而敦煌艺术的成就主要显示在它的雕塑、壁画艺术里。

印度艺术的成果，主要体现在宗教思想和题材的表述上。印度的宗教比世界上其他地域和民族的宗教复杂而难解。特别是其种姓制度，使印度文化艺术形成了自身的特色。其宗教本身也暗示着种姓思想的差异，因此很难编织出大一统的文化精神。但是一个总的人生目标似乎是存在的，即尽个人在宗教、社会、道德上的义务，追求物质上的享受，追求爱与快乐。这些深深地扎根在印度文化艺术之中，这种人生目标也反映在印度佛教思想的深层，乍看似乎矛盾，但正是这种矛盾的奇妙混合，显示出印度佛教的精神。如对现实世界极“苦”的表述到极“乐”世界的追求；如在否认尘世的种种声色之娱，却肯定了男女在极乐中融为一体，体验个人灵魂与宇宙灵魂“合一”；如认定“自私为愁苦之因”，但终极也仍然是为了一个自我；如认定“幸福在于愿望的实现”，但又以“没有欲望，处于任何情形之下都毫无改变——这就是高尚”为经义。凡此种种，在佛教那单纯的华衣之下，胶裹着一颗复杂的灵魂。

印度佛教艺术的特征，也正是将两极冲突的东西互相掺杂共存，而不是融和成一个新的和谐的整体，似乎从否定现实出发，却又发展出对现实世界持享乐态度。首先，原始佛教规定“佛身不可造”，不塑造佛像，不搞偶像崇拜，但一到造像风行起来又发展出“三十二相”“八十种好”，在宣扬清心寡欲的教义的同时，却在雕刻和绘画中描绘着有强烈肉感刺激的裸女。其次，印度佛教艺术最善于采用象征的手法，如以法轮象征说法，佛钵、佛足迹象征佛陀，无忧树象征佛诞生，一只小象象征“托胎”，一株树和一空座象征“成道”，一匹空马象征“出家”，魔或魔女在一株树和一个空座位之前即表示魔的侵扰和诱惑，象征降魔，伞盖和宝座一般也象征着佛陀等。在佛教徒的心目中，这些象征性的形象，成为神秘观念的语言符号。第三，人物的造型，不注重希腊艺术的几何标准和尺度准确的和谐，而是通过对动、植物的研究，从大自然中发现活的曲线，提取形式美感的要素。第四，印度佛教艺术，承继了印度传统的对生殖器的崇拜，在它的雕塑或壁画中，描绘男女裸体习以为常，突现性特征以及男女交媾的雕塑和壁画比比皆是，有的层层相叠，几达云霄，它们没有将这贬为“不道德”，而且随着印度艺术的发展，这种雕塑和壁画，反而越来越大胆和夸张，精致而富有生命力；以极度的夸张和变形手法，创造了世界上无与伦比的女性美的典型，创造了温柔健美、妖娆轻倩、极富性感的艺术形象。

中国宗教不发达，没有根深蒂固的宗教体系，神在中国不过是烘托皇权的工具之一，这也许要归因于极早形成的儒、道两家的哲学体系提供的对世界的认知与智慧。两家都不信鬼神。因此，佛教在中国的传播，一开始便被改造，精微烦琐的教理简化为通俗易懂的佛理。中国一直有对祖先的崇拜、对圣贤的崇拜、对皇权的崇拜，后来才将对释迦的崇拜混在一起，形成了以王权为中心的混合体——一个以皇权崇拜为核心的中国佛教体系。

敦煌佛教艺术从一开始，就可以明显地看出它将印度佛教艺术、犍陀罗佛教艺术的精神与道、儒艺术精神的结合以及与地域的民族精神结合，所逐步形成的中国的佛教及佛教艺术的精神和气质。这种结合是融合，是同化，是变迁，是外来的佛教艺术的逐步解体。这个新生命的诞生意味着旧有的解体或消亡，因此有了以全新面貌出现的庞大的敦煌佛教艺术群体。

敦煌佛教艺术与印度及犍陀罗佛教艺术的精神内涵已有了显著的差别，如果说印度及犍陀罗佛教艺术所体现的精神是“自然宗教”向“神权宗教”的转化阶段，那么敦煌佛教艺术所体现的精神，则是“神权宗教”向“社会宗教”或者说向“皇权宗教”的转化阶段。

敦煌艺术以儒家的道德观念、道家的艺术精神、西部民族的人情风貌来塑造佛经的题材内容，且融入部分的希腊及犍陀罗艺术的造型手法。

敦煌佛教艺术也采用象征的手法，但思想内涵已与印度佛教不同。比如，莲花纹饰在敦煌象征“出淤泥而不染”的高洁，在印度则象征女性生殖器的神圣；敦煌用朱雀、玄武、青龙、白虎象征四方位神，印度则以牛、狮、象、虎象征四方位神。这些都反映了不同地域的民族情感和审美意识的差异。

敦煌佛教艺术大量采用中国民间神话传说的故事及艺术形象，以充实佛教艺术形象或代替佛经故事中的形象。比如用“东王公”“西王母”的艺术形象，表达佛经中的帝释天、帝释天妃，用传统神话中的“人皇九首”形象，塑造佛经中的“毗摩质多”等。

以线造型在中国绘画艺术中，具有十分重要地位和独立的审美价值。敦煌艺术同样是以线造型，表面上看同印度、波斯有相似之处，都担当着造型的主要“工具”的任务，然而它们却有天壤之别。印度、波斯佛画的线主要在于描绘物象的外部形体的体积，而且常以明暗作为辅佐；敦煌雕塑和壁画艺术中的线，并不着重于对象起伏的体积，而是追求一种神韵和情绪，源于中国古老的

东王公·帝释天　北周　敦煌305窟

西王母·帝释天妃　北周　敦煌305窟

宇宙意识——“道”的哲理，阴阳互补、刚柔相济、长短相随、虚实相生，也可以说是“八卦”观念的延伸、扩大。同时，敦煌艺术的线描又继承了中国书法艺术审美特性，因此它不止于物象塑造的“工具”地位，也不止于一般理解的十八描的生搬硬套。它除了空间意识，同时还具有强烈的时序性，它具有深层的哲理、情感意味和审美价值。

敦煌艺术中的人物造型，与中国的宇宙意识也是一体的，“十数之终”“万物归一”，它不满足于视觉上的具体形象以及感官的清晰，它认为这些都是表面的、流动的、暂时的、偶然的、有限度的，因此也是不可靠的。它要的是“道”，是内在的、永恒的、运动和转化的、无始无终的这样一种“惚兮恍兮，其中有象。恍兮惚兮，其中有物。窈兮冥兮，其中有精”的精神。因此，敦煌艺术中的夸张变形，全在于“立意为像”“得意忘像”，其源头即在于此。正如刘勰所说的“夸饰恒存”，“莫不因夸以成状，沿饰而得奇”，这里的“奇”“状”与“恒存”就是夸张与变形的宗旨和目标，不一定是人们通常所说的是“对现实生活形象合乎规律地增大或延伸，而创造的合乎理想的形象”。恰恰相反，其常常是不合乎现实生活规律和理想的，而是受到地域的民族的道德观念、宗教信仰、审美情趣、工艺材料等制约，它更多的要求是“合情”(包括宗教的情)，合乎道的“大美”，合乎“立意为像”这个根本，而不是合理。也许可以说科学在于理，艺术在于情，哲学在乎情与理之中。它也不在于追求和满足视觉的可靠性，否则几条彩带的“飞天”腾空而起就不能成立，“三头六臂”“千手千眼”对于“现实生活规律”和“理想”都是荒谬之至的，而那些“人大于山”的造型表现，当然就更不是现实生活形象合乎规律的增大或延伸。

敦煌艺术的人物造型不注重人物性别的外部特征。如果说印度艺术表现了男女的肉感、性感等外部特征，以及如舞蹈般流动的瞬间的有限的美，那么，敦煌艺术则更注重于形象内在的永恒的意念的“大美”，而不是礼俗的小美。形象的非限定非摹仿的塑造，其中也掺和非极限、求中和的儒家的伦理道德观念，追求精神和肉体的和谐。显然这两方面都曾影响和制约着敦煌艺术的造型法则和审美心理。

如果说古希腊艺术创造了矫健的男性美的典型，将人体比例和谐的自然属性推向了极致，古印度创造的青春的女性美，将人体性器官的膨胀和夸饰推向了形式美的极致，那么敦煌艺术的造型就另是一种中和的美，也即中道、中庸、中观的理念在艺术上的体现，一种精神与肉体的统一美，神、形平衡的内向的人格美，形成一种净化人格、提升情境、扫尽俗肠的美。尽管其也接受了一种伦理道德的规范，但是这种规范束缚不住西部民族大度豪迈的个性，矫健优美的体态，它仍然从敦煌壁画的艺术形象中洋溢出来。

敦煌佛教艺术的构图处理也有别于印度佛教艺术构图处理。构图，就其质而言，即对时空合乎美的规律的安排和处理，或叫画面的结构置陈。传统的中国绘画理论称之为经营位置、置陈布势、章法，所谓“章”即“十数之终”“万物归一”，即统筹安排的条理性，“法”即“法度”、形式美感。这种形式美感与道、儒、佛思想精神相通相融，表现在构图上即是如此。

道家主张物我一体、主客相融，意识境界与物象原形统一，人是自然的属类，人的意识可融于自然中，自然也就是人的意志的同一，这是“天人合一”的宇宙观。“四方上下为宇，古往今来为宙，宇宙便是吾心，吾心便是宇宙。”追寻着永恒、必然与无限、周而复始运转的“道”，但这个道是“有情有信”“无为无形，可传而不可受，可得而不可见”。这段文字看来玄乎，但用在中国绘画形式美感的表述上却是恰到好处的。这就是作品构图中的那根无形线，在壁画中我们常谓之结构线，这样的一根线正是“无为无形，可传而不可受，可得而不可见”，迎之不见其首，随之不见其后，却是“有情有信”。多么平实、简洁、通达的表述。

中国画家总是在费尽心机地捕捉和寻找这根无形的线——天地契合之美的“道”。用以结构自己的画面，并且探索出能表现峰回路转的“之”字线，周而复始的S线，波折起伏的M线，以点为中心向外放射的线或同心圆环线……这些无形线，在中国古代的图案里表现得极为明显，如在青铜文化和彩陶文化及阴阳八卦中，图像便编织和组构在这巨大的超时空的无形网络之中，造成“天网恢恢，疏而不失”、万物归一的时空安排及其处理的画面。

敦煌北魏254窟《萨埵太子舍身饲虎》故事中的“观饿虎”“刺血”“父母哭尸收尸”等情节，安排处理在画面的左下角至右上角的斜线上，自右上角至右下角便绘制有“投岩”“饲虎”，左上角至左下角绘制有七宝塔及“飞天”，整个故事情节的物象便安排在一条“无为无形”重力均衡的S线上。有的则用房屋建筑或山林，组成波折的“M”无形线。如敦煌北周290窟，窟顶前部人字披的东、西披所绘佛传故事：自太子降生起，至西披佛为憍陈如诸比丘说法止。庞杂的故事情节就安排和处理在由房屋围墙组构的“M”型的无型线中；类似于“之”字的无形线构成的画面几乎到处可见。这种种无形线组构画面，往往产生流动、永恒、无始无终的动态，同时也产生具韵律和节奏的形式美感，所产生的境界却又是“万物归一”的道的最高境界。这种时空处理的结构形式，虽多表现在我国南方长江流域诸省的古代绘画中，如青铜器、漆器以及马王堆出土的西汉古墓中的棺椁纹饰等作品中。但在敦煌壁画中则彼彼皆是，且不乏力作。

儒家，不管是从人文理想转化为道德说教的孔子儒学，还是后世转化为各种政权化的新老儒家，都是以成就内在的人格服务于现实政治为目的的。前文已说过，它是主张的哲学，它的人伦道德都是为政权服务的，都是以皇权为中心的，当然艺术也不例外。因此，儒家无不视艺术为加强统治的手段，“成教化，助人伦”，成为政权统治的工具。这样一种思想，渗透到艺术精神的深层以及审美标准的确立中，威严、肃穆、雄伟、宏大的气派便成为绘画“置陈布势”的主旨，不仅表现在敦煌石窟佛龛里佛、弟子、菩萨、金刚力士的排位，而且也渗透到人物塑造本身的思想内涵。在敦煌壁画的构图中，大量采用正三角、正方形的无形线及对称、均衡这样一种无形却“有情有信”的线型，组合结构画面，安排处理时空，如各种经变图中多采用此法度。敦煌初唐220窟北壁《药师净土变相图》就是以对称的无形线组织结构出来的规模雄伟、宏大的画面。虽描绘的是佛国，但所体现的却是皇权的至高无上。以及皇宫华贵、端庄的气派、这种安排和处理时空、结构画面的法度，在黄河流域一带盛行，无数的汉石刻、墓室壁画等无不以这种“无形”的结构线来安排和处理时空。如果说道家的艺术以外在的动表内在的静，体现一种阴柔之美，那么儒家则以外在的静寓示内在的紧张、躁动，体现着一种阳刚之美。

印度佛教艺术的最高成就主要体现在雕塑上，特别是它的浮雕和高浮雕艺术得到了长足发展。印度的浮雕和高浮雕，不同于中国的汉画像砖，它十分强调个体的质感、量感、空间感，显然受了希腊雕刻及波斯雕刻的影响，正因为如此，它的形象处理往往重重叠叠，相当密集，在充足的光照下产生繁复的效果，成为石窟或塔门的饰带，在单纯的环境背景以及强烈的光照下显得多彩多娇。中国古代浮雕和高浮雕主要表现在青铜器、陶器和汉画像石上，大型的以人物为主的建筑浮雕并不发达，而且注重的不是表象的质、量和空间感，而是意象的和谐统一与完整。因此对个体形象的塑造求平实，求符合整体的构成，艺术家的时间和精力多在求整幅作品的气韵生动。各种物质实体只不过是总的情调与旋律上的音符。

印度佛教壁画不如它的雕刻辉煌，但其手法及艺术处理与雕刻是相通的，甚至可以说是在平面的墙壁上绘制彩色浮雕。正因为如此，它的壁画在人物造型上亦追求肉感与体积空间感，注重个体的描绘与刻画。在它的壁画里，每个个体总是好的，自然的站立也要产生“三道弯式”的动的姿态。尽管每个个体手舞足蹈，但是整幅壁画却是静止的、孤立的、僵化的。在它的壁画里，我们可以看到古罗马壁画的影响。作为古印度佛教壁画艺术最高成就的阿旃陀石窟壁画，我们不难感受到它的浮雕味，以及对丰腴肉感的着意刻画：个体是动的，整体是静的，神与人仿佛散乱地活跃在一个静止的球体里，它的空间只在于容纳有限的物象。例如《降魔变相图》，人物造型呈写实的浮雕式，佛孤零零地坐在中间，四周也都为一个个孤零零的个体，所有形象全是半裸，时空的安排和处理缺乏条理。魔怪是印度的民间神话传说的形象，它在保持人的原形的基础上稍事夸张。相比而言，敦煌壁画中的降魔变相图给人的艺术感受则完全两样，人物形象具有我国西部民族特征，样式上是装饰的、平面处理的，人物大都着衣。魔怪的造型，多取中国民间的神话传说及西部民情民俗中流行的牛头马面，奇禽怪兽并作了大胆的夸张变形，佛坐在中央，以佛的形象为圆心，用重复的佛的光环造成了向外放射的张力，各种魔怪及其所用的武器、长蛇，以及美女的动式，组成了数重向内发射的环状，整个画面贯穿、交织和统一在一个“¤”式的无形的网络中。在激烈的冲突与对立中，显示出佛的平和与镇定自若。画面极富装饰感，画风豪放粗犷，富有我国西部民族的艺术精神。

圆无限定，故圆内无限，圆外无限，但又万物归一。敦煌壁画的时空观念，是精神活动的无限性和存在实体的有限性的统一。在这里，印度佛教题材似乎失去了它本来的意义，宗教情感与审美情感合二为一。作品本身所显露的独特的形式美感和艺术精神，要比题材重要得多，任何实体在艺术里都必须受到制约。同样的题材，可以用来表达不同的情感，引起不同的联想和共鸣，这才是区别和差异的实质。

再看《鹿王本生图》，这个故事出自《六度集经》卷六。原文（节选）为：

昔者菩萨，身为鹿王，名曰修凡，体毛九色，睹世希有。江边游戏，睹有溺人，呼天求哀，鹿愍之曰：“……尔勿恐也，援吾角，骑吾背，今自相济。”……时国王名摩因光……王之元后，厥名和致，梦见鹿王，身毛九色，其角逾犀，寐寤以闻，“欲以鹿之皮角为衣为珥，若不获之，妾必死矣。”王重曰“可。”晨向群臣说鹿体状，布命募求，获者封之一县，金钵满之银粟……溺人悦焉……即驰诣宫，如事陈闻启之……王即兴兵，渡江寻之，鹿时与乌素结厚友……啄耳重云：“王来杀尔。”鹿惊睹王弯弓向己，疾驰造前，跪膝叩头曰：“……遥睹溺人，呼天哀求，吾愍于穷，投危济之……”

故事的结尾是国王感念鹿王的德行，不但不加害，反而保护他，下令不许任何人伤害他。鹿王获得了任意遨游的自由，王后闻之而心碎死去。故事里的鹿王，即佛的前世今身，乌鸦为阿难，国王为鹭子，溺人是忘恩负义的坏人调达，王后是调达的妻子波旬，可算是一段惩恶扬善的因缘故事。

印度佛教艺术，仅在于陈述或者说图示了故事的几个片段，片段之间缺乏有机的联系和艺术上的形式构成，造形写实，注重肉感、体积感。例如公元前1世纪初期的《鹿王本生图》的浅浮雕就是此类作品的代表。画面取用了鹿王救溺人、国王张弓射鹿王、鹿王跪膝告真情三组内容组合在一个圆形里。同样的内容，描绘在敦煌石窟里，从思想内涵到艺术样式，几乎看不到相互的影响和联系。例如敦煌北魏257窟西壁所绘制的《鹿王本生图》，画面描绘有五组情节：溺人遇救、溺人跪谢鹿王、鹿惊睹王、溺人贪财告密、国王兴兵寻鹿。五组情节均组合在长卷型的墙壁上，故事情节由左端的溺人遇救、溺人跪谢鹿王，右端的溺人贪财告密、国王兴兵寻鹿向中间发展为鹿惊睹王而进入高潮。

两幅作品虽然一为浮雕，一为壁画，除了题材相同外，人物、车马、鹿等造型全然相背，敦煌壁画《鹿王本生图》十分明显地代表了敦煌地区汉晋时代的作风，有着强烈的装饰美感，高度概括凝练的物象造型，鹿王在这里已经人格化，与印度的《鹿王本生图》中写实的鹿，形成了鲜明的对照。物象平面处理，构图平面展开，由山水组成的几根无形的斜线分割画面产生意象的空间而不是视觉的深度，从而产生动感，整齐排列而又有变化的山峦、建筑以及画面的题榜所组织的垂直水平线，稳定了整个画面，显示出极强的形式美感，表现出画家结构画面的能力和智慧。更为突出的是鹿王在印度的浮雕里跪在国王的前面以示温驯，暗示出佛陀在印度还不能与国王达到平起平坐的地位。而在敦煌的壁画里鹿王昂首站立在国王面前，表现出尊严，显示出佛陀的地位在敦煌的上升。这里体现出两种不同的精神气度：在印度浮雕里，对立的双方形象含混，而且没有表现出因果报应；在敦煌壁画里，对立的双方形象十分鲜明突出，完整地表达了扬善惩恶的因果关系。通过这些比较，我们不难发现，虽然同是佛经的题材故事，但在不同国家、地域和民族的艺术表现中，其间的差距是多么的巨大。它足以说明，任何艺术创作，题材只不过是借以表达情感的形式躯壳，而其真正的内容，却是所表达的思想情感、审美情感，最终将还原为艺术作品自身。艺术作品以自身为内容，它只对自身具有“合目的性”。这就是为什么同样一个题材在不同的国家、地域、民族、时代会被赋予不同的艺术内容。都画一个人，画出来的不会是同一的“灵魂”，面对着相同的山水，创造出来的也绝不会是同一的“意境”。我们也常常听到这样的发难，“你画的是什么?”而不相信自己的眼睛和心灵感受到的是什么。这感受到的才是艺术的真正内容。

通常题材有限定性，是静止的，但艺术品自身所揭示的内容却无限定性，它是流动的、因人而易的。马克思说，对于没有音乐感的耳朵来说，最美的音乐也毫无意义。可以说没有艺术的眼睛，就看不到敦煌佛教艺术的独创性，就会得出敦煌艺术西来说的结论。我们判断和了解一个时代，主要是研究透过作品所显示的时代灵魂，题材可以翻来覆去，古往今来的取用，可以重复，但时代的情感、精神却永远不会重复。历史上一去不复返的事件可以在艺术里“借尸还魂”，获得生动的精神再现。但这魂，永远不会是原有的“魂”，而只能是此情此境的魂。正如亚里士多德所说，最好的东西不需要什么行为，因为它本身就是目的。希尔斯也说过，新出现的每一件作品的出发点都必然存在于已有的传统中。

无数事实说明，敦煌艺术是对印度佛教题材的选择，对古希腊—犍陀罗艺术的某些造型手法，特别是雕塑的造型手法的选择，对我国西部民族的传统造型手法的选择，它是以敦煌地区本土文化精神为合理内核、综合而创造出来的新型的艺术形态。

人类历史上任何特定的阶级的存在，特定的政治经济制度、伦理道德的存在，个人与权力的存在都将是有限的、短暂的，而艺术及其所放射的时代的光辉却将伴随着整个人类历史永世长存。

佛说九色鹿经　北魏　敦煌257窟

向外，在摄取异域的营养；向内，在挖掘自己的魂灵，要发见心里的眼睛和喉舌，来凝视这世界，将真和美歌唱给寂寞的人们。

敦煌佛教及其佛教艺术，都在走着一条通向人间的世俗之路，即一条由理想世界向现实世界靠拢，由对“神格”的赞颂到对“人格”的表白，由对悲惨现实的否定到对有情现实的肯定，由对苦难人生的解脱到对爱乐人生追求的回归之路。在这条路上，佛教和佛教艺术都走到了它们的尽途，完成了它们各自的人生过程。而作为中国西部文化圈最高文化艺术表现的敦煌，正期待着新时代的智慧以重新获得它的童年，在新的创造中再找到它自己。

尸毗王本生图　北魏　敦煌254窟

第十五章 敦煌艺术各时期的风格特征

敦煌石窟艺术的形成，约经历了十六国晚期的北凉、北朝的北魏、西魏和北周以及隋、唐、五代、宋、西夏、元等一千余年的历史。在这段漫长的历史进程中，大致都能显示出其艺术的风格特色，也显露出彼此的因承与联系。就现有的石窟艺术，从敦煌艺术形成与演变的全过程中宏观地把握来看，我认为概括为四个大的时期是比较恰当的。

勃兴期：前凉太清四年（366）至北周大象二年（580），历经前凉、后凉、北凉、北魏、西魏、北周等朝代，约214年，造窟40个。

全盛期：隋开皇元年（581）至唐建中元年（780），历经隋代、初唐和盛唐时代，约200年，造窟194个。

世俗化期：吐蕃占领时期的唐建中二年（781）至五代后周显德六年（959），历经中唐、晚唐、五代等时期，约178年，造窟136个。

衰退期：北宋建隆元年（960）至北元宣光二年（1372），历经北宋、西夏、元等朝代，约412年，现存西夏石窟多为前代的石窟改建补修而成，造窟135个。

这四个时期，敦煌石窟艺术的时代风格大致是清晰可辨的，它们体现了不同时代人们的行为动力及其心理目标与审美观念，同时，也显露出那个时代的全貌和时代与民族的性情。所谓时代风格，即时代的命运和时代性格的外化，也即“时代灵魂的眼睛和喉舌所凝视与演唱的气度与风采”。以往的一些敦煌学者大都将敦煌石窟艺术分成为早、中、晚三大时期，我以为这只能算是对一般的艺术流派约定俗成的简易划分，并不能体现时代的个性、命运以及时代人心的总的趋势，面对着庞大复杂的敦煌艺术群体，它显得过于粗率。艺术的风格演变是一个渐变的过程，它满烫着时代精神的印记，需要小心谨慎地研究和鉴别。以往的敦煌学者，总习惯于以所谓的中原“传统风格手法”去套解和评估敦煌艺术，无异于削足适履，岂不知敦煌艺术自身即已是传统。此外，也习惯于以所谓“栩栩如生”和有没有“现实生产劳动场面”的描绘去鉴别审视敦煌艺术的价值，岂不知艺术自身的规律是人类精神的物化，是来自内在的灵魂的需要。敦煌艺术正是西部人民精神的物化，它的意义远不止于栩栩如生和现实生活描写，它还有非现实的东西，甚至是反现实的东西，超现实的东西，也恰恰是非现实、反现实和超现实的这些东西，才使我们窥视到不同时代的人类的理想、追求与渴望，从而区别不同时代的艺术风貌，找到其终极之所在。如果我们仅在艺术中寻找我们祖先的“现实生活”，那么“二牛抬杠”的农耕方式，一“抬”就是几千年，毫无变化；一把用笈笈草做的扫帚，一扫就是上千年。至今我国西部民族，仍取用敦煌壁画中所绘制的那种模样的扫帚，在打扫着现实的尘埃，还有打麦的裢枷，和那至今还在沿用着的婴儿车等。精神这东西，比起物质的东西要活泼得多、生动得多，当然也难以捕捉和难以把握得多。

因此，根据现存石窟，将敦煌艺术划分为四个大的时期，着眼点主要在于不同时代的精神取向与文化选择，以及所有创造性的新成果等。

一、勃兴期

之所以称为勃兴期，因为它是宗教情感最为炽热的时期。主要在于表明敦煌艺术是在它的本土文化艺术精神基础上，在新的层次上的丰富、充实和提高，也表明敦煌艺术形成有它的民族性、地域性和历史的延续性。敦煌佛教艺术也只是在敦煌固有文化基础上引入新的内容、汲取异域的营养而引起的拓展与变更，并不是从零开始，它不是起点而是过程。

这一时期，敦煌主要为西部少数民族政权所统治，直接统治过敦煌的有前凉（汉族）、后凉（氐族）、西凉（汉族）、北凉沮渠蒙逊（匈奴）。公元439年北魏灭北凉统一河西，北魏为鲜卑族拓跋氏政权。少数民族的粗朴、慓悍、豪放、憨厚的本性以及忍辱负重、自我牺牲的群体意识，造就了原始、野性、粗豪、奔放与充满了阳刚之气的艺术风格特征。这种特征不仅注入到他们的生活中，包括衣、食、住、行的装饰与美化生活的各个方面，同时也注入到敦煌佛教艺术的内容选择与形式构建中。

此外游牧民族与大自然融为一体，对动物十分熟悉与喜爱，因而具有描绘动物纹饰的才能和技巧，直接地表现在敦煌佛教艺术里，则构成了勃兴期艺术动物纹饰普遍运用的特点，形成了独特的艺术风格，达到了空前的艺术高度。

壁画线条多动，体现了游牧部族好动的天性；雕塑形象多静，体现了他们虔诚的心理特征。

这一时期的风格特征，主要可归纳为三个方面。其一是心态，以“忍让”、“牺牲”与“好善乐施”唤起人们的良知，以“因果报应”“轮回转世”平衡由于社会的动乱所带来的不安与恐惧，在残忍丑恶的背后，隐藏着善与美的光明种子，寻求行善的报答和冷峻人生的归宿，以及在每一个阴影下蕴含的生命。其二是气度，西部民族固有的近乎原始的野性、粗朴、求实、狂放与佛、道、儒的理性规范、玄想、清虚、伦理道德相融，与商业文化功利的行为动力相融、混交。其三，在艺术形式上，西域风格特别是龟兹风格与中国内陆艺术风格总汇于敦煌，经过混交，敦煌本土文化以它的包容性，开始孕育出一种新型的敦煌佛教艺术风格的雏形，其特质飞腾动荡、雄浑质朴、神秘超脱，包孕着内心的不安与躁动、外在的微笑与平和，反映出混交期的惶恐与临产前的痛苦与喜悦。

我们先从石窟的三个组成部分来看这一时期的风格特征。这三个组成部分是建筑、雕塑、壁画。三个部分互相联系，“三位一体”。

勃兴期的敦煌石窟建筑，包含着异域的中心方柱式。这种形式是平面作长方形，前部开凿有汉式的“人字披”屋顶，横梁两端有木质斗拱承托。后部有中心方柱，方柱上开龛造像，四周壁画环绕，方柱与洞窟四壁之间产生“回”字形的走道，以便善男信女绕柱塔巡礼观像，如251、254、257窟等；另一种是禅窟，这种形式的窟，即在主窟的两侧开凿有小禅窟，作为僧人坐禅修行打坐之地，如268、285、287窟等；第三种是佛殿，即正壁开龛造佛，窟顶为倒斗藻井，窟的平面空间作为信众的礼拜供养之地，如249、272、296窟等。中心柱式为勃兴期洞窟的主要形制，其主旨是便于僧人的静修、回旋与礼拜，信众坐禅观佛以达“正觉”“感悟”。这一时期的洞窟，其形制还表现为混交杂陈，有西部牧马骑射民族“蒙古包”式的隐形，有汉式木构建筑的人字披斗拱渗入，还残留有外域中央塔式的痕迹。经过综合组建而形成敦煌勃兴期特有的石窟建筑风格样式。

勃兴期的塑像，大多以弥勒像为主尊，还有释迦多宝并坐像、说法像、禅定像、思维像，以及中心柱四面的有关释迦生平事迹如苦修、降魔、成道等内容的“四相”“八相”之类。

我们知道，对弥勒的信仰，在敦煌早已流行，北魏以后，则更为昌盛。原因有两个方面：一方面，在于佛教传入以前黄老玄学盛行，占卜、谶纬、阴阳、巫术已广为群众所接受，佛教传入，它的“色空”“禅定”“普度”即与黄老玄学的“贵无”“玄冥”“独化”相碰撞、相融合，形成了玄学化了的大乘“般若学”，反映到敦煌勃兴期的石窟塑像里，即以弥勒像为主尊，以《弥勒上生经》《弥勒下生经》等大乘经典为蓝本来创作。另一方面弥勒信仰具有两重利益现实的内涵，即往生弥勒菩萨的兜率天，以求解脱，这是对死者的慰藉之路，还有一条路是等待将来弥勒下生救济众生，建立起理想的世界，这世界就在阎浮提地，亦即我们所在的人间世界，这个世界“国土丰乐”，“食粮丰富，街市热闹”，“气候温和，四季温差极少，世人身体无病，人心安定”，这是生者的渴望。由《弥勒上生经》和《弥勒下生经》所表述的这两重思想与境界，正与战乱不安、精神惶惑的敦煌地区人们的求安定平和的心态相吻合、相一致。可以看出，这是敦煌地区人们的共同心态对所传入的佛教及其教义的选择与取舍的结果。从开始便与印度早期的佛像雕塑及犍陀罗佛像雕塑中，以小乘教思想为主体所揭示的心态拉开了距离，这里映照的是敦煌地区人们自身的形象。

弥勒（菩萨或佛）的造型已显露出敦煌造像独特的风采。以北凉时期275窟的弥勒菩萨造像为例，我们所看到的是神情庄静、慈悲、微笑的面貌，他落落大方，健美韵致，气量恢宏，眨眼细看，似又带有某些捉摸不定，似有几分迫人之气，有几分天真，有几分漠然冷峻，也有几分轻盈飘逸。

塑像衣裳柔薄，躯体端庄肃穆，具有女性的善良与慈悲，又具有男性的威严与宽宏的气度。这里塑造的是一个精神意象的实体，而不是男女性别的物质实体，这与印度及犍陀罗佛像形成了鲜明对照，整体的静以及由交脚所形成的大倒三角和小正三角形产生了静中有动的感觉，寓示弥勒下生人世、将行欲止的形态以及普度众生的未来佛的形象特征。

在印度与犍陀罗塑像中，男、女性别的生理特征异常鲜明。在敦煌塑像里男女生理特征被淡化，而精神气度被强化。在印度和犍陀罗塑像里，人们首先看到的是强烈的体积感及光影在形体中的流动与转换，追求真实与具体，残留着希腊雕刻的造型观。

所谓佛像的“三十二相”与“八十种好”，也是从直观的形体真实与具体形态出发的。在敦煌塑像里，人们首先所感受到的是神情与意蕴，感受到线的节奏与律动，淡化了体积感和光影，强化了神情与气韵，追求装饰意味，雕塑与绘画相结合，形成由塑而画，画塑结合的敦煌特有风格。

在勃兴期敦煌塑像中，另一重要的特征是禅定像遍及各窟。“禅定”即“思惟修”，这是在成佛前对人生苦难的疑虑与思索，也就是说还正在为下生的事而修行，在思考未来理想世界的构建，可说是成佛前的释迦，因此我们又叫思惟菩萨。思惟菩萨的出现，带有几分现实性，他实际是成佛过程中的引路人。带有几分亲切感，因为他接近凡人的心理，他将降临人间，教化救济众生。也可以说它是当时中国的“思想者”，显然它同罗丹的《思想者》相比，各自隐含着不同的思想内涵。前者所显示的思想情感更为宽宏深远，而罗丹的《思想者》

似乎内含着暴风雨前的宁静与战斗前的思考。禅定像大都被塑在圆拱龛内，结跏趺坐，双手重叠作“禅定印”，神情恬淡，澄心静虑。

北周时期出现了佛弟子迦叶、阿难的塑像，他们是佛的二侍僧，迦叶老成持重，质朴平和，肌肉松弛，微笑中带有几分苦涩，所刻画的是一个饱经风霜、苦修成正、皈依佛门的世俗长者的形像。阿难的形象则正好与迦叶形成对比，他面颊丰圆，神情聪慧，少年清正，虔诚自信，微笑中含有几分天真与稚气。迦叶的外形具有西部民族的特征，高鼻深目，眼大腮宽，阿难则具汉民族的风采。也许这里寓示着接受佛教、皈依佛门的先后，其中的西部各兄弟民族亲密无间的关系是显而易见的。

这一时期，道教的神仙思想也出现在塑像中，例如297窟龛楣上羽人乘龙的塑像，羽人头出双角，臂长羽，有鸟爪，脚跨龙背。

勃兴期的塑像，反映了敦煌地区重“禅行”的“坐禅观佛”的思想方法，正因为这种思想方法的盛行，才有如此丰富的佛像造型艺术的出现，以此区别于南方的重“禅理”多“宏论”。

虽然这一时期是以大乘佛教为主体思想，但也不能否认融合有累世修行、次第禅门而得佛性，追求个体解脱的小乘佛教思想。

勃兴期的雕塑，可分为壁塑、影塑、高塑和圆塑四个种类。壁塑即浅浮雕，由壁上的平面中凸起；影塑属于较平面的浮雕，适于龛楣、柱头的装饰，以图案意味为主；高塑亦即我们常说的高浮雕，塑像仍附着于龛壁，我们看到佛四周的胁侍、菩萨多采取此法制作；圆塑为独立于佛龛的立体雕塑，仅底座与龛台相连，洞窟的主尊采用此法。这种配合，显得主次分明，重点突出，说来平淡，然其中的奥秘，也够发人深思的。

以圆塑为主体，渐次淡化为高塑、影塑、壁塑而后融化于作为背景的平面壁画，这种佛龛、雕塑、壁画各艺术样式的统一，这种强烈的空间意识与时序性的巧妙安排所建构的艺术氛围，为人们提供了观佛、神游与遐想的天地。这种对艺术的整体意识的把握，在同时代的世界艺术史中是绝无仅有的，更别说印度和犍陀罗的佛教艺术了。这是敦煌的创造，它成就了敦煌特有的艺术风格与特征。

如果说塑像主要在于体现抽象、崇高、玄奥的佛理概念，以及“佛国圣众”的“机构设施”和“制能”的形象化，那么，壁画则偏重于将抽象、崇高、玄奥的佛理概念具体化、情节化、通俗化、形象化，以利于在群众中传播，让群众在礼拜与观像中接受佛经，增进理解，引发情感的共鸣，坚定对佛教的信仰。

具体化要求来自现实的可感，情节化来自佛经故事以及所选编的民族、民间故事的可读，通俗化必须考虑到民族民间的风土人情的易懂，形象化必须要取用此时此地的生活原型，让人可信可亲。因此敦煌壁画家承担了十分复杂艰难的任务，承受着历史的重压。

勃兴期佛像雕塑大都主静，有如禅定静观和思惟菩萨的静虑，象征彼岸世界的静穆平和。而壁画大都求动，象征着人间世界的动乱，这一静一动，相互映衬，正显示出敦煌的现实时态。

正是这种历史的重压，迫使敦煌的壁画家们采取“拿来主义”，管它希腊、罗马、波斯、印度，还是于阗、龟兹。正如鲁迅所说：“向外，在摄取异域的营养，向内，在挖掘自己的魂灵，要发见心里的眼睛和喉舌，来凝视这世界，将真和美歌唱给寂寞的人们。”

“拿来”，要有雄厚的传统文化作后盾，要有开放的社会环境，要有十分锐利的慧眼，否则是拿不来的，拿来破烂，反倒了自己的胃口。在这以前中国很少拿到别人的东西，反倒被外国将自己的东西拿走了。古波斯拿走中国的丝绸，加工成织锦之类，又反销中国。后来西方人拿走了中国的火药，然后用大炮回敬我们。此类事情太多了，真正取用“拿来主义”，只有在这个时代才全面铺开。在中国历史上这是很重要的时期，而敦煌则是最先实施的“特区”。

“拿来”以后，要滋养自己创出新的东西更难。犍陀罗佛教艺术，特别是它的壁画，也未能摆脱波斯风的缠绕。只有敦煌佛教艺术，特别是它的壁画，艺压群芳，独放异彩。

勃兴期的敦煌壁画艺术风格，就是在这种重压下，在“拿来”与创新、综合与扬弃、混交与孕育的艰辛下产生的。

五百强盗成佛局部　西魏　敦煌285窟

五百强盗成佛局部　西魏　敦煌285窟

五百强盗成佛局部　西魏　敦煌285窟

这里，我们以敦煌285窟为例，该窟有两方供养人题记，一为“大代大魏大统四年”(538)，一为“大代大魏大统五年”(539)，说明洞窟的修建在此之前，但整窟壁画绘制完成恐怕不止这两年，这之前之后都有可能继续绘制。

敦煌285窟，从题材内容到表现形式，都最明显地说明了敦煌地区画家的“拿来主义”，摄取异域的“营养”，挖掘敦煌地区的“魂灵”，调整以适应时代人心。如绘于南壁的“五百强盗成佛”的故事，佛经里描述：在摩伽陀国有五百个强盗，经常拦路抢劫，致使“王路断绝”，于是国王派兵进剿，强盗战败，全体被俘，国王令处以酷刑：割鼻、刖耳、挖眼睛，尔后逐放山野。强盗悲哀

号恸，为佛所闻，于是佛以“神通力”吹香山药，使五百强盗眼目复明，并为之说法，五百强盗即皈依佛法，出家为僧，隐居深山，参禅入定。这《五百强盗成佛图》，也是后世的《五百罗汉图》的原始状态。

壁画以八个场面，描绘了这一故事。故事表达了敦煌群众的厌战情绪和渴望和平、宁静的心态。那时河西一带兵戈四起，战争、死亡威胁着敦煌黎民的生命和财产的安全，威胁着商业贸易的发展，也直接威胁着敦煌的统治者。驻守瓜州的东阳王元荣就曾忧心忡忡地说：“天地妖荒，王路否塞，君臣失礼。”他也厌恶战争，希望“四方附化，恶贼退散”。敦煌285窟正是元荣任瓜州刺史期

沙弥守戒自杀品　北魏　敦煌285窟

间所修建的，可见对佛教故事的选择与取舍自有其社会与历史背景。

佛教是反对一切战争的，它主张“善”和“兼善天下”，好生恶杀，它不像西方的基督教，我们只要看看圣书中的《约翰默示录》，我们就会明白基督以正义之名要对“世上傲慢”的人类给予惩罚，基督教解决问题的办法是斗争与“光荣的胜利”，带着强烈的攻击性，佛教不是这样。这则故事亦说明了佛教的宗旨，以慈悲为怀，以说法疏导，消除仇恨，实现平和，带有浓厚的调和性。在佛家的眼里，战争是为了满足个人或集团的欲望，所以无论“强盗”的反抗也好，“国王的镇压”也好，都是欲望的冲动，都是“无明”所带来的“苦”，所谓“说法”，也就是宣讲佛理，讲清道理，皈依佛门。显然，这种超阶级的观点，极易为统治阶级所利用，特别是政教合一的社会制度。

敦煌当时仍是商业重镇，佛教的这种主张显然也代表了商人阶层和广大市民的利益，综合地体现了国王和商人、市民的心态。因此，类似的题材在敦煌勃兴期石窟里出现，就成了历史的必然。通过“拿来”佛经故事作“效果性使用”以铺陈时代的灵魂，这正是敦煌画家一贯的作风。

再如，同窟南壁龛楣之间东起所画《沙弥守戒自杀品》一铺，讲述了一个佛经的故事：有一个长者送儿子受戒为弥，一天，师傅叫沙弥到另一长者家乞食，正好这家长者全家外出赴宴，留下了一个16岁的少女看家，沙弥敲门，少女应声而出，见沙弥心生爱慕，在沙弥面前作娇媚态，进行挑逗，倾吐衷情，

沙弥坚守戒律，不为女色所动，为了表明清白，持刀自刎而死。

故事正好被描绘在南壁的四个供禅定打坐的小窟龛楣之间，显然是对打坐僧人的规劝，同时也说明了僧人品格的崇高。其实这种崇高是以牺牲小僧人的生命获得的，我们看小沙弥乞食前受师傅的戒教，师傅当然是一个严于律己的高僧大德。在佛经故事里，“长者”一般是指富商，小沙弥死在长者家，长者即以金银财宝奉献给国王，国王即以香木火化沙弥尸体。僧头、商人、国王都是品格“高尚”的，唯独这小沙弥，为了保持“清白”，就得献上自己的一条命，可谓死得其所了。

善良的人们常常在精致的信条与动听的谎言中丧生，岂不知大名鼎鼎的高僧鸠摩罗什就曾与龟兹王之女同居密室，到长安后，公开养着十多名妓女。高僧、翻译家昙无谶与鄯善王妹私通。以所谓的道德行为为不道德行为作辩护，似乎是历代权贵们的通病与惯技。

作为商业社会的敦煌，发生此类事大概是屡见不鲜的，但也是令人忧虑的。其解决的办法，与儒家的“杀身以成仁”当然是不谋而合，它明白无误地反映了敦煌的社会现实。此外，壁画里首次出现的《须阇提品》《善事太子入海品》，这些饱含着儒家孝悌观念的画面，显现了一种传统目标心理的行为动力在敦煌所占有的主导地位。

这只是我们现代人的分析与看画时的感受所引起的共鸣。如果我们再深入体察，又会发现，画面的故事内容及其形象表现，十分真切地揭示出那个时代的人的行为动力的区别。长者、师傅显然体现了一种传统的目标心理的特质，这种传统心理包括传统习惯的作用，佛教的戒律，儒家的伦理道德等。师傅授教戒律就是在这种传统的目标心理驱使下的行为，小沙弥则体现了另一种价值心理为其行为动力，他是殉道者，他根据“自己的信念”行动，为“理想”和“信念”而献身，这是他最崇高的美德和人格尊严。而长者的送子出家，国王受礼以香木化沙弥的心理，则体现了商人和国王的不同形式的功利目标心理，少女则是在情感心理驱使下的叛逆者……这真可谓一幕短短的爱情悲剧，大社会各阶层的“人心”，都端上了这个小舞台，这个小舞台又反映了这个大社会，画面实在是时代灵魂的一面镜子，敦煌社会的一个缩影。

故事画的大量出现，为勃兴期壁画题材内容的主要特征。除以上所述之外，还有如萨埵舍身饲虎、月光王以头施人、九色鹿拯救溺人、须摩提女请佛、佛传图、须达拏施象、微妙比丘尼现身说法、睒子行孝、善事太子入海求珠、须阇提割肉奉亲等，这些故事画中无不隐含着佛、道、儒思想的混交与融合，表现出这个商业都会的活跃思想和复杂灵魂。面对动乱不安的现实社会与人生，故事画的思想与情感，事实上有如一剂挽救社会、抚慰生灵的“良方”，这就是忍辱、自我牺牲、善与爱，这就是佛家的“善”、儒家的“仁”、道家的“清虚顺应”。

马克思说：“（如果）我们现在假定人就是人，而人同世界的关系是一种人的关系，那么，你就只能用爱来交换爱，只能用信任来交换信任等。”这些勃兴期的故事画，在一个层面上就具有其积极的一定的社会意义，很难指责它麻痹人们的斗志和反抗精神，因为这是时代的必然。因为火上加油的结果，将是生灵涂炭，而最终遭殃的还是中下层人民，他们只能在烈火中毁灭，而不是在“烈火中得到永生”。一切都需要时间，这就是为什么敦煌当时现实中各种复杂的矛盾，只能以唤起人的良知和天性的手段来解决。用现代的思想去设计指导古代的社会显然是徒劳。

我们还是回到第285窟，窟中壁画有古老的西部神话以及内陆的仙话等传统

月光王本生图　北京　敦煌275窟

说法图　隋　敦煌244窟

睒子本生图局部　隋　敦煌302窟

树下说法三尊像　隋　敦煌390窟

力士捧摩尼宝珠　西魏　敦煌249窟

伏羲女娲　西魏　敦煌285窟

天皇

人皇

地皇

风神

雨神

雷神

电神

水神

题材，这些都集中描绘在窟顶部藻井的四面斜坡上，如伏羲、女娲，龟蛇相交的玄武、昂首飞奔的白虎、振翅欲飞的朱雀以及青龙四方位神，还有似连鼓状的雷公，挥舞铁钻的辟电以及头似鹿、背有翼的乙廉，兽头鸟爪咀喷云气的雨师等，还有禺强、乌获、羽人等。这些古老的中国西部神话和东部仙话传说被描绘在窟顶的四周“天”的位置，主宰这个“天”构成这个“天”的主体内容，是我国西部的特产——西部神话与西部民族的情感和想象相交融的产物。我在前文曾谈到我国的神话体系——昆仑神话，曾经是内陆神话和东部仙话的源头。所以这“天”是我国西部的天，四周的佛菩萨、佛传故事、山林野兽等皆在这“天”的笼罩之下，这种格局，从一个侧面体现了西部民族的自我意识以及勃兴期敦煌的本土文化精神在石窟中所占有的重要地位。

勃兴期石窟中大量西部少数民族画像的出现，揭示出敦煌市民阶层的结构形式，说明这时敦煌仍然是西部多民族的集散中心，同时也显示出敦煌艺术的地域性和民族性的风格特征。如285窟北壁所绘的男女供养人像，有汉民族的，也有西部少数民族的，“胡风国俗，杂相糅乱”，胡装汉服，在洞窟里同时并存。题记上有滑黑奴、殷安归、史崇姬等胡姓的均属西部少数民族。其中也有鲜卑族的人物形象，他们头戴毡帽，穿短袍小袖裤褶，腰束革带，脚穿长筒毡鞋，挂有水壶、纯子、打火石、小刀等日常用品及饰物，这身装束打扮显示出骑马游牧民族的气态和风采。他们的审美情趣，更多地保留在勃兴期的各期石窟里。

勃兴期壁画艺术的风格形式，主要表现为混交、融合与创新——新型的敦煌艺术的诞生。

前文曾介绍了敦煌地区本土文化精神对造成敦煌勃兴期艺术内容的作用。现在，我们再来看看，来自我国西域，特别是龟兹的艺术风格，以及来自内陆，特别是南朝的艺术风格，先后传入和汇集敦煌，通过混交、融合与创新，所造成的敦煌勃兴期的艺术形式。现仍取285窟为例，因为此窟的艺术风格可明显的看出勃兴期承上启下、形成新风的特质，十六国至北魏前期，敦煌石窟艺术表现出粗朴、简洁、浑厚的造型风格，带有几分神秘、几分率真、几分恐惧、几分虔诚。人物面相丰圆，气度豪放不羁，体态粗健敦厚，上身半裸，披巾长裙，强调人物的体积感。画面底色多以土红、朱砂平铺，整个造型与设色造成一种振奋的、狂热的艺术氛围，一种温暖的抚慰人心的诱惑力和一种“自我牺牲”的崇高情感，这种“艺术氛围”与“崇高情感”正是整个勃兴期艺术风格甚至可以说艺术内容的主体（因为所谓艺术风格，其终极也是艺术内容），这与佛教传入敦煌的初期任务也是协调的。这种风格的形成主要是敦煌本土文化与龟兹佛教艺术交融的产物，其中也存留有印度、波斯甚至希腊的纹饰，但精神气度、思想内涵却是敦煌地区的，是我国西部少数民族的。这我在《引论》中已经概述。如果我们说北魏中、晚期以前的勃兴期壁画艺术风格主要受龟兹、于阗艺术风格的影响，那么这种影响、这种形式风格的壁画到北魏晚期，特别是在西魏285窟仍然留着它深刻的痕迹。我们看该窟西壁所绘菩萨头戴宝冠，上身半裸，肩披纱巾，下着长裙，含有西部骑马民族的特质及龟兹画风。三折式的躯体扭动的姿态，似含有印度的风韵，但是气度却是敦煌的。印度或龟兹式的“丰乳细腰大臀”裸女菩萨，其外向的性感被内向的敦煌式的“非男非女”的菩萨所代替，蒙上了一层儒家的清规色彩，流露出“温柔娴淑”，“质索平淡、中睿外朗、仪正容直”的儒家审美观，形成敦煌式的菩萨造型风格。龛外南侧所画毗瑟纽天、二力士、二天王，龛北侧所画毗那夜迦天、鸠摩罗天、二天王，无不是西部少数民族的神韵与体态。印度、龟兹那种以表现人物体积为宗旨的平直单一的线描，在这里被富有节律的随意的点线所代替，即所谓“春蚕吐丝”“行云流水”之类富有审美意味的线所代替，而更多的还是敦煌地区以及嘉裕关一带出土的砖画线描造型的继续。

来自中国内陆，特别是南朝艺术风格的影响，在285窟中也留下了历史的见证。

所谓南朝风格，即一种飘逸恬淡、超然独达、通脱潇洒的精神气度，一种游心物外、“逍遥游太清”的情感心理，一种精神自由扩大的境界，表现在艺术造型上则是一种“秀骨清像”的审美追求。人物清瘦洒脱，褒衣博带，线型组合多呈三角形，造成一种轻快飘动的、多变的形式美感，且重视人物内在神情的传递。正如刘劭在《人物志》里所说的：“盖人物之本，出乎情性，情性之理，甚微而玄。”

作为南朝画风的代表人物，顾恺之、戴逵、张僧繇、陆探微等均为佛画的大家，南朝风起于顾，成于陆。陆探微虽无名作留传今世，但唐人张怀瓘有对其画的评论：“笔迹劲利如锥刀焉，秀骨清像，似觉生动，令人懔懔若对神明。”这段评论，点化出南朝画风的特质。这种特质的形成，在于魏晋之际，南朝玄风大盛，士大夫崇尚清淡，追求一种理想的艺术的人生和精神的自由解放，心灵与宇宙冥合，“与天地同德，与阴阳同波”，回归于质朴无华的自然。

玄学的兴起实则是新时代、新形势下老庄哲学思想的复活与演变。在南朝，虽玄学与佛教相互影响，但佛教未能影响到玄学的内部，而玄学思想却渗入到佛教的骨子里，包括佛经的翻译及著作，大都以玄学的概念、范畴去解析。顾恺之、陆探微等，虽作佛画，究其内在的艺术精神，却仍然是玄学的审美理想。所谓“玄”即指某种心灵状态或某种精神状态。南朝的画风，系在“玄”的心灵状态、精神状态中产生和成立。所以它飘逸洒脱，“神气冲和而不知向人所在”，“懔懔然若对神明”，“萧萧肃肃、爽朗清举”。所以说南朝的佛画融合有玄学的色彩。且自北魏晚期，风靡全国，左右了中国一个时代的画风，难怪六朝，成为我国绘画史上一个非常兴旺繁荣的时期。艺术感性大举扩张，文学、音乐、书画互相影响，互相渗透，仅画论计有南朝宋宗炳的《画山水序》、南齐谢赫的《古画品录》、陈代姚最的《续画品》等，这些著作，实则是中国的绘画美学之精华，至今其生命力犹存。

南朝画风扩散到敦煌，约北魏晚期，引起了敦煌佛教艺术的又一次变革。

敦煌西魏285窟北壁的供养人像、供养菩萨像，南壁的《得眼林故事》上部的飞天及建筑饰物等，无不显示出浓厚的南朝画风的特质。

北壁的供养人像，神情恬淡，面容清瘦，举止柔静，风姿文秀，与西壁人物画造成鲜明对比。供养菩萨，一派南朝文士的风彩，“褒衣博带”，裹着瘦削的飘飘欲仙的躯体，神态悠闲自在，两位迎面相对的菩萨，恰似一双路遇而清谈的文人雅士，若不是头顶的佛光，脚踩的莲花座，人们很难将他们与菩萨联想在一起。这种南朝风格的人物画造型，给敦煌壁画中的人物增添了智慧、灵

须摩提女姻缘品　北魏　敦煌257窟

性与文化气息，丰富了人物的思想内涵，强化了“神明”的气度，可以概括地讲，它提高了绘画的文化层次和审美的意趣和精神境界。

以敦煌本土文化为母体，东西方文化艺术在这里混交，285窟，就是这种混交的典型洞窟，而其顶部的壁画，正预示着一个新生命即将来临。

这个新生命诞生并开始活跃在北周时代，人物形态由憨厚敦朴与潇洒飘逸相结合而产生，具“中睿外朗”“仪正容直”“温婉娴雅”“神功内敛”的气度；由前期的丰圆脸型与南朝的“秀骨清像”相融合而产生了“面短而艳”的人物造型手法；由以强烈的土红、朱砂为底转换为以白色粉墙作底的中和色调，隐含有“知白守黑”的构成法则；壁画中的衣冠、服饰、建筑式样，开始转换为敦煌地区以及中国内陆的样式；上身赤裸的菩萨穿上了衣裙，飘带，与裙的二侧边，构成富有节律的、飘动的、外射的角状，形成一种极富装饰意味的造型美感，一种重视影像效果的整体造型观念在这里已经出现。

但是敦煌还是敦煌，它并没有因为四面八方的文化艺术汇流，而失去自己的特质，而是在新的层次上，得到了丰富和提高。

从整体来讲勃兴期艺术，是敦煌本土文化精神与西域佛教艺术混交融合，与道家、儒家文化精神的融合，它的性质仍然是西部的，这种发自心灵的痛苦的呼喊，这种对人生作出的反省，这种自我实现的思索以及粗朴、原始、浑厚的艺术风格，使得勃兴期的敦煌艺术具有动人的、永恒的魅力。

经历了如痴如狂的膜拜，灵肉上的自残与牺牲，承受了混交的阵痛以及融合与孕育的艰辛，敦煌本土文化艺术获得了新的生命。这个新生命带着勃兴期母体的遗传基因，闯入了一个更为开放的繁荣的时代，进入了敦煌艺术的全盛期。

二、全盛期

这一时期包括隋、初唐、盛唐。在这百多年间，社会进入了自由开放的时代。丝绸之路上，商旅如流，中外使节往来如织，国际性的商业贸易交往空前繁荣与密切。敦煌作为我国西部政治、经济、文化中心，丝绸之路上的重镇，它的国际性的地位也得到了进一步的加强，经济的空前繁荣与高涨，作用着时代的性格与人心，人们的精神气度与心理目标发生了显著的变化，作为时代精神与性格的显现的文化与艺术，则与时代同步而互相作用。它不仅记录了这个时代，同时也自觉地作用和设计着这个时代，形成它自己特有的时代风格。如果说时代是肉体的实在，那么，文化艺术就是它的灵魂实在。

我们知道，隋代是一个短命的王朝，从文帝开皇元年（581）到炀帝、恭帝（618）。在它的37年中，莫高窟竟然留下了70余个洞窟，比前几代所造石窟的总和还多30个窟，被认为是一个令人费解的谜。这个谜，简单地用“苦难者的呻吟”或苦难者寻找精神寄托来解答，那就越来越使人迷惑。可以想象得到洞窟的营造，并非苦难者力所能及，当人们饿着肚子的时候，什么家庭、事业、宗教、艺术都会被搁浅，他们所需要的不是画饼充饥，毕竟“忆苦”代替不了艺术创造。

其次，虽然总的来讲“人生是苦难的”，但是比较而言，历史上总还是有太平盛世，我们不能因为一滴苦胆，便认定整条鱼都是苦的。人生也存在着相对的欢乐，就连佛教教义本身也不是叫人一味地苦下去，而是主张“离苦作乐”。人类的特质之一是追寻快乐，是对未来的憧憬与希望，一个没有憧憬与希望的国家、民族或个人，绝对不会有艺术的创造和艺术的兴旺，更不能想象会有什么前途。

第三，苦难者的呻吟也远不是佛教和佛教艺术的全部内容，即便是痛苦、自残、自我牺牲，无情寡欲的人生态度的后面，深藏的却仍是更为强烈的对幸福的渴望，目的还是以对暂时幸福的舍弃，来换取对永恒幸福的追求。正如牟子所说：“沙门修道德以易游世之乐，反淑贤以贸妻子之欢。”

如果世间一切学问都是从阶级性发源，也许就不会有最初的世界，也不会有最初的文学和艺术，大概连宗教也是不会有的。人类对文化和艺术的需要，毕竟是精神和情感的需要，精神和情感的复杂性和丰富性，决非“苦”所能全部代替的。它的形成一是来自本能，一是来自探寻。“本能”饱含人的自然天性，“探寻”意味着后天的一切创造与设计。一切“探寻”源于“本能”，也围绕着

“本能”，其真正的面目，真正的原因，必然求之于“本能”，都为着一个简单而明了的目的——“好生和乐生”。

一切“苦难的灵魂”在崇高的艺术面前，也会引发出对生命的热爱和对未来的憧憬。因此，敦煌文化与它的艺术有着顺应性的一面，也即被动的一面，这被动来自传统积淀的作用与制约。但也有更具创造性的一面，即它的主动性的一面，即因时而异的创造性。这就是在人类历史进程中为自身的“好生”和“乐生”不断创造的一切设计。这种设计包括宗教的和艺术的，等等。“苦难者的呻吟”只强调了文化的顺应性即被动的一面，而忽视了创造性与主动性的一面，因此它无法解析、论定佛教和佛教艺术在敦煌得以传播和发展的原动力，也无法解释在隋代短暂的37年间，会出现如此众多的石窟及其精美的艺术作品的原因。

佛教产生在“国王和商人”的时代，这个时代潜隐的理性的、非理性的、甚至反理性的思想、观念、渴望与要求，都集中地体现在它的教义里，代表国王和商人的利益，但也存在企望制约和规范国王和商人的一面，佛教和佛教艺术的传播和创造，与国王和商人至关重要。东晋弥天法师说：“不依国主，则法事不立。”不依商人，国家便没有税收。没有钱财，寺庙、石窟也无法修造，僧尼也失去了生存的物质条件。

隋代正是这样一个时代，它结束了长期混战的局面，丝路畅通，商品经济日渐繁荣，中外商人往来密切，促进了社会财富的积累。皇帝和商人共同感受到了佛教和佛教艺术带来的好处，因此有了隋文帝信佛，把佛教尊为国教的举动；有了仁寿年间的遣中使至敦煌莫高窟建舍利塔；有了隋炀帝派韦节、杜行满出使西域，求取佛经，挑选舞女，并令裴矩在武威、张掖招引西域胡商，实际是在河西召开大型的国际性的西域二十七国交易会。隋炀帝还亲自出马，率大队扈从沿河西走廊商道巡游，招引西域诸国“朝觐”。《隋书》载：“大业五年，西巡河右。西域诸胡，佩金玉，被锦罽，焚香奏乐，迎候道左。帝乃令武威、张掖士女，盛饰纵观。衣服车马不鲜者，州县督课，以夸示之。”皇帝的亲巡，客观上体现了对商道的重视，显示了商道的繁荣，同时这也是一次多民族的大集会、大检阅，一次物质与精神文化的展现，一次情感的交融，无疑给敦煌艺术增添了新的内容，注入了时代的性格和灵魂。

商人欢迎这种交往、集会，特别是皇帝的亲巡。交往带来了信息的传递；集会拓展了市场；亲巡保证了商道的畅通。因此有了《西域图记·序》所说的“今并因商人，密送诚款，引领翘首，愿为臣妾。圣情含养，泽及普天，服而抚之，务存安辑”。表明了西域商人对增进商贸的共同愿望，隋炀帝大业年间三十余国对隋王朝的进贡，从一个侧面又使我们感受到了商人们对商贸发展与丝路畅通的满意。在这种活动中，商人和市民都受益，这种受益不仅是物质上的，同时也是精神上的。社会的开放必然带来社会新的生机。

“国王和商人”都需要佛教，这是特定历史中所设计的样本之一，是西部民族行为所依据的内在指针。国王有权，商人有钱，凡世上大型艺术群的创建，无不是出现在社会相对安定、经济较为繁荣的时代，古希腊文明、犍陀罗文明都是都市繁荣的象征，敦煌文明当然也不例外。

隋代是全盛时期的准备阶段，它的前期存留有北周时代的遗风，开皇九年（589）以后，开始出现新风，后期逐渐显露全盛期的风格特征，至初唐、盛唐显示全貌，达到高峰。

普列汉诺夫在《艺术论》中说，任何一个民族的艺术，根据我的意见总是同它的经济有着密切的因果联系。

步入唐代，社会进入更为开放的时代，都市商业经济繁荣，中西往来更为密切，唐王朝成为当时世界上经济、政治、文化最为繁荣、先进、发达的帝国，从某种意义上讲，它是这个时代人类智慧与创造所能达到的最高典范。自唐高宗显庆三年（658）起，整个中亚地区与唐帝国形成了“四海一家”的局面，这在敦煌壁画中都表现了出来，各国王子来唐朝进贡，各国商人往来于丝道经商，等等。民族关系日益亲善，许多西域民族国家首领臣服于唐王朝，做起了唐朝的官吏。《资治通鉴》载：“其余酋长至者，皆拜将军、中郎将，布列朝庭。五品以上百余人。”一个统一的多民族的帝国，显得空前的兴旺强大。正如杜甫在《忆昔》第二首诗中描述的：“忆昔开元全盛日，小邑犹藏万家室。稻米流脂粟米白，公私仓廪俱丰实。九州道路无豺虎，远行不劳吉日出。齐纨鲁缟车班班，男耕女桑不相失……”

李唐王朝统治者在思想上崇奉老子，因为老子是其本家，故封其为“太上玄元皇帝”，将《道德经》《庄子》等定为士子必读之书，使道家思想和道教得以盛行，但也提倡佛教思想和儒学。吕思勉《隋唐五代史》载：“后高祖亲临释奠，时徐文远讲孝经，沙门惠乘讲波逻经，道士刘进喜讲老子……各因宗指，随端立义，众皆为之屈。高祖善之，赐帛五十匹。”听任其他教派如景教、祆教、摩尼教和伊斯兰教等的传布。在学术、文化、艺术思想上采取宽容与兼收并蓄的政策，造就了一个百家争鸣、百花齐放、思想活跃、宽松的社会环境，产生了受道家思想影响极深的李白，受佛家思想影响的田园山水诗人王维和受儒家思想影响较深的杜甫、白居易等一代大家。这些也都是敦煌佛教艺术走入全盛期的历史条件、社会环境和思想基础。

正是这样一种时代特质，这样一种国势，造就了时代人心的不同取向和行为动力的变化。如果说勃兴期人的行为动力主要倾向于传统的目标心理（包括佛家的戒律、道家的顺应、儒家的伦理）以及情感目标心理（包括佛家的虚心乐静、因果报应，儒家的“知者动、仁者静”，道家的“自然无为、天人合一”），那么，步入隋唐以后，则主要倾向于价值的目标心理和功利的目标心理，表现为“济苍生”“安社稷”，为国献身的英雄主义以及建功立业、驰骋沙场、旷达朗爽的时代性格。当这种心理外化和显现为艺术的时候，便产生了雄健刚劲、宽宏大度、气势高昂、充满自信的艺术精神；富丽堂皇、雍容华贵、结构庞大、升腾活跃的艺术氛围和形式美感，形成全盛期石窟艺术的重要风格特征之一。

洞窟形制发生了变化，以覆斗式为主的全盛期洞窟形制，代替了以中心塔柱式为主的勃兴期洞窟形制。

覆斗式洞窟，大多呈方形，中心无塔柱，而是在西壁开凿大形佛龛以供奉主尊及其佛、弟子菩萨的塑像，这类似于汉民族在堂屋供奉祖宗牌位的构想，是一种祖宗崇拜的设神龛方式。窟顶中央凸起，由四个梯形的坡面组成天顶以及正中的小正方形，整个洞窟近乎一种方形的“蒙古包”“朝拜的皇公圣殿”，碍眼的中心塔柱的消失，使空间豁然开朗，明亮的、亲近的、庄重的坐或站立在佛龛的塑像替代了阴暗的、神秘的、高高在上的坐或站立在“顶天柱”四周佛龛的塑像。似乎佛已回到人间，关注人间，教化众生。勃兴期南北壁上层的阙形龛、下层的禅定窟没有了，让出了完整的壁面，出现了与之相适应、相协调的大型经变画，与勃兴期连环式的故事画形成鲜明的对照。前者是一个完整的统一的无限的视觉世界，宏大、富丽、丰富多彩、令人神往的世界，后者则是一个片断的、短暂的、苦难的人生旅程；前者使视野舒展，后者将视觉收敛；前者强调空间的延展，后者偏重于时间的联系。但二者都与洞窟的形制协调、和谐一体。由于空间距离短，因此勃兴期的故事画大多成带状，所绘位置多与信众的视线平行。作为全盛期的洞窟，由于空间距离的增大，墙壁的完整，因此配置和容纳了大型的经变画，这些经变画的出现又使整个洞窟显得更加阔大而辉煌。看来洞窟形制的变化，也十分鲜明地体现着一个时代的精神性格，时代人心的取向。洞窟空间形态，实则是时代人的心理机制及其心态的表现。

洞窟壁画的题材与内容发生了变化，大规模的宏伟结构的经变画，大乘净土宗经典题材的出现，是全盛期艺术风格特征的又一重要显示。如弥勒上生经变、阿弥陀经变、药师经变、维摩诘经变、净土变、观无量寿经变等等代替了本生故事、因缘故事、降魔变等故事为主的勃兴期的题材与内容。安定自足的心理、利益现实的情感、极乐净土的欢愉，以及浓妆艳抹的菩萨、亲切慈祥的主尊、彩带飞扬的舞女、刚毅勇武的金刚力士，取代了勃兴期惶惑不安与神秘的情态，取代了苦修的艰难苦痛、禅定的沉寂与思虑、割肉救鸽的自残、舍身饲虎的牺牲以及半裸的具有诱惑力的挑逗的魔女。

可以说全部净土经变的题材只不过是被选取或借以表现时代的性格和灵魂的形式，当这种形式实现的时候，即已转化为艺术的内容，而艺术真正的内容则是这个时代的性格和灵魂，当这种内容外化为一定的符号，创造与构成画面时，同样也转化为它的艺术形式自身的表达。

当我们看到那些鸿篇巨制的净土经变画的时候，首先感受到的是这个时代，这个宏伟的繁荣的时代，这个艺术想象力自由驰骋的时代。

如初唐220窟北壁的《药师净土变相》，那宏伟的构图，绚丽的色彩，欢悦的气氛，那造型健美，神情专注的不同民族、不同肤色、持不同乐器的歌伎，那华贵的地毯，竖立的像花树一样层层点起的明灯……不正是唐王李世民贞观盛世的时代性格和灵魂的显现吗？

又如东壁的《维摩诘经变相》，维摩诘其人，我曾在引论中提出，他是商人的典型，与之相辩论的是作为“神”的文殊菩萨。维摩诘的出现即代表人的乐观自信的主体意识和人的价值地位的上升。将《维摩诘所说经》制成《维摩诘经变相》，是中国美术史上的创造，它出现在敦煌莫高窟，则正值隋唐时代。此时维摩诘的神情气度，似在商人性格中又注入了时代的玄学家们的精神智慧和形象特征，他的“入人臣中，正群臣意，为作端首，使入正道；入帝王子，能正其意，以孝宽仁率化薄俗；入贵人中，能正为雅乐，化正宫女”，似乎也带有几分儒、道的色彩。总之，这时的他，是一个复杂的商人与显贵人士的典型，一个上升时期“官商”“居士”“儒生”“道徒”性格的混合体。壁画中的造型恰到好处地描绘了这一复杂的性格特征，我们不难感觉到他豁达风流、神思敏捷、辩才无碍的风采。强健、自信、浑厚的西部民族的脸型和神情，与东晋名画家顾恺之的名作《维摩诘经变》中的维摩诘比较，他们虽有题材的相同之处，但究其艺术内容，即艺术形象本身给人的感受则是很不相同的。我们知道，顾恺之笔下的维摩诘是一个典型的南朝士大夫的态式：瘦弱与智慧、飘逸与神通，正是“清羸示病之容，隐几忘言之状”的情态、面容与神情，内地画家习惯于从孔子的形象来塑造维摩诘，与敦煌全盛期所绘维摩诘的气度判若两人，相距甚远，真可谓貌合神离。

站立在维摩诘下方的各国王子，以及与之相对地站立在文殊菩萨下方的汉族帝王，他们作为会众集结于一壁，正显示出各民族间的和睦相处和友好往来，显示出唐王朝朝野上下对外国事物的熟悉与了解，对外国文化的包容与汲取，显示出贞观盛世的时代性格。如果我们假想，维摩诘象征着汉民族特定时代的情性，文殊象征着西部民族的特定时代的“胡神”，那么，在维摩诘座台下站立西部各国王子和在文殊座骑下站立汉民族君臣的这种交叉处理，就不能不说是

维摩诘　盛唐　敦煌103窟

西域各国王子　初唐　敦煌220窟

西域各国王子　盛唐　敦煌103窟

画家独具匠心和慧眼的着意安排。所造成的艺术效果则是更加突显了民族间的亲密无间，体现了李唐王朝对内对外政策的宽宏，以及对思想、对各教派的宽容，展示了这样一个开放时代的性格特征，是民族大团结的时代象征。

佛教感应故事画在这个时代的出现也绝非偶然。前文已经介绍，唐初道教盛行，高祖武德八年（625）曾下诏定先老、次孔、末释，道教排在首位，佛教排在三教之末，敦煌作为佛教圣地，僧众对之不满的心态和情绪，在感应故事画中流露了出来，如敦煌初唐323窟北壁的《汉武帝礼拜金人》和《张骞出使西域》，前者表现汉武帝获得匈奴祭天金人，并置于甘泉宫礼拜，后者描绘张骞拜别汉武帝出使西域问金人名号。其用心大概离不开对唐王的规劝：前代的汉武帝都要亲自出面迎佛礼拜金人（虽然金人未必是佛），亲自指派张骞出使西域（虽然张骞出使西域与问金人名号似无关系），对佛教如此的重视关怀，当今皇上更应该效法前贤。同壁另外两铺如《佛图澄神异事迹》和《康僧会感应事迹》，前者表现佛图澄以酒灭火的奇异事迹，故事大意是幽州城四门火起，佛图澄作法，于是黑云密布，骤雨倾盆，将火扑灭。后者描绘三国东吴时康僧为吴王请获舍利，舍利为“佛之灵骨，金石不朽，劫火不焦，椎砧不碎”，其用意当在于显示佛法无边的威力。还有《大夏佛陀圣迹》，其用意同上。南壁所绘《西晋吴淞江三石佛浮江感应缘》《东晋杨都金像感应缘》《昙延法师感应事迹》等，也都是借前朝的佛事以及佛的灵应规劝朝野、弘扬佛教。

唐初的傅奕曾上书力主废佛，这些感应故事画的内容，无疑也是僧徒们无言的回答与抗争。难怪唐太宗李世民曾对傅奕说：“佛学玄妙，圣迹可师，且报应显然，屡有征验，卿独不悟其理何也?”这一想法虽然仍没有能动摇唐太宗的道教居首位的诏令，但也反映了他的宽容与大度，他并不担心佛教的传播和近乎怪诞的故事会颠覆他的社稷。

同时，感应故事画的创造本身也显示敦煌佛徒的无畏与自信的心态，除表明画家们虔诚的信念，同时也表明敦煌画家相对的创作自由，也许这正是全盛期题材的多样性和艺术内容的丰富性得以实现的重要保证。

题材内容变化的另一重要之点，表现在对都市商业经济以及商人的关注上。

隋代晚期的420窟东顶《观音普门品》描绘了贩运丝绸的商人的艰辛，有驼队的坠崖、遇险，货物的散失，强盗的掠劫，官吏士卒的刁难等。盛唐45窟南壁所绘《观音普门品》中的胡商遇盗图，我们从形象特征和衣冠服饰来看，这些胡商多为中亚与西亚的商人，包括波斯商人，从驴背上驮着的大包的形状，可以推断他们从事丝绸的转运，而那位右手持刀的大汉（强盗），其形象特质与衣冠服饰似具汉民族的特点。这种在自己的国度里，在文艺作品中将自己民族的同类描绘成丑陋的强盗，而将胡商描绘成胆怯而艰辛疲惫的受害者，这种民族的气度，这种对艺术的忠诚，大概也只能出现在“四海今一家”的时代。一个敢于剖析自己的民族或个人，必定是最具有力量，最有前途的。壁画中经常出现这类题材内容的画面，显然是对当时现实生活的反映。

作品同时也显露出佛教徒与商人的相互依赖关系。佛徒告诫商人如遇难则口念“救苦救难观世音”，即可逢凶化吉。商人为求得心理的平静，企望旅途平安，财源丰茂，也寄希望于观音。一个是廉价的施舍，一个是心灵的渴望。彼此心照不宣，共同给“强盗”造成心理的压迫，这就是此类作品的本意。

宽宏开放的时代内容与时代性格，造就了丰富多彩、包孕深宏的全盛期艺术的风格特色。

这时形象的塑造与审美意味发生了变化。我们知道勃兴期的人物形象，就总体而言，都流露出神秘与沉思、憨厚与虔诚、内心的不安与宗教的狂热，体现出传统的情感心理和哲学的、宗教的、伦理的、悲剧性的审美意味。而全盛期人物形象大多流露出文质彬彬、欢愉与自信、内心的自足与外在的达观爽朗，体现出价值目标与功利目标心理的统一，表现出壮丽雄健的、充盈丰厚的、庄重富丽的审美意味。形象端庄、饱满富态、妩媚为全盛期人物造型的主要风格特征。

勃兴期塑像造型受两方面的影响。一是西域风格，一是南朝风格。前者粗朴、厚重、单纯、稚拙，后者飘逸、轻快、褒衣博带、秀骨清像。全盛期的塑像造型，融合两种风格又自创新风。佛菩萨的塑造越来越向人间现实靠拢，时代的物质与精神文明充溢于形象的表里。

莫高窟初唐96窟西壁的倚坐弥勒大像，高33米，为全盛期最高大的塑像，建造于武周证圣元年（695）。由于武则天的信佛，敦煌佛事极盛，所开窟数，超过了武德、贞观、上元各时期的总和，艺术上承前启后，代表着全盛期的重要风格特色，通常我们称为“北大像”。敦煌130窟西壁塑有盛唐时弥勒大像，高26米，通常称为“南大像”。二尊大像，风格相近，都体现了一种伟岸、庄严、宽宏的情态，造型饱满强健，眉目舒展，流露出至高无上，一往无前的坚毅神情。繁富精致的花纹所装饰的光环，衬托出大块的整体的弥勒大像，显现气魄雄宏、富丽堂皇的艺术氛围和时代的精神气度。

菩萨的造型表现，进一步地突显了全盛期的风格特色。造型华丽优美，人体比例适度，体态优美娴淑，充满了唐代女性的情愫。我们知道勃兴期菩萨造型为男相，头戴宝冠，上身半裸，脸上无胡须，显得质朴无华。而全盛期的菩萨造型则有了很大的变化，身披瓔珞着彩带长裙，作女性相貌，显得雍容华贵，温文典雅，似宫廷贵妇。然三条胡须以及微突的胸脯似又扭曲了女性的特质，还原为不男不女，多少显露出儒家清规的束缚。这大约取材于女性的温婉与善良，男性的坚毅与果敢，正与武周则天皇帝的心态相吻合。

天竺三藏达摩流支在重译的《宝云经》中，明显地流露出对武则天的阿谀迎奉，经中载：“……尔时东方有一天子，名曰月光，乘五色云，来诣佛所。右绕三匝，顶礼佛足，退坐一面。”佛告天曰：“汝之光明甚为希有……由汝曾种无量善根因缘，今得如是光明照耀……汝如此赡部洲东北方摩诃支那国（注：印度人对长安的称呼），位居阿鞞跋致，实是菩萨，故现女身……”武则天姓武名曌，“曌”字，为空玄日月，即东方的“月光天子”，实是佛国的菩萨到人间现女身。也许这正是菩萨由男相演变为女相造型的重要缘由之一，也因此菩萨的造型在全盛期显得丰富多彩、优美华丽、亲切温和。如果说勃兴期的菩萨带有几分稚拙天真与捉摸不定的少男神态，那么全盛期的菩萨，慈眉善目中则带有几分柔情，几分妩媚，几分知性的少女情怀。

全盛期天王、力士的造型，显得特别威武雄壮，健美魁伟。身着兜鍪、胸甲、战裙、行縢、乌靴，显示出男性的力度与战士的英武，使人联想起驰骋疆场的西部武士。天王、力士常塑造在菩萨之后，这一柔一刚互为补充，互相衬托，相映成辉。

彩塑与绘画相结合的造型手法，较之勃兴期显得更为明显和突出，它除了使彩塑与壁画找到了协调与过渡的最佳手段外，同时也造成了真实亲切的艺术感染力，以及富丽堂皇的整体艺术氛围与情调。这种在雕塑上加以彩绘，在壁画上沥粉堆金的手法，在全盛期得到了广泛的运用。

这一时期的壁画艺术，以其艺术内容的广泛，艺术形象的多样与深刻，艺术造型的优美与宏伟，构图处理的庞大与严谨，色彩的绚烂与丰富，充实和完善了艺术语言符号，形成了中国壁画艺术史上的高峰，也是同时期的世界壁画艺术史上无与伦比的高峰。

这个高峰成于我国西部敦煌，也只可能成于敦煌。这一艺术风格而后向全国扩散，正如同北魏晚期南朝画风风靡全国一样，全盛期的敦煌艺术也风靡全国，甚至风靡世界，影响着当时的日本、朝鲜以及中亚与西亚等国家和地区。

全盛期艺术风格的形成，无疑是对勃兴期艺术风格的继承与发展。但其继承和发展是有条件的，这个条件最主要的就是时代环境和人心取向以及历史的延续，同时也存在着自觉与不自觉的两种倾向。然不同时代性格与心理取向以及审美需求，总是起决定性作用的。

所以我们不能认为全盛期的艺术风格是中原化的结果，而应该看成是敦煌艺术臻于完善的标志，看成我国西部文化圈在特定的历史时期所取得的高度成就。当然我们不否认在敦煌全盛期艺术中看到了内陆艺术对它的强烈影响，但这并没有能代替也无法代替敦煌艺术。因为在敦煌全盛期艺术的深层中活跃的仍然是西部艺术的灵魂以及艺术形式与风格。从某种意义上讲，我们惯常所谓绘画中的“唐风”，实在是敦煌全盛期艺术风格的扩散。或者说“唐风”的形成主要接受了我国西部文化圈的养料，这在大量的史料中已经得到了证实。

我们知道，唐代国都长安朝野上下偏好西域风采，元稹《法曲》诗云：“自从胡骑起烟尘，毛毳腥膻满咸洛。女为胡妇学胡妆，伎进胡音务胡乐。火凤声沉多咽绝，春莺啭罢长萧索。胡音胡骑与胡妆，五十年来竞纷泊。”在绘画、音乐、舞蹈、饮食、娱乐乃至民俗诸方面，唐朝大多效法西域。

那时的长安画坛，受西域画风影响极深，于阗画家尉迟跋质那、尉迟乙僧父子将西域风格带到长安，所作佛画、人物、花鸟充满了西部情调。尉迟乙僧雄据画坛，独树一帜，与阎立本齐名，他不仅将西域画法带到了长安，同时也将画题引入了长安。

在音乐方面，唐代承袭隋代九部乐，增入高昌乐，定为十部，即燕乐、清商乐、西凉乐、天竺乐、高丽乐、龟兹乐、疏勒乐、高昌乐、康国乐、安国乐。十部中七部来自西域，而龟兹乐又位居其首，自隋开皇中，遍及长安，闾闬皆习，至唐尤盛。龟兹乐器约十五种如竖箜篌、琵琶、横笛、筚篥、五弦、都昙鼓、羯鼓、毛员鼓、铜钹、贝等都是十部乐中的主要乐器，而十部乐曲又都以琵琶为其主乐器，这些乐器在隋唐敦煌全盛期壁画中得到了充分的表现。龟兹乐、西凉曲乐等曾左右、甚至支配着长安乐坛。史载：“时有曹妙达、王长通、李士衡、郭金乐、安进贵等，皆妙绝管弦，新声奇变，朝改暮易，持其音技，估炫王公之间，举时争相慕尚。”疏勒乐人裴氏、于阗尉迟氏等都先后活跃在长安和洛阳的乐坛。

唐玄宗李隆基极好羯鼓，称羯鼓为八音之领袖，“诸乐不可方也”[①]。羯鼓为龟兹乐与疏勒乐中的主要乐器。宁王李谟善吹横笛“达官大臣慕之，皆喜言音律”。笛为西部羌族的乐器，所以唐诗中有“羌笛何须怨杨柳”“更吹羌笛关山月”等词句。

西凉乐对乐坛的影响亦很大，“自周隋以来管弦杂曲数百曲，多用西凉乐”[②]，由此可见西部音乐对内陆音乐的影响。敦煌作为五凉文化的中心，它的壁画表现西部的器乐场面，当然是驾轻就熟，得心应手，满布佛窟，成为各类经变画中必不可少的构成部分。

西域舞蹈，自隋唐以来对中国内陆的影响也很大，长安尤盛，健舞、软舞、字舞、马舞、花舞为唐代长安主要的舞蹈。乐与舞不相离，“舞者，乐之容也”。

①《新唐书》卷二二。

②《通典》卷一四六。

药师净土变局部·伎乐　初唐　敦煌220窟

文殊变局部　晚唐　敦煌159窟

反弹琵琶伎乐天　中唐　敦煌112窟

伎乐　初唐　敦煌329窟

观无量寿经局部　中唐　敦煌25窟

舞伎　盛唐　敦煌148窟

舞伎　盛唐　敦煌345窟

这些舞蹈动作大多来自西域或与西域有着血缘关系，它与西域音乐同时传入。

健舞中的胡旋舞、胡腾舞、柘枝舞极盛于唐代开元、天宝年间的长安。而且西域诸国将胡旋舞女进献朝庭，受到玄宗的宠爱，《南部新书》载“玄宗深好此舞，太真、安禄山皆能为之”。白居易在《新乐府·胡旋女》诗中说：“胡旋女，胡旋女，心应弦，手应鼓。弦鼓一声双袖举，回雪飘摇转蓬舞。左旋右转不知疲，千匝万周无已时。人间物类无可比，奔车轮缓旋风迟……”元稹《胡旋女》诗中说：“天宝欲末胡欲乱，胡人献女能胡旋……蓬断霜根羊角疾，竿戴朱盘火轮炫。骊珠迸饵逐飞星，虹晕轻巾掣流电……万过共谁辨始终，四座安能分背面……”胡旋舞即于一小圆毯子上起舞，纵横腾踏，两足终不离毯子上，旋转如风。这在敦煌壁画中有生动的描绘。

又李端在《胡腾儿》诗中对胡腾舞作了生动的描述：“胡腾身是凉州儿，肌肤如玉鼻如锥。桐布轻衫前后卷，葡萄长带一边垂。帐前跪作本音语，拾襟搅袖为君舞。安西旧牧收泪看，洛下词人抄曲与。扬眉动目踏花毡，红汗交流珠帽偏。醉却东倾又西倒，双靴柔弱满灯前。环行急蹴皆应节，反手叉腰如却月。丝桐忽奏一曲终，呜呜画角城头发……”柘枝舞的容姿舞态，刘禹锡在《观舞柘枝》二首中作了描述：“胡服何葳蕤！仙仙登绮墀。神飙猎红蕖，龙烛映金枝。垂带覆纤腰，安钿当妩眉。翘袖中繁鼓，倾眸溯华榱……”白居易也有《柘枝妓》说：“红腊烛移桃叶起，紫罗衫动柘枝来。带垂钿胯花腰重，帽转金铃雪面回。”《柘枝词》说：“柳暗长廊合，花深小院开。苍头铺锦褥，皓腕捧银杯。绣帽珠稠缀，香衫袖窄裁。将军拄球杖，看按柘枝来。”可见这些都是来自西域的胡舞。这种舞姿、节律似在现今的新疆民族舞蹈中还能够感受到它的“遗传基因”。

西域衣冠服饰，也成为唐代长安汉人仿效的对象。贞观初年常有“汉着胡帽”，天宝初年长安人不分贵贱都“好衣胡服，为豹皮帽，妇人则簪步摇”，元和中，长安宫人流行回鹘装，花蕊夫人在《宫词》中吟颂：“回鹘衣装回鹘马，就中偏称小腰身。”

在饮食方面，也偏好西胡，“贵人御馔，尽供胡食”。宴饮西域名酒也成为时尚，自初唐统一高昌，葡萄酒酿造法传入长安，唐太宗李世民亲自监制，品色多样，普及朝野士民。胡人开酒家，以胡姬歌舞招徕顾客。李白在《前有樽酒行》诗中说:“胡姬貌如花，当垆笑春风。笑春风，舞罗衣，君今不醉欲安归!”在《少年行》之二中说:“五陵年少金市东，银鞍白马度春风。落花踏尽游何处，笑入胡姬酒肆中。”

所谓“唐人马球”也来自西域，是一种马上球戏，骑马者以鞠杖击球，先入网者为胜。唐太宗爱好此技，玄宗、宣宗、僖宗都是高手。文人学士、平民百姓，普遍爱好。击球时甚至有打球乐伴奏。棋弈双陆，也很流行，它也来自西域，武则天、狄仁杰均善此道。

西域的彩灯也在长安流行，开元元年正月十五、十六日，长安安福门外，竖起了高二十丈的彩灯，外披锦绮，金玉为饰，燃五万盏灯，簇之如花树，观者万千，并在彩灯下踏歌三昼夜，此后，元宵玩灯之习，蔚然成风，然敦煌壁画中早已出现类似的灯轮，绘制于唐贞观十六年的220窟北壁《药师经变》中的燃灯，已经是相当华美精致，真是火树银花不夜天，光彩夺人。此彩灯较之在长安的出现整整提早了86年。

总之，隋唐之世，特别是开元、天宝之际，胡画、胡乐、胡舞、胡装、胡饰、胡球、胡食、胡帐、胡床、胡坐等风行长安与洛阳，胡人在长安居民中占有很大的比例，朝廷也多蕃将、蕃相。由此可见西域胡风对唐代文化艺术的影响。“唐风”的形成，包含有中国西部文化艺术的重要因素。虽然我们不能说“唐风”是胡化的结果，但我们也不能说敦煌全盛期的艺术是中原化的产物。

所以，我以为敦煌全盛期的艺术风格，仍然是中国西部文化圈及其本土文化精神的物化，是在特定的历史时期，继承与发展，融合与综合，实现自身完美的产物，它仍然是西部文化圈中所产生的新型文化样式中最高、最完美的典范。同时，它也是整个中国唐代文化艺术的硕果，是唐代绘画艺术中所谓“唐风”的最突出、最鲜明的典范，具有时代精神的象征性意味。

但是，这一时期所开启的世俗化倾向，所萌动的对现实的享乐与依赖的倾向，使创作精力的着眼点逐渐向反映现实、表现现实方面倾斜，然而这种倾斜又很少是着眼于对普通人的原始本性的关注，而是向世俗的专制的、等级的官

狩猎　西魏　敦煌549窟

维摩诘经变局部·文殊来问　盛唐　敦煌103窟

本位方面倾斜，艺术的情感与想象开始滑坡。这种倾向在世俗化时期的敦煌艺术中得到充分的显现与蔓延。

三、世俗化时期

这里的所谓“世俗化”，包括两个方面的含义：一是佛教教义及其传播的世俗化，二是佛教艺术内容及其取材的世俗化。

我们知道自建中二年始，敦煌再度被西部少数民族政权吐蕃王朝统治，相对于敦煌发达的文化艺术而言，吐蕃在文化、思想、意识方面显得落后，他们知道建立在刀尖上的政权，仅凭武力的征服是无法使政权得到巩固的。为此，吐蕃王朝采用两个政策，一是利用旧有的敦煌世家豪族统治敦煌；二是大兴佛事，广度僧尼，企望以佛教的思想统一与治理敦煌民众。那时，实质上佛教已成为吐蕃王朝的“国教”，形成了政教合一的局面以及社会政治与经济合一的结构形式。从派吐蕃大德僧管理敦煌佛教并参与政事，到寺院拥有大量的土地，集中了大量的财富，寺院经济达到了空前的繁荣。类似于内陆的地主庄园，广大的群众依附于寺院，或出家当僧尼，或沦为“寺户”。到可黎可足统治时期，佛教更是空前兴盛，显然，这种繁荣与兴盛是以对敦煌人民的压榨与强制所取得的，完全在于维护小王朝的利益。

吐蕃王朝对敦煌地区实行严酷的统治，实行吐蕃化，“州人皆胡服臣虏”，穿上吐蕃服装、留辫发。所统治的臣民都要黥面纹身，打上奴隶烙印。此外，还改变了敦煌社会组织结构，将原来的乡改为部落等。从整体来讲，虽然寺院经济达到了空前的繁荣，财富高度集中，寺院增多，66年中所修洞窟也比初唐86年要多，而且多大型洞窟，制作也十分考究，壁画、雕塑无不精致细腻。但它应是全盛期艺术的倒退，这种倒退不是退至勃兴期的质朴、浑厚、稚拙，也不是退至全盛期的宽宏、雄健、壮丽，而是庞大而小气、柔弱，精细而流于烦琐，富丽中略带几分粗俗。艺术的情感与想象开始滑坡，滑向世俗。

艺术这东西，毕竟是心灵的呼唤和愿望的满足。有现实的、非现实的，也有反现实的；有理性的、非理性的，也有反理性的，它毕竟是情感与想象的产物。对世俗的、现实的、理性的过分依附，其结果是主体意识的削弱，是情感与想象的削弱，艺术直觉与感受渐渐衰退。所谓客观的、生活的真实性，成为判断和衡量艺术的标准，视为艺术的唯一的目的，又加速了衰退的进程。

于是，对真实事物的纯粹仿造，再现一目了然的真实事物，被当成与艺术等同的概念，日渐滋生。这一本末倒置的概念，致使人们面对过往时代的艺术不知所措，失去判断能力，而只能是停留在它的门外兜圈子，寻找现实生活场景、生产劳动场面来描绘。我们知道，无论是所谓“造型艺术”，还是所谓“美术”，其本意都应是“再造”与“美化”，创造一个与现实世界并列的人类精神世界的实体。

基于以上认识，可以说，敦煌世俗化时期的艺术，与勃兴期、全盛期比较，明显呈滑坡之势。这种滑坡，又正是这个时代统治阶级意识的制约以及行为的体现。

吐蕃统治敦煌，“译场”“经场”应运而生。佛事日益频繁，遍及朝野、寺院，僧众、僧侣成为唯一的知识分子，他们向学童传授经史。佛教弥漫于整个敦煌地区，成为世俗文化的主体。

世俗的孝悌观念，也被吐蕃统治集团及僧人所拾起，出现《父母恩重经变》《报父母恩重经变》，并且伪托“佛说”，以儒家的人伦稳定世俗众生的心态。虽历史上曾有被斥为伪经之疑，然佛家“真经”究竟几多？除释家的原始佛说，就其质而言，我看，都可谓伪经。好就好在这“伪”字，因为它使我们看到僧侣们著经时的社会，看到时代的变迁和人心的取向，看到经文教义的世俗化倾向。“伪经”意味着对“真经”的变异，有时还会是反叛，这正是区别不同时代精神的标志。

这一时期的顶帐形的佛龛形制，类似于吐蕃民族居住的帐篷，龛内南、北、西三壁所作的画，已作为衬景出现，与前面的雕塑构成世俗化的场景，带有现实生活的情味，已然失去了全盛期佛龛壁画与雕塑所构成的整体的大度与崇高的气氛，以及彩塑壁画的协调与渐次的混然一体的形式美感。

法华经·文殊菩萨 盛唐 敦煌31窟

法华经·普贤菩萨 盛唐 敦煌31窟

文殊变局部·菩萨　西夏　榆林3窟

文殊变局部·菩萨
五代　敦煌36窟

文殊变局部·释梵天女
五代　敦煌36窟

每窟经变画的数量增多，而且在经变画的下方，出现许多屏风式的画面，绘制各品比喻故事、花草风景之类。就局部而言不无精彩之作，但就整个洞窟艺术的感受而言，却显得庞杂烦琐，失去了全盛期艺术的灵性与气度以及勃兴期艺术的浑厚与深沉。众多经变画的交界线与屏风画的分割线，所造成的过多的垂直与水平线，破坏了洞窟壁面的整体视觉效果，从而造成呆板堆砌与凝滞的感觉。

但是，形象个性化特色的加重为这一时期风格的主要特色，这无疑也得益于艺术世俗化的结果。158窟西壁塑涅槃释迦像一身，全长15米，神情安祥恬静。彩塑后面所作的壁画天龙八部、梵释天人、弟子、菩萨，都带有世俗人物的色彩。特别是北壁所绘西域各民族的形象，个性特征鲜明，面对着释迦佛涅槃，画面围绕着“悲痛”的感情而展开，有的割耳，有的挖鼻，有的刺胸，有的剖腹，西部民族的憨厚、果敢、殉道的性格，跃然一壁。显然，这种个性特征的获得，是以牺牲造型艺术自身的形式美感所取得的。虽然造型粗俗，艺术语言也欠协调统一，比如慓悍的体态与粗豪的脸部造型却配上了一双圆润的女性的手，线条的组织也显零乱，缺少整体的韵律。但世俗化的倾向，渴望再现生活的欲求是显而易见的，它已远远超出了《大般涅槃经》所包含的内容，在以悲哀为基调的整幅画面上，安排穿插有六师外道闻佛涅槃，欢喜若狂的情节，将现实的冲突搬入画面，一方面抨击了六师外道，另一方面强化和突出了举哀弟子及前来悼念的西部各族国王对佛教的虔诚信仰。这种以造型与情感的强烈对比，在对比中求得统一的表现手法，体现了画家对生活的忠诚和对世俗生活的洞察力。

159窟是吐蕃统治时期艺术成就的集中表现，从洞窟、彩塑、壁画到各种纹饰细节，无不严谨、精致、细腻，会使人联想到整个洞窟的置陈与装饰恰似吐蕃王庭的景观。神秘气氛淡化了，天国的虚幻回归于人间现实。佛龛里彩塑的阿难，他的神情不再是全盛期那样单纯、那样温和的英俊少年，而是带着疑虑与审视的目光似在静观等待，被塑造成为一个颇著阅历、城府较深的和尚。站立在阿难右手边的菩萨，神态中带有几分孤傲，几分焦虑，几分鄙夷，全盛期菩萨的慈悲文静，那样的纯情少女形态在这里消失了，代之以华装浓饰的现实生活中涉世较深的一位高贵丽人，画家个人情感，在这些形象中流露出来。帐门南侧和北侧各画普贤变和文殊变，画面结构庞大，装饰意味浓厚，色彩于淡雅中见丰富。画风工整、精细、轻松，颇为重视生活中的情趣，人物形象的塑造中，部从属众个性鲜明，吹拉弹奏的乐队人物，表情含蓄，动作和谐生动，甚至连脚指的造型都很注意，都在跟随音乐的节拍而活动。显然，画家不放过现实生活中每一个具有性格特征的细节。纱衣、彩带、水晶盘、华盖、佛座纹饰也无不精致工细。线的组织与节律、疏密安排和处理，及色彩的并置关系也是十分成功的，而且由于晕染手法的减弱，致使线的能量得到了有效的发挥，由于线的作用的突出，使色彩并置美的效果得到了充分的体现。人物造型更趋于平面处理。这些艺术手法的运用，具有承前启后的作用。

世俗化时期风格特征，表现最显著的阶段是张议潮举兵恢复河西，击败吐蕃王朝，建立归义军政权的时期。

张议潮战功显赫，《张淮深碑》记其“西尽伊吾，东接灵武，得地四千余里，户口百万之众，六郡山河，宛然而旧”。他的军队以汉族为主，但包括西部的回鹘、嗢末、羌、吐谷浑等，所以张议潮在西部民族中享有很高的威望，人民歌颂他，赞誉他，歌颂这支军队，歌赞起义的成功。在每年驱傩的群众大会上，常常洋溢着庆贺起义的歌词，敦煌写本·伯4976卷《儿郎伟》载：“伏丞（承）大王重福，河西道泰时康。万户歌谣满路，千门谷麦盈仓。因兹狼烟殄灭，管内休罢刀枪，三边披肝尽髓，争驰来献敦煌。”

驱傩，本来是敦煌地区每年腊月的佛事活动，有聚会，有化装，有歌唱的曲调。世俗的题材、历史的事迹，都步入了佛窟，活动本身说明了佛教艺术的世俗化进程。

同时《张议潮变文》《张淮深变文》的出现，《张议潮出行图》《宋国夫人出行图》等大型壁画的出现，不仅加速了世俗化的进程，而且，我们已强烈地感悟到时代人心的变化与转向，强烈地感受到佛教地位的下降，世俗情感对宗教情感的进逼。

当我们走进156窟，似乎已感觉不到“宗教的神秘”“天国的虚幻”。展示在我们眼前的是人间现实，是历史的陈列，所勾引起的遐想：通贯南北两壁的巨型壁画《张议潮出行图》《宋国夫人出行图》正好作用于我们的视线。场面热烈辉煌，车骑随从，旗仗卤簿，伎乐百戏，载歌载舞，一派“万户歌谣满路”“锦彩恰似撒星”的空前盛况，似乎佛龛塑像，壁上其他的佛画，已成为主旋律的和声，成为这种壮观场面的旁观者，在我们的视觉上给淡化了。

《张议潮出行图》由车骑马队组成上下两条无形的平行线，使视野无限拓展。张议潮的等身大像以及飘扬的旗仗，既联系这两根平行线又突破这两根平行线，使画面及墙壁产生稳定感及装饰美感，使欢腾活跃的场面产生了井然的秩序感。而那活跃在作平行线状的车骑、马队中的伎乐百戏、民族歌舞，使画面静中有动。整个画面热烈而有秩序，丰富而和谐，威严而不失其生动，恰到好处地表现了张议潮及其军队在西部各族人民心目中的形象和地位。宋国夫人是张议潮的妻子，《宋国夫人出行图》另有一番情趣，绿柳垂杨，人物神情动作优游娴静，恰似一幅贵妇踏春图。世俗的题材，世俗的场面，世俗的造型手法（相对于佛教艺术造型手法的规范性而言），给整个洞窟带来了人间情味和时代的、地域的、多民族的生活气息。

两幅壁画全长1640厘米、高120厘米，绘制人物257个，车骑驼马成群，其艺术内涵与容量已超乎前代的供养人像的样式，而成为世俗化时期历史风俗画的鸿篇巨制。

咸通八年（867）唐懿宗李漼招张议潮入朝，任右神武统军。他的侄儿张淮深任沙州刺史与归义军留后。156窟的修建，正是在张淮深的任内。目的在于表彰其叔父收复河西的功业，宣扬其家族的文治武威。

敦煌的世家豪族除张姓，还有李姓、索姓等世家，在吐蕃王朝统治时期，他们也是既得利益者，在沙州起义归唐后，摇身一变成了功臣，加官晋爵，赐地受封。张议潮的女婿李明振入朝和皇帝攀了同宗，索勋自称是晋司空索靖的后裔。他们都相继在敦煌大兴造窟，以绘制“报恩经变相”，报“四恩之至德”，报“君亲之恩”，对唐王朝表忠心。然在表忠心的背后是一幕幕求官保乌纱的丑

宋国夫人出行图局部　晚唐　敦煌156窟

宋国夫人出行图　晚唐　敦煌156窟

藏经洞壁画·近侍女·比丘尼　晚唐　敦煌17窟

屠宰　五代　敦煌61窟

扬场　五代　敦煌61窟

屠宰·耕作·狩猎　北周　敦煌296窟

福田经·旷路作井　北周　敦煌296窟

福田经·伐木建塔　隋　敦煌302窟

雨中耕作　盛唐　敦煌23窟

剧，如12窟的《索法律铭》文中，强调绘报恩经变相是为了“孝悌如家、忠贞如国”（铭文中还历数家谱），实质上是以报恩的名义来表颂自己家族的功绩与繁盛，为家族歌功颂德，树碑立传，求得更大的升迁。

世俗的情感还表现在其他的变相图中，如借《劳度叉斗圣变》寓意于沙州人民战胜吐蕃王朝的欢愉心情。吐蕃赞普的形象在壁画中后退或消失，经变中再无蕃装人物，众供养人服色一新。男的着幞头，襕衫，腰插笏板，女的鬟钿珠翠，广袖长裙，穿着各色绫罗与宫锦的华服，持物的奴婢领着小孩，全然是世家豪族的夫人与子女的装束打扮，充满了世俗的人情味和生活情趣。

藏经洞（17窟）主室西壁嵌有大中五年（851）沙门洪巩言告身碑，北壁床坐上塑有洪巩言坐禅像，一身世俗都僧统的威严，一派世俗和尚的装束打扮，一双集僧政、法、律三学教主凝神思虑的慧眼，完全挣脱了佛像造型戒律的束缚。塑像背后的西侧树下描绘有近侍女一身，她手持巾执杖，着长袍广袖，神情温良贤淑，眉宇间似含有几分哀怨，几分屈辱，完全是一位世俗婢女的情态；东侧树下画比丘尼一身，她双手持纨扇，似帝王后持扇宫娥，眉头紧凑，似含有几分凄切。两株树上分别挂着一布囊和一水壶，给整幅画面增添了现实生活的情态。彩塑和壁画共同组构了那个时代僧统日常生活的场景，是他们权势的炫耀，还是他们“思凡”的世俗情感的发泄？总之，整个石窟已由“神窟”转化为“人窟”，由宗教的神秘走向了人间世俗的场景。

供养人像在洞窟壁画中的位置越来越显赫，躯体也越来越大，大有喧宾夺主之势。如98窟于阗国王及其眷属群像，占据了整个东壁下半部的主要位置，东壁门南下部画于阗国王等供养人十一身，门北画回鹘公主等男女供养人七身，人物大都超真人大小，于阗国王颇著汉唐帝王的气派，画面左方那短短的十三个字的题记“大朝大宝于阗国大圣大明天子”，一连来了四个“大”字，真可谓对神圣佛陀的亵渎与挑战。显然，这种做法决非偶然，它寓示着世俗情感对宗教情感的扬弃与反叛，表明了个人欲望与地位情感的膨胀，对“人”的兴趣超过了对“神”的兴趣。

公元914年，曾经做过长史的曹议金，掌握了归义军政权，他采取了一系列的措施巩固他的统治。对外，他以“联姻”为手段，东结回鹘，西联于阗，形成了一个外部的安定环境。使“自瓜、沙抵于阗，道路清谧，行旅如流”，区域性的商路得到畅通。对内，他集政权、军权、神权、族权、财权于一身，虽提倡佛教，但都僧统、僧统、临坛大德僧正等僧官的任免权都由节度使掌握，连僧尼的度牒也都由节度使批授，僧官、尼主都为曹氏的贵戚姻亲所把持，佛僧已沦为世俗政权的帮凶和役使，“神权”沦为政权的婢女。

从表面上看，此时敦煌佛事兴隆，修窟造像蔚然成风，窟前殿堂颇为壮观，一时间敦煌似乎再度燃起了对佛陀信仰的狂热。然实质上，所修洞窟大都在前朝旧窟的基础上改建，往往将前代的佛画划破，再糊上泥土重绘。原壁画刀痕累累，且不说对前朝精美艺术的破坏，单就行为本身，足以证明“圣物”在当时统治者的心目中价值几何。“圣物”已经不“圣”，在宗教情感的深层是达官家族的功利的世俗情怀。这一点还从曹氏时代将自己的供养像到处绘制，几乎遍及莫高窟的很多洞窟，包括前代中心塔柱坛基也不放过的做法中表现出来。与其说是宏扬佛的神威，不如说是显示自己的权力，显示自己家族的威严与兴旺。这一期佛龛内，单身造像的再次出现，似乎也包容有个人绝对权威的显示，与勃兴期单身造像的强调佛陀的神格内涵相比较，这里所体现的正是敦煌佛教艺术向世俗化转变的重要特征。

这一时期虽经变画种类繁多，达到高峰，但多而流于公式化、概念化，沦为“神”窟的象征物与装饰摆设，而且处于洞窟的高层。一些经变画也已掺和有世俗的内容或完全转化为世俗题材的画幅。那些依附于“经变”内容的大量现实题材及生活场景的画面，如耕作、喂猪、挤乳、拉纤等，描绘得生动而精妙，越来越具有独立的欣赏价值及史料价值；而另一些如杀生害命的猎夫、持刀宰割的屠夫等则描绘得真实而具体。此类原本与佛教经文教义相悖的题材，居然出现在神圣庄严的神窟里，无疑是对佛教及佛教艺术在敦煌存在现实的无情嘲讽，它预示着佛教在敦煌江河日下的命运。世俗化时期的敦煌艺术，失去了勃兴期艺术的粗朴深沉与内向，失去了全盛期的灿烂博大与宽宏，它带着世俗的情感，艰难地走入了佛教艺术生命的最后历程。

四、衰退期

宋太祖赵匡胤的“陈桥兵变”(960)，结束了残唐五代的割据混乱局面。他自己曾在《咏初日》中写道：“一轮顷刻上天衢，逐退群星与残月。”可事实并非如此，他始终没有能够统一全国，石晋割让出去的河北和山西北部地区（燕云十六州）仍属辽国。汉、唐时代所开拓与统治的疆土，也未能得到全部恢复，因此他也无力统辖河西地区。

曹氏五代，统治瓜、沙将近140年，北宋初年正值曹元忠统治瓜、沙时期(946—974)，他努力保持着与北宋中央政权的联系。开宝六年(973)宋王朝封曹元忠为“推诚奉国保塞功臣归义军节度使特进检校太师兼中书令西平王”。太平兴国五年(980)，诏赠“敦煌郡王”，封其子曹延禄任归义军节度使。曹氏统治敦煌，跨五代、宋两个时代。而敦煌石窟的艺术风格乃一脉相承，世俗化的倾向日渐浓重。第61窟颇具代表性，其洞窟型制，类似帝王的金銮殿，在方形大室的正中留有马蹄形佛坛，坛的后沿是一个直通窟顶的大背屏。背屏前中心佛坛虽塑像已失，但通常塑一主尊，窟顶藻井画团龙鹦鹉井心，垂幔铺于四披。整窟除画有各种经变相外，在与视线平行、最为显眼的各壁面，绘制了大量的供养人像。这种整体格局，使人联想起金銮殿前朝拜君王时的情状，其中不无曹氏小王朝思想与情感的寄托。西壁所绘《五台山图》描绘的是10世纪后期从河北正定到山西太原，延绵千里的山川景貌和社会风尚，近乎一幅世俗的佛教寺院分布图。虽然也画了各地的寺院建筑、云游巡礼的僧俗及推磨、舂米等生活场面，而且不无精彩的局部，但就整体而言，它已失去了佛教艺术的本来意义，实在只能属于那种经过美化的、概念化了的“导游图”或“地形示意图”之类。因此它也失去了作为绘画艺术的灵魂，寓示着莫高窟的艺术创造进入了衰竭期。

莫高窟宋代洞窟，从整体来讲，刻板单调，僵化。壁画中的经变与说法图面积缩小，不再占主要位置，那种印版式的“千佛”，反复排列，充塞洞窟，仅起到类似糊墙花纸的壁饰作用。虽然人们习惯于强调在归义军政权时代，敦煌成立了勾当画院，企望以此证明这时的艺术在继续发展，但画院的画师多成为

如意轮观音像　晚唐　敦煌14窟（藏密画）

孔雀明王　五代　敦煌205窟

五台山图局部　五代　敦煌61窟

团龙、团凤藻井　西夏　敦煌235、400窟

欢喜金刚 元
敦煌465窟（藏密画）

菩萨像　元　榆林4窟（藏密画）

菩萨像　元　榆林4窟（藏密画）

菩萨像　元　榆林4窟（藏密画）

宫庭的御用墨客，也已失去了“宗教的热情”，失去了对艺术的忠诚。表面的繁荣与安定，实际上只局限于统治阶级集团范围之内，莫高窟已沦为家族的“佛殿”以及小王朝权力与精神的象征。

北宋景祐四年（1037），西夏占领瓜、沙二州，敦煌又一次接受西部少数民族党项羌族政权的统治将近200年。西夏政权在莫高窟留下了不少艺术作品，但没有令人振奋的东西。基本上没有开什么新的洞窟，大都是覆盖前代洞窟绘制而成，整个洞窟给人一种清冷呆滞的感觉，石绿色底上排列着许多形体变黑的佛像。旋转风动的五龙藻井及其沥粉堆金的表现手法是这时期的特征之一。五龙中四龙围绕一团龙、团龙口吐火焰宝珠，全身卷曲作圆形，云纹图案组成圆圈环绕，似少有佛教艺术的意味，而近乎宫庭常用的图案纹饰。这时期藻井多团龙、团凤纹样的装饰，似显示出皇权、族权对神权的进逼与取代之势。

敦煌409窟东壁的回鹘装西夏王供养像，是一幅造型严谨、色调雅致、个性鲜明的壁画，西夏王身着团龙紧袖袍服，身躯高大，比他的随从几乎高出一倍，脸型圆润丰满，呈满月型，淡眉细眼，颇具西部骑马民族的气质。强调色彩的并置效应，近乎没骨画法，使画面整体显得轻松随意。精致雅淡的地毯，及其近乎线描淡彩的纹饰处理，烘托出大块厚重的人物形体。精细密集的线与大块鲜明的色的对比使画面生动而极具活力。这幅作品不仅是这个时代的高峰，在整个敦煌莫高窟世俗人物画中也是不可多得的佳作，为衰退期的精品。公元1226年元太祖成吉思汗进攻西夏破沙州，从此沙州为蒙元王朝管辖达146年之久。

蒙元帝国，开疆辟土，在西域驻军、置驿、修城池、兴屯田，维护西域交通的畅达。同时也提倡佛教，以佛教思想作为统一西部民族的思想。因此佛教的兴隆并不亚于极盛时期的唐代，但大乘佛教的性质已向密教转移，最后已完全融合于密教之中，此时的敦煌已成为以密教为主体的圣地之一。

从艺术内容和描绘风格上，这时的壁画已明显地分为“汉密”与“藏密”两种主要形式。如敦煌3窟南北两壁的《十一面千手千眼观音》壁画，意蕴深邃，展示了“人”的智慧的广博性与行为的多面性。人物形象端庄高雅而娴淑，具有儒家的庄重与“衣冠文明”气度。线条组织富有节律，于丰富多变中求和谐统一，柔美中见刚劲，近乎一幅颇具特色的工笔淡彩，展示出汉密画派的风格特征及高超的技艺。

藏密画派另是一番情趣。465窟是其代表洞窟，窟中有中心坛，坛上塑像现已不复存在，窟顶藻井画以大日如来为中心的五方佛，前文已经介绍大日如来所体现的无限论的哲学思想以及所显示的对回归于现世的肯定。在《大日经》上说“因使有情界爱乐”，为了取悦和作用人的感觉，它充分肯定官能。大日如来取五彩之色，而且色不归于色，例如白为法界的自性之色，赤红为引发人的敬爱之色等，均含有色的象征意味。它是作为象征滋养培育一切大自然的生产力的宇宙神，一种“天人合一”的精神的物化。该窟四壁所绘的妙乐金刚、胜乐金刚、吉祥金刚等，则正是大日如来的“因使有情界爱乐”思想的重要补充。画面所描绘的是男女相互拥抱，并作舞蹈之状，其用意正在于揭示为生殖繁衍所进行的交欢的“爱乐”。

我们知道，西方生命观，似乎主要在于以生存斗争为中心来把握和解释生命。而在这里，在古老的东方则确乎以生产、生殖为中心来把握和解释生命。“交欢”“和合”“性爱”被认为是生命的本源的思想，以及因此而引发的创作联想与意象，渗入到各种艺术门类里，熔解在各种艺术形象中，广布于中国社会精神与文化生活中。虽然在“上流社会的文人雅士、达官贵人”中常常使用一层“文明”的纱幕对这种思想加以掩饰，但在广阔的田野乡间、街头巷口则仍然以各种粗朴的艺术语言以及象征符号，真率地表现了出来。这种思想几乎充溢于所有民间艺术里，从而显示出一种率真、坦荡、野性的美，一种诙谐与幽默感，一种返璞归真的情感境界。这恰好与勃兴期的敦煌艺术相对应、相联系。

“一代天骄，成吉思汗，只识弯弓射大雕。”这也是一个把刀剑当作上帝的民族，当刀剑胜利时他们却在朝着失败的方向走去。他们虽武功盖世，威振四方，但在文化上并无多大建树。在美术方面，虽然文人画得到发展，从“士大夫到娼妓”，大多都能画几笔兰、竹、花草之类的作品，但气势雄宏的壁画几乎绝迹，如《西厢记》所载，“要乐，当筵自理冰弦；要绢，有壁画两三幅”，“君不见满川红叶，尽是离人眼中血”。知识分子地位低下到仅高于最末等级的叫化子，知识分子沦为“老九”或“臭老九”地位，最早大约起于此时吧！

管道升在劝其夫赵孟頫的词中写道：“人生贵极是王侯，浮名浮利不自由。争得似，一扁舟，弄月吟风归去休。”这种淡泊明志、宁静致远的心态与审美意味及文化心理，显然与隋唐盛世知识分子的建功立业、为国尽忠的心态及文化心理与审美意味形成了鲜明的对照。虽然时代所显示的似有相同之处，如开疆辟土、威振四方以及社会走向开放的格局。但元代的统治，是以对内的镇压、对外的征服而得以强化的，是一种强权政治，一个刀尖上的政权。人民的自由被剥夺，世态炎凉，人情险恶，人们的创造才能受到了扼制，敢怒而不敢言，自然不可能有文化艺术上的奋进精神，也不可能有文化艺术上的群峰突起。像敦煌3窟及465窟等独具风格特色的壁画的出现，也许要归功于它偏安一隅，归功于对现实的无可奈何的退避，归功于它那尚未泯灭的西部本土文化精神。但它已不具隋唐盛世的雄风，它似乎只是一种回光返照，一种艺术之光在熄灭前的闪烁与阵跳。佛教和佛教艺术进入了它的衰退期，而艺术则在寻找新的精神主人时，转入了新的境地。

从以上四个时期敦煌佛教艺术风格特征的转换变化，我们不仅可以感悟到不同时代的个性风貌、人心取向与审美意味，还可以十分清晰地看到敦煌佛教及其佛教艺术，都在走着一条通向人间世俗之路，即一条由理想世界向现实世界靠拢，由对“神格”的赞颂到对“人格”的表白，由对悲惨现实的否定到对有情现实的肯定，由对苦难人生的解脱到对爱乐人生追求的回归之路。在这条路上，佛教和佛教艺术都走到了它们的尽途，完成了它们各自的人生过程。而作为中国西部文化圈最高文化艺术表现的敦煌，正期待着新时代的智慧以重新获得它的童年，在新的创造中再找到它自己。

历史不会重复，但也无法割断，它是沉重的负担，但也是沃土和基石。只有能肩负历史重压的时代与身心健全的民族，才能感受到沃土的可贵和基石的重要，才能明白不是槌的打击，而是源远长流的水，方使得鹅卵石臻于完美，才会懂得任何以亵渎的手，拆卸与肢解历史文化与艺术，或者以合十的手，顶礼与膜拜历史文化与艺术的企图，都是徒劳。

彩　图

菩萨　北魏　敦煌404窟

菩萨　隋　敦煌420窟

菩萨　初唐　敦煌57窟

化菩萨　中唐　敦煌15窟

文殊菩萨　宋　榆林6窟

普贤菩萨　宋　榆林6窟

供养菩萨　隋　敦煌420窟

供养菩萨　初唐　敦煌401窟

供养菩萨　初唐　敦煌401窟

供养菩萨　初唐　敦煌401窟

供养菩萨　盛唐　敦煌217窟

供养菩萨　吐蕃时期　榆林27窟

思惟菩萨　初唐　敦煌57窟

思惟菩萨　初唐　敦煌71窟

天空伎乐 北魏 敦煌435窟

伎乐　隋　敦煌288窟

射箭　五代　敦煌346窟

吉祥天女　五代　榆林16窟

萨埵本生之局部　隋　敦煌429窟

说法图　北魏　敦煌285窟

说法图　隋　敦煌24窟

说法图　隋　敦煌314窟

说法图　初唐　敦煌322窟

说法图局部　初唐　敦煌57窟

说法图局部　吐蕃时期　敦煌158窟

法华经变局部　隋　敦煌420窟

法华经变局部　盛唐　敦煌103窟

弥勒经变局部·剃度　盛唐　敦煌455窟

观无量寿经变局部　盛唐　敦煌217窟

观无量寿经变局部　盛唐　敦煌25窟

观无量寿经变局部　吐蕃时期　敦煌112窟

观无量寿经变局部　吐蕃时期　榆林25窟

普贤变　五代　榆林13窟

后记

敦煌学是一门国际性的综合性学科。它所研究的对象，从时间上讲，跨越数千年；从空间上讲，纵横上万里。一般来说，人的感官，往往对那些极端的东西难以接受，太远或太近，太大或太小，太玄或太真，都很难认清。而且往往还因为“不识庐山真面目，只缘身在此山中”。

好在，敦煌的石窟深锁着我国西部古代世界的全部历史，那些浩瀚的文书史料，那些庞大的石窟艺术群体，为我们记录了西部民族的社会生活、宗教信仰以及他们的民俗、民风、民情，向我们展示了我国西部文化圈的全部特征。

此外，国内外敦煌学研究者在一个多世纪的时间里，为保护、发掘、考证、整理敦煌艺术做了卓有成效的工作，这些无疑都为拙著提供了有利的条件和有益的借鉴。但是，真正从敦煌佛教艺术的角度、从文化比较学与艺术哲学的角度、从对世界艺术整体把握的角度来研究敦煌艺术，尚需时日，故拙著以此为发端而展开自己的思考，并企望在所谓“史观派”与“史论派”之间，择其善者而固之。

我在敦煌工作过十余年，并且曾主持过那里的研究工作。在一种负债感和责任心的驱使下，写了这部《西域文化与敦煌艺术》，作为对过往时光的一种无法补偿的补偿。

拙著1990年出版后，当年即告售罄，连给我的样书都不够了。在纽约，拙著受到了中国史论家王己迁先生的赞许；同年，又入选在日本举办的中日图书大展并获奖，这是我始料未及的。

初版二十余年后，在多方的关注和友人的催促下，由读者出版传媒股份有限责任公司、甘肃人民美术出版社再版发行，在保持原文本的基础上，对个别字句作了校订，以期盼真正的敦煌艺术研究家的批评指正。

此次再版，是继2014年再版后的第三次出版，由对传统文化有着深厚根基，在教育界、学术界以及文化艺术界久负盛名的广西师范大学出版社出版发行。编缉同志对书稿进行了严肃和认真的反复审校，使史实和文字更加准确，特在此表示深深的谢意。

初版由原故宫博物院副院长、著名史论家杨新作序；二版承我国著名美学家张锡坤教授在百忙中拨冗作序，对拙著作了精辟的点评；三版应广西师范大学出版社之请，由我自己写了一篇序。如今，距初版发行已经过去了近三十年，时过境迁，中多变故，也不知能不能对尊敬的读者有所帮助，但是我还是希望读者朋友认真读一读，书中有我对儒、释、道各自文化精神的论定，以及三大文化圈各自的特征及交相辉映的论述，还有我对中西文化的异同和他们各自的特征、相互交流的史实的论述，以及我的艺术观及美学观，等等。此次出版，希望能获得更多朋友的指导批评和宝贵意见，这是我最为关注的。

何山
2019年11月18日于桂林

附录一

敦煌历史、文化、艺术大事年表

60 万年前—2.5 万年前 （旧石器时期）	在敦煌及其附近地区，新疆东部，内蒙古西南部，甘肃西北部的玉门、酒泉、嘉峪关等地先后发现和采集到旧石器时期人类的打制石器，证明其时已经有人类活动于敦煌及其附近地区。
2.5 万年前—5000 年前 （新石器及中石器时期）	在敦煌及其附近地区，新疆东部，内蒙古西南部，甘肃西北部玉门、酒泉等地先后发现和采集到公元前 4000 年至前 5000 年前后、公元前 3700 年前后的人类聚落遗址及大量牧畜狩猎型的细石器文化遗物。有磨制的石刀、石斧、石坠、石刮器等，还有陶纺轮、骨器、兽骨、灰坑和陶片等遗物。可证其时敦煌及附近地区人类的活动更加频繁，已进入人类氏族社会时期。
约公元前 3000 年— 公元前 2070 年	三危流沙地，羌戎所居，江淮三苗族迁于三危，敦煌及附近地区是各民族人民耕牧养殖之地。玉门市清泉乡火烧沟遗址文化类型为其代表。
约公元前 2070 年— 公元前 771 年 （夏、商、西周时期）	羌戎与三苗融合，耕牧养殖经济进一步发展，与夏、商、西周王朝有战争发生，亦有各种联系、交往与交流。
公元前 770 年一 公元前 476 年 （春秋时期）	瓜州地。《左传》昭公七年载：“允姓之奸，居于瓜州。”秦穆公“益国十二，开地千里，遂霸西戎”。羌、戎、三苗进一步融合。
公元前 475 年一 公元前 221 年 （战国时期）	乌孙强大，驻牧敦煌地区。
秦 公元前 221 年 （秦始皇二十六年）	乌孙、月氏相继驻牧、生活于敦煌地区。
西汉 公元前 204 年 （西汉高祖三年）	大月氏居敦煌、祁连间，随畜移徙，与匈奴同俗。
公元前 174 年 （西汉文帝前元六年）	匈奴冒顿单于破月氏，月氏西迁，匈奴人居敦煌、祁连间。
公元前 138 年 （西汉武帝建元三年）	汉武帝派遣张骞经敦煌第一次出使西域，联络月氏，共同抗击匈奴，经十三年，于公元前 126 年返抵长安。
公元前 121 年 （西汉武帝元狩二年）	骠骑将军霍去病西击匈奴，置武威、酒泉郡，敦煌地域隶属酒泉郡。
公元前 120 年 （西汉武帝元狩三年）	暴利长遭刑，屯田敦煌，于渥洼池获“天马”献于帝，武帝特命司马相如、李延年作歌，颂其事。

公元前 119 年（西汉武帝元狩四年）	张骞再次出使西域，赴乌孙，公元前 115 年归。
公元前 115 年（西汉武帝元鼎二年）	“上郡、朔方、西河、河西开官田，斥塞卒六十万人戍田之。”时，敦煌开设屯田。
公元前 111 年（西汉武帝元鼎六年）	置敦煌郡，领敦煌、冥安、效谷、渊泉、广至、龙勒六县，徙民以实之。
公元前 108 年（西汉武帝元封三年）	赵破奴出敦煌虏楼兰王，破姑师（车师）。汉“酒泉列亭障至玉门”。
公元前 105 年（西汉武帝元封六年）	汉封江都王刘建之女细君为公主，嫁乌孙王昆莫，出塞路过敦煌。
公元前 104 年（西汉武帝太初元年）	贰师将军李广利出玉门关西伐大宛，未果，退兵敦煌。上书请奏罢兵，武帝怒，下令：“军有敢入者辄斩之。”贰师恐，遂屯兵敦煌。
公元前 102 年（西汉武帝太初三年）	军正任文屯兵玉门关，援贰师二次伐大宛。 翌年获胜而归，得汗血马三千匹，大宛人亦学得汉人掘井技法。
公元前 101 年（西汉武帝太初四年）	李广利西征获胜，复经敦煌而还，封海西侯。从此自敦煌至盐泽（今罗布泊）往往起亭。
公元前 91 年（西汉武帝征和二年）	以太子为首发生宫廷政变，牵连者数万人，胁从者皆徙敦煌郡。
公元前 89 年（西汉武帝征和四年）	重合侯马通率四万骑出敦煌，击败匈奴控制之车师（姑师）。
公元前 88 年（西汉武帝后元元年）	汉王朝设置敦煌郡，郡治敦煌县。
公元前 72 年（西汉宣帝本始二年）	汉派田广明、赵充国等五将军，率军十五万，自敦煌西出，与乌孙五万骑，夹击匈奴获得胜利，自此匈奴衰败不振。
公元前 65 年（西汉宣帝元康元年）	敦煌索励屯田西域伊循城，推行井渠法。
公元前 64 年（西汉宣帝元康二年）	龟兹王与夫人朝汉，官员、侍从和车骑浩荡，往返途经敦煌。
公元前 59 年（西汉宣帝神爵三年）	西汉王朝设立西域都护府，治所乌垒城。
公元前 53 年（西汉宣帝甘露元年）	破羌将军辛武贤率军一万五千，出塞讨伐乌孙，至敦煌通渠积谷以备战，后未出塞而还。
公元前 15 年（西汉成帝永始二年）	将作大匠解万年，以治昌陵无功获罪徙于敦煌。
新莽（王莽新朝时期）	建置敦德郡，领敦德、冥安、效谷、渊泉、广桓、龙勒六县（亭），改敦煌县为“敦德亭”，广至县为“广桓”。

公元 16 年 （新莽天凤三年）	西域叛乱不绝，丝绸之路阻塞不通。
公元 23 年 （淮阳王刘玄更始元年）	陇西成纪人隗嚣起兵反莽，尽有酒泉、敦煌等河西地。
东汉	恢复敦煌郡，领县同西汉。
公元 25 年 （东汉光武帝建武元年、刘玄更始三年）	窦融据河西各地，自称五郡大将军，敦煌属之。
公元 32 年 （东汉光武帝建武八年）	敦煌太守辛彤随窦融征隗嚣，被封扶义侯。
公元 73 年 （东汉明帝永平十六年）	窦固、耿忠出酒泉，率敦煌诸郡兵击败呼衍王，取得伊吾庐地，留吏士屯田。 班超为窦固假司马，随率三十六吏士出使西域。
公元 74 年 （东汉明帝永平十七年）	窦固、耿秉、刘张出敦煌西进西域，恢复西域都护及戊己校尉，西域复通。
公元 75 年 （东汉明帝永平十八年）	车师、匈奴合兵进攻西域都护，敦煌、酒泉太守奉命率兵救援，北虏惊走，车师复降。
公元 76 年—77 年 （东汉章帝建初元年至二年）	东汉王朝撤西域都护和戊己校尉，西域诸国劝留班超，班超遂留并再定西域。
公元 91 年 （东汉和帝永元三年）	班超为西域都护，驻龟兹，西域五十余国皆纳贡内附。 敦煌太守始主持进行了在西域各地的军事经济活动，敦煌遂成为统辖西域的军政中心。
公元 102 年 （东汉和帝永元十四年）	班超奉诏自西域经敦煌东返洛阳。
公元 107 年 （东汉安帝永初元年）	西域诸国频攻都护任尚、段禧，汉以“道路险远，难相应处”，诏罢都护，遂弃西域并闭玉门关。
公元 119 年 （东汉安帝元初六年）	敦煌太守曹宗派遣长史索班率千余人屯伊吾。车师前王、鄯善王来降附汉。旋即北匈奴来犯，索班全军覆没。曹宗诸兵西进，不果。
公元 120 年 （东汉安帝元初七年、永宁元年）	班超建议在敦煌复置护西域副校尉，遣西域长史屯楼兰。
公元 123 年 （东汉安帝延光二年）	敦煌太守张珰上书谏：“西域不可弃，西域弃则河西危。”于是汉以班勇为西域长史，出屯柳中。
公元 124 年 （东汉安帝延光三年）	诏郡国中都官死罪系囚减罪一等，诣敦煌、陇西及度营戍守。
公元 125 年 （东汉安帝延光四年）	班勇发敦煌、张掖、酒泉六千骑及鄯善兵大败匈奴伊蠡王，西域复通。
公元 127 年 （东汉顺帝永建二年）	班勇约期敦煌太守张朗率河西四郡兵三千，破焉耆。

公元 129 年 （东汉顺帝永建四年）	于阗杀构弥王，敦煌太守徐田上书，求讨于阗，不果。
公元 132 年 （东汉顺帝永建七年、阳嘉元年）	北匈奴呼衍王入侵车师后部，敦煌太守发诸国兵及玉门关侯、伊吾司马，合六千三百骑往救。
公元 135 年 （东汉顺帝阳嘉四年）	敦煌往救车师后部，兵不利而还。
公元 137 年 （东汉顺帝永和二年）	敦煌太守裴岑率郡兵五千败北匈奴呼衍王于蒲类海，后人“立德祠，以表万世”。
公元 151 年 （东汉桓帝元嘉元年）	北匈奴犯伊吾屯城，敦煌太守司马达率敦煌、酒泉、张掖属国兵四千余进军蒲类海，驱逐北匈奴。
公元 152 年 （东汉桓帝元嘉二年）	于阗杀长史王敬，敦煌太守司马达欲率诸郡兵讨伐，不果。
公元 153 年 （东汉桓帝元嘉三年、永兴元年）	敦煌太守宋亮，立车师后部故王军就质子卑君为王。
公元 168 年 （东汉灵帝建宁元年）	凉州刺史孟佗率领敦煌兵五百人，会同西域长史张晏率焉耆、龟兹、车师兵三万余人讨疏勒，攻城四十余日，不克而还。
三国（曹魏）	建置敦煌郡，隶属于凉州刺史部，领敦煌、冥安、效谷、渊泉、广至、龙勒、宜禾七县。
公元 221 年 （曹魏文帝黄初二年）	曹丕下诏，封爵敦煌人张恭“关内侯，拜西域戊己校尉”。
公元 222 年 （曹魏文帝黄初三年）	鄯善、龟兹、于阗遣使至魏，西域复通。
公元 227 年 （曹魏明帝太和元年）	仓慈任敦煌太守，“抑挫权右”，“以渐收敛民间私仗，藏之府库”，打击豪强，抚恤贫民。
公元 231 年 （曹魏明帝太和五年）	仓慈保护西域各国商旅，为其提供各种方便，西域各族称其德惠，敦煌成为胡汉交往之都会。
公元 239 年 （曹魏明帝景初三年）	敦煌索靖出生（索靖字幼安，惠帝太安二年卒，享年 65 岁，后又赠司空，进封安乐亭侯）。
公元 249 年—250 年 （曹魏齐王嘉平元年至嘉平二年）	皇甫隆任敦煌太守，改进落后的耕作方法，推广犁耕耧种，“庸力过半，得谷加五”。
公元 265 年—266 年 （曹魏元帝咸熙二年、西晋武帝泰始元年至泰始二年）	敦煌和尚竺法护西游归，始译经典，为敦煌初期译经最多之德。其弟子竺法乘，于敦煌立寺延学。
西晋	建置敦煌郡，领昌蒲、敦煌、冥安、龙勒、效谷、广至、宜禾、渊泉、伊吾九县。
公元 272 年 （西晋武帝泰始八年）	敦煌太守尹璩死，凉州刺史杨欣令敦煌县令梁澄为太守。敦煌功曹宋质拒命，立令狐丰为太守。杨欣遣兵击之，反为宋质所败。

公元 275 年 （西晋武帝咸宁元年）	敦煌令狐丰建造大型仓城河仓城，“古时军储在此”。
公元 276 年 （西晋武帝咸宁二年）	敦煌太守令狐宏为杨欣所杀。
公元 295 年 （西晋惠帝元康五年）	晋分敦煌郡宜禾、伊吾、冥安、渊泉、广至、酒泉、沙头、新乡等十三县为晋昌郡。
公元 301 年 （西晋惠帝永康二年、永宁元年）	凉州刺史张轨“兴农修武，保卫州境”。
公元 303 年 （西晋惠帝太安二年）	晋代著名书法家、敦煌人索靖卒。
前凉	建置敦煌郡，隶属于凉州、沙州，领昌蒲、敦煌、龙勒、效谷、乌泽、凉兴六县。
公元 320 年 （前凉张寔建兴八年）	敦煌高隐索袭卒，年七十九岁。
公元 335 年 （前凉张骏建兴二十三年）	前凉张骏分置敦煌、晋昌、高昌三郡，西域都护、戊己校尉、玉门大护军三营为沙州，治所敦煌，杨宜任沙州刺史。
公元 345 年 （前凉张骏建兴三十三年）	前凉张骏称大都督、大将军、假凉王，分统凉州、河州、沙州。
公元 353 年 （前凉张重华建兴四十一年）	开始创建敦煌莫高窟。 敦煌人宋纤在酒泉南北开办私学，授业弟子三千人。
公元 365 年 （前凉张天锡升平九年）	敦煌人段灼，封关内侯。
公元 366 年 （前凉张天锡升平十年）	沙门乐僔行游仙岩寺，在敦煌莫高窟开窟。
前秦	建置敦煌郡，隶属于凉州，领昌蒲、敦煌、龙勒、效谷四县。
公元 376 年 （前秦苻坚建元十二年）	苻坚讨张天锡，灭前凉。敦煌属前秦统辖。
公元 383 年 （前秦苻坚建元十九年）	前秦大将吕光由敦煌出玉门关，西征焉耆、龟兹等国。
公元 384 年 （前秦苻坚建元二十年）	前秦徙江淮、中州一带户民一万七千余户至敦煌。
后凉	建置敦煌郡，隶属于凉州，领昌蒲、敦煌、龙勒、效谷四县。
公元 386 年 （后凉吕光太安元年）	吕光由西域还军，占据凉州，建后凉。 西域高僧鸠摩罗什随吕光经敦煌东至姑臧。

公元 387 年 （后凉吕光太安二年）	吕光与酒泉王穆争战，敦煌郭瑀、索嘏起兵五千，运粟三万石，响应王穆。
公元 400 年 （后凉吕纂咸宁元年）	段业以李暠为敦煌太守。李暠旋称凉公，改元庚子，定都敦煌，史称西凉。 名僧法显与慧景、道整、慧应、慧嵬等西行取经，道行至敦煌，留居数月，敦煌太守李暠供给渡流沙。
西凉	建置敦煌郡，领昌蒲、敦煌、龙勒、效谷四县。
公元 405 年 （西凉李暠建初元年）	李暠迁都酒泉，敦煌由其子李让镇守。李让在敦煌建南子亭，以御吐谷浑。
公元 410 年 （西凉李暠建初六年）	北凉沮渠蒙逊侵西凉，败李歆于马庙，蒙逊遂与李暠结盟而还。
公元 412 年 （西凉李暠建初八年）	北凉历法家、敦煌人赵敺制定《玄始历》。
公元 417 年 （西凉李歆嘉兴元年）	西凉公李暠卒，世子歆继，改元嘉兴。
公元 420 年 （西凉李歆嘉兴四年、李恂永建元年）	李歆袭张掖，被沮渠蒙逊所杀。李恂据敦煌，改元永建，拒北凉。
公元 421 年 （西凉李恂永建二年）	北凉沮渠蒙逊围攻敦煌，以水破城，西凉亡。
北凉	建置敦煌郡，隶属于凉州，领昌蒲、敦煌、龙勒、效谷四县。
公元 423 年 （北凉沮渠蒙逊玄始十二年）	罽宾僧人昙摩密多到敦煌，“建立精舍，植柰千株，开园百亩，房阁池沼，极为严净”。
公元 433 年 （北凉沮渠牧犍永和元年）	北凉沮渠牧犍好学，尊敦煌人刘昞为国师，命其官属从刘昞学习。
公元 437 年 （北凉沮渠牧犍永和五年、承和元年、建平元年）	敦煌宿学北凉太史令赵敺著《七曜历数算经》，沮渠牧犍向宋文帝献《赵敺传》《甲寅元历》。
北魏	建置敦煌镇，治所敦煌，辖酒泉军、乐涫戍、晋昌戍等。
公元 439 年 （北魏太武帝太延五年）	北魏太武帝重用敦煌学者刘昞、索敞等。
公元 441 年 （北魏太武帝太平真君二年）	敦煌太守唐儿反，沮渠无讳讨之，获胜，复据敦煌，杀唐儿。
公元 442 年 （北魏太武帝太平真君三年）	沮渠无讳自敦煌西奔鄯善，臣服于柔然。李暠孙李宝入据敦煌。
公元 444 年 （北魏太武帝太平真君五年）	李宝朝魏，留驻京师平城，被封敦煌公。 敦煌遗书中最早的纸本历日始写。

公元 442 年— 452 年 （北魏太平真君正光中）	太武帝平沮渠氏，废敦煌郡置敦煌镇。
公元 445 年 （北魏太平真君六年）	太武帝遣万度归西征，至敦煌，留辎重，以轻骑五千渡流沙至鄯善，鄯善降。
公元 452 年 （北魏文成帝兴安元年）	北魏废《景初历》，行赵敺《玄始历》。
公元 456 年 （北魏文成帝太安二年）	凉州都督尉眷，转敦煌镇将。
公元 466 年— 470 年 （北魏献文帝天安、皇兴年间）	征西将军、领护羌校尉尉多侯，为敦煌镇将。
公元 472 年 （北魏孝文帝延兴二年）	柔然（蠕蠕）部帅无卢真率三万骑入塞围敦煌。
公元 475 年 （北魏孝文帝延兴五年）	柔然（蠕蠕）再寇敦煌镇，将尉多侯大破之。
公元 481 年 （北魏孝文帝太和五年）	敦煌人张孟明为高昌王。
公元 483 年 （北魏孝文帝太和七年）	齐以氐帅杨炅为沙州刺史。
公元 485 年 （北魏孝文帝太和九年）	魏遣长乐王秦州刺史穆亮为敦煌镇都大将。
公元 507 年 （北魏宣武帝正始四年）	敦煌饥荒遍地，魏主下诏开仓赈恤。
公元 518 年 （北魏孝明帝熙平三年、神龟元年）	敦煌人宋云与比丘慧生、法力等人，奉胡太后命，往天竺求取佛经。
公元 522 年 （北魏孝明帝正光三年）	宋云与慧生自西域取回大乘佛经一百七十部，并著有《宋云家纪》。
公元 523 年 （北魏孝明帝正光四年）	孝明帝下诏，敦煌人刘昞“德冠前世，蔚为儒宗”。
公元 524 年 （北魏孝明帝正光五年）	改敦煌镇为瓜州，魏东阳王元荣任刺史。
公元 525 年 （北魏孝明帝正光六年、孝昌元年）	设立寿昌郡。
公元 529 年 （北魏孝庄帝永安二年）	瓜州城民张保杀刺史成庆自立，晋昌民吕兴杀太守敦肆响应。
西魏	瓜州，领敦煌、酒泉、玉门、常乐、会稽五郡，后增效谷、寿昌二郡。
公元 542 年 （西魏文帝大统八年）	元荣卒，其婿邓彦杀荣子康（刺史）取其位。

公元 546 年 （西魏文帝大统十二年）	瓜州主簿令狐整讨平张保、吕兴。
北周 公元 559 年 （北周明帝武成元年）	建置敦煌、效谷、龙勒、东乡、平康、鸣沙六县， 北周并敦煌、鸣沙、平康、东乡为鸣沙县。
公元 564 年 （北周武帝保定四年）	废寿昌、效谷二郡入鸣沙县。
隋 公元 584 年 （隋文帝开皇四年）	敦煌莫高窟隋窟开凿，“莫高窟”名首出。
公元 605 年— 607 年 （隋炀帝大业元年至大业三年）	复置敦煌郡，鸣沙县改为敦煌县。敦煌郡，领敦煌、常乐、玉门（后改会稽）三县。
公元 607 年 （隋炀帝大业三年）	西域二十八国使节经敦煌出朝。 铁勒寇边，遣冯孝慈出敦煌击之，不利。 裴矩经敦煌出访西域各国，后著《西域图记》。
公元 608 年 （隋炀帝大业四年）	薛世雄为玉门道行军大将，出玉门攻伊吾，克之。
公元 609 年 （隋炀帝大业五年）	隋炀帝派闻喜公裴矩至敦煌，招致胡商至张掖举办西域二十七国交易大会。
公元 617 年 （隋炀帝大业十三年）	凉州李轨起兵，称河西大凉王，改元安乐，敦煌归其统治。置龙勒府。
唐 公元 619 年 （唐高祖武德二年）	唐沿隋制，称敦煌为瓜州，李轨降唐，李世民封其为敦煌公。瓜州刺史贺拔行威举兵反唐，割据敦煌两年。
公元 620 年 （唐高祖武德三年）	瓜、沙分治。以常乐县置瓜州，改敦煌为西沙州。
公元 622 年 （唐高祖武德五年）	敦煌人张护、李通杀瓜州总管贺若怀广，拥沙州别驾窦伏明为城主，割据沙州。
公元 629 年 （唐太宗贞观三年）	遣李靖、薛万彻等六总管击突厥。 玄奘自长安经凉州、瓜州等地，出玉门关去天竺取经。
公元 633 年 （唐太宗贞观七年）	西沙州改称沙州，领敦煌、寿昌二县。隶属于陇右道。
公元 641 年 （唐太宗贞观十五年）	唐遣侯君集统军伐高昌，沙州刺史刘德敏率军民从征，建立西州。置西域都护府于交河城。
公元 645 年 （唐太宗贞观十九年）	玄奘取经从天竺经阳关归，敦煌官司于流沙迎接。
公元 647 年 （唐太宗贞观二十一年）	沙州刺史苏海政、行军长史薛万备率精骑，随安西都护郭孝恪破龟兹。
公元 658 年 （唐高宗显庆三年）	以后，唐和吐蕃、西突厥争夺西域，沙州成为安西都护府的基地。
公元 705 年 （唐中宗神龙元年）	唐置豆卢军（即归义军）于沙州。

公元 710 年（唐中宗景龙四年、殇帝唐隆元年、睿宗景云元年）	唐置河西节度使，领凉、甘、肃、瓜、沙、伊、西七州。
公元 729 年（唐玄宗开元十七年）	瓜州都督张守珪和沙州刺史贾师击吐蕃大同军，大破之。
公元 742 年（唐玄宗天宝元年）	沙州改称敦煌郡。
公元 758 年（唐肃宗乾元元年）	敦煌再改为沙州，废寿昌县为寿昌乡。
公元 766 年（唐代宗永泰二年、大历元年）	吐蕃占领甘、肃二州。新任河西节度使杨休明徙河西节镇沙州。
公元 767 年（唐代宗大历二年）	吐蕃围沙州，刺史周鼎求救于回鹘。最后，经数年争夺，吐蕃攻占沙州（吐蕃占沙州时间有 777 年、782 年、785 年、787 年等不同说法）。
公元 783 年（唐德宗建中四年）	唐与吐蕃盟约，河西全归吐蕃统治。吐蕃放回在沙州虏去将士僧尼八百余人。
公元 785 年（唐德宗贞元元年）	沙州玉关驿户氾国忠等六人攻杀吐蕃节儿。
公元 848 年（唐宣宗大中二年）	敦煌张议潮率沙州军民起义，收复沙、瓜二州。之后，派人到长安告捷，唐授张议潮为沙州防御使。
公元 851 年（唐宣宗大中五年）	唐在沙州置归义军，授张议潮为节度使。
公元 860 年（唐懿宗咸通元年）	张议潮在敦煌莫高窟开窟为功德，使画工绘壁画。
公元 867 年（唐懿宗咸通八年）	张议潮奉命入朝，其侄张淮深以归义军节度留后，执掌瓜、沙政权。
公元 868 年（唐懿宗咸通九年）	敦煌遗书保存有是年成都雕版印刷的《金刚经》，印刷技术已很成熟。
公元 872 年（唐懿宗咸通十三年）	张议潮病逝于长安，葬长安东南浐水之滨。
公元 890 年（唐昭宗大顺元年）	归义军节度使张淮深及妻陈氏及六子以乱殒命。瓜州刺史索勋代守归义。
公元 892 年（唐昭宗景福元年）	唐任索勋为归义军节度使。
公元 894 年（唐昭宗乾宁元年）	张议潮十四女和其婿李振明，杀索勋一家，立议潮孙张承奉为归义军节度使，李宏愿为副使。
公元 905 年（唐哀帝天祐二年）	张承奉在敦煌建立“西汉金山国”，自称“白衣天子”（“金山国”立国另有 906 年、908 年之说）。 是年回鹘来寇金山国，败之。

后梁 公元 911 年 （后梁太祖开平五年、乾化元年）	甘州回鹘狄银率兵来寇金山国取胜，订立城下之盟，张承奉屈结“父子之国”。
公元 914 年 （后梁末帝乾化四年）	张承奉卒，张氏后嗣遂无人，原吏部尚书曹仁贵执掌瓜、沙政权，去“金山国”号，复节度称。
后唐 公元 924 年 （后唐庄宗同光二年）	曹议金遣使入贡，被授归义军节度使、沙州刺史、检校司空。
公元 935 年 （后唐末帝清泰二年）	曹议金卒，其子曹元德继任归义军节度使。
后晋 公元 940 年 （后晋高祖天福五年）	沙州归义军节度使曹元德卒，其弟曹元深继掌军政。后晋遣供奉官张国郕、彰武军节度判官高居诲出使于阗，道经瓜、沙，曹元深等郊迎。
公元 945 年 （后晋出帝开运二年）	曹元深卒，以瓜州刺史曹元忠为沙州留后。
后汉 公元 949 年 （后汉隐帝乾祐二年）	曹元忠遣步军教练使梁再通等，向朝廷献硇沙十斤。
北宋	建置沙州，领敦煌、寿昌、紫亭三县。
公元 964 年 （北宋太祖乾德二年）	于阗太子三人至沙州礼佛，并献《法华经》。 僧继业等三百人求舍利与贝多页书，送经沙州往天竺。
公元 968 年 （北宋太祖开宝元年）	曹元忠称敦煌王。
公元 974 年 （北宋太祖开宝七年、辽景宗保宁六年）	曹元忠卒，侄延恭继为归义军节度使。
公元 976 年 （北宋太祖开宝九年、太宗太平兴国元年）	曹延恭卒，其堂弟延禄继任归义军节度使留后。
公元 995 年 （北宋太宗至道元年）	曹延禄遣使朝贡，制加“特进、检校太尉”。
公元 1001 年 （北宋真宗咸平四年）	宋封授曹延禄为谯郡王。
公元 1002 年 （北宋真宗咸平五年）	曹延禄及其弟瓜州防御使曹延瑞为族子宗寿所杀。宋授曹宗寿为金紫光禄大夫、检校太保、使持节沙州刺史，兼御史大夫，归义军节度瓜沙等州观察、押蕃落等使。
公元 1006 年 （北宋真宗景德三年）	沙州敦煌王曹宗寿贡马及玉于辽。
公元 1014 年 （北宋真宗大中祥符七年、辽圣宗开泰三年）	曹宗寿卒，其子贤顺继任归义军节度使。
公元 1017 年 （北宋真宗天禧元年，辽圣宗开泰六年）	曹贤顺朝辽。

公元 1019 年 （北宋真宗天禧三年）	沙州遣使贡辽，辽封曹贤顺为敦煌郡王。 沙州永安寺、龙兴寺、金光明寺、报恩寺、灵图寺、三界寺、莲台寺、大乘寺、圣光寺等二十五名僧人结社，在莫高窟造“天禧塔”一座。
公元 1030 年 （北宋仁宗天圣八年）	西夏进兵瓜、沙，瓜州以“千骑降于夏”。
公元 1036 年 （北宋仁宗景祐三年）	西夏占领沙州，结束瓜、沙曹氏的统治。 沙州回鹘掌握了沙州政权。
公元 1037 年 （北宋仁宗景祐四年）	沙州大使杨骨盖、副使翟延顺入贡于宋。
公元 1041 年 （北宋仁宗庆历元年）	沙州镇国王子遣使于宋。
西夏　公元 1067 年 （西夏毅宗拱化五年）	西夏再次占领瓜、沙二州，敦煌进入西夏统治时期。
公元 1082 年 （西夏惠宗大安九年）	瓜、沙州民十人发九，齐赴兴州议大举。
公元 1093 年 （西夏惠宗天祐民安四年）	西夏主乾顺令瓜、沙诸州严兵以待，以防于阗黑汗王来攻。
公元 1110 年 （西夏崇宗贞观十年）	瓜、沙、肃三州饥荒，赤地数百里，牛羊无所食，蕃汉民流亡者过半。
公元 1165 年 （西夏仁宗天盛十七年）	西夏主李仁孝赴瓜、沙。
公元 1224 年 （西夏献宗乾定元年）	蒙古兵攻沙州，不克。
蒙古　公元 1227 年 （蒙古太祖二十二年）	蒙古遣军攻沙州，西夏守将婴城固守，日余城破，沙州隶蒙元拔都大王。
公元 1267 年 （蒙古世祖至元四年）	以瓜州、沙州鹰坊三百人充军。
公元 1274 年 （蒙古世祖至元十一年）	意大利人马可·波罗东游，途经沙州。
公元 1277 年 （蒙古世祖至元十四年）	元置沙州，并在瓜、沙设屯田。
元　公元 1280 年 （元世祖至元十七年）	建置沙州路，隶属于甘肃行中书省，领沙州、瓜州。
公元 1280 年— 1286 年 （元世祖至元十七年至元二十三年）	河西营牙赤所部屯田军，与沙州居民共修城池。

公元 1292 年 （元世祖至元二十九年）	元朝迁瓜、沙二州居民往甘、肃二州交界处耕种，无力者给以牛具、农具，沙州户民锐减。
公元 1295 年 （元成宗元贞元年）	罢瓜、沙等州屯田。
公元 1297 年 （元成宗大德元年）	总帅王惟和以所部军在沙州屯田。
公元 1303 年 （元成宗大德七年）	御史台言：“瓜沙二州，自昔为边镇重地，今大军屯驻甘州，使官民反居边外，非宜。乞以蒙古军万人分镇险隘，立屯田以供军实，为便。”从之。
公元 1309 年 （元武宗至大二年）	元派驻屯军至瓜沙屯田，岁入粮二万六千石。
公元 1353 年 （元惠宗至正十三年）	西宁王牙罕沙自四川还镇沙州。
明 公元 1372 年 （明太祖洪武五年）	冯胜、傅友德出兵河西，直下瓜、沙二州。 议以嘉峪关为界，弃敦煌。
公元 1397 年 （明太祖洪武三十年）	成立罕东卫。
公元 1404 年 （明成祖永乐二年）	时酋长困即来势方强，为指挥使，与哈密罕卫、赤斤四卫屏蔽西陲。
公元 1405 年 （明成祖永乐三年）	困即来、买住率众来归，命置沙州卫，授二人指挥使，并赐印诰。
公元 1426 年 （明宣宗宣德元年）	困即来以岁饥人困，遣使贷谷种百石。
公元 1436 年 （明英宗正统元年）	甘肃镇将任礼收喃哥部二百余户，入居甘州。沙州遂为罕东酋班马思结所有。
公元 1447 年 （明英宗正统十二年）	废沙州卫，迁其众至内地。
公元 1479 年 （明宪宗成化十五年）	吐鲁番族侵据哈密，明朝廷在沙州故城设立罕东左卫，授只克为都指挥使，与吐鲁番相抗衡。
公元 1486 年 （明成化二十二年）	沙州岁饥，朝廷发粟五百余石令播种，并按人口月发口粮赈济。
公元 1496 年 （明孝宗弘治九年）	吐鲁番又攻哈密，居民东逃于瓜、沙等州耕牧。
公元 1505 年 （明弘治十八年）	瓦剌及安定部人，大掠沙州人畜而去。
公元 1516 年 （明武宗正德十一年）	吐鲁番复据哈密，威胁沙州。帖木哥、土巴居沙州，附属于吐鲁番多尔尹王。
公元 1522 年 （明世宗嘉靖元年）	罕东左卫指挥使乞台部帖木哥、土巴率部五千四百人内徙，沙州遂为吐鲁番所有。

公元 1524 年 （明世宗嘉靖三年）	吐鲁番满速儿进围肃州，被击退。 封闭嘉峪关，沙州废，敦煌弃，旷无建置。
清　公元 1715 年 （清圣祖康熙五十四年）	清军征西域，嘉峪关外渐次恢复。
公元 1723 年 （清世宗雍正元年）	置沙州府。
公元 1725 年 （清世宗雍正三年）	置沙州卫，从甘肃五十六州县移民 2405 户，原临洮知府白讷建筑沙州城。
公元 1726 年 （清世宗雍正四年）	川陕总督岳钟琪巡边至沙州，派汉兴道尤汶督理沙州屯田。
公元 1727 年 （清世宗雍正五年）	光禄少卿汪漋到敦煌，修官署，建兵房，扩建关厢城，置三堡。
公元 1731 年 （清世宗雍正九年）	沙州卫守备赵在熊督率户民，续修新城。
公元 1737 年 （清高宗乾隆二年）	撰成《重修肃州新志》并刊刻。内有《沙州卫志》二册。
公元 1760 年 （清高宗乾隆二十五年）	改沙州卫为敦煌县，隶属于安西府同知。置沙州巡防营，隶肃州镇，设参将统领。
公元 1819 年 （清仁宗嘉庆二十四年）	著名史地学家徐松考察敦煌莫高窟。
公元 1821 年 （清宣宗道光元年）	徐松把其在敦煌莫高窟考察研究成果载入《西域水道记》第五卷。
公元 1829 年 （清宣宗道光九年）	县教谕曾诚纂成《敦煌县志》四卷。
公元 1854 年 （清文宗咸丰四年）	青海黑番数百人至敦煌县，兵民合御之，民众骡马财物被大掠而去。
公元 1865 年 （清穆宗同治四年）	敦煌回民暴动未遂，分赴酒泉、新疆而去。
公元 1869 年 （清穆宗同治八年）	敦煌牛瘟传染惨烈，死者十之六七。
公元 1870 年 （清穆宗同治九年）	白喉症传染敦煌，患者九死一生，牛瘟再起，十患九死。清廷调运军粮至新疆，安西、敦煌、玉门三县驼马皆空，民不堪其苦。
公元 1873 年 （清穆宗同治十二年）	白彦虎率兵万余人围攻敦煌。左宗棠督战肃州，城破，敦煌撤围，白彦虎窜新疆。
公元 1874 年 （清穆宗同治十三年）	陕甘总督左宗棠派员到敦煌修筑仓廒。
公元 1877 年 （清德宗光绪三年）	左宗棠整顿酒泉书院。

公元 1879 年 （清德宗光绪五年）	匈牙利地理学会会长洛克齐，偕斯尼希地质考察至敦煌，莫高窟艺术被外国人窥探。
公元 1896 年 （清德宗光绪二十二年）	西宁刘四福至敦煌，万余人与官军交战，大败，余部败逃罗布淖尔。
公元 1900 年 （清德宗光绪二十六年）	敦煌莫高窟道士王圆箓发现藏经洞（又有 1899 年、1901 年、1903 年之说）。
1902 年 （清德宗光绪二十八年）	在德国汉堡举行国际东方学会议，洛克齐向英、德、法、俄等国学者报告了敦煌莫高窟佛教艺术的宏丽、精美，引起与会学者注意。
1904 年 （清德宗光绪三十年）	甘肃省政府下令："石室秘籍就地封存。"
1905 年 （清德宗光绪三十一年）	俄国奥布鲁切夫探险队来敦煌骗取文献文物，盗运出国。
1907 年 （清德宗光绪三十三年）	英国斯坦因探险队来敦煌，骗取大量文献文物，盗运出国。
1908 年 （清德宗光绪三十四年）	法国伯希和探险队来敦煌，骗取大量文献文物，盗运出国。
1909 年 （清溥仪宣统元年）	伯希和在北京公开展示部分敦煌文献文物。 罗振玉发表中国学者最早的敦煌学论文《敦煌石室书目及其发现之原始》，蒋斧编印《沙州文录》，收入少量敦煌遗书。 敦煌县人吕钟、朱永镇考中拔贡生。
1910 年 （清溥仪宣统二年）	敦煌知县奉命将莫高窟文书经卷文物移送北平。 敦煌喉症患者十九不治，死两千余人。
1911 年 （清溥仪宣统三年）	日本人桔瑞超、吉川小一郎等潜来敦煌，盗走莫高窟文献文物大批。北平存古学会辑录的《石室秘宝》，首次刊登了敦煌遗书的原件照片。
中华民国 1912 年 （中华民国元年）	敦煌抗粮斗争首领张鉴铭、李正贵等大赦出狱，谢文等死于狱中。
1914 年 （中华民国三年）	英国人斯坦因再次来敦煌，从莫高窟盗走经卷约六百卷。 俄国奥尔坦布鲁克探险队盗走经卷一批。 民国政府捕杀哥老会。
1919 年 （中华民国八年）	北京政府教育部派员至敦煌，寻求唐僧所译经卷。
1920 年 （中华民国九年）	甘肃省教育厅会同敦煌县政府，清理地方文献。从敦煌 17 窟内清理出藏文经卷 19 捆，带夹板经书 11 打。
1922 年 （中华民国十一年）	白俄陆军少校阿连阔夫，率残部五百余人，由新疆奔逃敦煌驻莫高窟，洞窟壁画及佛像损失惨重。

1924 年 （中华民国十三年）	美国人华尔纳带探险队来敦煌，用化学胶布粘走莫高窟壁画 26 块，盗去盛唐彩塑数尊。
1925 年 （中华民国十四年）	华尔纳又至敦煌，妄图偷盗莫高窟文物，引起民众愤怒，将其及同伙驱逐出境。
1929 年 （中华民国十八年）	敦煌防兵连长张国民哗变。 肃州防兵排长吴廷章哗变犯敦煌。
1931 年 （中华民国二十年）	马步芳新九师分驻河西各地，其第一旅一部驻敦煌。
1933 年 （中华民国二十二年）	马仲英来敦煌。 敦煌清真寺建成。
1935 年 （中华民国二十四年）	英籍人巴慎思，自称北平英文《时事日报》特约记者，潜莫高窟盗窃壁画，未遂潜逃。
1936 年 （中华民国二十五年）	敦煌县，隶属于第七区行政督察专员公署。 中共中央派邓发经敦煌和新疆赴苏联。 国民政府委员邵元冲参观莫高窟、阳关等文物古迹，随行高良佐著《西北随轺记》。 成立敦煌县民众教育馆。 马步芳急调刘呈德至肃州堵截西路红军。
1937 年 （中华民国二十六年）	中国建筑学家梁思成到敦煌，考察莫高窟古代建筑。
1938 年 （中华民国二十七年）	敦煌县卫生院成立。 盛世才驱逐新疆哈萨克族三千余人入敦煌。
1939 年 （中华民国二十八年）	国民党敦煌县党部成立。
1940 年 （中华民国二十九年）	中国著名画家吴作人、关山月、黎雄才等先后到敦煌莫高窟临摹壁画，并撰文介绍敦煌莫高窟艺术。 国民党军阀马步芳派人到敦煌莫高窟盗掘文物，窃走宋天禧三年银塔及《造塔记》等珍贵文物。
1941 年 （中华民国三十年）	著名画家张大千偕夫人杨宛君、子张心智及学生孙宗慰等到敦煌，在莫高窟临摹壁画，并对洞窟重新编号。 历史学家向达在敦煌佛爷庙湾进行考古发掘。 西北史地考察团到敦煌考察，著名历史学家向达、夏鼐、阎文儒等参与。 英国著名自然史科学家李约瑟到敦煌莫高窟考察参观。 国民党监察院院长于右任到敦煌考察。回重庆后建议：“设立敦煌艺术研究院，以鼓励学人研究敦煌艺术。”

1942 年 （中华民国三十一年）	王子云率西北考察团来敦煌，何正璜、卢善群、雷震等临摹莫高窟壁画，在重庆展览，第一次公布洞窟内容。 蒋经国、蒋纬国来敦煌参观莫高窟、月牙泉等。 常书鸿来敦煌莫高窟，成立敦煌艺术研究所筹备委员会。
1943 年 （中国民国三十二年）	张大千“敦煌壁画临本”在成都、重庆、兰州展出。 改敦煌佛教居士林为中国佛学会敦煌分会。 敦煌、安西两县人民义务修筑安敦公路。
1944 年 （中华民国三十三年）	敦煌艺术研究所成立，教育部任命常书鸿为所长。 西北考察团又在敦煌佛爷庙一带进行考古发掘，在翟宗盈墓中发现精美墓葬壁画。
1945 年 （中华民国三十四年）	敦煌艺术研究所在重庆中苏文化协会展出壁画临摹品，周恩来、董必武，林伯渠、郭沫若前去观看。 马步芳部团长马中骞驻敦煌哗变，抢掠商民逃往哈密。
1946 年 （中华民国三十五年）	甘肃省科学教育馆举办敦煌艺术展览。
1947 年 （中华民国三十六年）	敦煌县境党河与阿尔腾河间发现金矿。
1948 年 （中华民国三十七年）	敦煌艺术研究所在南京、上海举办“敦煌艺展”，引起国内学术界对敦煌艺术的重视。 国民党西北长官公署主任张治中来敦煌视察工作。 美国韦生特夫妇到敦煌，在莫高窟拍摄了大量彩色照片。
中华人民共和国 1949 年	宣布敦煌和平解放。 中国人民解放军副总司令、第一野战军司令员兼政治委员彭德怀发布命令“保护敦煌千佛洞”。 新中国第一任文物局局长郑振铎，派专家、拨专款维修敦煌莫高窟，抢救早期洞窟。 敦煌县，隶属于甘肃省酒泉专区。
1955 年	敦煌县，隶属于甘肃省张掖专区。
1961 年	敦煌县，隶属于甘肃省酒泉专区。
1987 年	敦煌市，隶属于甘肃省酒泉地区。

附录二

斯坦因敦煌盗经事略

吴金鼎

奥勒·斯坦因（Aurel Stein）至少已经有三次到我国西北部。第一次是1900年至1901年，写了《往古之和阗》（*Ancient Khotan*）一书。第二次为1906年至1908年，写了《近印度》（*Serindia*）及《迦泰之荒墟》（*Ruins of Desert Cathay*）二书。第三次为1913年至1916年，写了《亚洲之极中部》（*Innermost Asia*）一书。我们现在所要叙述的是他的第二次来华，而尤其是当中一小段。（这三次来华，是业已公布过的。至于斯氏是否秘密来过几次，则属另一问题）

斯氏奉印度政府之命于1906年至1908年，漫游我国新疆、甘肃两省。其目的，据他自己宣称是考古和地理研究。至于此次游行的结果，我们只要稍微把那34厘米长、27厘米宽、47厘米厚的四大本报告（*Serindia*）和外加的94张大地图阅览一下，便可知其大概。据他自己说，他考古的目的就是要发现和见证印度、中国和近东这三种文化之相互影响；他地理研究的目的，就是要把从前未有人测量过的地域，尽量地测量一下。

他这次游行历时两年半有余，所经路程约1.6万公里。从他所绘的地图看，他所经过的这些地域，虽十之八九是在中国境内，但他却名此区为“近印度”。据他说，是采用了法国学者的翻译。不过他自己也嫌这名词有些生硬，所以就在他那大著“近印度”的标题之下加了注解说：中国西部及亚洲中部调查详细报告。当他采用“近印度”一词之时，或许是想印刷时少排几个字母，但是又加了十几个单词作注脚。此之谓希图省事而反费事。照我们看，应改为：中国西部及其附近 (Western China and its Vicinty) 更为简洁，也合乎事实。

斯氏再度来华之计划，于1904年已胸有成竹。是年秋，上计划书于印度政府。当时印度总督极力赞助，英国不列颠博物院也愿帮忙，并允承担旅费之五分之二，而以将来分得掘获品五分之二为条件。至于研究地理一方面之工作，无论人才和经费，都由印度政府之测量局担任。这都是斯氏在他的大著中所极表感谢的。他也感谢莎车英领事，因他除在小事上帮忙之外，更感激他替斯氏请了一位中国书记，叫作蒋师爷（蒋孝琬）者。以后结识官场，勾结士人，全都靠他。斯氏也感谢几位帮过忙的中国官长，而尤其感谢的是和阗的“案板”（意即官长）潘大人，所可怪者是，他却没有提到他是如何感谢中国政府的。这不能算是斯氏之疏忽。我们猜想，也许是他觉得清政府不值得一谢；也许他那感激之忱，是深蕴于心的。他心里也许是这样谢的，“多谢那昏庸无知的清政府，你让我有这样的好机会，可以在中国境内，随便发掘，任意抢掠”。

斯氏自己宣称，此次来华之目的，是地理和考古两种研究。我们先略看他那地理研究的结果罢。他那大著《近印度》第五部，就是他的结果。这第五部除94张地图之外，关于地理的文章连一句话、一个字都没有。噫，吾知之矣！斯氏所谓地理研究者，即指绘画地图而言也！地理研究四字，在英国治下的印度，也许有特殊的意义，我们也不必多怪。我们且看他那94张地图罢。到底名不虚传，那图又清楚，又详明，每张画一段区域。其中注重的事项有纬度、高度、河流、运河、湿地、井泉、山口、渡口、桥梁、通行大道、骆驼道、骡马道、步行道、电线、炮台、庙宇、古坟、矿区、边疆、瞭望台、古城、废墟等等。我们从这些事项看来，这完全是些便于军用或行旅的地图，于考古学是不相干的。

我们再论他那考古工作之结果，这实在是一个一言难尽的题目。不得已，我们单挑出一段来略述一下，借以表明斯氏考古之方法及其所以能有如此成绩之缘由。我们拣定的一段，就是斯氏生平最得意的“敦煌取经”。斯氏既自比玄奘，他这种行径，姑名之曰“取经”。以下的话，都是从斯氏大著《近印度》卷二中的第二十一、二十二两章里抄译出来的。节译之处，不加引号，而逐句翻译之处，则加引号以保其真。

于1902年斯氏闻匈牙利某学者言，甘肃敦煌城东南20公里之处有千佛洞。到1907年3月斯氏游行到了千佛洞。他深觉得诸多佛像及雕刻，实为研究佛教艺术之绝好资料。更使他注意的，即闻土耳其商人言，数年前于千佛洞之某石室，曾发现多种方言之经典。后因地方长官下令封锁，故无再问津者。他那蒋师爷更为之四处探听，渐证此说之非诬。从此就下了决心，必要取得此项宝藏。可惜此来不巧，适王道士化缘他往。蒋师爷乃自一和尚口中，探得发现之经过。据云，藏书之处乃一大石室，中藏书籍文字分多种，其量可以载满数车。当发现之时，兰州长官闻之，索去样本数件。最后即由巡抚下令，把诸书送回原处，着王道士封闭洞门，从此不得再开。当时蒋师爷又从另一小和尚手中索得一样本，斯氏看了，已认明此室有绝大之价值。那时已曾到石室所在之处，查看重砌之情形及入口之所在。

这一次来，斯氏未敢即行下手，一则怕道士不许，再则此时香火尚盛，来往人多，因此如斯氏自云，不免“使我的考古工作受了限制”。且蒋师爷深悟僧人性情，亦劝斯暂勿着急。但是他岂能死心，五月间他又来了，他自己说得好：“那充满了古代经典，以待我去探查的千佛洞，用它那隐而不显的磁力，把我吸回来了。”斯氏抱着“预定的计划”于5月21日又来到千佛洞。这事百般凑巧。此时洞中并无外人，仅有王道士及二弟子，还有一位不懂华语的西藏和尚，看他那其貌不扬的样子，想来也是不能“为害的”。斯氏刚到，那王道士便出来相迎。据斯氏的观察，王之相貌奇怪，极懦怯而神经过敏，虽是带着一副狡猾的面孔，但是显出无精打采的样子，令人一望而知其为“难以驾驭之人”。斯氏故意不肯同他多有来往，次日早起就往佛洞去照相。斯氏自己说，这算是他那“表面上的目的之所在”。到了那些洞的极北端，就留心看那道士所砌合的大石洞，即所谓藏书石室者。看来那洞口是用砖砌好的，洞门离地面还有五英尺多高，显见是有意防人窥探的。

斯氏派遣他那蒋师爷往王道士之私室，表示要为这庙捐助巨款的盛意。话归正传，自然讲到那书库之事。经蒋几番好言劝说，道士只允以手头现存之数本见示。蒋只得把这实情回报斯氏。斯氏听了，自念这道士性情古怪，恐非单以金银的势力所能诱惑，于是决意亲自见他。又想这道士既不学无术，又不知考古之学为何物，所以也不能拿学术之研究，而引起他的同情，因此必要另想个万全之法，以劝诱之。斯氏自到中国地界以来，常以玄奘之故事，博得一班人——无论有知者无知者——之同情。自忖这道士既笃信佛教，而又蠢愚无知，何妨再拿这唐僧取经故事，打动他的心怀。用斯氏自己的话说：“于是在那残香剩火的佛龛环绕之中，我就开始宣讲。我讲的是，我如何崇拜玄奘，我如何追随了他的足迹，自印度而来，经历多少险恶高山和不毛大陆。我如何寻求他所拜谒过而又记述过的圣地……如此这般乱来一套。我的华语虽不好，但因这个故事被我讲说惯了，更兼蒋师爷从旁边帮衬上三言两语，终不难把我所知道关于玄奘的事迹，都完全演义出来。我不时偷看那道士的眼睛，渐渐有些活动的意味，到头来，竟是很有意思了。”这位道士确实是一位玄奘的崇拜者，不难找出证据。他在那庙外的画廊之中，叫画匠绘了唐僧取经的几幅故事，当时他便引着斯氏到此来看。这时间，总算这两位玄奘崇拜者，有了心心相印的机会了。不过据斯氏自己说，那道士之崇拜唐僧“有其自己之意味（in his own way），“而我之崇拜唐僧别有一种意味罢了”。

这里，我们用斯氏的话：“诸幅图画之中，有一幅特别有意思，不过直等到后来，我才援而引之，指出其中的道理。说也奇怪，这幅画所表现的恰巧与我那时所处的情形相同：唐僧立在那水流湍急的河岸上，旁边立着那匹忠实的马，载了大卷子的书。对面有一只大乌龟泅着水向唐僧而来，它要帮着把这大宗宝物渡过河来。这画所表明，那足够二十匹马载的佛经，如何由这位法师经过千险万阻从印度运到中国。而现在我的问题，乃是这位道士能否领会这画中的教训，也愿意积些阴功，让我把这些偶尔落到他手中的古经，带一部分回到印度去。”

夜间，赖蒋师爷劝诱之力，自道士处借一样本。其式如三月间自小和尚手中索阅者略同。蒋夜读之，次早告斯，谓此系中文佛经，按其跋语确系自印度取来，且为玄奘所译。今拣此第一本即得玄奘所译者，蒋以为奇遇，借用斯氏的话：“而我也受了这个祥瑞的预兆之触动。尤其是当我觉悟到，可拿蒋师爷之妙论，来折服那懦怯的道士的时候。蒋师爷，失其常态带着充分的迷信意味说，这一定是唐僧亲自曾把这书库显示给这个无知的道士，那么我（指斯）这远至印度而来的唐僧信徒又兼崇拜者，可以在中国的西疆，寻得这批预备好的古物，作为奖品。”

蒋深知道士愚昧可欺，现在既拣得玄奘译本，更是振振有辞了。“他便急忙去把这消息告诉道士，搬出唐僧来作个证佐，执意要求看那书库。这种好结果是我们可预期的。不一会子，蒋来告我，这种预兆必会生出好结果来。又过了几点钟，他到庙里去看，见那砌封窄道的砖块，都拆去了，洞门也开了。闪眼间，瞧见那屋子里，装得满而又满的书卷子。”

从早上起来，斯氏故意离那庙远远的，装做没有那回事的样子，用他的话说，“但当这个消息传到我的耳朵里，我却禁不住我的耐性去看那巨大的宝藏库了”，乃急与蒋前往一观。“我看那王道士狐疑而神经过敏的情态，尚未完全消失。

不过因为受了似是而非的神力暗示（指托言玄奘之灵），所以就有了胆子，把这石室窄道的破门开了。那里面的景物真是馋得我眼睛睁得大大的。在那道士手中的闪闪灯光之下，我看那杂乱无章、层层叠叠的书堆大概有十来英尺高，以后量过那书堆占积约五百方英尺。那石室约九英尺见方，书外余地，仅能站得开两个人。”

“在这个漆黑的洞里，想仔细看书，显然不能。若要把这整批东西搬了出来，亦需费许多之时间和人力，且若明说把书搬出洞外，亦恐时机未熟。因为那王道士很顾惜他那几年的惨淡经营，偶尔风声传出，怕会打掉他的饭碗。此时虽在所谓‘冷落时季’之内，但不时也许有烧香人来，所以道士总要提防，把龛子老是关闭着。因此我们此时仅能做的，就是让他不时地拿出一两卷子。而我们好在庙中稍空闲、稍透光的一角上，略看其大概罢了。所幸那庙的前堂两旁，都有一小屋，有门，有纸糊的窗子。这便宜的阅览室，靠近书库，真是天造地设。蒋与我藏身其中，并不会被人看见。虽则有时拜佛人来了，他自叩其头，敲其磬，烧其香，在那笨大而愚憨的佛像之前。”此之谓各行其道两不相干也。

斯氏先把洞中的情形略观大概。以后就把书本及图画逐一拣阅。因为东西太多，逐件详看，势有不能，于是就把那价值较大的图画或书籍拣了出来，放在一边，对道士说“留待详阅”。好在道士看那些物件，并不算什么。此时这座宝藏库虽被斯氏打开了，但是假若那道士忽然变卦，也就休了，所以他说：

“总要保持住王道士那种驯良的态度，更要使他免掉惧怕施主们批评的那种胆怯。蒋师爷那和蔼的劝说，和我那宗奉佛教及崇拜玄奘的不时表现，都足以达成这种目的。那道士的怀疑态度常变为温和的态度。甚至因为我们高看他所厌弃的那堆东西，而表现出兴高采烈的样子。虽则忍受着那爬书堆、拽重卷的苦楚，他也不推辞。我也从老早就告诉他，我必因他这次的劳苦和担险，为他的庙，重重捐助。

“到晚上，我们那阅览室之一边，已经堆满了拣出来的稿本和图画，单等我们搬出，以便于我们外交上所说的‘详阅’了。但是那道士肯不肯让我们搬出，却是一个大问题。假若他肯，自然就不难走进我们的圈套（指运书往外国）。若是提到拿钱买的话，倒显得怪寒噤。若要简直拿走，除非方法极端秘密，亦恐有失败之虞。当我忙完这一天，要离洞之时，我又同那道士作长篇的谈话，所论的无非是，我们俩所共同崇拜的那位圣人。我便一口咬定，这书库虽是另一位唐僧信徒所保守的（指王），但那位圣人却指引我，恩待我，使我有此特权可以瞻仰那装满圣经圣物的宝藏库。我们俩走到画廊之中，看唐僧取经图。我更加劲地引他注意那唐僧与其马携经自印度归来之一幅。这个比喻真有用处，它帮我把王道士所发现而未曾见过阳光的经典，尽量地带给西方的学者。

“蒋师爷留在后头，尽其劝说之力来折服那道士，对他说，把这批经典，积在这漆黑洞里，殊非唐僧之意。他自已既不佩读，倒不如积些宗教上的阴德，让那印度的泰西佛教学者享受这种利益。他若肯把这些东西让出，斯氏允以重重的金钱报酬，那道士终是迟疑不决。一方面怕风声一出身遭不测，一方面又舍不得人家所暗许的银子。

“到头来，这件事还是须蒋师爷，好歹把那些书本和图画拿了出来。事实替他证明，他的热心与外交手腕，委实是靠得住的。将及半夜，当我快要上床的时分，他蹑足而来，看我幕旁无人，转身而去。少时回来了，带来一大卷，所撰的‘样本’都在里面。那时我之满意，自不消说。看来那道士终究壮起胆子，一切都从我所愿，唯再三叮咛，除我三人之外，切勿让他人知晓。并且要求我，只要在中国的领土以内，莫把这批东西的来源告诉人。他自已虽于深夜亦不敢出庙，老是怕人看见。因此蒋师爷不能不做了唯一的搬运夫。像这样接连着搬了七夜。每夜携一大批到我幕内，且其重量，一夜加大似一夜，最后须经几次倒手，才得搬来。看我那位体质柔弱的学究朋友，这实在是一种吃力不过的工作，直至于今，他那愉快而尽忠的态度，还是深深地铭记在我的记忆之中。”

像这样在阅读室中拣出样本，夜间运出庙外的工作，才做到第五天，眼看那洞里藏书，还是茫无边际，那道士已经不胜其烦了，用斯氏自己的话说，“我们虽已用秘密的外交术和甜蜜的银质药剂（指贿买），把个王道士摆布得颠倒迷离。但是要他把全库的书籍都倒了出来，劳苦的工作当前，意中的危险在后，他委实不大高兴了”。

他们只好再用甜话劝诱王道士，幸而他还听话，仍旧向前工作，并且另添上一人帮助他。直到五月二十八日黄昏，全库的书卷都倒出来了，就即庙内排为行列。那时计数中文卷子共有1050个。每卷中至少有十几个不同的稿本，包在里面。卷子的包皮都是用篷布做的。王道士似乎较为重视中文经典，到此时似乎看透斯氏之意，不高兴的态度，更明白地表现出来。在这数日之间，斯氏屡与王道士交涉，王谓凡中文经不得拿走，意甚坚决。这时，用斯氏的话说，“那王道士虽抱如此之态度，幸喜照常工作，而我越做越觉得把这批宝贵书卷，从这种收藏不稳的危险中救了出来，实在是我的职责”。此时的斯氏尚未认清中文经之价值，且是他也怕，“若是兴车动辆，起运这许多书籍，自然就会把这种秘密公开了。那么一来，恐怕就会把我到别处工作的机会破坏了”。而且更可怕的，就是引起当地宗教上的反感，这也是可能的。

但斯氏岂肯死心，还是谋划着把全批书籍带走。那姓蒋的自然肯替他百般劝诱，用斯氏的话说，“我叫蒋为这些书，许他一大宗钱（四十马蹄银，约合五千卢比，他若不肯，还可加倍），这实系很有实力的一个条件。这宗款项，足够王道士归回原籍，快活一生。这是假定敦煌不容他的话。或者他即在石洞附近，广建新庙，也把那些重修的破庙，据为己有。那么一来，那内部的东西，无论人知者，人不知者（指书）自然就算为自己的。如此，则阴德积得更厚，荣誉也增添许多”。天下事未必如人意。斯氏像蛇吞象一般的贪，老想把全批书籍带走，岂不知又有阻碍发生了，用他自己的话说，辩论劝说总是无用了。“那道士从前是满不在乎，随我的便，要拿什么就拿什么，现在却害怕起来了。他怕，他那大批中文经典，从此就失去了，当时他表示一种执拗而顽强的反抗。那时我们岌岌乎就要决裂。那道士老是情词恳切的申说，万一这经有些疏失，风声就会传到捐钱修庙的施主们的耳朵里，那样，他的饭盆就打了，他那八年汗血之劳，也就付之东流了。他那从前的疑惧，又在他心里翻腾起来。他后悔把这些圣物，擅自取了出来，并且恶狠狠地表示，若要再想别的事体，必须要同施主们商量。”

这期间，斯氏屡次同道士交涉，并乘机整理那些新获的乱捆，直到第二日晚，才得完工。又过了一夜，用斯氏的话，“次日早，我想来检阅那些中文卷子，找些关于中亚的稿本。到那里一看，倒吃一惊，原来那道士在夜间发了一阵疯。几乎把全堆的书，都搬回那黑漆漆洞里去了”。斯氏竭力好好劝说，最后才决定，除已经在他手中的那些拣出来的样本（指七个夜间所运出庙外看者）之外，另给中文书50卷子，藏文书5卷子。给价四十两马蹄银，约合五千卢比。斯氏以此小费，而得此大宗宝贝，当时之愉快，自不消说。

最后这50多个大卷子，当然非将一人之力所能搬运，只得另添两个帮手，深夜前往，凡两趟才得搬完。话到此处，他们这种神秘买卖才告一段落。那王道士，为避嫌起见，起身往他处讨饭去了。

斯氏要免掉人们的怀疑起见，就雇了一位匠人，在一个空闲的龛子里，造了一个玄奘圣像。过了一个星期，那道士回来了，他就指此圣像对人解释，斯氏所以久留此地之原因（盖为制圣像也）。他打听他们那种秘密，并未泄漏，终是才安下了心，斯氏又拿出几个钱，买去中文书20卷子，并再拣了样本若干卷子。这时，想来是心满意足了，乃开始包装。用斯氏的话说，“当我包装的时候，单以稿本装了7箱，其余图画、绣花织物及他种美术品包装了5箱”。

行装既备，起身首途。那时王道士高兴极了。据斯氏揣想，他是因为让人把书拿去，积下了阴功，所以高兴。因为“本地人那样无知，至好是不理会这批东西，或者终究会失掉了，也未可知”。斯氏临行，看那哭丧着脸的道士，竟恢复了他那原来“怯懦而自得的状态”。斯氏去后四月，又赖蒋师爷之力，自道士手中索得中文及藏文书230个大卷子。此是后话，此处不表。斯氏一走，那道士固然高兴。但斯氏终是放不下心，用他自己的话说，“但是，直等到把我那些从道士手中救出来的24箱稿本、5箱艺术品，平平安安地存放在不列颠博物院里的时候，我才真正的放下心来”。

在这里，我们多抄上一句话，作本文结束。斯氏这个报告，前封面后之书名页上载有这样的话：“我这种行径和记述，都是仅遵了印度政府的台名。”

吴金鼎（1901—1948），字禹铭，山东省安丘县（今安丘市）宋官疃镇万戈庄人。1926年考入清华学校（清华大学前身）国学研究院攻读人类学专业。1930年到中央研究院历史语言研究所考古组任职。1933年赴英国留学，1937年获博士学位。回国后，先后在云南、四川从事考古发掘和研究工作。抗日战争胜利后，任齐鲁大学训导长、文学院院长、国学研究所主任和图书馆主任等职。

1929年在《国闻周报》第7卷第33期中发表了《斯坦因敦煌盗经事略》一文，对斯坦因（Aurel Stein）于1906至1908年间第2次来华将甘肃敦煌石室藏经篡取而去一事详尽揭露。

敦煌浩劫——敦煌劫宝录

19世纪末20世纪初，正当西方列强瓜分中国长江南北大片领土的时候，在中国的西北地区，帝国主义国家也开始了一场掠夺、瓜分中国古物的竞争。

起先，人们并不知道沙漠的深处和残破的洞窟、城堡当中埋有丰富的古物，为了争取或扩大在新疆的势力范围，占领印度的英国和侵占中亚大片土地的沙皇俄国，分别派出探险队进入新疆，如1870年和1873年英国的弗赛斯(T. D. Forrsyth)使团，1887年英国的荣赫鹏(F. E. Younghusband)探险队，1870年至1885年间俄国的普尔热瓦尔斯基（N. M. Przhevalsky）组织的四次探险，足迹遍及我国新、甘、蒙、藏的许多地方，沿途也收集了不少古代文物。但他们这些探险的主要目的，是攫取各种军事情报、了解当地的政情和测绘地图、探查道路，为将来可能进行的军事行动打基础。

1889年，一个名叫鲍威尔（H. Bower）的英国大尉，在库车附近的一座废佛塔中，偶然得到了一批梵文贝叶写本，当时在印度的梵文学家霍恩雷（R. A. F. Hoernle）博士，鉴定出这是现存最古老的梵文写本，于是，新疆出土文物的重要学术价值，很快就为欧洲学术界得知。与此同时，法国的杜特伊·德(Dutreuil de Rhins)探险队，也在1890年至1895年间的新疆考察中，从和田地区买到了同样古老的佉卢文贝叶本《法句经》，这大大刺激了欧洲日益兴盛的东方学研究。1899年，罗马召开了第12届国际东方学家大会。会上，在俄国学者拉德洛夫(W. Radloff）的倡议下，成立了“中亚与远东历史、考古、语言、人种探察国际协会”，本部设在俄国的首都圣彼得堡，并在各国设立分会，以推动在中国西北的考古调查。此后，各国纷纷派出考察队进入新、甘、蒙、藏等地区，把攫取沙漠废墟、古城遗址和佛寺洞窟中的古代文物作为他们的主要目的。其中比较著名的有，俄国科兹洛夫（P．K．Kozlov）1899年至1901年的中亚探险，特别是他1908年对甘肃居延附近西夏古城黑城子的发掘；英国斯坦因（M．A．Stein）1900年至1901年、1906年至1908年、1913年至1915年的三次中亚探险，涉猎的地域最广，收获也最多；瑞典斯文·赫定（Sven Hedin）1899 年至1902年的中亚考察，发现了楼兰古国遗址；普鲁士王国格伦威德尔（A．Grunwedel）和勒柯克（A．Von Lecoq）率领的吐鲁番考察队，1902年至1903年、1903年至1905年、1905年至1907年、1913年至1914年四次调查发掘，重点在吐鲁番盆地、焉耆、库车等塔里木盆地北沿绿洲遗址；法国伯希和（P．Pelliot）1906年至1909年的新疆、甘肃考察；芬兰曼涅尔海姆（C．G．E．Mannerheim）1906年至1908年的考察；俄国奥登堡（S．F．Oldenburg）1909年至1910年、1914年至1915年的两次新疆、甘肃考古调查；日本大谷光瑞1902年至1904年、1908年至1909年、1910年至1914年三次派遣的中亚考察队。数不清的中国古代珍贵文物被他们掠走，入藏于各个国家的图书馆或博物馆。在这场浩劫中，敦煌藏经洞的文献和文物，也没有逃过他们的魔爪。

第一个来敦煌盗窃藏经洞文献的外国探险者是斯坦因，他原籍匈牙利，后来在英国所属的印度政府供职，他是考古学家，但不懂汉语，在1907年前往敦煌以前，他已经在新疆塔里木盆地南沿和田、尼雅、楼兰等地许多古遗址进行过发掘，盗取了大量文物和古代写本，有相当多的阴谋伎俩。早在1902年，斯坦因就从他的同乡好友、匈牙利地质学家拉乔斯·洛克济（Lajos Loczy）那里，听说过敦煌莫高窟的精美壁画和雕塑。所以，在他第二次中亚探险过程中，楼兰的发掘工作一结束，就沿罗布泊南的古代丝绸之路，穿过库姆塔格沙漠，于1907年3月16日来到敦煌。不久，斯坦因从一个乌鲁木齐商人那里听说，莫高窟的王道士在数年前偶然发现了一间藏有大量古代写本的石室，于是，斯坦因立即出发，来到莫高窟找王道士。这时，王道士为了筹集修整洞窟的经费，到别处化缘去了。一个小和尚给他看了一卷精美的写经，斯坦因虽然不懂汉文，但从外观上已经感觉到这种写本一定很古老。他知道一定得等到王道士回来才能见到大批的写本，所以就抓紧时间返回敦煌县城，雇了一批工人，先去挖掘敦煌西北长城烽燧遗址，获得了大批汉代简牍。

6月21日，斯坦因再次来到莫高窟。王道士已从外面回来了，并且用砖块代替木门，堵住了藏经洞的入口，正不安地等待着斯坦因的到来。斯坦因通过他的中文翻译蒋师爷（名孝琬），和王道士进行了初次接触。蒋师爷表示了斯坦因想看看这批写本，并有意用一笔捐款帮助道士修理洞观，以此来换取一些写本。王道士明知藩台衙门有封存遗书的命令，又害怕让老百姓知道了对他本人和他所做的“功德”不利，所以犹豫不决，没敢马上答应。斯坦因当然不会死心，于是在莫高窟支起帐篷，作长期停留的打算，并开始考察石窟，拍摄壁画和塑像的照片。

斯坦因对王道士正在努力兴修的洞窟感兴趣，使王道士很兴奋，他答应带着斯坦因等人参观一遍洞窟的全貌，还根据《西游记》一类的唐三藏取经故事，指点着一幅壁画，给斯坦因讲上面画的就是玄奘，站在一条激流的河岸旁，一匹满载着佛经卷子的马站在一旁，一只巨龟向他们游来，想帮助他把从印度取来的神圣经典运过河去。这恰好给为寻找古代遗址而深入钻研过玄奘《大唐西域记》的斯坦因带来了灵感。经过蒋师爷的几次交涉，一天夜里，王道士终于拿出了一卷写经，借给斯坦因研究。使斯坦因异常高兴的是这卷汉文写经，正好是玄奘署名翻译的一部佛教经典。于是，斯坦因就自称是从遥远的印度来的佛教信徒和玄奘法师的追随崇拜者，他之所以在这一天看到了玄奘带回并翻译的佛经，完全是因为玄奘的安排，目的是让他把这些印度已经不存在的经书送回原来的地方。斯坦因的这番鬼话对于这个虔诚愚昧的道士来说比金钱还灵，很快就起了作用，入夜，王道士拆除了封堵藏经洞的砖墙，借着王道士的油灯亮光，斯坦因走进了这个堆满写本的洞窟。

当时，藏经洞的写本还没有大量流散，斯坦因要想和他的中文助手蒋孝琬在洞窟中做翻检工作是不可能的，王道士也怕这样会引起旁人的注意。于是，每天夜里，由王道士入洞，取出一捆写本，拿到附近的一间小屋里，让斯坦因和蒋孝琬翻阅检选，由于数量庞大，斯坦因放弃了给每个写本都编出目录的打算，只从他的考古学标准出发，尽可能多、尽可能好地选择写本和绢、纸绘画。不久，一笔不寻常的交易达成了，斯坦因用很少的几块银元和一个绝对严守秘密的保证，换取了满满24箱写本和5箱经过仔细包扎好的绢画和刺绣等艺术品，它们经过一年半时间的长途运输，于1909年1月完整地抵达伦敦，入藏英国博物馆。

对于这笔交易，斯坦因当然是满意的，他由此得到了西方世界给予的许多荣誉。王道士似乎也是满意的，并且对斯坦因一直抱有好感，当1914年3月斯坦因第三次中亚探险经过敦煌时，虽然大部分藏经洞文献已被伯希和探险队、大谷探险队和北京政府取走，但是，王道士又把早已经他转移到安全地点秘藏起来的570卷敦煌文献送给斯坦因。可以说，斯坦因是盗走藏经洞文献最多的人。

第二个前来敦煌盗宝的人是法国的伯希和。伯希和是专门研究中国学问的汉学家，除了精通汉语外，还懂得几种中亚流行的语言。从1899年开始，他供职于设在越南河内的法国远东学院，曾在1901年前往中国购买书籍、绘画和美术品。他在语言上的天赋和对中国图书版本学的知识，为他后来盗窃藏经洞文献提供了极大的方便。

大概正是因为他的这些才干，当1905年中亚与远东历史、考古、语言、人种探察国际协会法国分会组成中亚考察队时，伯希和被挑选为考察队长。1906年6月15日，他率领着测量、摄影方面的专家自巴黎出发，从喀什噶尔开始，沿塔里木盆地北沿的古丝路，对沿途遗址、石窟逐个进行考察发掘。翌年10月到达乌鲁木齐。

当时，斯坦因从藏经洞盗走大批写本的消息还没有传出，伯希和是从清朝伊犁将军长庚那里得知敦煌莫高窟发现了古代写本的消息，并且看到了一卷流散出来的写经，立刻判断出这是8世纪的珍贵文物。伯希和取消了从乌鲁木齐向西北方向行进的原定计划，甚至连他向往的到处是古物的吐鲁番盆地都不去，立即赶赴敦煌。

1908年2月25日，伯希和一行来到莫高窟前，一面开始对所有洞窟进行编号、测量、拍照和抄录各种文字题记，一面和王道士进行交涉。伯希和流利的汉语很快就博得了王道士的好感，而且，王道士从谈话中得知，伯希和并不知道他把一大批写本卖给斯坦因的事，所以对这些洋人的坚守诺言感到满意，很快，在3月3日，伯希和就被引进藏经洞，而且还允许他在洞中挑选。

面对着这数万件珍贵文献，伯希和在惊叹之余，立刻盘算了一番，然后下决心把它们全部翻阅一遍。在以后的三个星期中，伯希和在藏经洞中，借助昏暗的烛光，以每天一千卷的速度，翻检着每一件写本，并把它们分成两堆，一堆是最有价值的文献，他给自己订立了几条标准，即一是要标有年代的，二是要普通大藏经之外的各种文献，三是要汉文之外的各种民族文字材料，这堆写本是不惜一切代价都要得到的，另外一堆则是必要时可以舍弃的写卷。

伯希和挑选完毕，向王道士提出想全部得到的要求，王道士当然还没有这样的胆量，结果，伯希和以六百两银子换得了藏经洞写本的精华，它们的数量虽然没有斯坦因盗取的多，但质量最高，说不清有多少件是无价之宝。

5月30日，伯希和等人结束了敦煌的考察，一面派人把大批文物运往巴黎，一面又沿河西走廊进入中原，最后在10月5日到达北京，采购图书。伯希和知道写本尚在途中，这次来京，对在莫高窟得到写本的事守口如瓶。

同年12月，伯希和回到河内的远东学院。1909年5月，伯希和又受法国国立图书馆委托，从河内出发，经南京、天津到北京购买汉籍。这时，从藏经洞劫得的大批文献已安全运抵巴黎，入藏法国国立图书馆。伯希和于是随身携带一些敦煌珍本，如《尚书释文》《沙州图经》《慧超往五天竺国传》《敦煌碑赞合集》等，来到北京，出示给北京的中国学者，目的是讨好他们，以取得在收购珍本汉籍时的帮助。

当时在北京的许多著名学者如罗振玉、蒋伯斧、王仁俊、董康、宝熙、柯劭忞、江瀚、徐枋、吴寅臣等，都前往伯希和寓所参观或抄录，他们为这些珍贵写本落入外人手中大为震惊，立刻上书清朝学部，电令驻兰州的陕甘总督，让敦煌县知县调查清点藏经洞文献，不许卖给外人，并让甘肃布政使何彦升押运送京，交京师图书馆（今北京图书馆）收藏。王道士好像早就料到这一点，在官府清点之前，他早把一些比较好的写本转移收藏起来，而前来押运的清朝官吏很不用心，并没有把藏经洞文献收拾干净，而且沿途又遗失了不少。当运载写本的大车进了北京城后，押运官何彦升并没有马上移交学部，而是拉到自家宅院内，伙同亲友李盛铎、刘廷琛等人，把其中的许多珍贵写本据为己有，然后才交给学部，入藏京师图书馆，总共有9000多件。

何家藏品后来卖给日本京都藤井氏有邻馆，李家藏品一部分归南京国立中央图书馆，今在台北。其他也大部分转售日本了。王道士隐藏起来的写本，一部分后来送给了斯坦因，还有一部分在1911年至1912年间被日本大谷探险队的吉川小一郎和橘瑞超买走，总数也有数百卷。大谷探险队的成员，没有经过考古学的训练，从他们在新疆盗掘古墓的行径来看，也不是虔诚的佛教徒。他们得到敦煌写本后，既没有编目，也没有马上放入博物馆保存，以至后来流散各地，甚至不知所在。

最后一个来藏经洞盗宝但收获并非最少的人是俄国的奥登堡。他是沙俄时期的著名佛学家，在1914年至1915年间，率领俄国考察队来敦煌活动，他们测绘了莫高窟400多个窟的平面图，还拍摄了不少照片。据说他们还在已经搬空了写本的藏经洞从事了挖掘，结果获得了大批材料，虽然多是碎片，但总数在一万件以上，被收藏在苏联科学院东方学研究所列宁格勒分所。因为奥登堡的工作日记一直秘藏在苏联科学院档案库，所以奥登堡如何盗取了这么多藏经洞文献，至今仍然是一个谜。

敦煌文献的被盗，是中国近代学术文化史上的最大损失之一。难怪我国著名学者陈寅恪先生悲愤地说："敦煌者，吾国学术之伤心史也！"

——《历史资料汇编》

附录三

可嘘可悦忆年华

杨　新

1990年，何山应邀到美国举办个人画展并讲学。我于1994年到柏克莱加州大学讲学时，顺道拜访了他。2000年初，故宫博物院文物在洛杉矶宝尔博物馆展出，我奉命去参加开幕式。忙完公事之后，我再次去拜访住在附近蒙特利公园市的何山。

相逢异域到君家，荏苒风尘夕照斜。
疑梦疑真惊白首，可嘘可悦忆年华。
浮云遮断乡关远，画阁遥连客路赊。
絮语殷殷情未已，明朝又是各天涯。

上面这首小诗，是临别时即兴而写的。后来在《鸿雪诗刊》上发表，做了一些修改。诗虽不工，但却写实。“疑梦疑真”，是长期的闭关锁国所造成的幻觉，只有我们这一代人才会有的特殊感受。“可嘘可悦”，正当我们进入壮年时赶上了改革开放，在饱尝人生苦果之后，把少年时的梦想重新又捡拾回来去努力实现它。

何山旅居美国期间，在美国、欧洲、中国台湾及香港等地，多次举办个人画展和旅行写生，受到各方面的高度好评。功成名就，蜚声海外。又有好几年未见面了，他还是老样子，信心十足、精力充沛、笔耕不辍，只是年近花甲，头上免不了多了些银丝。夫人李守蓉爽朗依旧，相夫教子，贤淑热情。画室宽敞明亮，墙上挂满了新作。旮旯里，几案上，堆满了一摞摞画稿。他是一个不知疲倦的人，在创作大型壁画和大幅油画时，一站就是十三四个小时，可从不言累。我不禁暗暗地叹服，他的成功，除了天赋才华外，更重要的是靠对艺术一往情深的执着追求和不顾性命的拼搏精神，即所谓“天道酬勤”者也。

絮语中，我们除了叙家常、忆往事、怀故土的话题外，更多的还是离不开本行的绘画创作，谈心得、明事理、探幽微。记得1984年我在美国大都会博物馆作过一次演讲，向西方人介绍如何欣赏中国画而提出了“三意”说，即画家在观察事物时是“得意”，在创作时是“写意”，而观众欣赏时是“会意”。“意”是把自然、画家、观众连系在一起的精神纽带。对这个提法，何山十分认同。他说：“这说中了中国画艺术的要领，是前所未有的对中国画创作特征的深切体验和高度概括。”我多年所追求的，就是把自己对事物的感受，通过画笔传达给观众，使之能获知我心，这就是“意”。

“意”是具体的，也是抽象的；是物质的，也是精神的。刘勰《文心雕龙·神思》中说“登山则情满于山，观海则意溢于海”，说的是由具象引入抽象，从物质化为精神。何山最为擅长的是装饰性壁画的创作，他所理解的装饰，不是简单的抽象化、图案化。早期的作品，如北京首都国际机场元首厅的《黄河之水天上来》，就是他用具象与抽象相结合的手法，以抽象绘画物质转化为精神的代表作。说它是具象的，他不仅画了黄土和黄水，而且熟知黄河的人都知道，他是以壶口瀑布为原型，使人第一眼就认识到，它不是别的河流。但是他的手法是夸张的、浪漫的。因为在整个黄河流程中，没有一处水面有这么大的落差。何山紧紧抓住的“天上来”这个意象，表现出黄河奔腾咆哮的强大气势，给人以雄浑壮阔之美；借助于李白的诗歌名句，把人们的思想引向对历史的思考；正面描绘，有如丰碑，体现出时空的永恒，是这一作品的感人至深之处。

在具象与抽象、写实与写意上，如果说何山的《黄河之水天上来》是前者的表现多于后者的话，那么他为湖南省图书馆创作的大型陶瓷壁画《楚魂》则与之相反，是后者多于前者。无论是空间布局、形象塑造，还是色彩处理，一再概括提炼，是为了给观众留下更多的想象空间。“会意”，是把观众也纳入作品中来，积极参与创造，这是最聪明的艺术家。很多人喜欢或者习惯于把具象与抽象、写实与写意对立起来思考，其实二者之间，并没有严格的分野，相反倒是相辅相成的。多少年来，何山就有意识追求着具象与抽象、写实与写意相结合的表现手法，这也许是他非常赞赏我所提出的“三意”说的原因吧？在对绘画的探索上，我们之间的语言表述虽然不同，但在认识上却是一致的，可谓心心相印。

以装饰风格，用写实和写意、具象和抽象相结合的手法，描写历史题材，表现重大主题，何山的探索，是非常成功的。移居海外以后，1994年，他曾应邀为中国台湾佛光山台北道场创作了巨型佛教壁画。在大殿两壁，一为《普贤变——慈悲喜舍遍法界》，一为《文殊变——智慧灵光照大千》。画这类题材，对于何山来说是轻车熟路，因为他在敦煌十二年，临摹了不少洞窟壁画，不只是手与眼都经过艰苦磨炼，而且还作过深入研究。但是这两幅作品，高达3.8米，总长达40米。如此巨大的画面一气呵成，这功夫之非同寻常，令人惊叹。除此之外，他还画了大量的中国画和油画。在浏览他这些作品时，我发现何山似乎是有意地用中国画的方法去描绘西方的风景，特别是那些古老的城市建筑，而却用油画去表现中国人观念中的山水花鸟，并且都是那么的精致，给人一种勃郁丰茂的感觉。前者如1998年写生的《古庞贝城的酒家》《布鲁赛尔近郊》《巴黎圣母院远眺》，后者如《玉兰》《松龄鹤寿》《滴翠流苍》等，即是其中的佳作。长期以来，何山同时也在探索中西绘画的合璧、互换的逆向方法，也许是他新的实验。不固定于已经取得的成功的格式，始终保持着艺术创作的新鲜新颖感觉，在探索中追求尽善尽美，这就是何山的个性和风格。我以更高的希望，期待着何山的新作新书问世。

2006年10月18日草于紫禁城

原载《中国当代名家画集：何山卷》

杨新，著名史论家，原故宫博物院副院长、研究员

追求艺术生命的永恒

袁运甫

何山1959年考入中央工艺美术学院装饰绘画系壁画专业，1964年毕业。他长期从事壁画、中国画及油画的研究、创作与讲学。岁月如流，算起来至今已近半个世纪了。现在他旅居美国洛杉矶，往来于东西方，为中外的文化艺术交流作出了十分有益的贡献。

何山进入学院的时候，正值壁画专业初创，无论在艺术教学还是艺术实践方面，都带有更多的挑战性、探索性和开拓性，教和学都充满了无限的生机与活力。

那时，装饰绘画系壁画专业，先后汇聚有现代著名画家、壁画事业的奠基人张仃，装饰艺术大师张光宇，中国现代艺术的先驱庞薰琹，以及艺术大家卫天霖、郑可、祝大年、吴冠中、阿老、刘力尚、吴劳、腾凤谦等。他们都是学贯中西、才华横溢的学者型艺术家。同时文化部派往东欧学习壁画专业的一批青年艺术家朱济、严尚德、张国凡、王学东、梁永清等，均学成回国，承担了壁画专业的教学工作，形成了一个老中青相结合的强大学术梯队，使壁画专业在整个结构上具有明确主导意向的承传互补、中西贯通、开拓创造为特色的健全体制。

那个年代，虽然大环境对艺术有所制约，但壁画专业这个小集体，相对而言，还是比较宽松、活泼和自由的。对各艺术流派的探讨；对西方现代艺术的介绍、借鉴，特别是墨西哥壁画、意大利文艺复兴壁画和印度壁画等的研究；对民族民间艺术的收集、整理和研究，并没有终止。这一方面是由于这些艺术大家，本能的对艺术的坚定信念与忠诚所至；另一方面也是由于他们在艺术与教学方面的权威性和社会影响力，形成了一道无形的防风浪的大堤，使港湾内的学子们，有了一个温馨而自在的学习环境。何山有幸在这样一个集体中生活学习了五年。我想他至今也无法忘怀这段艺术启蒙教育的经历！

何山在学生时代，就养成了刻苦、勤奋、朴实、爱钻研的学习精神，并深深地感受到中国传统绘画以线造型和浓重的装饰意匠的重要性，为此他刻苦磨练，不仅打下了白描及工笔重彩写生的坚实基础，而且也打下了西方绘画的光、色、块、面的写实能力与造型基础。他的毕业创作以大幅工笔重彩人物画《丰收归来》、磨漆画《渔歌》而获得了好评，作品均参加了全国美展和巡回展。其中《渔歌》被收入《中国现代美术全集》。时至今日，我仍经常回忆起，带领他们到山东大渔岛、苏州角直、浙东石塘等地，深入生活，起早贪黑进行写生的情景。

大学毕业时，他抱着对中国古代艺术成就的景仰心情，自觉申请，远赴大西北的沙洲——敦煌文物研究所工作。这期间，他临摹与创作了许多作品，其中具代表性的有《传统友谊》《长征史诗》《古窟新颜》等大型工笔重彩画及油画。

1970年，何山将散落在各个时代、诸多洞窟壁画中的形象史料，如张骞拜别汉武帝出使西域；往来于丝绸之路上的各路马帮驼队和商贾；东至日本，西至希腊、罗马等各国王子到中国来参访的诸多场景，集中起来，组合在一个画面上，与现代中外友好往来的现实场景连接起来，展现出古往今来的传统友谊，首次将丝绸之路为题材的绘画作品呈现在世人面前。作品以充实的思想内涵，以传统与现代、装饰与写实相结合的表现手法，跨越时空，营造了一方祥和、繁荣的东方净土。

在敦煌的十余年间，他在学术上对敦煌艺术的研究，主要体现在1990年出版的《西域文化与敦煌艺术 》这本30余万字的论著中。他从对世界艺术整体把握的角度，从文化比较学与艺术美学的角度，展开了自己的思考。将敦煌文化与艺术的形成、发展，以及敦煌艺术的时代特征与风貌，作了系统的研究与论述，并且分析和指出了敦煌艺术“西来说”“东来说”的片面性。明确地提出了，敦煌艺术是以它的本土文化艺术精神为主体，与世界四大最具影响力的古老文明相碰撞、相融合所产生的独特的、综合性的艺术群体和新型的文化艺术形态。

其次他在对儒、道、佛三家的社会影响与文化艺术精神的比较研究中，提出了他独到的见解。他在书中写道：

儒、道、佛三家在数千年的中国思想史上，其所以影响深远、经久不衰，正在于其学说的贤哲，都在努力探究人生的真谛，都在对宇宙、人类社会、人生的种种现象作出种种的回答，都在让人们知道生活，在现实世界中憧憬理想世界。

儒家塑造了一个"跻身槐林"、积极进取的人生，构想了一个"君君臣臣，父父子子"的"三纲五常"的"有秩序"的"仁"的社会。

道家塑造了一个"自然无为"、"天人合一"、和谐协调的人生，构想了一个"我无为而民自化，我好静而民自正，我无事而民自富，我无欲而民自朴"的无为而治的社会。

佛家塑造了一个"慈悲为怀"、"普度众生"、忍让济世的人生，构想了一个"国土丰乐""四时顺节……相见欢悦……善言相向"的爱生的社会。

在此基础上，何山还认为：儒、道、佛三家思想在中国广为流播的时候，中国的文化艺术，逐步地形成了三大文化圈，即大体上可分为长江流域以道家思想为主体的文化圈；黄河流域以儒家思想为主体的文化圈，以及中国大西部以佛家思想为主体的文化圈。这三大文化圈就像色彩中的三原色，它们相互作用，相互影响，相互调配，造就了中华民族文化和艺术的灿烂与辉煌。我认为他的论述是颇有新意的。这本论著入选中日图书大展，并获得了奖励。其中部分章节被香港中文大学作为课外教材在《艺与美》杂志刊发。

1979年他应文化部的邀请，参加了新建北京首都国际机场的壁画组工作。参与并精心创作了大型壁画《黄河之水天上来》，作品后被收入《中国大百科》等典籍中。

1981年，何山抱着对乡土的深情，回到了湖南老家从事编辑、出版工作，并曾主持《画家》刊物的编审工作。其间应湖南省文化厅之邀，为新建湖南省图书馆，创作了巨幅陶瓷壁画《楚魂》。我是在繁忙的行程中，抽空去看了这幅作品。这是一幅以屈原的《楚辞》为题材的鸿篇巨制。包蕴深闳的艺术内容，空蒙灵动的表现形式，单纯、高雅、宁静的兰灰色调，与图书馆的功能以及环境特征十分协调。特别是他借用图书馆建筑的两个颜色，兰灰和白色，自我设限，在这两个颜色里做文章，将整幅画面组构成了一个和谐统一的整体。我一直强调色彩和画面的造型与结构，是建筑壁画中需要特别重视的一个专题。因其巨大，影响整体环境空间，如任意独断，则必因小失大，影响全局。在这幅作品里，充分体现了何山对大型作品的驾驭，实属全局综合的能力表现，我认为这幅作品不仅完美，而且具有新型的时代风范和楚风楚画的鲜明个性。所以我曾建议他应在画集中以更多的篇幅介绍。此外他还为桂林榕湖饭店创作了《神奇的土地》等作品，被收入《中国现代美术全集》。

在一种强烈的求知欲的驱使下，1990年何山应邀去了美国，他游学欧美，做旅行写生，办个人画展；往来中西，探访丝路古道，寻觅传说中的圣迹。

我曾多次赴美考察艺术教育，深感美国是一个现代艺术得益最多的国家。它充满了活力，崇尚创造与综合。追寻与适应社会进步、科学发展、生活情调、审美趣味等需要的艺术语言与技巧。现代艺术深入到了社会各个层面，甚至于宗教场所的设计以及宗教艺术的革新。

1994年，何山应邀到台北举办大型的个人画展，并应邀为佛光山台北道场创作了两幅巨型工笔重彩壁画，一幅题为《普贤变——慈悲喜舍遍法界》，另一幅为《文殊变——智慧灵光照大千》。中间为五方佛，两幅壁画分左右两面墙展开。何山将佛教题材人间化，他认为没有人间哪有佛国，是人间呵护和创造了佛国。所以何山将两幅壁画定位为“智慧”和“慈悲”，以“知”和“行”来构思画面。他在说明中写道：人类如果修持到文殊与普贤的智慧与德行，以大智大勇、大慈大悲的理智，清除掉一切愚蠢的恶念与贪婪行为，则人心得以净化，人格得以提升，人间才能清纯和安乐，人间净土才能得以实现，这也就是壁画的主题思想之所在。

在现代化的道场里作佛教题材的壁画，面对着众多的佛学专家，如何做到既遵从佛教造像的法理，又具有与现代建筑相适应的现代艺术的形式美感？何山在传统艺术的题材内容与现代艺术的形式美感上取得了完美的结合与平衡。壁画的白描稿刚上墙，报纸、电视台便以题为“壁画未完成即引起轰动”进行报道。台湾的许多画家，参观后建议和要求这幅壁画不要着色，以保持白描稿的艺术魅力。同时他们也从何山独显特色的壁画语言中，感觉到大陆美术教育对传统线描造型的重视和基础训练的严格要求。这幅作品起到了很好的范例和表率作用！台北“故宫博物院”院长秦孝仪看后题词“曹衣出水，吴带当风”。对何山的艺术造诣作了很高的评价，赞誉其为曹仲达、吴道子复出。

近年来，何山画了一批彩墨山水、花鸟画，同时勤于对中国书法艺术，特别是篆书的摹写整理和研究，期望从中获取营养，将他的艺术带入一个新的境界。

何山是一个有论有创、有传承有发展的学者型画家。看得出来，他始终在追寻艺术作品永恒的生命力。从不画地为牢、囿于一隅，深切体悟到“法无常法，然后知非法”的道理。追寻着一种能够表达自己思想情感的非法之法。

何山由中国画到油画，又由油画到中国画，从东方到西方，又由西方回到东方，往来穿梭，上下求索，始终将精力投注于艺术事业，对于这一点我是鼓励和支持的，他每次来京看我，我总是强调：当代艺术家，具有更广阔的选择空间和更丰富的资源，要从大视野中，建立小我的艺术世界。每个艺术家对创作，都会有所侧重，有所强调，有的通情，有的达理，有的求真，有的写意，甚而对自己不同时期的作品，有不同的追求。但有一个共同的目标是应坚守的，那就是将自己的创作，纳入创造时代的新型的文化建设中。中国20世纪的艺术大师们在这方面都有杰出的实践和成功的经验，值得我们借鉴。

2006年10月1日于北京

原载《中国当代名家画集：何山卷》

袁运甫，著名画家，清华大学美术学院教授，博士生导师

学者型的艺术家

孟伟哉

何山先生：

您好！十几年前，你我在北京相会，谈了些什么我已记不起来了，但您赠我的《西域文化与敦煌艺术》一书，令我颇为惊异，让我顿感您不但是一位纯技艺的画家，而且是一位学术专家。

您应邀去了美国，您的夫人李守蓉随后前往。她在北京同我见了一面，十几年来，那次匆匆的见面，有一个细节我一直记得，那是我与她的两句对话：

我问："何山还在画画吗？"

她答："他不画画就要生病。"

为什么我记住了这句话？因为这句看似简单而又实在的话，讲出了一个艺术规律，道出了一个艺术家的精神状态。

艺术是一个无止境的世界，真正追求艺术的人是永远的执着者、思考者、探索者，用笔用墨的劳作者。只有在不断探索与创造中，他才能感受到自己的存在和生命的充实，才能感觉到时间属于自己而自己没有虚掷光阴；否则，他便会觉得失落、虚空、惶惑、焦躁以至恐惧，这便是"生病"和"病态"。我在文学探索中有过此种体会……

您留下一大册《何山作品选集》，其中包括敦煌壁画临本选，油画、壁画和国画创作选，还有若干文字材料，包括您画集中的附文，我都认真欣赏和拜阅了。这个过程，让我实在是获益匪浅……

1984至1985年，我在青海工作，看过《格萨尔王传》的部分插图，只觉绘制神秘、艳丽、精美，而未留意作者是谁。我真正注意到您的作品时，是您为甘肃的文学杂志《飞天》设计绘制的一系列飞天的画作。那个刊物一期又一期地出版，而其封面的飞天形象或敦煌形象一次又一次地变幻，其强烈的色彩、寓细腻于粗放的笔触，在浪漫的古典形象中凸现的当代情致，一次又一次地观赏，终于将我吸引住，令我情不自禁地通过友人王家达向您求画，而此时我不知您已回到故乡湖南。家达先生未负我意，您从长沙给我寄来一幅小帛画，令我欣喜不已。我给您写了致谢信，同时将画一直挂于我的陋室。我现在还要对您说，谢谢！

这些天静心地读您的画册，画册中的文字，特别是您的长篇论著《敦煌佛教艺术的时代风格与特征》，真的让我受益多多。您所论证的敦煌艺术的“初兴期”、“全盛期”、“世俗化时期”及“衰退期”，极有见地和说服力。它使我理解您的摹本和您的创新，均有深深的根基，而不是猎奇、好玩的皮相之为。您深刻地阐述佛、道、儒的差异和融合。在将敦煌瑰宝推向亚洲、推向世界的文化交流事业上，您的贡献是独特的。那不是单纯的艺术，那是一段漫长的人间的历史。

人们说，人的大脑两半球各司其职，作用不同。而您的文采、您的中国古文化的学养，以及您的现代心理学和艺术理论的知识，总之，您的理性思维和论理的表述，同您的艺术感性、艺术直觉并不矛盾，而是相得益彰。您作《黄河之水天上来》、《楚魂》、《香蕉林》、“屈原系列”等巨幅画作，每每能写出创作阐述，这证明，您有深厚的文化修养与文化功底，才是攀登艺术高峰的阶梯。

您是一位学者型艺术家，真正的学者型艺术家。

您创作了一系列纪念碑式的巨型壁画，但您的一系列描绘现实的自然风光和人生世相的作品，更证明您是多面手。欣赏纪念碑式的和临摹敦煌的作品，需要一定的“修养”和“准备”(我指的是如您画集中的图版)，但欣赏您描绘现实自然和人生的独幅作品，则可能更适合一般读者的口味。您的作品很多，能否建议您分别编印不同的画册，满足不同读者的需要和趣味？

看到您身体健壮，为您高兴。

您还可以大有作为！

谨此，

钦敬！

2006年4月5日

原载《何山书画艺术法国展画集》

孟伟哉，著名作家，原中国文联秘书长

古典与现代

徐澄琪

第一次见到何山是在洛杉矶，踩在日落后的海滩上，听着他和杨新浓浓的乡音。

第一次看到何山的画《黄河之水天上来》(1979) 是在柏克莱加州大学图书馆的画报上。当时虽然没有想到日后能与画家本人畅谈他的画，却不难想见它挂在北京首都机场元首厅的墙上，是何等的气势恢宏。

1975年，何山从敦煌调职兰州，住在黄河流过的古城里，得以亲近黄河的千姿百态。四年之后，奔腾的黄河之水，透过何山笔墨色彩的描绘，让熟读李白诗句“君不见，黄河之水天上来”的中国人，再次引发思古之幽情和面对这条母亲河的深沉感动。对不熟悉中国诗词的观众来说，这幅画写的是壮丽山川，更是多少中国人的骄傲。评论家说它表达的是“黄河的怒吼，黄河的咆哮”；何山说，“(看着它) 仿佛听得到声音”。谁说“画是无声诗”？

一、敦煌的历炼

何山在中央工艺美术学院所学专业是壁画，在著名画家张仃院长、留法艺术前辈庞薰琹的带领下，素描、线描、油画、漆画、粉彩都是他所必修的课程。他的工笔重彩和炭笔素描，更是早早就得到师长的肯定与赞赏。毕业之后，何山到了敦煌，发挥他壁画的专长，成了继张大千、董希文、潘絜兹之后，少数几位曾在敦煌潜心研究并临摹石窟壁画的现代艺术家。不同的是，何山专注了整整十二年的功夫！问起敦煌对他创作的影响，他只简单地说："一变再变，从敦煌跳出来。"

的确，敦煌的题材在何山的作品中并不多见。在他洛杉矶的家中，唯一和佛教题材有关的画作，是一件小幅《黑花神》半身像，也只是悄悄地挂在壁炉上。全画以蓝和黑为主色，没有常见的敦煌接引菩萨的晶莹多彩，更没有金碧辉煌；没有飞天，也没有供养人排列成行的热闹。他画的是一个婉约，甚而带点忧伤的侧影，令人想起敦煌石窟里，那柔美又神秘的盛唐供养菩萨；但是蓝黑的画面带给人的却是宗教性的沉静与平和。敦煌的题材、色彩，敦煌的人物与故事，在何山心中沉淀涤洗多年，再次出现，已是如此的洗练出尘。

敦煌石窟中，古代画家因建筑的形式，利用绘画将窟中浮雕、圆塑乃至建筑，贯串而连成一气的装饰设计则是何山熟悉的。1994年，何山应台湾佛光山星云法师的邀约，为佛光山的台北道场绘制巨型壁画，便是这种创作语汇的再现。面对着供奉在道场中央，真人尺寸的金身五方佛雕塑及其两侧的拱型墙壁，何山首先面对的就是题材的选择。极少作宗教画的何山决定以"慈悲"与"智慧"为两边壁画的主题，然后利用佛教人像具体的形象来表达这两个抽象的概念。佛典中代表慈悲的普贤菩萨及代表智慧的文殊菩萨顺理成章地成了两边壁画的主题。佛光山台北道场，除了在建筑结构上制约画家，还在光影的处理上挑战画家。原来这个可容千人以上的半圆形大厅，共有四方结构性的直柱。能透过日光的半透明的天篷，更随着时令天候而变化。画家的匠心，不仅将文殊、普贤各自安置于圆门光环中，取其圆满吉祥之意，更将背景壁面以深浅二色间隔，来呼应画中的云气。加上光影打在直柱的镜片上，反射又折射，更为道场增添扑朔迷离的气氛。礼拜者置身于菩萨、圆门、云层、光影之中，一面感受到宗教的森严与神秘，一面又如置身于九重天。何山将建筑上的限制，巧妙地转化成激发创作的动力。比如，为了遮掩两面墙下端的出气口，何山在他的云彩人物中，画了一系列的法器。各式各样、尺寸不一的香炉，忽高忽低，发挥障眼兼装饰的作用。在严肃的画题中，画家反被动为主动，展现轻松应变的一面。

这两幅壁画，从设计到完成，费时八个月。何山的敬业可从他每天工作十三四个小时中看到。他的专业，可以从画每尊一米八的人物，却不曾在壁上打格子定位看出。从悬腕线描衣折时，快速由上而下地拉墨，手臂磨在壁上，留下长条血痕而不自觉可以看出他的投入。最难得的是，何山能兼顾艺术赞助者和他对自己作品的要求，游走于艺术创作的外在制约与内在原创动力之间，而又游刃有余。能达到这样的平衡，除了他的专业，还有他的执着。

二、楚魂的召唤

1959年，何山进入中央工艺美术学院时，正值中国十大建设如火如荼地展开阶段，培育壁画人才刻不容缓。在他离开学校20年后，经历敦煌、兰州的沉潜，“文革”的洗礼，拥有画家、作家等的资历，何山回到17岁就离开的家乡湖南。更令人鼓舞的是，他有机会再一度施展他的专业长才，为湖南省图书馆制作巨型壁画。本着图书馆“形式要安静，内容要丰富”的理念，加上故乡源远流长、隽永丰富的文化传承，何山要表达的是“泱泱楚国之雄风”。他的心绪是激动的，他要的不仅是文学与艺术，还有传统与现代的结合。正如每一次大型壁画的制作，外在条件的局限是必要的考量。这一次何山需要克服的是建筑上的限制：四扇门。两扇并列在正面的墙，破坏了“画布”的完整性；另外的两扇则分别列于左右两面侧墙的正中央。为了缓和四扇门的直方线条，降低破坏画面的可能性，还要将这三面墙串连成一片连续的画面，何山用卷曲的云纹作为主要的装饰母题。那云纹不是天上来的，也不是凭空想象的，而是古代长沙帛画上，敦煌壁画上，更是汉代楚国酒器、漆器上的云彩。嵌在流云里的车马人群，流动的线条，让人联想到马王堆的彩棺漆画，既是《山海经》的遐想，也是远古楚文化的浪漫。

正面墙上，两扇门开的卷云中有一组天马行空。坐在车上的屈原，回首问天的苍凉与悲壮，迎面袭来，紧扣着观者的心。右边《后羿射日》，左边《嫦娥奔月》，何山已将历史与神话人物巧妙地编织在同一画面上。居中的屈原，无论在历史上，在文学里，都具有诗人、孤臣、忠魂等多重身份，他是才情与忠勇的结合，是乱世中文人的表征，也是他们精神的支柱，更是中国文化里不容缺席的英雄。在此，他更超越时空，在日月伴随之下，成了湖南图书馆的守护神。守护着来来往往的莘莘学子，更捍卫着代代先祖的文化传承。

和屈原左右相随的还有《楚辞》中的山鬼和湘夫人，代表国殇的跪坐武士和对面墙上垂首的哀伤女子，隔着图书馆的厅堂遥相呼应。蓝灰的色调，低垂的面部，与屈原的昂然回首一样，那一种悲凉，压得人透不过气来。 细看何山作品中的人物，与其说他们来自敦煌、中国的历史民俗、诗词歌赋，不如说他们来自古典艺术，他们带有现代人的灵动。旌旗飞扬的战场骑兵，手执弓箭的后羿，骑赤豹的山鬼，特别是侧面描绘、剪影似的人马，像是从青铜酒器上走下来的，又带有汉代壁砖人物的古朴。但是再仔细看他们的面貌，却是现代的、是中国的。跪坐执剑武士的姿态，让人联想到毕加索“蓝色时期”中的人物，执扇的女子像唐代壁画中的宫女，更像楚风、楚画中细腰撅臀的女身，或是古印度艺术中亦神亦人的女子，抑或是敦煌壁画中的飞天下凡。古今中外的造型，何山信手拈来，再塑出他个人的风格，仿佛全不费功夫。

《楚魂》全图以瓷板镶嵌而成，让观者不禁惊赞艺术家对创作媒介的选择。犹有过之的，是何山选择了高难度的釉下彩，除了要考量瓷板组合起来图像的精准，还得预估瓷板窑烧后的伸缩比例，更要控制黑白二色釉彩的流向。小至人物的手指骨节、面颊眼睑，甚至眼神，都一一掌控在何山的手中。对作品的要求，对艺术的执着，让何山不仅从设计到完工，甚至包括烧窑的过程，都不假他人之手。“光是屈原像就烧了七八次！”何夫人守蓉女士有些心疼，又带着骄傲地回忆起二十多年前的创作过程。在艺术家执着之下，呈现在观者面前的是一个云卷云舒流动着的宇宙，有吴带当风的衣褶线条，有釉彩的层层变化，全系动感十足。何山不但否定了建筑的硬体框架，更颠覆了瓷板构图可能出现的规律与刻板。但是与蓝灰建筑配合的蓝白色系，却又将那浮动的线条、激动的心情稳定下来。仿佛游子归乡的心绪，经过动乱之后的宁静。若说《楚魂》是创作者心情的表达，也是情境的写照，似乎并不为过。何山用瓷板釉彩代替纸笔墨砚，更将壁饰提升到纪念碑的定位。难怪何山要说，这是他较满意的作品之一。我想应是能流传后世的经典之作。

何山对艺术创作媒介的选择既敏感又犀利。在给图书馆作画的同时，何山为湖南长沙群众艺术馆也制作了壁画，但采用的是与前者艺术手法截然不同的大泼墨。和图书馆同样是公共场所，但是艺术馆乃为表演艺术所设，何山要的是活泼与跳跃的感觉。这幅题名为《源远流长》的壁画，宽4.6米，高2.2米，其中嵌有三面细长镜面，将画面区隔成四幅，远看有若传统书画的一组挂轴，又像屏风一般。画面各自独立，又不失其连续性。画面上的故事，就连观者走过时映在镜中的身影，甚至是周遭的事物，都成了画面的一部分。因观者与画面的互动，观者亦被纳入创作的过程中。换言之，他们是画作的旁观者，也是创作者。正如在表演艺术的殿堂中，观众和演员的呼应与共鸣，亦成为艺术的一部分。这和20世纪70年代西方实验音乐那种即兴，将刹时纳入永恒的理念，不谋而和。

泼墨画面的主角是右边的第二幅，比人还高的国剧脸谱，浓浓的墨色中有破墨的惊奇，有即兴的润饰。瀑布似的红彩从上往下流，是老生的胡须，既抽象又具体，为观者留下许多想象的空间。左边的骨白面具，是戏院的魅影，还是另一具脸谱？画家随着墨流所至，在留白之处，随兴点上“眼”。例如右边第一幅上方用桔色圈起的黑点，一面打破墨色的单调，一面又用墨点牵系圈外以墨色为主的画面和画面上其他小块、突出的色彩。全画面有泼墨，有工笔，让观者感受到的不只是形式之美，更是即兴的豪迈，也是细部装点的情趣，还有开眼的惊喜。全作于两三天内完成，带着游戏的心情，何山说他在“玩”。他“玩”的是纸上泼墨，玩的是随兴，也是观者的参与。他“玩”的正是历代文人苏轼、米芾等人论画时说的“墨戏”，是中国传统文人画的精髓。原来画题说的《源远流长》，不只是中国传统笔墨、文人画的墨戏，还是国剧表演艺术的传承，更是画家与观者互动的长长久久。何山画题与画材的选择，非但不是偶然，更是深思熟虑下，将矛盾、对立的统一。看似不经意，却是一种“看山还是山，看水还是水”的豁达与智慧。

三、南加州的天空

1990年，何山开始云游四海，行脚驻处有布鲁塞尔（比利时）、罗马、巴黎、夏威夷，还有北京、长沙和台北。他在洛杉矶的寓所，居高临下，近看华人聚居的热闹，远眺比华利山的繁华和太平洋的浩瀚。后院游泳池一湾蓝水，何山绕着它仰泳，望着的是湛蓝的、无边无际的天空。何山定居美国的生活，形式简单，但是内容丰富。除了有书有画，有形影相随的夫人，还有承欢膝下的儿孙。除了为心仪而来的求画者作画，体验私人艺术赞助与过去国家指派的异同，更有时间将过去未能完成的画稿，未能尽意的画题，再度拾起。他多方的尝试，有思念，有回顾，也有再诠释，就像近年来何山勤写的篆体字，字字都是画，有潜沉的，有淘气的，更有舞姿曼妙的，将书画同源发挥得淋漓尽致。一幅题名为《唤》的作品，画面上五分之四的空间被枝杆杈桠的树占满，一面剪不断理还乱，一面又推挤着画面上方昂首迎风的马。望着远方，马是嘶呐，还是回应那来自远古的、故乡的召唤？画面既有超现实的抽象，又有落叶缤纷的具体，带着一份孤寂，叫人看了久久不能释怀。《唤》作于1992年，为日本广濑株式会社的办公室所作。画稿则是十年前为作《楚魂》瓷板壁画准备的“屈原系列”画作之一。就像记忆中的敦煌，“因为有了回忆和怀念，才更美……”何山这样说，没有语重心长，反而是一种开怀的淡然。有了时空的距离，加上南加州的太阳，让何山画面的色彩浓郁又鲜活。不可否认的是，何山不仅在过去与现在，古典与现代中取得了平衡点，也在随心所欲处、自娱与娱人之间找到共通点。

在不停的求变，不断地以揉合传统与创新的自我期许之中，何山那一份执着仍然不减。欧游时，他执意要踏着前人的脚步去看庞贝废墟，去画巴黎圣母院。在台北都会的喧哗中，他特意要去访台东，看佳乐水。要用他艺术家的心灵描绘那素朴的台中公园、日月潭光华岛、台南荷兰古炮台。让离乡30年的我，既惊艳又惊喜，忍不住一问再问：“真的还在吗？”画家是如何透过人事地物的变迁、车水马龙的拥挤，寻找到那一种久远以前的宁静，捕捉到山水不变的美！连着两个秋季，何山还是我在加大艺术史系课堂里的贵宾，他为上中国绘画史讨论课的学生作水墨画的示范。他像变魔术般，把点线连成竹，他草草三五笔勾出了玲珑剔透的葡萄，但是他一定不会忘记把中国的工笔画和写意画给学生讲个清楚。

说到洛杉矶的日子，何山有一份闲适和满足，因为他能无拘无束地画。他说：“只要能画就好！”窗外洛城的天空，晴时蓝得发白，阴时蓝得发灰，但是它天天带给何山创作的灵感。对何山来说，南加州的天空是多彩多姿的。

2006年9月于洛杉矶

原载《中国当代名家画集：何山卷》

徐澄琪，美国柏克莱加州大学艺术史博士，河滨加州大学教授

大家风范

宋红雨

今年，正好是何山先生从艺50周年。他从艺的前32年是在国内度过的，其中在中央工艺美术学院壁画专业进行基础训练、专业创作与理论研究5年；在敦煌进行艺术临摹、研究与创作12年；在中国美术家协会甘肃分会进行专业创作与教学7年；主持《画家》季刊的编辑、评论与创作8年。

32年来，先生创作和刊发了相当数量的优秀作品，《音乐、舞蹈、花神》、《丝路情深》、“屈原组画系列”等都是这时期的力作。他的作品多次入选国际交流展、全国美展及省美展并获奖。《传统友谊》《黄河之水天上来》《楚魂》《神奇的土地》等传世之作，被选编入《中国大百科》《中国新文艺大系》《中国现代美术全集》等国家典籍中。他的作品被中央新闻电影制片厂、日本图书代表团录制与播放，被《人民日报》及全国多家报刊刊发并评论；还被日本《朝日新闻》《读卖新闻》刊登并评论。

同时何山先生也受到了多位中央领导同志的接见，他们对先生的生活和工作表示关怀与鼓励，并颁发了奖项。

先生在理论研究方面也是硕果累累。先生论绘画形式美的专著有《中外装饰画论》和《西域文化与敦煌艺术》等，文章有《批判地继承和发扬敦煌艺术遗产》等。《批判地继承和发扬敦煌艺术遗产》入选香港中文大学课外教材；《西域文化与敦煌艺术》从文化比较学和艺术哲学的角度，从对世界艺术整体把握的角度，第一次较全面完整地论述了敦煌艺术的形成、发展及各时代的风格特征，第一次提出和论证了敦煌艺术是以中国西部五凉文化为根基，融合世界四大古老文化所形成的独一无二的新型的文化形态。该著作入选在日本东京举办的“中日图书大展”并获奖。

自1990年至今的19年，先生是在海外度过的，他主要旅居于美国的洛杉矶，并长期往来于国际间，作旅行写生、搞创作、办画展、讲学，以弘扬中华文化为已任，为中外文化交流作出了有益的贡献。其间有200余幅作品被美国、日本、法国、比利时、韩国等国家以及中国台湾、中国香港等地区的收藏家及美术馆等机构所收藏。

许多作品是以中国画的技法描绘欧美的人物、风景；以油画的技法塑造中国的人物、花鸟与风光。

在台北所创作的巨型工笔重彩壁画《普贤变——慈悲喜舍遍法界》《文殊变——智慧灵光照大千》曾引起文艺界的广泛关注，报纸以特大字号盛颂：“壁画未完成先引起轰动。”台北“故宫博物院”前院长秦孝仪先生专程参访并赠精美书法作品“曹衣出水，吴带当风”，赞誉先生为北齐大画家曹仲达和唐代画圣吴道子复出。

一、大家之作

我认同秦孝仪院长对何山先生的赞誉。我认为不论古今中外，能称得上艺术大家的，必定能拿得出几幅值得称道并可以载入史册的杰作。何山先生在过去三个不同时期创作的三幅大型壁画堪称纪念碑式的经典力作。其中《黄河之水天上来》是先生在38岁时应中央文化部的邀请为首都国际机场元首厅创作的。这件传世之作采用横长构图（360cm × 180cm），宽银幕式的取景让人感到开阔宽广、稳定雄浑。从天上倾泄而下的黄河之水构成的竖线条打破了这种平稳和宁静，我们仿佛听到奔腾咆哮的黄河之水扑面而来，增加了画面的动感，可以说是声色并茂。作者为我们打开了黄河——中国母亲河的画卷，将黄河之水以特写镜头的方式推向观众，黄河水被作为画面主体放大表现，以几块近乎黑色的岩石与金黄色的水互为补充，相互作用，彼此依从，艺术语言单纯到再不能单纯的地步，极具现代形式美感。画面结构严谨，块面与线条刻画相得益彰。既吸收了西方油画的厚重写实，又兼融了中国画的线条美和意境。采用具象与抽象相结合的手法 ，写实与写意和谐相处，让人有身临其境之感。滚滚黄河之水与观者正面对视，激起的水气直扑眼前，这是何等的气度！正是改革开放的热潮在向我们滚滚而来，正是时代的音响！这幅30年前的作品，在任何时候看到它，都会让人心潮澎湃，它所展现的时代精神和现代艺术的魅力，她的雄浑、博大，奔腾向前，映射出我们伟大中华民族的豪迈气派。可以说她是我国绘画史上表现黄河的典范之作。看得出来，作者是满怀着强烈爱国热情和艺术激情来进行创作的，这幅绝无仅有的作品被收入《中国大百科》等典籍中，在海内外享有盛誉。《黄河之水天上来》的对面就是国画大家潘天寿20世纪60年代最重要的作品，这是经过挑选的，能与之分量相当的作品。

如果说《黄河之水天上来》表现的是一种北方黄河流域的雄浑壮阔，是一种直线条式的雄壮美，那么，何山先生在1983年应湖南省政府、省文化厅之邀，为新建的湖南省图书馆创作的《楚魂》则是一种曲线式的阴柔美。与金黄色调的《黄河之水天上来》迥异的是《楚魂》的蓝灰色调，显得静穆、雅致、忧郁、深沉，表达的是一种静穆的伟大和高贵的单纯，以期实现它古典美学的最高境界，创造了一种与图书馆宁静环境相一致的和谐美。显然，它打动人的方式不像前者的惊涛骇浪，而是有如涟漪层层泛起，或是一股股幽兰渐渐潜入你的内心，让人回味无穷。先生不愧是鸿篇巨制的高手，大家自有大家的高明之处。他用流云曲线贯穿整个画面，将四个大门组构起来，在五个显眼的空间内，安排了五组史诗般的内容来实现他的主体思想。这样它所造成的艺术气氛，像一股神秘而浪漫的楚风迎面扑来，让观者仿佛回到楚国的时空：那是一个如流云翻滚般动荡纷争的战国时代。诗人屈原及其《楚辞》的精神浓缩在这幅陶瓷板壁画中，中间主体画面是伟大的爱国主义诗人屈原，他昂扬叩问，驾车神游在天际。人物造型简洁概括、生动传神，表现了屈原悲悯、孤高、傲岸的个性与神情。几乎没有见过这么深刻地刻画人物性格的陶瓷板壁画。壁画右边描绘的香炉前跪坐的妇女、骑赤豹的山鬼与左边的湘君、湘夫人和跪拜的将士，各组人物外形整括流畅，边沿线处理真是大家手笔，与流云的曲线互相呼应，恰到好处。人物形象意态特征的整体把握有汉代画像砖的造型意味，立体造型与平面装饰处理完美结合，艺术手法与表现技巧炉火纯青。如壁画左边俯首跪拜的执剑将士，他头部、背部和腿形成的弧线外形与云纹相适应。看似单纯的蓝灰色，实质却有丰富微妙的层次，特别是人物采用了中国工笔重彩的高染法，又有逆光效果，虽是平面处理却有浮雕般丰富的层次和色感。据我所知，整个陶瓷板壁画的烧制历时八个月，屈原烧了30余次，山鬼烧了21次，何山先生才自认达到了满意的效果。经典的构图、单纯的色调、凝炼的造型、深远的意境加上严谨的制作，最终才成就了这幅高近4米、长32米的杰作。《楚魂》体现出的楚文化的灵魂就是屈原伟大的爱国热情和上下求索的精神，这些必将跨越历史时空，激励着一代代莘莘学子奋发图强，成为人们心目中永久的精神支柱。作品达到了思想内容和艺术形式以及建筑环境完美合一的境界，具有纪念碑式的永恒意义。这就不难理解为什么日本图书馆代表团在观看后发出“（真是）泱泱楚国之雄风”的赞叹之声，并且录制成纪录片。

关于此类重大题材的创作，何山先生还有长达40米的巨型重彩壁画，让人叹为观止。先生极为重视对佛教的研究，他说：“释迦本身是反对迷信的，释迦认为人人有佛性，人人都可能成佛。”先生认为应该让对佛教的研究还原为伟大的学术体系，回归到原始佛教的本性。为适应台湾佛光山台北道场的独特宗教氛围，以及星云法师所弘扬的人间佛教的特征，何山先生将大殿左侧构思为以普贤菩萨为代表的慈悲世界《普贤变——慈悲喜舍遍法界》，右侧为以文殊菩萨为代表的智慧世界《文殊变——智慧灵光照大千》。两幅壁画与中间五座佛像和谐相处，互为依托，互为补充，渲染出光华、富丽而神秘的佛国世界。画中66个近2米高的人物或聚或散，或立或跪，一气呵成。其线描表现如行云流水，反映了画家高超的艺术技巧和深厚的传统绘画功底。

是巧合，也是必然。何山先生的这三幅大作浓缩了中国的传统文化：《黄河之水天上来》是北方黄河流域厚重、理性、求实、积极进取的儒家文化的体现；《楚魂》是南方长江流域空灵、玄思、浪漫、天人合一的道家文化的突显；《普贤变——慈悲喜舍遍法界》《文殊变——智慧灵光照大千》显然是慈悲、智慧、空色、普度众生的佛家思想文化的描绘。只有对中国的儒、道、释文化有着深刻理解和体悟，才能达到如此之境界。我们可以从何山先生的《西域文化与敦煌艺术》中看到更为精辟的分析和独到的见解。他在对敦煌艺术作大量临摹、研究和创作之后，不断深入和强化他深厚的传统文化根底，促使他在理论的深度和广度上进行思考，他从文化比较学与艺术哲学的角度，从美学的角度，从对世界艺术整体把握的角度来研究敦煌艺术。他弥补了对中国西部民族文化艺术研究的一个至关重要的课题，提出了独到的见解。他指出，中华民族最具代表性的是三大文化圈："……长江流域以道家思想为主体的文化圈——轻清、变转、飘忽、浑沌、重玄想……黄河流域以儒家思想为主体的文化圈——质朴、理性、求实、重功利……中国西部以佛家思想为主体的文化圈——神秘、虔诚、率真、雄健、重超度……"他以独特的比喻表述了自己独到的见解和论述："中国的这三大文化圈，不是孤立的。他们各具特质，但又相互影响、互相渗透、融合、交相辉映，从而又引发出各具特色的大大小小的文化图，正像红、黄、蓝三原色调出了众多的、互补的色彩一样，派生出绚丽的色阶，使我国中古时期的文化呈现出多彩多姿、灿烂辉煌的格局。""只有根深才能叶茂"，正是由于何山先生对中国传统文化有着如此透彻的理解，有着如此高深的理论建树，才成就了他在艺术创作上的造诣。原北京故宫博物院副院长杨新称先生为不可多得的学者型艺术家。

二、大家修养

纵观现代中国画坛，能够称得上真正意义上的大家的屈指可数。从他们身上可以总结出两点：一是没有全面的修养，成不了大家；二是不具备上下求索的坚毅与革新精神，也成不了大家。

全面的修养包括专业功底和文化素养两个方面。我们看到无论是何山先生的绘画作品还是他的理论著作都体现了他全面的修养，特别是他对中西文化艺术的深刻领悟，达到了中西融通的境地。其实他从学生时代就开始了这种中西艺术的比较和交融的探索。

何山先生17岁时，从湘江北上，考入中央工艺美术学院壁画专业（现清华大学美术学院）。可以说壁画专业的学习造就了他日后的成功，壁画专业的学习科目非常全面，不仅要学线描、中国画、中国壁画、书法，还要学西方的素描、油画、色彩构成学、色彩心理学，还要学习西方的壁画技法等，因此他在专业功底方面打下了坚实、丰厚的基础。同时何山先生还得益于一批大师级的老师，他们有现代壁画奠基人、著名画家张仃，装饰艺术大师张光宇，中国现代艺术的先驱庞薰琹，艺术大家卫天霖、吴冠中、郑可、祝大年、袁运甫等。这些学贯中西的学者型艺术家深深地影响了何山的艺术道路。何山除了画画，爱好十分广泛，特别爱读书，包括艺术理论、文学、哲学、戏剧、小说、诗歌，古今中外的优秀作品能找到的他都看。他经过五年的刻苦钻研，加上他天赋的敏悟力，致使他的毕业创作、大幅工笔重彩人物画《丰收归来》、磨漆画《渔歌》获得成功，参加了全国美展和巡展，并被学院收藏，《渔歌》还被收入《中国现代美术全集》。

人生朝露、艺术铸钟，何山先生对艺术永无止境的探索、追求，促使他毕业后西去阳关、远赴大漠，走向西部边陲，在敦煌文物研究所工作。十余年的历练，结出了丰硕的果实。他悟出了敦煌艺术的真谛，撰写了30多万字的学术专著《西域文化与敦煌艺术》；同时还创作了大型工笔重彩画和油画《传统友谊》、《长征史诗》和《古窟新颜》。1979年创作的《黄河之水天上来》让先生声名大震。

先生在汨罗江畔长大，从小读私塾，楚文化的浸润是与生俱来的。楚文化是他内心的呼唤，何山回到家乡湖南，创作了一系列的彩墨组画，其中的“屈原组画”以及后来创作的《楚魂》再次引起艺术界的震惊。一站又一站的成功，何山先生依然执着，继续着他的艺术探索之旅。从南到北、到西，后又回到南方……1990年早春何山先生应邀到美国举办个人画展和讲学。

在旅居美国的19年间，先生游历欧美，往来中西。多次在美国、欧洲和中国台湾等地区举办个人画展，其间为台北佛光山道场创作了巨型佛教壁画《普贤变——慈悲喜舍遍法界》和《文殊变——智慧灵光照大千》，再次突现了他的艺术成就。何山先生不停的创作，探索中西艺术融合之道，创作了大量中国画和油画。他用中国画的彩墨表现西方的风景，如《布鲁塞尔近郊》《巴黎圣母院远眺》《罗马怀古》《古罗马城》《古庞贝城的酒家》等；而用油画表现中国的山水花鸟，如《松龄鹤寿》《滴翠流苍》《早春》《鹿港的黄昏》《静静的日月潭》《白玉兰》《香蕉林》等。在这种交替的逆向实验中探索中西绘画的交融、合一。

近两年何山先生又从美国回国，来到阔别23年的桂林。在世界走了一大圈之后，他重新又回到这片“神奇的土地”，桂林的山水和人民点燃了他的艺术激情，完成了一批感人至深的油画。这些具有强烈感染力的作品是他前面所有经历的积淀。显然耸入云天的塔尖只有在广博深厚的塔基上才能建立起来。从何山先生的艺术人生中我们了解到他的这种全面的世界性的比较研究和艺术修养。正所谓长期修养，偶然得之。行万里路，读万卷书，使他进入“众里寻他千百度，蓦然回首，那人却在灯火阑珊处”的理想人生和理想人格的境界。

三、大家胆识

李可染先生曾提出“可贵者胆，所要者魂”。就是说要敢于突破传统，提倡革新精神。这种精神始终贯穿在何山先生的艺术生涯中，在先生看来艺术是艺术家灵魂与审美观念的物化，先生对中国传统绘画作过深入的研究，也具有深厚的传统绘画功底。但他不喜欢所谓的行家，言必称传统，他不知道这些行家要的是哪朝哪代的传统，哪人哪个的传统，所以先生认为不要企望在他的作品中寻找别人包括今人和古人，他就是他。我们可以从他各个阶段的作品中看到，不论是在绘画题材上，还是在艺术语言暨形式美感上，他都在不停探索、不断综合、不断突破，在进行“写实与写意”“具象与抽象”“东西方融合”的综合与实践，因为只有这样才能大胆创新。他的最新一批表现桂林的油画作品将会带给观众又一次震撼。何山先生在20世纪80年代应邀到过桂林，那时就画过一些表现桂林山水的作品，既有水墨画，也有重彩壁画，其中《神奇的土地》被收入《中国现代美术全集》，《桂林的印象》被国外收藏家所收藏。而这次所表现的是桂林人物，是与甲天下的山水生活连在一起的桂林的少数民族，一个充满阳光的民族。从这些新作中我们感受到山美、水美、人更美的和谐世界，一种天人合一的新境界。这些作品构图新颖独到，人物传神传情，色彩浓郁厚重，可以感觉到敦煌壁画的色彩已渗透到画里面。这些画面明显地具有强烈的现代感和现代审美意味。特别是在色彩处理上，做到了融东方传统色彩的并置美、意象美与西方现代色彩的构成美、自然美于一体；将抽象水墨的空灵韵味和具象写实的体量厚重感完美结合。用一种新的艺术语言来阐示自己的灵魂。

中西兼容并蓄，需要的是一种内力，不是表面上的拼凑。只有把中西艺术的精华融进血脉里，两种艺术精髓才会有机地结合，才能创造出一种新的生命。让我们领略一下何山先生的几幅新作吧。《池塘边》描绘的是阿婆带着小孙女外出游玩，坐在石头上休息片刻的情景。阿婆一手搂住好动的孙女，一手提着放满玩具的竹篮，可以想见小女孩之前活泼调皮的场面。小女孩柠黄色的上衣在画面中鲜嫩至极，衬托出她粉红脸蛋上殷红的小嘴和圆溜溜的黑眼睛。那杏核状的眼睛清澈又明亮，带着一种憧憬的目光。大面积朱红颜色分布在阿婆的上衣，红色给人温暖、热情的感觉，加上更大面积的黑色衣裙、头发和鞋，给人以沉稳宽厚之感。小孙女的蓝裤子在她柠黄色上衣的左边，这样红、黄、蓝三原色，互相对应。先生在一些细节处理上也是匠心独运，如小孙女朝天辫上的红头绳、小红唇和袖口上那一小条红色显得非常跳跃，还有竹篮里小娃娃的红帽边和阿婆的红腰带都是一种呼应。在阿婆红底绣花上衣上也有小点柠黄色和蓝色绣花，特别是外衣领口露出的小块柠黄色衣领，以及背景中荷花淡淡的柠黄色花蕊、小孩蓝裤子上的黄色花纹，就连竹篮上的小红、黄、蓝色块都是非常讲究，可见先生在色彩上的造诣很高。背景的颜色是灰调子，前景主体人物是鲜艳的纯色，都被统一在蓝灰色的背景和黑色的头发与大块黑色的衣裙中，构图内部结构呈三角形，显得平稳安宁，同时别具匠心的红、黄、蓝三原色在画中跳跃。人物塑造极具西方油画的结实、严谨，用笔爽快，准确到位。足见先生写实油画的功力扎实，技术纯熟。背景是大写意式笔法，浅灰底上有淡粉荷花和淡黄花蕊，荷花隐约、朦胧，一种空蒙的水墨意境。荷杆的干枯用笔形式以及石头的表现，都显出中国画笔墨皴擦的效果。作品以虚托实，构图饱满，主题人物占满画幅，如同人物就在我们面前，呼之欲出。无论在构图的形式美上还是在色彩的并置美上，或是在意境的营造上都称得上是经典范本。

《只羡人间》中表现了五个红衣妇女在逗乐一个小男娃的情景。先生给观众留下很多的想象空间，意味深长。画中虽然没有描绘小男娃的正面，但从五位妇女的表情中我们可以想象孩子是多么可爱。从小鸟专注的表情中，可见孩子的童声是多么动听。背景水墨用笔色彩丰富、如梦似幻，感觉在一个鸟语花香的春天里。大写意花丛影影绰绰，从四周压出一团亮光，突出了前景中的人物。大面积红色簇拥着白衣小男娃，温情舒畅，声色俱备。那是人间春天的气息，是一种光明，是一种希望。

《天边的龙脊》中红衣女子倾斜的姿态，使画面顿生动感。“曲则有情”，曲线是最优美的线条。姑娘微低的头，弯曲的手臂和裙身形成反 S 形，与背景中 S 形梯田的曲线是一种呼应。蓝天白云的色彩微妙变化，布满梯田的大山上用了嫩黄的颜色，感觉到初春的景象。姑娘可能是刚买到什么好看的衣物，在回家的路上。白色胶袋透出的橘红色，与裙子底部的粉绿色形成对比，整个画面的色彩如珠宝般夺目。山间的雾气与云彩相接，显得水气蒸腾，很润泽。与前景人物结实、厚重的干画法既形成对比又互相协调，虚实相生、浑然一体。

《憧憬》中一位姑娘双手交叉坐在荷塘边的石头上，草绿色的衣裙衬出桃花般少女的面容，嘴角略带微笑，柳叶眉下的眼睛含情脉脉。美丽的姑娘在想着她的心上人？她似乎沉浸在甜蜜的往事中。画面色彩浓郁至极，姑娘的衣裙、头饰都是红绿颜色的强烈对比，生发出一种醉人的芬芳。背景是大写意荷花，粉红花瓣的飘忽，枝干的水墨用笔，有一种绚烂之美，也有一种梦境的感觉，往日的情思仿佛仍在花丛中缭绕。

《榕树下》讲究的是空白的艺术，这是中国画的独到之处：是知白守黑和知黑守白在油画中的运用，画中的背景除了从右侧探出的深灰色树枝外都是空白，给人留下许多想象的空间。前景是三位身穿橘红色民族服饰的男青年，他们是在赛歌、对歌，还是在表演的间隙？古铜色的皮肤，结实的臂膀显得青春勃发。左边一位正在全神贯注地倾听，目光含情；中间一位似乎更年少，面容清秀，有些腼腆，他侧过了脸，或许是突然看到了他的意中人；右边的小伙子正在开口对唱，或是在轻声附和。空白的背景中似乎充满了悠扬的弦律和情意。民族服饰下露出的牛仔裤和旅游鞋，是现代青年的表征。这里不再是惯常的傻、大、黑、粗式的流浪汉，而是充满阳光和活力的现代英才。小伙子手中的麦克风如同罗中立《父亲》耳朵上夹着的圆珠笔，带有时代的象征意味。

《沐发清流》画中三位姑娘站在溪水石头上盘发，三条长长的黑发随风飘着，牵动着观者的思绪。溪水清澈见底，石子刻画精微，仿佛伸手可及。大片空白的背景，让人浮想联翩，真是“此时无声胜有声”。

《春讯》中两位红衣姐妹推开两扇花格木窗，正在看窗外的美景，闻着空气中的清香，又好像在谈着什么趣事。左边的姐姐更显贤淑端庄，右边的妹妹透着伶俐俏皮。背景是一种逆光效果，暗色窗格中若隐若现的色彩，绿色调子中又有粉紫、粉红、粉黄、粉蓝等色点，有如印象派中的点彩，又有西方教堂玻璃画的感觉。构图独特，属四周包围中心式，既形成对比又相互协调。人物在房屋里，从窗户中出现，身后还能透出后窗外的景色。实际产生了三重空间：姑娘们面对的窗前，姑娘所在的屋里和屋后的花园，都带给观众更多的遐想。画中大的色彩对比还是红、黄、蓝三原色。画面中心由红灯笼与两姑娘的红上衣构成主色，热烈的红色反映出姑娘的爽朗、热情，也映衬出她们美丽的脸庞。黄色木质窗户在画面四周，那种原木色让人感到踏实、质朴。两个姑娘的红上衣间露出的小块三角形粉蓝底绣花，使画面色彩更加鲜亮，更有生气。

《外婆的桥》中的外婆背着熟睡的小外孙，走在山水间的青石板路上。外婆面容慈祥健康，一看就知年轻时的秀美。她嘴角含笑，一种幸福的感觉。外婆坚实宽厚的形象衬托出小外孙的稚嫩，他粉嘟嘟的脸不留笔迹，眉宇间只有甜甜的睡梦，刻画生动到位。外婆处于画面的正中，顶天立地在大山水前，是惯常表现英雄的构图，让人顿生崇敬之感。加之色彩的处理，更突出了人物。外婆上衣是红底绣花，非常热烈丰富，这一大团红色在青山绿水的冷灰背景中显得格外出色。加上外婆腰间那两条湖蓝色、外孙的蓝鞋和柠黄色衣服，这小面积的黄、蓝纯色块在画面中如同跳跃的小音符。颜色的呼应也处理得滴水不漏，外婆黑裤脚底的两条红袜边，腰部银饰上的小红点，与小外孙鞋上的红色，红帽子边儿和上面的红花。裤腿两条黄色和鞋上两小点黄色也与黄衣服呼应。红、黄、蓝纯颜色的上衣部分，由黑色裙子和裤子压阵。黑裙子有色彩冷暖对比，左边发紫红，右边呈墨绿倾向。小孙子肩背部的白帽子、白鞋边和外婆白色旅游鞋三点白色构成一条优美的弧线。白鞋脚底的石板路和露出半边的小拱桥构成的 S 线延伸到山水深处。背景完全是水墨笔法的山和水，竖方向大笔挥洒出清透的水，左上角山水相连，山气迷蒙，真是一种云蒸雾绕的佳境，感受到先生对这一方土地的深情和对人民的热爱。

我刚从英国回来看到何山先生的新作，特别欣喜。何山先生的油画，把中国水墨画的意境、敦煌艺术的精神和西方油画的厚重、浓烈融合在一起，完成了个人的感情上的升华与中国油画意象表达的合一。这不就是许多中国油画家一直梦想要做到的吗？是中国油画民族化的一种深化，是一种新型的绘画形态。我今年上半年在美国做访问学者期间游览了美国著名的各大博物馆和美术馆，今年暑假又有幸游历英伦，参观英国各大博物馆、艺术馆和画廊，2007 年去俄罗斯艺术采风，加上六年前两次赴法国做画展和艺术考察。可以说西方现代艺术大家原作我都亲眼“拜读”，感受到了世界各国绘画艺术的独特魅力。美国绘画是轻快与华丽的商业味道；英国绘画是贵族派头与忧郁之美；俄罗斯绘画是土豆炖牛肉般浓郁、厚重、坚实之味；法国绘画独具柔和、丰富多变与浪漫气息。那么中国油画要如何走向未来呢？回首中国油画的历史，一代又一代的人还在不停的探索。何山先生的作品给我们以启迪……何山先生虽已年近古稀，熟悉他的人常说：先生显得年轻健壮、从容大度，而且很有“古今多少事都付笑谈中”的名士之风。他非常热爱生活、热爱社会。我每次见到他，他总是精神饱满、激情洋溢、信心满满。对新事物的敏感不减当年，常常自觉还有使不完的劲儿。而且现在画画已经到了“蓦然回首，那人却在灯火阑珊处”的理想人生和理想人格的艺术境界。

在先生的风景画作中经常出现一种青翠的松树，他说他最喜欢的是翠柏苍松。先生美国洛杉矶家中的庭院里有数棵百年老松和十余棵翠柏，黛色耸天、风清气爽。树干要两个人才能抱得拢。每当我想起何山先生，就会与他家中的翠柏苍松联系起来，先生有如他庭院里翠柏苍松的品格与风范——根基深厚、坚韧不拔，先生的艺术也如这松柏般长青！

2009年12月5日于北京

原载《何山书画艺术法国展览作品集》

宋红雨，首都师范大学美术学院副教授、硕士生导师